古国雄风

主编 刘建中 甘玉佳

执行主编 胡雅婷

G U G U O X I O N G F E N G 》

揭开湖南宁乡古"三苗国"神秘面纱 重现"大沩文化"和"炭河里文化"耀眼光芒

挖掘大黄材灿烂历史 展示大黄材人文风貌

把握大黄材生命温度 传承大黄材精神特质

团结出版社

UNITY PRESS

图书在版编目(CIP)数据

古国雄风 / 刘建中，甘玉佳，胡雅婷主编. -- 北京：
团结出版社，2018.3
ISBN 978-7-5126-6151-6

Ⅰ.①古… Ⅱ.①刘… ②甘… ③胡… Ⅲ.①宁乡–
地方史 Ⅳ.①K296.44

中国版本图书馆 CIP 数据核字(2018)第 042459 号

出　　　版：团结出版社
　　　　　（北京市东城区东皇城根南街 84 号　邮编：100006）
电　　　话：(010)65228880　65244790
网　　　址：http://www.tjpress.com
E－m a i l：65244790@163.com
经　　　销：全国新华书店
印　　　刷：长沙市精宏印务有限公司
装　　　订：长沙市精宏印务有限公司

开　　　本：170 毫米×240 毫米　　　　1/16
印　　　张：22
字　　　数：390 千字
版　　　次：2018 年 3 月　第 1 版
印　　　次：2020 年 7 月　第 2 次印刷

I S B N：978-7-5126-6151-6
定　　　价：58.00 元

浓情泼墨写乡愁

·姚普科·

　　深秋时节,我的几位年逾古稀的同事好友,将他们编著的《古国雄风》文稿一书发给我,邀我作序,好友心诚,却之不忍,然班门弄斧,难堪重托,好在文集可读,但愿瑕不掩瑜。

　　文集名为《古国雄风》,所谓"古国",根据专家考证基本趋同的意见是商代蚩尤后人建立的以黄材炭河里为都邑的三苗国,其疆域广袤,辖湘、鄂、赣部分地区。此文集阐述则主要以黄材、大沩山等为核心地域;雄风之意,既叙古国灿烂的历史文明,又述今朝可歌可泣的人文风貌。

　　此书以"大黄材"地域概念书写,重现"大沩文化"与"炭河里文化"各自耀眼的光芒。文集涉及大黄材区域内的人文、地理、历史、政治、教育、经济、民风民俗、家土家国情怀等,收集前人名作、历史人文科普、现代文人佳作,《古国文明》章节有专家对远古历史的考古论证;《历史风云》《人物春秋》有学者对人文底蕴的追忆与求索;《大美黄材》《故土情深》有文学爱好者对此方山水的抒情寄怀;《乡风民俗》为本土能人坚守家本衣钵。所涉点面广泛而深入,历史作品力求真实客观;人文作品力求情怀美好温暖;地理地貌作品力求空灵生动;民风民俗作品力求原汁原味。采用史记、通讯、散文、古诗词、表格、图片等方式呈现,具有较强的思想性、知识性、艺术性、趣味性、可读性,读者会有满满的获得感。

　　作为生于斯长于斯的黄材人,我深深眷恋着家乡山水人文。看我巍巍大沩山,瞧我汤汤沩江水。这里物产丰富,香干、魔芋、红薯粉、茶叶、花猪等土特产传销四方;这里的山水秀美静宜,千佛洞、青洋湖、沩山胜景、瓦子寨、扶王山、城墙山、猴公大山处处风光无限;这里矿产资源独特,以铀矿向国家交去了中国第一颗原子弹爆炸的铀;这里历史悠久,商周方国追索到三千多年前的风云变化,四羊方尊等青铜文明如璀璨明珠,密印寺佛光禅韵开启中国佛教五宗之一;这里人才辈出,以著名诗人齐己,"东南三贤"之张栻,云山书院创始人刘典,开国上将淎泗淇,中国共产党创始人何叔衡,杰出的学者、教育家、社会活动家谢觉哉等为代表,星光灿烂;这里的山歌民谣情深意重;这里的人们耕读为本,诗书传家,勤劳智慧。

掩卷凝思,感慨之情油然而生。家乡黄材是祖国变迁的缩影,折射出中华民族的灿烂文明。习近平主席再三强调中华民族五千年的文明不能丢了,要提升文化自信。乡村文明文化的传承应是题中应有之义。此文集所记述的人文历史,上了年纪的黄材人大都耳熟能详,但古往今来,中国乡村地域文化,心中有,口头有,笔下无的现象普遍存在,此为国人之隐忧。而今我的家乡好友,满怀对家乡山水的热爱,对家乡人文历史的痴迷,对家乡传统文明文化的坚守,毅然担当重任,不顾年老羸弱之身,四处奔波寻访,八方求援凑费,日夜笔耕不辍,终于完成此书的编著,填补了黄材地域文明文字系统记载的空白。留得清气在乡间,实在功德无量,善莫大矣。值得人们学习与敬佩。

愿《古国雄风》一书能激励黄材人奋力拼搏,在党的十九大制定的振兴乡村的号令下抢抓机遇,早日实现产业兴旺,生态宜居,乡风文明,治理有效,生活富裕的美好愿景,再展古国雄风。

2017 年 11 月 19 日

作者简介

姚普科,男,生于 1947 年,宁乡县黄材镇人。长沙市人民政府原副巡视员、望城县原县长县委书记。

⊙ Contents 目录

大美黄材

人物春秋

历史风云

乡风民俗

故土情深

古国文明

一种极具生命力的文化,是历史粹取的结晶,
是人民无穷的智慧和顽强的精神的结晶,
其无与伦比的力量必将震撼着历史,让历史的选择成为悠久。

古园雄风

宁乡青铜魅影

· 李伯谦 ·

作者简介

李伯谦，1961年毕业于北京大学历史系考古专业。1992－2000年任北京大学考古学系主任兼北京大学赛克勒考古与艺术博物馆馆长。

中国和世界上许多文明古国一样，在其文明发展历程中，继漫长的旧石器、新石器时代之后，也经历过青铜时代，而青铜器的铸造和使用，则是青铜时代最重要、最显著的标志。中国历史上的商和西周王朝，是中国青铜文化发展的高峰，至迟到距今三千三百多年的商代后期，在当时商王国统辖和影响的范围内，已形成多个青铜器制作中心，地处长江中游的湖南宁乡一带可能就是其中之一。据记载，宁乡早自清道光二十四年(1844)便有青铜器出土，迄今已超过三百件，有方鼎、圆鼎、分裆鼎、尊、卣、罍、瓿、觚、盉等容器，铙、钟等乐器，戈、矛、刀、镞等兵器，軎、辖等车器，铲、锸、斧、凿等农业及手工业工具。宁乡及其周邻地区出土的青铜器，不仅数量多，种类丰富，而且独具特色，其中以四羊方尊、虎食人卣为代表的动物造型铜器和大型铜铙，更是与其基本同时或略有早晚的湖北武汉盘龙城、河南郑州商城、安阳殷墟、陕西绥德、山西石楼、陕西城固、扶风周原、山东滕州等青铜器产地所不见或少见的。"宁乡铜器群"为研究青铜器的学者所青睐，很早即享誉国内外学术界，是有充分根据的。

宁乡县文物部门和对宁乡青铜器有独到研究的湖南大学岳麓书院向桃初教授合作，适时推出《宁乡青铜器》大型图录，其第一部分收入商周青铜器70余件，涵盖宁乡出土商周青铜器的所有器类，首次将散见于各类书刊、收藏于国内外不同地点的宁乡青铜器资料汇集到一起，这是一件非常有意义的工作。同时，也将宁乡出土的秦汉及以后的铜质文物，包括锺、镜、瓶、香炉、佛教造像及仿制的鼎等作为第二部分收录。在两大部分的前面都有概述，对每件器物都有简要的说明并注明资料来源，读者将清晰的图像和说明结合阅读，会留下深刻印象。总体来说，《宁乡青铜器》是具有科学性、可读性的一部文物图录，如果每一个县级文物部门，都能像宁乡一样，将本县（市）出土的文物编辑出版，那将是让文物走出尘封的库房同群众见面，发挥其教人育人作用的重大进步。不过，我觉得也还有些许美中不足：一是商和西周时期的青铜器学术界已形成"宁乡铜器群"的特定概念，将秦汉及以后的青铜器也在"宁乡青铜器"名下作为第二部分收录，容易使读者对其文化属性造成认识上的混淆，如果作为附录并加以说明，可能就会避免这样的误导；二是作为断代标准器的炭河里城址新出土的铜器未收入，未免有些遗憾，当然这可能是因为未能复原的缘故。但从研究需要考虑，即使有些残缺，收进来还是更好。

宁乡青铜器数量虽多，但多非科学发掘出土，背景关系不明。因许多器物的造型、花纹与安阳殷墟出土的商晚期青铜器相似，有的甚至有相同的族徽铭文，故研究者多认为其时代为商代。后来由于炭河里城址及相关遗存的发掘，已证明原来被认为是商代的器物有的可晚到西周早期，这在向桃初教授的大著《湘江流域商周青铜文化研究》中已有说明和详细的论证。

位于沩水流域黄材盆地的炭河里古城的发现，无疑是该地区商周考古的重大突破，2004 年被评为当年全国十大考古新发现之一，2006 年被国务院公布为全国重点文物保护单位。通过发掘、研究，对宁乡铜器群所属文化性质和年代，有了科学的认识。宁乡铜器群虽和中原地区商文化有密切关系，但它并非商文化，而是受商文化影响的以当地文化因素为主的一支地方青铜文化，现已命名为炭河里文化，其部分青铜器的年代应已进入西周纪年的范围。这一论断因有考古材料为依据，是可信的。不过，宁乡铜器群中很大一部分仍是商代器物，如人面纹方鼎、四羊方尊、内贮 224 件铜斧的兽面纹瓿、重达 61.9 公斤的兽面纹巨型瓿、铸有"癸"徽铭的兽面纹提梁卣、兽面纹瓢等，铸造年代属商代晚期。这些青铜器的年代既然早于炭河里城址及其相关遗存，那么它的来源就是一个值得讨论的问题。我不否认因为中原地区商、周政权更替部分商人贵族携贵重的青铜器南下带至此地的可能性，其中带有与殷墟出土同样徽铭的青铜器便是证据之一，但也不能排除有当地铸造的产品。我的这种推测理由有四·

1. 在宁乡铜器群分布范围的北部邻近地区，发现有年代较早的商式青铜器及相关遗存，它有可能继续南下影响到宁乡铜器群分布地域之内。这些例子有：

石门皂市遗址相当于郑州二里冈上层至殷墟二、三期的遗存中，出土有青铜

镞、钩及铸造斧、斤的石范和熔铜炉残块(《考古学报》1992 年第 2 期);

津市涔澹农场相当于殷墟早期的墓葬中出土青铜爵、觚各一件(《华夏考古》1993 年第 3 期);

岳阳荣家湾魴鱼山出土商代晚期青铜尊一件 (《湖南考古辑刊》第 2 集,1984 年);

岳阳温家山商时期墓葬中出土有铸造青铜镞、铃的石范 (《江汉考古》2005年第 1 期);

岳阳市郊铜鼓山遗址出土相当于殷墟一期的青铜觚一件,相当于殷墟三期的青铜鼎一件(《考古》2006 年第 7 期);

汨罗市玉笥山商时期墓葬中出土青铜戈、矛各一件,灰坑中出土青铜锸一件(《巴陵古文化探索》,2003 年)。

2. "宁乡铜器群"以出土牛、羊、豕、马、虎、象等动物象生形铜器和大型铜铙为特色,而中原地区以殷墟出土青铜器为代表的典型商文化铜器群则基本不见。

3. 宁乡青铜器和殷墟青铜器都曾做过部分成分检测,发现两者有明显的差异。对宁乡铜器群素有研究的高至喜先生即曾引用湖南省冶金研究所化学分析室对老粮仓出土象纹大铙的分析检测结果, 指出其成分是 "铜 98.22%、锡0.002%、铅 0.058%",为红铜。

4. 炭河里文化的主体成分是由当地的土著文化发展而来,其西周早期的青铜冶铸技术不一定都是因中原地区的王朝更迭突然从外部传来的,不能排除是继承当地较早的青铜冶铸技术进一步发展的结果。

当然,由于考古工作滞后的原因,在宁乡铜器群核心分布范围内,目前尚未发现确切可早到商时期的青铜冶铸遗迹,致使对那些可确认为商代的铜器的来源产生歧见。不过,正如上面所言,商时期当地可以铸造青铜器的可能性非常之大,只要围绕这一课题坚持不懈地开展田野工作,是一定会有所发现的。炭河里城址及相关青铜遗存的发现为我们提供了线索,《宁乡青铜器》的出版是对我们的鼓励和鞭策,我相信,这一愿望迟早会实现。

(本文转自《宁乡青铜器》)

宁乡炭河里西周城址入选

昨日，由中国考古学会、中国文物报、《文物天地》杂志社等共同举办的2004年度"中国十大考古新发现"评选活动在北京揭晓。湖南宁乡炭河里西周城址入选十大考古新发现。

据悉，炭河里古城遗址位于宁乡县黄材镇寨子村（现栗山村），现存主要部分为原有城址的西北部一部分，1963年被确认为西周遗址，1973、2001年进行了小规模试掘，2003年到2004年上半年进行了大规模发掘，出现、解剖并确认了西周时期的城墙，揭露2座大型人工黄土台建筑基址，清理出2座可能为宫殿建筑的大型房屋遗迹。在城内外均发现了与城墙同时的壕沟线索，并对壕沟的走向、形成原因、沟内堆积情况及时代等进行了发掘。在城外台地上发现清理了西周时期小型贵族墓葬7座，出土了大量青铜器和玉器。

专家点评遗址三大学术价值有助于研究中国古代城市文明 "城址及宫殿建筑的发现，对研究南方地区商周时期老城有重大价值。"宁乡县考古研究所相关负责人称，目前南方地区商古城仅发现湖北盘龙城、江西吴城和牛头城、四川三星堆等数座。其中牛头城未经发掘，有待证实，三星堆城也未解剖。且目前南方地区尚未发现西周时期城址，炭河里当为首发现。

炭河里城址与以往发现的城址的重要区别是城内也有壕沟。这固然与该地区地质、水文等自然条件有关，但也为古代城址建造及结构、布局特征的研究提供了一种新的类型，对中国古代城市文明的研究有重要意义。炭河里宫殿建筑修建的程序、用材、布局、规模等也有自身特征，对研究南方地区古代建筑发展史有非常重要的价值。有望揭开宁乡铜器群谜底。自上世纪20年代以来，以黄材为中心的宁乡地区一直出土规格和艺术价值都很高的商周青铜器，这批铜器究竟与什么样的历史文化背景相联系，国内外学术界非常关注，但这些铜器均非正式考古发掘出土，受相关信息材料所限，学者们对它的研究不可避免地停留在铜器本身上，而对其文化背景和性质的研究结论往往建立在推测上。炭河里城址和墓葬的发掘不仅将"宁乡铜器群"与一个特定的考古学文化联系起来，且为相关研究提供了大量素材。看来，"宁乡铜器群"问题的最终解决指日可待，有望确立炭河里文化。炭河里遗址的发掘，证明这里是一个区域文化的中心聚落，它与沩水下游望城县高砂脊遗址属于同一考古学文化。现在看来，后者是该文化的次级聚落，因而可以将这两个遗址所代表的考古遗存命名为"炭河里文化"。

从文化面貌来看，炭河里文化为西周时期独立于西周王朝之外的地方方国青铜文化，该文化虽然以地方因素居主导地位，但与商也有一定渊源。炭河里文化的确立，填补了湖南西周时期考古学文化的缺环，对湖南地方史、地方青铜文明和早期国家社会的形成等问题的研究有非常重要的意义。

（本文转抄《东方新报》2005 年 4 月 18 日）

炭河里西周古城遗址

——揭开"宁乡铜器群"之谜的钥匙

·李乔生·

作者简介

李乔生，任职于宁乡县文物管理局。1991 年毕业于湘潭大学历史系文物博物专业。曾参与三峡工程、炭河里遗址等文物考古发掘。

公元 1963 年，在这个地方，发现了一件内藏宝玉达 1172 颗的商代"癸"卣。

公元 1976 年，在这个地方，有一位先生，在小小的 62 平方米的范围内，带着一个新发现的时代，回到了他的书案前沉思。

公元 1994 年，有一群人，同样在这个地方，与"泥土"进行了一个月的亲密接触，带着疑惑，带着神奇，带着责任，记下他们的点点滴滴。

同样，以这个地方为中心，在方圆不足 10 华里的范围内，自从 1938 年来，出土了三件震惊世界的文物之最：最大的尊——四羊方尊；最大的铙——221.5 公斤的象纹大铜铙；最大的瓿——61.9 千克的兽面铜瓿，另外还有人面纹鼎、云纹铙、商代铜觚、西周铜盉、越式鼎、兵马车辖、分裆鼎、提梁卣……涵盖了酒、礼、贮、食、兵、杂等青铜重器 1500 余件。引起了美国、日本、德国、法国、丹麦、英国、加拿大、澳大利亚等国和国内不计其数的学者的浓厚兴趣并进行研究，成为多少考古学者魂牵梦萦的地方，宁乡藉此以"青铜器之乡"享誉海内外。

对这个地方，曾经有位退休老先生，走遍了这个地方的山山水水，孜孜不倦地追求、破译了将近半个世纪，出于对学术的痴诚和对自己的挑战，他吩咐他的年轻的同仁说：这个地方，我们得好好注意，不放过任何的蛛丝马迹；这个地方的研究成果，也许会解开一个历史之谜！

这个地方，就是我们宁乡的黄材炭河里！

黄材，四面环山，中间盆地为千百年来河水冲积的平原，周围分布着一些低矮的小山丘，数条小河自北、南、西三面冲出山口在盆地西部汇合、出盆地东口与楚江合流始称沩水。自东北向贯穿宁乡全境，于望城县城北注入湘江。

炭河里遗址就位于黄材盆地西部、黄材河、塅溪、胜溪三条小河交汇处北岸，现隶属黄材镇栗山村炭河、沩河、新屋三个村民组，为河流一级阶地，地势平坦，海拔 115 米。现存部分主要为黄材河北岸与塅溪河交汇处的扇形地带，城墙西南和东北两端分别靠近两条河的河岸，城内保存面积约 2 万余平方米，为原有城址的西北部一部分。现存城墙长度近 300 米、大致呈弧形，保存宽度 12-15 米，高出地面 1~2 米。

公元 2001 年，这个被退休的老先生吩咐过的教授，带着对学术的无限热爱和老先生的重托，在这个遗址上，进行了为期两个月的试发掘。他，就是现在湖南大学的向桃初教授！当时是刚刚从北京大学考古系毕业的研究生，任职于湖南文物考古研究所。他在这里发现了大型土台建筑遗迹，同时，在黄材盆地西南面台地上距离炭河里遗址不到 1 公里的胜溪村新屋组调查发现商周遗址，清理出西周晚期以前的大型壕沟一条，并推测是一个居民区外围的排水或防御设施。他认为，经过这次小规模的发掘，基本弄清了遗址的分布范围和堆积情况，认定该遗址可能与周围出土的青铜器群有直接关系，是解决宁乡青铜器来源问题的关键遗址。

在湖南省文物局和省考古研究所的大力推荐和支持下，申报了在炭河里遗址进行大规模发掘的计划，获得批准。并成为 2003 年度全国 46 个主动性发掘项目之一。

2003 年 11 月，省文物考古研究所会同市考古研究所、县文管所（县文物局前身）等单位开始对炭河里遗址进行大规模的发掘。此次发掘至 2004 年 4 月结束。在以向桃初教授为发掘领队下，经过文物工作者的不懈努力，共发掘 2000 余平方米，首次发现西周时期的城墙和城内外的壕沟、大型建筑台基及宫殿基址，同时通过对遗址周围台地的钻探，发现和清理了西周时期墓葬 7 座。

城墙大部分已被南面的黄材河和东面的塅溪河冲毁，解剖仅存于北的城墙，确定为人工建造，年代为西周，结构分为两个部分：下为基础部分，厚约 1 米，由较纯的次生黄色粘土略施夯打堆筑而成。并建造在自然形成的砂砾层上，为防止墙体移位，对砂砾层地表进行清理使其中间部位形成凹槽。另一部分位于基础上，为用砂砾层堆筑的主体部分，为防止主体部分滑坡，在墙外侧基础上开挖宽近 1 米的加固槽，用粘土层层夯筑、逐渐加宽上升与砂砾层墙体同步上垒,并在墙外侧加筑了宽 1 米以上的护坡。从基础部分、加固槽及城墙外侧护坡上送压的褐色砂粘土层中出土陶片的年代判断,城墙的建筑和使用年代均为西周时期。

台基也分为两部分。一号台基位于遗址现存部分的东南角,分析为在原城中心偏北位置,为人工搬运别处次生黄土堆垒而成,北部和东部边缘清晰可辨,西、南部分已遭破坏,台面黄土堆积厚度最厚处尚存 0.3 米。据现存形状推测为长方形、东西向,东西残长 31.5 米、南北残宽 15 米。台面上有柱坑 25 个,排列较有规律,柱坑形状大多近圆形、直径 50–110 厘米不等,填土多为红烧土夹河卵石。整体看来为一座大型或有回廊的木结构建筑。根据送压在台基局部可能为其使用或废弃堆积的烧土层出土遗物分析,台基和在其上的建筑年代同为西周时期。

2 号台基位于 1 号台基北、与 1 号台基相距约 10 米,且层位相同、方向一致,应为同时存在另一建筑台基。其东、北、西三面遗迹严重毁坏,中部和南面保存较好,东西残长 36 米,宽约 20 米、尚存面积约 720 平方米,黄土堆积最大厚度 50 厘米。台上共发现西周时期柱坑 36 个,柱坑情况与前建筑柱坑近似,排列虽不甚规则,但可见台基南、北边缘两列东西向柱坑,说明 2 号台基也是一大型房屋的基址。

根据两个人工黄土台基的规模、排列和其上建筑基址以及与城墙年代一致等情况的研究并分析,可以基本确定它们是宫殿建筑。

在城外西北约 200 米处发现和清理 7 座西周墓葬,均为小型长方形竖穴土坑墓,墓口长 3–3.5 米、宽 1.3–1.8 米,深度均在 2 米以下。随葬品以铜器和玉器为主,其中铜器 40 余件,器类有鼎、卣、斝、爵、甬、铲、刮刀、矛等。玉器两百余件,主要为珠、管类,另有少量玦、鱼等。整体来看,墓葬出土铜器的种类和风格与炭河里城址采集的残铜器及以往出土铜器类似,玉器也和炭洞里城址采集的玉器及以往出土的"戈"卣、"癸"卣中所藏玉器种类相同,墓内填土及随葬品所见陶片普遍施方格纹、器型有釜、鼎等,与炭河里城址出土陶器面貌一致。可以认定这批墓葬与城址为同一考古学文化的不同内涵,墓主人的身份应为中下层贵族。

根据城墙的弧度对城址进行圆形复原,可推算出城址的原有面积为 20 万平方米左右。在黄材河南岸 150 米以外(相当于城外)位置,考古发掘得知分布有与城址同时期的文化堆积和古河道迹象,证明数千年来黄材河在不断地向北移动。而东面塅溪河走向的地貌特征也显示出其不断向西移冲蚀城址的迹象(这种现象仍在继续)。据考古发掘和钻探资料显示,目前城址内地层堆积大致分两大层，上层为清代至现代堆积，厚度约 1 米。通过访问村民得知，这里直至 1969 年大水前乃是比较繁华的市镇。下层为商周时期堆积，厚度亦为 1 米左右。除发掘清理出的两座大型宫殿建筑外，另有数座大型建筑台基，推测现保存的部分主要为城内宫殿区。

宁乡沩水流域出土的商周铜器主要集中在沩水上游一带，这些铜器的年代绝大多数为商代晚期至西周早期，有的铸有铭文。从造型来看，既有中原地区商周铜器的风格，又带有神奇诡异的地方风格，其中多数制作精良、装饰华丽。由于以往出土的铜器几乎是村民发现，不是考古人员正式发掘出土，因而除了铜器本身仅有的资料信息外，它们的埋藏状况、伴出物等至关重要的信息，研究者已无法得知，学术界仅从铜器本身进行研究，因此对于和这些铜器有关的历史背景、铜器的产地和来源等等问题的看法很不一致。主要有三种代表性的观点：第一种观点认为宁乡的商周铜器为本地越民族铸造；第二种意见认为是商代或稍后有商人到来；第三种观点认为是商末周初随原居于江汉地区的三苗部落迁徙而来。孰是孰非，难以正确判断，也正因为此，宁乡商周铜器成为学术界一个难解之谜，宁乡因此也成为南中国青铜文化的中心。 2003-2004 年炭河里遗址大规模发掘所取得的成果，证明这里是目前我省发现最重要的商周古文化遗址，对于破解宁乡商周铜器之谜创造了契机，相信随着今后发掘和研究工作的进一步深入，这一学术难题会很快得到解决。

炭河里遗址学术价值无疑巨大：

一、遗址所处的地理位置，正当历年来出土大量商周时期只可能为一个国家或集团最上层阶层所拥有的高级别的青铜器最集中的地区；且遗址的年代为商周时期，这本身就暗示着遗址与这些青铜器之间可能存在的某种联系。

二、遗址大规模发掘所发现的城墙、壕沟、大型台基和宫殿建筑外的贵族墓葬，表明遗址是一个区域文化的中心聚落，很有可能是西周时期独立于西周王朝之外的某个地方方国的都城所在地。

三、通过进一步发掘，不仅可以将宁乡商周铜器群与炭河里城址、墓葬及所代表的考古学文化联系在一起，对于湖南商周时期古代文明和初期国家社会形成的研究有着非常重要的学术价值，为宁乡商周铜器群的研究奠定坚实可信的基础，对于进一步了解沩水乃至湘江流域的商周古文化和历史更有重大的意义。

四、炭河里城址及其所代表的考古学文化的发现，对我国国家与文明的起源和发展史的研究有非常重要的价值。目前，至西周时期的遗址全国发现不到 10 座，南方地区仅 3 座，而西周时期的城址全国仅此 1 座。

炭河里遗址的发掘及其成果，很快得到了考古界、学术界、媒体、社会的广泛关注。中央电视台、湖南电视台、人民日报、湖南日报、人民网、凤凰网、专业杂志等各大立体、平面传媒连篇累牍地报道，当时正在发掘的时候，就有各大媒体川流不息地跟踪来访。中国考古研究所专家张安培教授、北京大学严文明教授、湖北、江西、上海等地专家纷纷不远千里来考察交流，省考古专家高至喜、何介均，省文物局局长陈远平等多次来探讨，都一致认为炭河里遗址的考古发掘，离揭开宁乡铜器群之谜不远了。

2005 年 4 月，海内外关注中国考古界的一项顶尖赛事——由中国考古学会、中国文物报、《文物天地》杂志社等共同主办的 2004 年度"中国十大考古新发现"评选中，宁乡炭河里西周城址脱颖而出，成功入选"2004 年度十大考古新发现"，名扬海内外。

2006 年 5 月 30 日，炭河里西周城址被国务院公布为第六批全国重点文物保护单位。再次以国家发文的形式确立了它的不可动摇的地位，树立了它的无可撼动的无上荣耀。

炭河里西周古城遗址，它的深厚的人文底蕴、神秘的科学探索价值、远古的遗迹遗存、优美的建筑艺术是宁乡人民的一笔宝贵财富。黄材，为它的存在而骄傲；宁乡，为它的存在而骄傲！我们只要充分合理利用这笔宝贵财富并开拓创新，那么，一个崭新的黄材、一个崭新的旅游景点，必将为我县的文化、旅游、经济，增添新的魅力！

（注：本文参照湖南大学教授、炭河里遗址发掘领队向桃初先生的相关论述）

历史初探
——兼论炭河里古文化
·喻立新·

作者简介

喻立新，男，1966 年 7 月出生于宁乡县枫木桥乡。沩山风景名胜区管理委员会主任。

长沙自秦汉以来就是湖湘地区的政治、经济、文化中心。但长沙的先秦史因史籍缺乏记载而不甚清晰，特别是在楚国势力进入长沙前，史书上认为今长沙地区是"蛮荒之地"。

自二十世纪三十年代以来，在长沙市所属的宁乡黄材及其周边一带发现了一大批具有造型独特、纹饰精美和铸造工艺精湛的商周青铜器。特别是 2001 年至 2005 年，湖南省文物考古研究所对宁乡黄材炭河里进行了考古发掘，确认该处是一处西周时期的古城址。表明这一地区已出现了典型的阶级社会形态和组织，从而有力地证实了长沙地区在楚国势力进入前非"蛮荒之地"。

一、黄材是蚩尤和蚩尤部落的发祥地

黄材位于长沙市宁乡县城西四十多公里的湘江下游支流——沩水河畔，地处雪峰山脉东北麓，是沩水上游一个面积近千万平方米的山间盆地，中央地势平坦，三面高山环抱。沩水自西向东从盆地中间流过，炭河里商末西周的文化遗存（即炭河里遗址）就坐落在盆地西部的沩水北岸，隶属黄材镇栗山村。

探索黄材这一带的历史文化，首先应从它的源流说起。

湘中地区至今还存在一种神秘古朴的民间原始文明文化形态，即为"梅山文化"。梅山文化地域是古梅山峒蛮居住

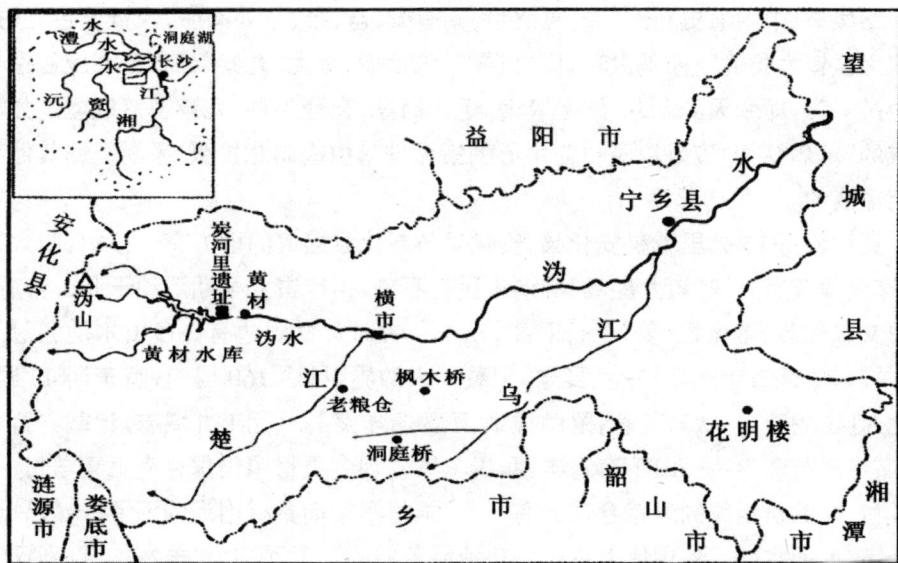

◎黄材地理位置图

地,据《宋史》云:"梅山峒蛮,旧不与中国通,其地东接潭,南接邵,其西则辰,其北则鼎"。即包括今天的长沙、湘潭、益阳、常德、怀化、娄底、邵阳等市 25 个县级行政区域的全部或部分,宁乡黄材即在其中。著名民俗专家、北京师范大学教授陈子艾论证,古梅山峒区域是上古蚩尤部族的世居地之一。

黄材井冲有一个"九牯洞",据考古发现,在这里有七千年前的人类活动的踪迹。据史书记载,蚩尤有八十一个兄弟,相传其中第九个兄弟曾在此洞内生活过,因蚩尤兄弟均是牛首人身,故其名叫"九牯洞"。

由此得知:宁乡黄材一带与我国古代传说中的蚩尤有关。

蚩尤是我国远古传说中黄、炎、蚩尤三大部落联盟首领之一,与黄帝、炎帝并称中华民族"二始祖"。关于蚩尤的传说,自东周以来多见于史籍。《龙鱼河图》云:"黄帝摄政,有蚩尤兄弟八十一人,并兽身人语,铜头铁额,食沙石子,造立兵杖刀戟大弩,威震天下"。《国语·梦语》注中说:"九黎,蚩尤之徒也"。《书吕刑释文》《吕氏春秋·荡兵》《战国策·秦》(高诱注),都说蚩尤是九黎之君。据现代著名历史学家范文澜先生考证:"九黎当是九个部落的联盟,每个部落又包含九个兄弟氏族,共八十一个兄弟氏族。蚩尤是九黎族的首领,兄弟八十一人,即八十一个氏族酋长。……是以猛兽为图腾,勇悍善斗的强大部落"。

缪凤林《中国通史》云："炎、黄之世，南有黎、苗，黎、苗处南服，大抵上古之时，江汉之区皆为黎境"。所谓"黎"，即"九黎"，依此说，蚩尤"九黎"分布范围应包括长江中游一带，即今天的湖北、湖南等地。远古时期，交通不便，九黎部落联盟是如何形成的？笔者认为：应是以黄材为中心的蚩尤部落由南向北扩张，不断征服其他部落而形成的。

黄材西行15公里就是安化县，安化县与新化县接壤的地方有一座山，叫大熊山，迄今保存有一块"蚩尤屋场"的清末民初石刻，相传蚩尤早期活动于此一带。据历史文献记载，蚩尤姓"姜"[1]，而"姜，从羊"，古时黄材周边有许多山水地名冠之以"羊"，《康熙二十一年·宁乡县志》记载："大沩界，县西160里南，有东西45里，南北30里的奇山，状若芙蓉，翳幽栈绝，下为青羊潭"。《元丰九域志》记载："青羊山，有寺曰芙蓉寺……山下有青羊镇、青羊集"。现今黄材镇仍保存有上青羊村，下青羊村；在黄材相邻的老粮仓镇还有一个"羊角寨"。而黄材附近的河溪，一般只冠一个字，如湘水、塅溪，相传上古人们将流经黄材的这条河称为"羊水"。直到汉代才改称"沩水"，"而沩水见于《水经》意者，'沩'字之始制与沩水之名立，皆在汉世"[2]。因此，今日之"沩水"即汉前之"羊水"。

《归藏·启筮》曰："蚩尤出自羊水"，《路史》等书亦是如此记载。黄材镇石龙洞村有一座山叫云台山，山下有一个大坑，现隶属横市镇关圣殿村。坑内面积达三十万平方米，四面高山环抱，峭壁悬崖，仅有一个不到二十米宽的出入口。传说蚩尤降生于此。裴骃撰《史记集解》引应劭曰："蚩尤，古天子"，所以称此坑为"天子坑"。黄材一带"姜"姓人特别多，现在宁乡还流传一句古话"黄材姜难呷"。据《宁乡县志》记载："黄材姜姓最多，市侧大墓山有进士坊，为后唐进士姜流光立。旧《志》：姜德厚，字流光，吉州太和人。后唐进士第，官大理寺评事。庄宗某年，衔诏移民。至黄材"[3]。相传姜流光饱读史书，博古通今，悉知自己乃蚩尤之后裔，而宁乡黄材乃蚩尤之故里，于是请旨认祖归宗，举族移民于黄材。

蚩尤时代正处于原始社会的末期，有着众多的部落或部落联盟。蚩尤长大后成为了这块土地——今黄材一带的部落首领。因为当时当地到处山高林密，而黄材是一个地势平坦的盆地，蚩尤将部落的聚居中心设在黄材。相传"黄材"实际叫"王宅"，意思是："大王住的地方"。只是宁乡口音"王"与"黄"同音、"宅"与"材"难分，于是"王宅"后来也就变成了"黄材"。

与"天子坑"相隔一座山，相距不到两公里的黄材崔坪有个"十三洞"（2005年改名为"千佛洞"），相传蚩尤曾住在这个山洞里，人们把它叫"蚩山洞"，宁乡口音"蚩"（chi）与"十"（shi）混淆，"山"与"三"不分，后来人们误认为此洞有一十三个洞相连，于是"蚩山洞"变成了"十三洞"。

原始社会晚期，为了扩展生存空间和掳掠人口、财富，部落或部落联盟经常相互侵扰，战争连绵不断。据史书记载，蚩尤是远古的一位战神。蚩尤部落勇悍善斗，逐步征服了周边部落。

随着势力的强大，蚩尤部落走上了扩张的道路。他们沿"羊水"而下进入湘水，沿湘水而下到达长江武汉一带，逆汉水而北上。沿线部落或被他们消灭，或被他们兼并，从而形成了九黎部落联盟。

九黎部落联盟的形成与蚩尤发明金属兵器有关。长江中游铜矿资源丰富，蚩尤在此一带的葛卢山和雍狐山发现了自然铜，据《管子·地数篇》："葛卢之山发而出水，金从之，蚩尤受而制之，以为剑、铠、矛、戟，是岁相兼并者诸侯九；雍狐之山发而出水，金从之，蚩尤受而制之，以为雍狐之戟、芮戈，是岁相兼并者诸侯十二"。大概是葛卢山、雍狐山因发生洪水而崩山，洪水冲出了一些自然铜，蚩尤将其制成了兵器，蚩尤部落从而战斗力大增，兼并了许多诸侯。

据历史学家范文澜先生考证："居住在南方的人统被称为'蛮族'。其中九黎族最早进入中部地区"。九黎部落联盟进入中原之后，蚩尤居住在原来少昊氏的地方。据《逸周书·尝麦篇》载："昔天之初……命蚩尤宇于少昊，以临四方。"所谓"宇于"，应理解为"住于"。少昊，又作少暤，系太暤（或作大暤）之后，风姓，属东夷集团，其活动的地域在今山东西南部和河南东部，即黄河中下游与长江下游之间的济水、淮河流域一带。"宇于少昊"，就说明蚩尤"九黎"继太暤、少暤之后，也曾生活于这一地域范围之内。据此推测，九黎部落联盟挺进中原线路应是沿汉水而上经过南阳平原进入淮河流域和济水流域。

济水，古水名，发源于今河南，流经山东入渤海。今河南济源，山东济南、济宁、济阳，都从济水得名。随着历史的推移和地貌的变迁，济水在东汉王莽时出现旱塞，唐高宗时又通而复枯。黄河又多次改道南侵，逐渐冲入济水河床而入海。所以"现在黄河下游的河道就是原来济水的河道"[4]。

九黎部落联盟进入中原后，与黄帝部落联盟（主要活动在黄河下游以北的今山西河北地区）在今河北涿鹿展开了原始社会末期规模空前的部落大战——"涿鹿大战"。最后九黎部落联盟被打败，其首领蚩尤也被擒杀。

综上所述，宁乡黄材是历史传说中蚩尤和蚩尤部落的发祥地，蚩尤部落由此北扩建立了九黎部落联盟。

二、黄材是三苗在夏、商、西周时期的政治中心

谭其骧先生主编的《中国历史地图集·夏时期全图》显示，夏代时长江中游一

带生活着一个原始部族集团——三苗。

关于三苗的起源,《国语·楚语下》说"其后三苗复九黎之德",其意是三苗复兴了"九黎"的事业和历史传统。韦昭注《国语》此句云:"三苗,九黎之后也",即三苗是九黎的后裔。《国语·梦语》注中说:"九黎,蚩尤之徒也"。《书吕刑释文》《吕氏春秋·荡兵》《战国策·秦》(高诱注),都说蚩尤是九黎之君。所以,九黎部落联盟在涿鹿战败之后,其势力退出了中原地区,又回到长江中游一带,经过多年的发展,形成了一个新的部族集团——三苗。

《战国策·魏策一》载吴起说:"昔者三苗之居,左彭蠡之波,右有洞庭之水,文山在其南,而衡山在其北。恃此险也……而禹放逐之"。"彭蠡"在今之江西鄱阳湖。"洞庭",学者大多认为即今之湖南洞庭湖。"文山"是今何地,还无法确定,大致应在鄱阳、洞庭间靠南部之地[5]。"衡山",据钱穆先生考证,是在长江以北,即今河南南部的伏牛山。所以,三苗在中原尧舜禹时期的活动范围大致包括江汉、江淮流域和长江中下游南北、洞庭彭蠡之间的辽阔地域,即今天的河南南部、安徽西部,以及湖北、湖南、江西等地。

从考古发掘证实,在新石器时代晚期,长江中游地区的考古学文化是屈家岭文化(大约距今5000-4600年)和石家河文化(大约距今4600-4000年),它们二者之间存在着继承和发展的关系。据徐旭生考订,苗蛮集团在地域上,与屈家岭文化和石家河文化的分布范围大致相合,其盛衰亦基本同步。因而学术界普遍认为,考古学上的屈家岭文化、石家河文化即为三苗所留下的文化遗存。

当时三苗的社会形态是带有国家雏形的部落联盟,并与中原华夏集团形成南北对峙之势,但长期受华厦集团的打压。据《吕氏春秋·召类》曰:"尧战于丹水之浦。"当时尧以天下让舜,"三苗在江淮荆州数为乱",尧发兵征讨,战于丹水之浦。舜对三苗一方面采取感化手段。《帝王世纪》:"有苗氏负固不服,舜乃修文教三年,执干戚而舞之,有苗请服。"另一方面采用分化策略,即"分北三苗"。《尚书·舜典》:"三载考绩,三考黜陟幽明,庶绩咸熙,分北三苗。"《史记·五帝本纪》同。其意为舜命官员对三苗进行考绩,针对其表现实行所谓"五流三居"的分散瓦解政策。后来禹对三苗进行了大规模的征讨,三苗受到重创。《战国策·魏策一》记载:"昔者,三苗之居……恃此险也……而禹放逐之。"

新石器时代晚期的考古学资料表明,南阳盆地、淮河中游两岸的豫南地区和江汉平原之间是河南龙山文化杨庄类型和石家河文化的交界地带。石家河文化晚期受到河南龙山文化强烈的影响,最后河南龙山文化取代了石家河文化。

据考古发掘:在武汉市北部的黄陂盘龙城城垣基部和王家咀下层发现了夏王朝时期即二里头文化遗存。说明夏王朝的国力范围已达江汉地区。所以,夏代时三苗势力退出了长江以北,留下长江以南地区。

有的学者认为三苗在商代时就开始神秘消失了。谭其骧先生在《中国历史地图集·商时期全图》上不见三苗之踪迹,笔者赫然发现图上标注有"宁乡"和"清江"。按"图例"说明,应是在长江以南的湖南宁乡和江西清江(现樟树市)发现了商代的"考古遗址",即炭河里商周遗址和吴城商代遗址,并在它们及其周边均出土许多商代青铜器,认为这些青铜器是商人铸造,所以,商王朝势力取代了三苗。

三苗在商代时,是否真不存在了?应该存在!宁乡出土的商周青铜器有很大一部分具有与中原不同的特点,许多青铜器专家认为那些与中原文化不同的青铜器不是中原铸造,著名历史学家、青铜器专家唐兰先生明确指出:"解放后湖南省发现过许多相当于商代的青铜重器,如四羊方尊和人面纹方鼎,都有地方特点,不完全同于殷墟文化,看来这个地区的苗族文化,在商代还是在发展的"[6]。所以不能以此来证明三苗在商周时期不存在。不仅如此,反而可以证明三苗先民在这里创造了灿烂的青铜文明。

黄材月山铺出土的四羊方尊,从其装饰艺术分析,它与蚩尤文化有关系。蚩尤是三苗始祖,姓"姜",而"姜,从羊",所以,三苗人铸造以羊为图饰的四羊方尊等礼器,祭天拜地敬祖宗。

距黄材不到 20 公里的老粮仓镇与枫木桥乡交界处有一座叫"师古寨"的山,山的西北面为老粮仓,东南面为枫木桥。1959 年、1993 年先后在此共发现了 15 件商代大铜铙。关于铙的用途,专家认为"可用于军旅,类似铜鼓,击鼓山顶,足以号召部队,指挥军阵,而且也可用祭祀宴享"[7]。相传师古寨是几千年前祭祀祖先之地。宁乡口音中"师"与"思"同音,"师古寨"实际上是"思古寨",其意是:专门思念古人(祖先)的地方。相传尊奉思念的祖先就是蚩尤。蚩尤姓"姜",而"姜,从羊",所以"师古寨"又名"羊角寨"[8]。在此尊奉思念祖先蚩尤的当然是其后人,即三苗人。根据出土的大铜铙系商代铸造,应该是商代或稍后西周时期的人们在此思古祭祖,所以三苗商代甚至西周时期依然存在。三苗人之所以选择此山思古祭祖,是因为当时该山及其附近生长着许多枫树(后来有人伐枫树用枫木架了一座桥,那一带现在就叫"枫木桥")。《山海经·大荒南经》载"有宋山者……有木生山上,名曰枫木。枫木,蚩尤所弃其桎梏,是为枫木。"至今湖南以及贵州等地的苗族一直崇尚祭"枫神",崇拜枫木树。

在炭河里遗址周围 2 公里范围内出土了许多商周青铜器,其数量达 300 多件。多数精品和有铭文的铜器都出土于此,如"大禾"人面纹方鼎、"父乙"窝纹罍、"癸"卣、"戈"卣、巨型瓿、寨子山兽面纹瓿、三苗地"云纹铙"等。黄材出现年代相近的城和大批青铜重器,让人难以否认两者间的密切关系。所以炭河里古城的主人就是三苗。

三苗的部落聚居中心或都邑就在长沙地区。《名义考》云："三苗建国在长沙，而所治则江南荆杨也"。又据《后汉书·西羌传》载："西羌之氏本出自三苗，姜姓之别也。其国近南岳。"——长沙距南岳一百五十公里。炭河里商末西周古城址的发现进一步证实了三苗在长江之南的都邑所在地就在宁乡黄材，标志着三苗部落联盟最晚于商末周初演变成了三苗方国。况且，在长沙及南岳周边至今没有发现三苗方国都城遗址，湖南目前发现的古方国遗址唯有炭河里。这与《名义考》记载并不矛盾——该书成于明代，当时的宁乡黄材属长沙府。

黄材地理位置偏僻，三苗方国之所以在此建都邑，是因为从夏代开始，其部落联盟聚居中心就在于此。禹伐三苗，三苗被迫迁徙，一部分三苗人在其首领带领下借道长江沿湘水而上，转"羊水"来到了蚩尤部落发祥地——宁乡黄材一带。

据考古发掘表明，炭河里遗址的年代最早到商代末期。在此之前三苗文化遗存很可能淹没在黄材水库。

黄材水库（即青羊湖）距炭河里约一公里，修建于上世纪五十年代。水库大坝左边的就是"寨子山"，"寨子山"又名"得胜寨"，"经得胜寨，危峰拔地，突起道旁。前代土人尝据绝顶，筑垣避兵于其上，因以寨名山，径由此入"[9]。古籍之记载以及"寨子山"之名表明：在寨子山后的水库淹没区，有一个非常重要的基地。这个基地极有可能就是早期三苗的聚居中心或都邑。

早期三苗的聚居中心还可能在黄材附近的老粮仓一带。2001年9月，湖南省考古研究所在老粮仓的刘家湾——花草坪遗址发现了大量的7000多年前的绳纹、篮纹等陶片，文化遗存一直延续到商周时期。遗址不但面积巨大，达20000多平方米，而且保存良好，文化层相当清晰。

关于商代三苗的地域，大致推测为东至赣鄱平原，西至资水下游，南部大致应至鄱阳、洞庭间靠南之地，北至长江。《战国策·魏策》"吴起云：昔者三苗之居，左彭蠡之波"。考古资料证实：湖南商周时期古文化面貌有四个不同区域，其中湘、资水下游土著文化区接近于鄂东南、赣西北和鄱阳湖沿岸的古文化[10]。

商代三苗的东部达到今江西鄱阳湖区。考古发现江西有三个重要的商代遗址，即位于赣水河西边的清江（现樟树市）吴城商代遗址和位于赣水河东岸的新干大洋洲商墓、牛头城商周遗址。据考古发掘，新干牛头城遗址及大洋洲墓为同一文化类别，但居住的族群与相距约20公里的吴城遗址不属同一族群。而关于吴城遗址的文化族属，著名考古学家商志香覃认为就是三苗[11]。

吴城遗址至今尚未发现大型宫殿遗址和奴隶主墓葬，有专家认为它不是一个方国都邑。其出土的大型青铜器也较少，与炭河里青铜文化相似[12]。据此推测:吴城遗址是商代三苗东部的一个军事重镇,是为了防御赣水河对岸的另族。

大洋洲商墓于 1989 年出土了 480 多件铸造精美的青铜器, 具有浓厚地方特色,这批青铜器上的虎形象特别引人注目,张长寿先生据此认为:牛头城商周遗址居住族群很可能是甲骨文中记载的"虎方"[13]。

有专家根据考古资料认为:江西吴城古城于商末废弃了。其原因应是被"虎方"方国攻取毁灭。江西省考古研究所于 2002 年发现了 16 具颅骨散落或叠压在吴城遗址的城壕沟土层里,其中两具颅骨有明显的被锐器砍伤的痕迹。经过 DNA 测试分析,初步推断出土个体在族属上接近苗瑶民族系统[14]。苗瑶民族均为三苗后人,笔者推测吴城城破后,"虎方"人砍下了战俘——三苗人的头颅,祭祀苍天神明。

虎方并未就此止步,而是北伐而上占领了原属三苗的鄂东南——赣西北——赣北(鄱阳湖以西)这一广阔地区,其势力可能越过了长江(理由后述)。

根据江西省考古研究所考古发掘资料和研究成果,对吴城遗址根据地层堆积与器物演变(与殷墟器物相类比)进行分期,并与中原文化相比较,认为吴城年代上约为二里岗上层一期至殷墟文化四期早段,绝对年代在公元前 1427 年-前 1038 年之间。据此推测:虎方攻破吴城的时间应在商周之际。

湖南省文物考古研究所于 1996-1997 年对长沙望城高沙脊商周遗址进行了发掘,高沙脊商周遗址与炭河里遗址属于同一个考古学文化,证实湘江下游当时还属三苗方国。所以,西周时期三苗地域只有湘、资水下游,三苗从此走向衰落。

到西周晚期,三苗方国很可能是因洪水毁都邑而解体。据考古发掘:在炭河里遗址发现有几个沙砾石层,表明在历史上经历了多次大的洪水冲洗。

炭河里古城地处大沩山下、沩水河畔。其"沩山"之名乃因猴多并且雨水充沛而来。古人们发现黄材背靠的这座山上的猴子多,猴子们认一只母猴为王,于是称其作"爲山"(《说文解字》注:"爲"——"母猴也。其爲禽好爪。爪,母猴象也……"),因山上经常落暴雨(据水文部门介绍:这里是长沙地区著名的"梅城暴雨中心"),于是改"爲山"作"潙山",后来变成简体字就是"沩山",以其为源直达湘水的"羊水"也就变成了"沩水"。"沩山""沩水"乃此山此水之专用。一旦沩山山洪暴发,所有的洪水都要经过黄材河(沩水上游)和塅溪涌入沩水下游,两河的交汇点恰恰就在炭河里。

综上所述,夏、商、西周时期,当今长沙地区属三苗,宁乡黄材是三苗的政治中心,炭河里古城址是"三苗"方国的都邑所在地。三苗方国先民创造了灿烂的青铜文明。

三、黄材一带是"虎方"方国春秋时期的都邑所在地

西周晚期，三苗解体后，其都邑所在地的当今长沙地区的历史面貌在传世文献中几近空白，考古方面尚未发现城址一类的大型聚落。何人取代了三苗成为长沙地区春秋时期的主人，这是一个历史之谜。

两周之际，楚国势力到达湘西北地区。湘西北地区即洞庭湖西部、澧水流域和沅水下游地区，这里北与今湖北松滋(古代兹方)、公安连成一体，隔江与楚郢都相望。直到春秋晚期楚国才完全征服湘西北，在这个基础上，楚人设置了黔中郡[15]。

据考古发掘，在益阳发现400多座楚墓，其年代上限为春秋中期，表明楚国于春秋中期开始控制了资水下游。但自此以后楚国势力在洞庭湖西并没有继续向南推进，楚人进入长沙地区大约是春秋晚期[16]。而在炭河里古城外西周墓葬发掘区发现了春秋时期的"越人墓"。所以，长沙地区在秦代以前的历史脉络大致如下：

时　　代	统治势力	主要居住族人
炎黄时期	蚩尤九黎	九黎族
尧舜禹时期	三苗部落	三　苗
夏　　代	三苗部落	三　苗
商　　代	三苗方国	三　苗
西周时期	三苗方国	三　苗
春秋时期	？	越人、南蛮
战国时期	楚　　国	楚人、越人、南蛮

从春秋中期至晚期近100年时间内，楚国势力没有进入长沙地区，历史迹象表明，当时的长沙地区存在一个政治实体。

在楚共王(前600年-前560年)时"抚有蛮夷，奄征南海"(《左传·鲁襄公十三年》)，楚国对长江之南的"蛮夷"采取的是安抚政策，其"抚有"的"蛮夷"应是有一定实力的政治实体。这个政治实体就是虎方。

甲骨学家从甲骨文中考定出商代有一个方国叫虎方，是一个以虎为图腾崇拜的氏族。关于商代虎方的地望，专家学者有三种意见，即淮水上游说[17]、汉南荆楚故地说[18]和古三苗聚居地区说[19]。《中国历史地图集》中《商时期中心区域图》将"虎方"标注在淮水上游南岸，说明谭其骧先生是赞成淮水上游说的。

甲骨文中有关"虎方"的记载,只有一条卜辞[20]:

贞,令望乘暨举途虎方,十一月。

□举其途虎方,告于大甲,十一月。

□举其途虎方,告于丁,十一月。

□举其途虎方,告于祖乙,十一月。

"途"有"征伐"义[21],举、望为族名。在商代,王师只有右、中、左三军,遇有重大军事行动,一般是以王师为骨干,辅以用兵地附近的氏族军。据专家考证:举是居住于湖北汉水支流举水流域的一个氏族[22];望位于亳南淮阴间,即今淮水上游北岸[23],据此推测:商王武丁征伐虎方前,虎方离此不远。但淮水上游属于正统商文化区域[24],虎方不可能在此。所以,汉南荆楚故地说是可信的,虎方当时应位于汉南。

如果虎方当时位于汉南符合史实,虎方就也是三苗后人。禹伐三苗后,有部分三苗人脱离了三苗集团,其中留在长江以北的三苗人后裔到商代时已发展成为了"荆蛮",这些"荆蛮"分成了许多氏族部落和方国,商王朝对其进行了征伐。据《竹书纪年》载:"商师征有洛,克之,遂征荆,荆降",说的是:商人的军队在攻占"有洛"(今河南洛河一带地区)之后,曾乘胜南下征伐"荆蛮",一度迫使"荆蛮"归顺。又《吕氏春秋·孟冬纪·异用》载:"汤见祝网者置四面……汤收其三面……汉南之国闻之,曰:'汤之德及禽兽矣。'四十国归。""汉南"指汉水之南。商初,由于成汤"征伐"与"招抚"结合,四十个氏族部落和方国都归附于商朝,虎方就在其中。

商代中期,商王朝国力衰弱,虎方与其他"荆蛮"一起又背叛了商王朝。《毛诗正义》云"高宗前世,殷道中衰,宫室不修,荆楚背叛。"

商代末期,商王武丁大规模南征,虎方是主要征伐对象。甲骨文中关于"虎方"的这条卜辞,大意是商王为了征伐虎方,卜问是向先祖大甲还是祖丁、祖甲举行告祭才能得到保佑,取得胜利。这次战争,以商王胜利而告终。《诗·商颂·殷武》曰:"挞彼殷武,奋伐荆楚。罙入其阻,裒荆之旅。"

战败的虎方被迫迁徙到江南。《左传·哀公四年》载:"(公元前491)楚人既克夷虎,乃谋北方",夷虎即虎方,说明虎方直到春秋晚期才被楚国所灭,当时处于楚国南部。

大甲、祖丁、祖甲都是商王朝的名君,被视为战神,商王因战事向他们举行告祭,仅见于征伐鬼方、土方等少数劲敌,这从一个侧面说明虎方也很强大。张长寿先生认为:牛头城商周遗址居住族群很可能是甲骨文中记载的"虎方"。据此推测:虎方越过长江后,沿赣水而上,征服了居住在新干牛头城的当地土著人。虎方曾臣服过商王朝,当然接受过中原文化的熏陶,在牛头城出土了一种陶南瓦,上半截是江西万年类型土著商文化南瓦形器的上半部分，下半截是中原商文化的袋足鬲，专家认为，是两种商代文化融合的物证[25]。

商周之际虎方攻破了三苗东部军事重镇——吴城。西周金文安州六器《中方鼎》云："唯王（周昭王）令（命）南宫伐反虎方之年，王令中先省南国，贯行、艺王居。"意思是：周昭王命令南宫伐反虎方的那年，命令"中"先巡视南方诸侯国，建立昭王行宫。这说明两个问题：一是周昭王讨伐过南方的虎方。这一点于2000年在山西晋侯墓内出土的韦支甗也可证实，其铭文中有"王令南宫伐虎方之年……"。二是讨伐虎方的原因是虎方反周。周昭王肯定是在长江之北讨伐虎方。据此推测，虎方反周实际是其势力于西周早期越过了长江，进入周王朝控制范围。这也是前方所说虎方攻破吴城时又占领了鄂东南——赣西北——赣北（鄱阳湖以西）这一广阔地区的理由。

彭适凡先生研究认定：鄂东南——赣西北——赣北（鄱阳湖以西）这一广阔地区表现出的考古学文化面貌，就是扬越文化。西周文献中开始出现的扬越，虽泛指一定地域即江汉地区的扬越族人，但当时扬越的地望不仅包括江汉地区，而且还分布在鄂东南以及江西的大片地区，其东界大体以鄱阳湖为界，鄱阳湖以西的赣北、赣西北及赣江西岸[26]。所以，虎方占领之地所体现的文化面貌是扬越。

"扬越"之名得自扬水，扬水在江汉平原中部，系汉水支流。楚人把在扬水流域最早接触的越人称之为扬越人。

《史记·楚世家》记：周夷王（前885年–前878年）时，王室衰微，诸侯交相攻伐，"熊渠甚得江汉间民和，乃兴兵伐……扬粤，至于鄂"。西周中晚期之际，楚国兴兵征伐的扬粤，即扬越，古时"越"通"粤"，实际就是虎方。"至于鄂"说的是楚国势力越过长江到达的鄂地（今湖北鄂州市城区东）。从此，虎方势力退回到长江以南。长沙史称"扬越之地"，春秋中晚期湖南大部分地区为扬越民族主导，在炭河里古城外西周墓葬发掘区发现了春秋时期的"越人墓"。但在株洲县白关镇团山村发现了西周晚期的越人墓[27]，据此推测：虎方应是三苗方国于西周晚期解体后，占领了其地域。

资水上游的邵阳县发现了双江口遗址，经专家鉴定为春秋时期古越人居住遗址。这表明当时当地已是扬越人的天下。所以，虎方春秋时期占领了整个资水流域。

春秋早期，虎方与楚国应是和平共处。但到了春秋中期，随着楚国势力迅速发展，开始窥视虎方，分西、中、东三路南下扩张。西路从洞庭湖西部向虎方渗透，控制了资水下游；中路从洞庭湖东部进入了今湖南岳阳和汨罗一带[28]。

楚国南下扩张的东路最深。据《史记·楚世家》载："成王恽元年（即前671年），初即位,布德施惠,结旧好于诸侯。使人献天子,天子赐胙,曰:'镇尔南方夷越之乱,无侵中国'。于是楚地千里"。"夷越"位于"尔(楚国)南方",就是指虎方,当时的虎方已是"扬越之国","楚地千里"说明:春秋中期,楚国南下扩张,增加了很大土地,其南北纵深近千里。而楚国西、中两路南下扩张不多,只有东路可能南下扩张最多,应占领了赣鄱平原,虎方方国失去了长江中游的铜矿。

由此可见,春秋中、晚期,虎方的地域仅留有湘水流域(除岳阳地区外)和资水上中游。

虎方都邑原在赣鄱平原,随着楚国春秋中期对赣鄱平原的进攻,虎方将都邑搬到了黄材一带,因为黄材曾是三苗方国的都邑所在地。况且炭河里周边发现了春秋时期的青铜器(如:离黄材不远的龙田镇出土的兽首云纹勾内戈和坝塘镇出土的越式鼎)。

黄材一带,包含从黄材沿沩水而下不到 5 公里的横市在内,古时横市可能延续了黄材的辉煌,春秋中晚期的虎方都邑也有可能在横市。

横市北与桃江灰山港相邻,灰山港北去十公里就是桃谷山乡,在该乡腰子仑村发现了 200 多座春秋越人墓,出土了许多青铜器。

春秋晚期,"楚人既克夷虎,乃谋北方"(《左传·哀公四年》),说明虎方方国于哀公四年(即公元前 491)被楚国所灭亡。这与考古资料证实楚人是春秋晚期进入长沙地区相吻合。

公元前 491 年即楚昭王二十五年,相传楚昭王曾南征,沿湘水而上,过醴陵至江西萍乡。江西省萍乡县"因楚昭王渡江得萍,实于此而名",现在还留有昭王台等遗迹及有关楚昭王南征至此传说。长沙与湘潭交界段昭山下的湘水中有一个昭潭,《广舆记》谓楚昭王南征至此而得名[29]。

综上所述,春秋时期,当今长沙地区属虎方;宁乡黄材一带是虎方方国的都邑所在地。公元前 491 年,长沙地区被楚国占领。

四、历史上的洞庭郡设在黄材一带(当时称"青阳")

2002 年前,今人不知道中国历史曾经出现过一个"洞庭郡"。据《史记》记载,秦始皇二十六年(公元前 221 年)"分天下为三十六郡,郡置守尉监。"但司马迁并未将三十六郡的名称——列出,致使后人众说纷纭。到 20 世纪 40 年代,历史地理学家谭其骧所著的《秦郡新考》与《秦郡界址考》,不但确定了三十六郡的名称,还推测出秦代有四十六郡,并指出各郡的范围,《中国历史地图集》中的秦图就是据此绘制的。然而 2002 年龙山里耶出土的秦简中有"洞庭"与"苍梧"两郡名,既不见于传世的秦代文献，也为历来考证秦郡学者所不知，动摇了已成定论的秦郡体系。其实，洞庭郡始建于战国时期，系楚国所设。据《史记·苏秦列传》中，苏秦云楚"西有黔中、巫郡，东有夏州、海阳，南有洞庭、苍梧，北有陉塞、郇阳……"，又《战国策·秦策一》称："张仪说秦王：……秦与荆人战，取洞庭、五渚（渚，或作都）、江南，荆王亡奔走，东伏于陈"。说明战国时期楚国确实存在"洞庭郡"。

春秋时期的虎方方国主要生活两个族群，即三苗后人——南蛮和虎方人——扬越。春秋末期，楚国将虎方方国灭亡后，仅仅征服虎方方国都邑所在地——当今的长沙地区，将其纳入黔中郡的范围。但湘水上中游和资水上中游尚未征服，因湘水上中游主要生活着扬越人，资水上中游主要生活着南蛮人，所以被称为"蛮越之地"。

战国初期，楚悼王（约公元前440-前381）重用吴起"南并蛮越，遂有洞庭、苍梧"（《后汉书·南蛮西南夷列传》）。说的是楚国占领了"蛮越之地"，即湘水上中游和资水上中游，设置了"洞庭郡"和"苍梧郡"。

楚国设置"洞庭"和"苍梧"两郡，洞庭郡应在当今洞庭湖边。苍梧郡呢？《史记·五帝本纪》："（舜）践帝位三十九年，南巡狩，崩于苍梧之野。葬于江南九疑，是为零陵。"零陵（即今永州）属苍梧。据此推测：楚国应将当今益阳和长沙地区从黔中郡中析分出来，与新征服的资水流域上中游一起，设置了"洞庭郡"。其范围大致包括湘江下游（除岳阳地区外）和整个资水流域。"苍梧郡"大致包括现在湘江上中游。

楚洞庭郡治应设在黄材一带。

2001年至2005年，湖南省考古研究所对炭河里遗址进行了发掘，在城外西周墓葬发掘区发现了战国时期的古墓；2006年在与黄材相邻的横市镇茅粟砖厂附近也发现了一个大型战国至西汉古墓群。2009年在沩水中游且离黄材不到20公里的大成桥镇发现了战国中晚期贵族古墓群。这表明在战国时的黄材一带仍然是楚国的重要据地。

战国时期，长沙地区是楚国的重要粮食基地。《史记·越王勾践世家》云"长沙，楚之粟也"。楚国在距横市不到10公里的另一个盆地建立了粮食储备基地，粮食可通过流经这个盆地的一条河在横市进入沩水运往楚国的心腹地带，现在这个盆地就叫老粮仓，流经老粮仓直通楚国心腹地带的那条河叫楚江。老粮仓地理位置偏僻，选择这个地方作为楚国的粮食储备基地，其原因应是楚洞庭郡的郡治在黄材一带，便于保护。

沩水的最大支流叫乌江，有东、西两源，其中西源出流沙河镇大田方上元团。翻过此处即可进入楚江，顺江而下就是老粮仓。为了保护老粮仓这个粮食储备基地，楚人在今枫木桥乡新风村（原塔山村）驻扎了军队，现在那个地方叫扎营坳。那里有一座桥,是通向楚洞庭郡(黄材一带)的主要通道,所以那地方叫洞庭桥,其地名沿用至今。

当今长沙市区是江南地区发现楚墓最多、最集中的地方,楚洞庭郡治是否在此? 不是!《史记·越王勾践世家》称:"雔、庞、长沙"和"竟陵"为楚国产粟和木材的"四邑"。"邑"为"县"的别称。由此可见,当今长沙市区是长沙县治,楚洞庭郡治不在此。

《水经注·湘水》"秦灭楚,立长沙郡,即青阳之地也"。说的是:(公元前223年)秦国灭亡楚国后,设立了长沙郡,(郡治)就是青阳这个地方。在 2002 年龙山里耶出土的秦简纠正了许多历史文献资料的误记,秦代只有"洞庭郡",并没有"长沙郡"。

长沙正式成为县之上的政区名称,是在汉高祖五年徙封吴芮为长沙王的时候。《史记·高祖本纪》"徙衡山王吴芮为长沙王,都临湘(即今长沙)",至此才有长沙国设置。此前,《史记·高祖本纪》虽有项羽"乃使使徙义帝长沙郴县"的话,但并不能据之以为汉元年就有长沙郡的证明。司马迁是西汉中期人,以后面的地名说前面的事情,不足为怪。除此之外,并无传世文献证明秦代有长沙郡之建制。直到班固著《汉书》,才在《地理志》"长沙国"下注:"秦郡,帝高祖五年为国",于是后世误认为秦代有长沙郡。

《史记·秦本纪》记载:前 280 年(秦昭王二十七年)"使司马错发陇西,因蜀攻楚黔中,拨之",前 277 年(秦昭王三十年)"蜀守若代楚,取巫郡及江南为黔中郡"。说明战国时期楚国有黔中郡和巫郡,后被秦国攻取,合并设置秦黔中郡。

关于秦代"洞庭郡"的地望,应与楚洞庭郡有一定关系,地域范围应有部分重叠。没有确凿证据说明秦代也有黔中郡。从里耶 J(16)5 秦简中"今洞庭兵输内史及巴、南郡、苍梧输甲兵"一句,可知秦代洞庭郡的邻郡有巴郡、南郡与苍梧郡。钱大昕先生根据里耶秦简考证,湘西在秦代应属洞庭郡地[30]。据此分析得知:秦国灭楚国后,楚洞庭郡就落入了秦国版图。秦始皇将秦黔中郡与楚洞庭郡合并,以青阳为郡治,设立新的秦洞庭郡。

关于青阳之地名,据史书记载,在战国秦汉时期赫赫有名。有的学者认为青阳即当今长沙市区,有的学者认为"长沙古无'青阳'之称","青阳"具体何在,众说纷纭。其实,青阳之地,不是今日之长沙市区,应是黄材一带。

黄材一带至今留有许多关于"青阳"的历史痕迹。《元丰九域志》记载:"宁乡……有人沩山、青阳山、沩水"[31]。《民国从里耶宁乡县志》也记载:宁乡古有"青羊山",又称"青阳山"(古时"羊"与"阳"音相通),距离四羊方尊出土地不到一公里,比沩山还高[32]。黄材镇过去叫"青羊镇",现在还有一个青羊村。《康熙·宁乡县志》记载："大沩界,县西 160 里南,有东西 45 里,南北 30 里的奇山,状若芙蓉,翳幽栈绝,下为青羊潭"。三国时(257 年),孙吴析益阳县南部之地置新阳县(今宁乡县)[33],为什么叫"新阳县"?因为此地原来叫"青阳","新阳"即"新的青阳"。

关于青阳之名的来历,应源于春秋末期楚国在此设置了青阳县。楚国设立洞庭郡已到了战国中期。此前一百多年的春秋末期,楚国灭虎方,应在今黄材设置了一个县,因为克国而置县是楚国春秋时期的一项基本国策。目前已确考的春秋楚县有 25 个,但专家学者认为"楚县的实际数量当远在此上"[34]。

据清同治《长沙县志》云:"春秋晚期,长沙属楚国黔中郡。"这是值得商榷的,因为据《楚国历史大事记》载:"楚悼王十三年(约前 389 年),楚在县一级政权上置郡,以郡守为一郡之长。"在此之前,郡、县互不隶属,也就是说春秋楚国青阳县是不可能属黔中郡的。至于战国中期楚国在今黄材设置洞庭郡后,青阳县是否存在尚需考证。

如此说来,从春秋至秦代,该地至少应有一座古城尚未发现。从黄材镇过去叫"青羊镇"和现在还有一个青羊村来看,青阳(羊)古城最大可能在黄材盆地。其次也可能在新阳故县址之下或其附近。三国时(257 年)孙吴所置新阳县的治所在今横市。茅粟砖厂附近的战国至西汉古墓群就在其附近。

还有可能在滩山之下的沩水与楚江交汇所包围的范围内。此地距茅粟砖厂附近的战国至西汉古墓群仅一河之隔,直线距离不到 3 公里。后靠滩山,山高路陡,易守难攻。史书记载:明代以前,(滩山)"危径十里,不通车马,行者必缘石攀树"[35]。前面护城的两水——沩水和楚江,水深河宽。1996 年在今滩山村金塘组发现了一件商代提梁卣,之前当地村民在此曾挖掘出铜戈、斧等残片[36],这个古文化遗址于 2003 年 4 月被布为县级文物保护单位。滩山周边历史传说很多,名胜古迹不少,山下曾经有一个古城市[37]。

《史记·高祖本纪》"徙衡山王吴芮为长沙王,都临湘(即今长沙)",《水经注·湘水》云:"汉高祖五年(即公元前 202 年)以封吴芮为长沙王。"说明公元前 202 年西汉设置长沙国,其都邑在今长沙。从此长沙开始取代黄材(青阳)成为长沙地区的政治中心。

综上所述,春秋末期,楚国将长沙地区纳入自己版图后,在宁乡黄材设立了青阳县。"吴起相悼王"之时(即约公元前 388 年至 382 年期间),又在此设立了洞庭郡。直到公元前 223 年秦灭楚后,秦始皇将战国时期秦黔中与楚洞庭两郡合并,设立了秦洞庭郡,长沙地区的中心依然在宁乡黄材一带。黄材一带是战国秦汉时期赫赫有名的"青阳"。

注　释

[1] 罗泌《路史·蚩尤传》

[2]《民国志选编》第 8 页,《宁乡旧志编注》2008 年版

[3]《民国志选编》,《宁乡旧志编注》2008 年版:11 页

[4]《现代汉语词典》(修订本)第 595 页

[5] 俞伟超:《先楚与三苗文化的考古学推测》,《文物》1980 年第 10 期

[6] 唐兰:《关于江西吴城文化遗址与文字的初步探索》,《文物》1979 年第 7 期

[7] 高至喜:《中国南方出土商周铜铙概论》,《湖南考古辑刊》第 2 辑,1984 年

[8]《民国志选编》第 26 页,《宁乡旧志编注》2008 年版

[9] 清·陶汝鼐《沩山游记》,《大沩山古密印寺志》第 189 页,湖湘文库 2008 年

[10] 何介钧:《湖南商周时期古文化的分区探索》,《湖南出土殷商西周青铜器》,岳麓书社,2007 年

[11] 商志香覃:《试论清江吴城遗址及其有关问题》,《文物集刊》第三辑,文物出版社,1981 年

[12] 谭志刚:《对吴城文化的简单思考》,《南北桥》2009 年 第 6 期

[13] 张长寿:《记新干出土的商代青铜器》,《中国文物报》1991 年 1 月 27 日

[14] 吴志刚:《吴城文化族属源流考辨》,《四川文物》2011 年第 1 期

[15] 伍新福主编《湖南通史》(古代卷)第 123 页,《湖湘文库》2008 年版

[16] 伍新福主编《湖南通史》(古代卷)第 124 页,《湖湘文库》2008 年版

[17] 丁山:《甲骨文所见氏族及其制度·虎氏·虎方》,中华书局 1988 年版;岛邦南:《殷墟卜辞研究》第 414 页

[18] 江鸿:《盘龙城与商朝的南土》,《文物》1976 年第二期,江鸿系李学勤的笔名

[19] 彭明瀚:《商代虎方文化初探》,《中国史研究》1995 年第 3 期

[20] 郭沫若主编《甲骨文合集》6667

[21] 李亚农:《殷代社会生活》,见《李亚农史论集》,上海人民出版社一九七九年版

[22] 彭明瀚、陈树详《试论商王朝对南土方国的战争》

[23] 岛邦南《殷墟卜辞研究》第 278 页

[24] 参宋新潮:《殷商文化区域研究》页一七七;陕西人民出版社一九九〇年版

[25] 李家和、杨日新、徐长青《江西省新干牛头城遗址调查与试掘》,《东南文化》1989 年 01 期

[26] 彭适凡:《论扬越、干越和于越对中国青铜文化的杰出贡献》,《东南文化》1991 年 5 期

[27] 雷芬:《株洲白关西周晚期越人墓出土的青铜器》,《湖南考古辑刊》1999 年 002 期

[28] 伍新福主编《湖南通史》古代卷;《湖湘文库》2008 年版:124 页

[29] 清·罗汝怀《昭潭考》,《湘城访古录 湘城遗事记》,《湖湘文库》2009 年版第 233 页

[30] 伍新福主编《湖南通史》古代卷;《湖湘文库》2008 年版:124 页

[31]《元丰九域志》,中华书局出版发行,1984 年 12 月第 1 版第 260 页

[32]《民国志选编·宁乡旧志编注》2008 年版第 10 页

[33]《康熙志校注·宁乡旧志编注》2008 年版第 22 页

[34] 徐少华:《关于春秋楚县的几个问题》,《荆楚历史地理与考古探研》,商务印书馆出版,2010 年第 1 版

[35] 周震鳞:《民国宁乡县志》,湖南人民出版社,2009 年第一版第 80 页

[36] 李乔生《湖南宁乡县横市镇出土一件商代提梁卣》,《考古》1999 年第 11 期

[37] 周震鳞:《民国宁乡县志》,湖南人民出版社,2009 年第一版第 80 页

黄材的硐居巨石文化
是世界文化的丰碑

·杨 青·

作者简介

杨 青，1933年生，湖南省宁乡县人。1950年17岁时参加抗美援朝，中国亚太经济研究中心特约研究员。积40年之苦耕，著成《洞庭湖区的龙文化》和《洞庭湖区——文明的起源》两部近80万字的学术专著。

且说，黄材栗山国的南蛇娘娘和梅山祖先，都有着远古硐居的历史，黄材栗山的考古，也发现了10-20万年前的打制石核石器两件。那么，原始居住的石硐遗址在哪里呢？何人发现？

说来，人有"因祸得福"，在"以阶级斗争为纲"的那阵，我对古硐遗址的发现，真是天机赐福。那是我作为"敌五类"的一员，在松溪村一座巨石矗立"九古硐"山下，集中劳动改造，并戴高帽打锣游村。我不由触景生情，想到几年前，也就是在这里，乡亲们敲锣打鼓迎接过我"抗美援朝保家卫国"的战功喜报。时势观念的反差，使我闷气横生，也就有了探幽寻趣的心志。走着，走着，忽然眼前出现了"九古硐"的巨大硐口。就像陶渊明发现世外桃源一样，心里豁然开朗。

信步入硐，进约50米，是个高约1丈、直径约3丈的洞厅，有石桌、石凳，摆置有序，石桌高约1米、约2米见方，置于中央，只见硐中粗糙的绳纹红陶片，随手可拾。顺得硐道摸索前进，连入三个硐厅，飞舞的蝙蝠，阻隔了向路，只得止步而返。在硐内扒土摸找中，又拾得石斧、石凿、石刀、石矛尖、石针等，石器有打制的，也有初磨成器的。这就是人类居住过的一万多年前的古遗址呵！这与后来考古学家发现的湖南道县玉蟾岩洞穴相似，玉蟾岩出土的绳纹红陶和石器，在1.4万年前。当时我庆幸自己曾由空军总政选入东北师大进修两组，一组九根，位于山南,一组7根,位于山东。特别值得注意的是,九古硐山顶一组7根巨石的东山,其中的三座巨石形状别致。都是由两块巨型板石合二为一的造型,中间吻合的条缝,仅可穿过二指,三座石缝皆一致,特别是三条隙缝,都朝东方日出的同一方位。李老观察入神,说道:"这里是1万多年以前,母系氏族盛行巨石崇拜的女阴石,郭沫若解释八卦'分二为女阴',今云南石宝山的女阴石,刻缝高1米,白族称为呵应白"。值得研究的是,这里三座女阴石的中缝一致,又同朝东方日出的一个方位,就可能与观测东方龙星(房、心、尾三宿)的出现有关。这种立石观象者,显然就是九古硐内居住的古人。

朋友,你可知道,这种竖立巨石祭天和观象,本是三苗之祖神农炎帝早期的传统礼制,《褆典》说"炎帝者,大火也"。据天文家伊世同《神农与大火》一文的研究:东方龙星中的"心宿",即"大火",呈三角形星组,是炎帝观象命名的大火星,"在1.1万年前,那时的大火星,位于天球夏至点的附近,夏至前后大火星与太阳同起同落"。这也就是九古硐先民在1.1万年前,特意竖立"女阴石"观象的最好时期。三座"女阴石"的构置意象,明显看出似人工造出来的。

君不信?看炎帝后裔,玛雅人于4700年前在欧洲英格兰的索尔兹伯平原建造的"日石阵图"的石柱,也高达5-10米,平均重量25-30吨,在直立的石柱上面,又架着横梁,圆阵之内还竖着8块特大的巨石,表示一年8节的历法,巨石的主轴,也正指向东方日出的方位。这表示8节的历法,就是炎帝的"八卦太阳历"。再看,印第安人于3800年前在墨西哥建造的波利维亚金字塔,竟由重达400吨的巨石造成,用巨石建成的太阳门正朝东方,每逢夏至的一天,太阳就沿着门洞的中轴线冉冉上升。这些表明,像九古硐先民立石观象的传统,一直相沿到了神农炎帝的后裔。

正午的阳光照射着排排巨石,我似乎看到了九古硐先民矗立不朽的灵魂。忽然想到这样的巨石崇拜,这在我的老家有多处可见。

九古硐的巨石文化,还与前去2公里的石笋联系一体。于是,我同李老师一同登山前往。在石笋村海拔约700米的石山之巅,只见石笋,宛如天柱矗立,比九古硐巨石更是倍加威严。石笋高约35米,石笋下部围大约15米,下层基脚有巨石磊集,呈三级梯层伴护石笋,显示出有人工构思的遗迹。特别是当我们爬上山顶,平视石笋的顶部,还见有呈三角形的石角,状如:出形龙星(房心尾三宿)标志,民间称作"头戴三角的石柱",用指南针较对三角的东方朝向推算,与九古硐"女阴石"的朝向观象,功能一致,都似乎是对向夏至"龙星—大火"升起的方位,石笋建造的年代也应在1.1万年之前。李老师看罢,也惊呼起来:这是我们祖先创造的世界巨石崇拜的奇迹,从石顶的三角和石脚的三级磊石,看似有人工建造的可能。那么,古人的遗迹何处寻?

朝着石笋坡下走去,发现坡下有个巨大的石硐,进深长不可测,据村民介绍,有人从硐中拾捡过不少石斧、石刀、石凿及绳纹红陶片等。进得硐来,在一横架于硐中的条石上,见有一个石磨盘,直径约半米,两个入硐的小孩,手推石磨呼呼直转。石磨是早期加工粮食的重要工具。看来,高高矗立于石硐上方的石笋,无疑是山下硐居先民为农业祭天、测天的业迹。

立石笋——石柱祭天观象,是神农氏观测龙星(房心尾三宿)授时,和以龙星中的心宿——大火星定春分制历的传统。据《华阳国志》记载"荆人尚有赤帝称王,王崩,立大石长五丈,重千钧为墓志,今称石笋"。

赤帝即炎帝,上古部落之王的墓葬,都安置在祭天韵祭坛上面。以石笋——石柱为炎帝墓志的观象传统,也传到了炎帝后裔的印第安人,他们在南太平洋密克罗尼亚群岛的纳马托岛上,建造了作为天神柱的巨石阵,共造巨石柱4328根,每根重达数吨,都是从4公里外的地方运来的。相传这里的统治者,就是"口中喷火的九首蛇",正像玛雅人在墨西哥奇琴伊察神殿前建造上千根的巨石阵,有的雕成羽毛蛇的冲天神柱。我国古建筑学家杨鸿勋,在云南抚仙湖水底发现公元前100年的巨大石城,石墙残长30米,宽5-3米,高1.4-4米;在城内中心面积35公顷的中央,矗在石岗之上的冲天石柱,也同石笋相似。因而,炎帝墓坛的石笋柱,又演变为祭天的图腾柱、测天柱、华表等。炎帝观象授时的龙星和大火星,都是呈三角形的星体,如甲骨文火字作出形。按炎帝古来祭天观象的礼制,这种石柱(石笋)、图腾柱、华表及行祭者的头部,就都要装置成龙星——大火的三角形符号的。处在1.1万年前,"大火星与太阳同起同落,位于天球的夏至点附近"。这一惊天观象的发现,便是古人造立石笋祭祀的动机。因此,传后的图腾柱、华表及神巫,都有装置呈三角的变形遗迹。看汉代画像石上的缠龙图腾柱顶端、天安门华表的顶端,都构成变形三角;佤族的图腾柱呈两角形;7000年前黔阳高庙陶画的展翅巨鸟,和鸟身的獠牙人面都戴三角。6000年前的仰韶人像戴三角;印第安人的头像大都戴有三角等。都是1.1万年前像石笋遗址观察火星的文化传播。甚至这种礼俗观念,传到现代民间,大凡孝子为亡父志孝,也是头戴三尖形的箍冠,俗称"三龙冠"。原意是祈望亡灵上天化变为"龙星授时",来保佑子孙后代。

黄材栗山国,不为人知的硐居文化和奇特的巨石崇拜,是人类智慧结晶的奇迹,世界文化的丰碑。它巍巍矗立昂首探天的英姿,标志出黄材神农炎帝栗山国历史的古老和辉煌。它将引领考古学家、人类学家及观游者的光临和赞叹。

现在总观访古上文,把历史尽收眼底,回望莽莽神州漫漫,万古文明辉煌。

这就是当年，我在宁乡黄材访古探幽的发现和研究。在生我养我的故土，在母爱乡情的支撑中，怀着人生理想和意志倔强的我，毅然闯过风雨飘摇的"泥潭"，迎着伟大党爱的阳光和学术研究的春天，终于揭开了故土尘封的神秘面纱。原来，宁乡黄材栗山国、青阳国，是与长沙神农厉山国相连的文化中心，构成了"洞庭湖区龙文化"的核心：神农宗教传统是文明社会的生机源泉。神农氏继承远古"直立人""智人"而发展形成的洞庭湖区的"龙文化"和"文明"，是中国历史的起源，也是世界文明起源的传播中心。宁乡——黄材以她古老的文化底蕴，野性的风采和与现代文明契合的灵性，让世人瞩目，让前来游观研究者神往，让曾经噪于历史的"黄河源头论""西方传播论"者惊醒！让中国和世界文明起源史改写重编。

（说明：因本文篇幅有限，相关注解从略，天人共鉴。请参阅我的原著《洞庭湖区的龙文化》，岳麓书社，2004 年 11 月出版）于湖南省宁乡县国土资源局 2007 年 3 月。

四羊方尊风云

· 姜太军 ·

作者简介

姜太军，黄材镇松华村人，湖南省农情分析研究中心主任、《湖南农业》杂志社社长。

一方铜鼎，四羊背负。集乾坤之正气，蕴五谷之甘醇，巍巍然，浩浩乎，矗立天地之间。

在众多的"宝贝"中，四羊方尊更是国之重宝。

在那样的年代，且来看看四羊方尊出土后的沧桑。

1938年4月的一个上午，黄材镇月山铺的转耳仑山上，姜景舒、姜景桥、姜喜桥兄弟三人正在半山腰垦荒栽种红薯。

转耳仑山上裸露着巨大的黑色岩石，杂草正在茂密地生长。17岁的姜景舒在地里翻土，铿然一声，锄头在入土的瞬间撞到一块硬物。

这是一块山地。对于靠做豆腐、打短工度日的一家10口来说，这地里生长的一点红薯，也是免于饥寒的保证。地里多碎石，经常磕坏锄头，需要一块块扔掉。去年在这儿，姜景舒的锄头也碰到过类似的东西。

他决定把这个讨厌的石头丢出去，他俯下身，看到地里有一块绿色的铜锈，一面是新鲜的断茬。泥土翻开，露出一块布满花纹的黑色金属。

他马上招呼弟弟过来，一起将泥土挖开。一个从未见过的金属罐子逐渐显露在他们眼前。这是一个布满铜锈的罐子，四面各伸出一只卷角的羊头，方形罐口张开，像一个喇叭。他们不知道这个墨绿色、带有4只卷角羊头的东西为何物，猜想肯定是个宝贝。

如获珍宝的三兄弟，不停地打量着这件宝贝，并用工具敲敲打打，不小心竟将器物的口沿敲掉了手掌心大小的一块碎片。姜家兄弟马上把这个模样古怪的罐子扛回家，用老式的杆秤称了称，大约64市斤，虽然并不清楚这件宝贝到底有何价值，但不凡的外形和如黑漆般的色泽，让姜景舒以为挖到了"乌金"，倍加珍惜。

姜家挖到宝贝的消息迅速在乡邻中传开。由于黄材历来就是青铜文物出土的宝地，文物贩子在乡村往往布有很多眼线，黄材镇万利山货号的老板也在第一时间得到了消息，给姜家开出了400块大洋的高价。这个价钱足以让姜家人目瞪口呆。兄弟俩找了一乘小轿，把这件他们不知道为什么那么值钱的宝贝抬到了黄材镇。姜景舒在卖掉宝贝时还下意识地将那片敲下来的碎片留下来做纪念。400块大洋，在经过当地保长、甲长和乡绅的层层盘剥后，到姜景舒手上就只剩下248块。

拿这笔意外之财，姜家买了两块地，几担稻米，生活从此略显殷实。

1938年，百万中国军队正在武汉与日军展开一场大会战。战争的气氛已经笼罩了长沙。

长沙的四个古董商人合伙用货价1万大洋、杂用1千余元，介绍费600元，从黄材镇买回了一件宝贝，却在如何分配的时候，闹得不可开交。

杨克昌是这四个古玩商人之一。这样一尊巨大精美的青铜器，高达58.6厘米，尊口向外舒展，肩部盘绕着蛇身而有爪的龙，最引人注目的是腹部四角的四只大卷角羊，头伸出尊外，蹄踏在尊底，栩栩如生。羊的前胸及颈背部饰鳞纹，两侧饰长冠凤纹，圈足上是夔纹。在商代，羊是祭祀和祈求吉祥的标志，显然，这尊青铜器的主人绝不仅仅将它当做容器。

在杨克昌一生中，这样的宝物见所未见，尽管有部分残破，但必定是无价之宝，只要一转手，就是万贯家财，而且有外商出价48万大洋，他们都没肯出手。这时，另外三个合作伙伴，却想把他排挤出去。

在三个人支使他去找买家的时候，杨克昌一咬牙，来到了当时的长沙县政府。

警察冲进古玩商人们密谋的房间，搜到宝物。随后长沙县法院作出判决，这件青铜器是重要文物，予以没收。

收缴到的青铜器之精美珍稀，举世罕见。当时的"中央社"等媒体纷纷予以报道，消息轰动一时。一些考古界的人几乎不敢相信，这样繁复的青铜器，是用传统的分块铸造，然后拼接的泥范法铸造出来。有人认为，它是使用了一种前所未见的铸造方法。

人们开始称这件残破的青铜器为"四羊方尊"。

四羊方尊被送到当时的"湖南省政府"后，张治中将军对其爱不释手，曾一度放置在其办公室的几案上，可没放几天，就迫于舆论压力转送湖南省银行进行严密保管。

四羊方尊就这样被安放到了湖南省银行的仓库，人们等待战争结束，修复这件残损的青铜器，作为国之重宝流传后世。

武汉会战在当年10月结束，日军占领武汉三镇，随即南下，攻陷岳阳，进逼长沙。湖南省银行迁往长沙西北的沅陵县，四羊方尊短暂地出现了不到一年，就消失在连绵战火中。

转眼十多年过去，1952年，新中国成立后的湖南省文物管理委员会接到一个指示，寻找四羊方尊的下落。54岁的蔡季襄，湖南古玩界的头号人物，在建国后被聘为湖南省文物管理委员会的专家。因为其在文物古董界的见多识广，寻找四羊方尊的任务就交到了他的手上。

然而，四羊方尊消失了整整14年，从哪里入手呢？蔡季襄去了沅陵——曾经湖南省银行的旧址，一无所获，但这是唯一的线索。

这时候，湖南省文管会接到一份意外的通报，说中国银行湖南分行的仓库里有一批文物需要清理，请他们尽快派专家去鉴别。中国银行湖南分行，前身正是民国时的湖南省银行。

蔡季襄马上赶到银行仓库，一个积满灰尘的木箱子被打开，里面是黝黑的青铜碎片。一只羊头赫然显现。

正是四羊方尊。只是，这件原先基本完整的青铜重器，已经碎成了二十多块。

劫难发生在长沙沦陷之时，在迁往沅陵之后，因为日军飞机轰炸，摆在架子上的四羊方尊在震动中摔落在地，碎片被装在木箱子里。在后来的辗转流离中，人们渐渐忘记了这件稀世奇珍的存在。

即便重新发现，也并未使它摆脱寂寞千秋冷的命运。当时湖南省博物馆刚刚成立，湖南省文管会只将碎片粘合，依然保存在博物馆的仓库里。

直到1954年，它才遇到那个命定的知音。一个叫张欣如的年轻人在仓库发现了简单修补的四羊方尊。它看上去粗糙、破旧、颓败，仿佛随时都会垮掉。张欣如用了两个月的时间，将四羊方尊重新修补好，并铸造了残缺的部分，使它恢复了3000年前秀美而威严的样貌。

修复过程证明，四羊方尊确实是由传统的泥范法铸造。羊角和龙头事先被铸成单个的零件，放置在外范内，再进行整体浇铸。方尊边角铸有棱脊，以遮蔽合范时可能产生对合不正的纹饰。任何一点细微的差错，都会让方尊失去浑然一体的效果。

考证后，人们确定四羊方尊是商代晚期偏早的器物。从公元前两千年开始的青铜冶铸业，作为生产力发展的标志在这时进入高峰。

1959年，四羊方尊被调往中国历史博物馆（现已与革命博物馆合并为中国国家博物馆），陈列在首都。在人们看来，最珍贵的国宝，必然要放在国家的都城，以供人瞻仰这个国家曾经的繁华与历史的悠久。这件被誉为中国青铜铸造史上最杰出的作品，享有"镇国之宝"的美誉。

但是，美中不足的是四羊方尊还缺了一块。

时间到了1963年夏，高至喜，湖南省博物馆考古部主任，为了探寻四羊方尊当时发现的情况，他来到了黄材镇月山铺。在路边，他遇到一个40来岁的农民，长年的劳作让他看上去比实际年龄更苍老。"我捡到过有四个牛头的东西，我这儿还有一块，上面有牛。"他说。

农民把高至喜带到家里，取出一块巴掌大的青铜片。上面布满精美的云雷纹。高至喜脑海里闪过一件国宝的影子。

现在，眼前这片布满纹饰的青铜片，让从事文物工作多年的高至喜无法不联想到四羊方尊。那些繁复的云雷纹与方尊上的花纹如出一辙。

他望着面前的这个农民。农民告诉他："我姓姜，叫姜锦书。"然后，开始讲述他20多年前的奇遇。

这个农民的描述，与他以前听说的四羊方尊发现情况如出一辙。但是他说青铜器上是"牛头"而不是"羊头"。这是另一件重要的器物，还是这个农民把羊当成了牛？

高至喜不敢马上下判断。他想把残片带回去，与四羊方尊进行仔细的比对。

"你把这个卖给我好不好？我给你15块钱。"高至喜问。

姜锦书摇头："这是'九火铜'，比黄金还贵，不卖，不卖。"

高至喜无法说服倔强的姜锦书，只好回到省博物馆。这件事也就放下了。又过了十来年，1976年，他突然想起这件事来，赶紧委托宁乡县一个文物干部去找姜锦书做工作，请他把残片献给国家。

这时候，姜锦书的儿子在月山铺当上了党委书记。经过一番劝说，终于让50多岁的姜锦书把残片捐出来。同时捐出来的，还有一块青铜羊角。干部给姜锦书写了一个条子："今收到月山公社龙泉大队茶园生产队姜景舒同志古铜两块。"他写错了这个农民的名字，此后，这位农民的名字就一直被写成姜景舒，直到他1997年去世。作为奖励，县里给姜景舒发了一支钢笔和一个口杯，奖励了10元钱。

收到的青铜残片被送到省博物馆保管部。高至喜请来当年修补四羊方尊的张欣如，仔细对比了残片的厚薄与纹饰。

"就是四羊方尊上的！"两位老专家做出了同样的判断。

残破了半个世纪的四羊方尊，终于找到了缺失的碎片。此后，这两块残片，就一直保存在湖南省博物馆。

2007年，一场国宝的巡展来到湖南，四羊方尊正在其中。分离流失了半个多世纪的残片，尽管未能与四羊方尊重合一体，但是毕竟等到了它的归来。

四羊方尊，是那个时代青铜器精致臻于极致的典范。

四羊方尊，是血泪交融但辉煌盛大的五千年华夏历史。

作为国家博物馆的镇馆之宝，四羊方尊可叹一声"鬼斧神工"，其铸造之巅峰水准令人难以置信；在商代青铜方尊中，其端庄典雅亦独树一帜。

四羊方尊的发现，颠覆了"青铜文化不过长江"的论断，引起了对中国商周考古学文化序列和谱系的迷惑。

一种极具生命力的文化，是历史粹取的结晶，是人民无穷的智慧和顽强的精神的结晶，其无与伦比的力量必将震撼着历史，让历史的选择成为悠久。

真可谓是：

瑞梦幽深贯古今，
青山隐逸待知音。
四羊抵角商时雨，
百酒温尊昨夜心。
战火锋烟魂未改，
红尘世事骨犹禁。
天涯纵裂何关恨，
傲复雄姿领畏钦。

待雪芙蓉山

·孙意谋·

作者简介

孙意谋，1975 年生，巷子口狮子冲人。宁乡县政协文教卫体委主任。

期待一场大雪。

所有的心事，期盼抑或怅惘、温暖抑或悲凉、希望抑或失落、热烈抑或冷清、思念抑或遗忘……都与一场大雪有关。

因为有雪，所以有诗。漫长的寒冬因此变得温暖而浪漫。在那诗意缠绵的冬夜，连王熙凤都舌绽莲花，一开口便是"一夜北风紧"，如牧神午后般的陶醉和徜徉，引出大观园里最欢乐最热闹的美妙时刻。

"日暮苍山远，天寒白屋贫。柴门闻犬吠，风雪夜归人。"1340 年前，芙蓉山的那场大雪，纷纷扬扬潇潇洒洒，穿越历史风霜，代代相传吟唱至今，让人怀念不止、赞叹不已。满腹心事的刘长卿于 776 年描述的这样一幅风雪夜归图，从孩提时候开始，就在世人心里留下深深的文化烙印。我每每读到此诗，总是想起 40 年后白居易所作的《问刘十九》："绿蚁新醅酒，红泥小火炉。晚来天欲雪，能饮一杯无？"好友已经温好了美酒、发来了邀请，我怎么会犹豫"日暮苍山远"，怎么会在乎"天寒白屋贫？"天寒地冻风雪连天的时候，唯有友情，才让人感觉三生有幸如沐春风，哪怕历尽千辛万苦也将在所不辞。我分明感觉这是两个知己惺惺相惜的对话，尽管已是不同时空。

"万木冻欲折，孤根暖独回。前村深雪里，昨夜一枝开。风递幽香去，禽窥素艳来。明年如应律，先发映春台。"一场大雪，悄无声息地飘落在密印寺。那天清晨，齐己推开山门，只见眼前银装素裹，空气中暗香浮动，几枝梅花初绽，引来了报春鸟。齐己被这景色惊呆了。他马上写下这首《早梅》，以轻润平淡的语言和含蕴的笔触刻画梅花品性风韵，境界高远，意蕴深刻。据《五代史补》记载：郑谷在袁州，齐己因携所为诗往谒焉。有《早梅诗》曰："前村深雪里，昨夜数枝开。"谷笑曰："'数枝'非早也，不若'一枝'则佳。"齐己矍然，不觉兼三衣叩地膜拜。自是士林以谷为齐己"一字之师"。这就是文坛有名的"一字师"的来历。佛门圣地，一切皆有机缘。想不到密印寺漫不经心的一场大雪，成就了一段文坛佳话，至今让人津津乐道，广为传颂。

纷飞的大雪引发了齐己的诗兴，也启迪着寺内的高僧们参禅开悟。冬夜，山风凛冽，百丈禅师一觉醒来，冻得浑身哆嗦。他伸手探探床前的火盆，尚有一丝温热，于是吩咐侍立一旁的灵佑说："你拨一拨炉中，看看有火没有？"灵佑拿起火棍草草拨了两下，说："师父，炉中没火了。"百丈禅师站起身来，拿过火棍深深一拨，拨出一点火星给灵佑看，并说："你说没有火，这是什么？"灵佑顿觉醍醐灌顶，得以开悟，忙叩首谢师。正是在无数个这样的雪夜里，灵佑潜心佛学，不断开悟，终成一代开山祖师，沩仰宗成为禅宗五家七宗中开宗最早的一派，密印寺也成为沩仰宗祖庭。

大雪纷纷扬扬，飘落在官埠桥上，世界变得银装素裹，一片安宁。当年陆游也是在这样"火冷雪急"的天气里，为痛失老友张浚而恸哭吗？宋孝宗隆兴初年，陆游参加张浚主持的北伐工作，和张浚结为知己。后因战事失利，陆游被投降派加上一个"交结台谏，鼓唱是非，力说张浚用兵"的罪名，"免归"故乡山阴。张浚辅佐南宋高宗、孝宗两朝四十载，竭忠尽智，力主抗金，曾被封为魏国公。但连遭奸臣秦桧、汤思退之流的陷害，困于谗忌，屡起屡谪。隆兴北伐后，竟死于判福州的路上。这位"精忠贯宸极，孤愤摩穹苍"的南宋重臣，终其一生都在为重整河山、收复失地而奔波，陆游既钦佩张浚的忠贞为国，也深深的同情他坎坷的遭遇。"吾尝相国，不能恢复中原，雪祖宗之耻，即死，不当葬我先人墓左，葬我衡山下足矣。"张浚死时，陆游触景生情，悲痛万分，一挥而就写下《挽张魏公》："河亭挚于共徘徊，万事宁非有数哉。黄阁相君三黜去，青云学士一麾来。中原故老知谁在，南岳新丘共此哀。火冷夜窗听急雪，相思时取近书开！"陆游一生，以慷慨报国、收复河山为己任，然而生于乱世，他空有拳拳报国之心却壮志难酬，在火冷雪急的时候，这一场大雪，飘落的该是怎样的苍凉悲怆！

大雪飘落在密印寺的晨钟暮鼓里，也飘落在识山楼的寂寂回廊中。萧夫人面对着纷纷大雪，写下了伤时感世的《对雪》："纷纷瑞雪压山河，特出新奇和郢歌。乐道幽人方闭户，高歌渔父正披蓑。自嗟老景光阴速，谁使佳期感怆多。更念鲦居憔悴客，映书无寐奈愁何。"如此寂寞愁闷，让人不忍卒读。所以我更爱她年轻时与易状元的诗词唱和。易祓在杭州求学十年，留在老家的萧夫人日夜思念，填了一首《一剪梅》寄给夫君："染泪修书寄彦章，贪却前廊，忘却回廊。功名成就不还乡，石做心肠，铁做心肠！红日三竿未理妆，虚度韶光，瘦损容光！相思何日得成双？羞对鸳鸯，懒绣鸳鸯。"易祓理解妻子的思念之情，赶忙回寄妻子一首《喜迁莺》："帝城春昼。见杏脸桃腮，胭脂微透。一霎儿晴，一霎儿雨，正是摧花时候。淡烟细柳如画，雅称踏青携手。怎知道，那人独倚阑干消瘦？别后。音讯断，应是泪珠，滴遍香罗袖！记得年时，胆瓶儿畔，曾把牡丹同嗅。故乡山遥路远，怎得新欢如旧？强消遣，把闲愁推入，花前林酒。"这一唱一和冰释了夫妻间的嫌隙，相思之情令人动容，成为文坛佳话。后来晚清词人况周颐在《蕙风词话》中说："'记得年时，胆瓶儿畔，曾把牡丹同嗅'一句'语小而不纤。极不经意之事，信手拈来，便觉旖旎缠绵，令人低徊不尽。'"

不是深情人，难得情深语。或许，让这个世界最终记住的，不是那些丰功伟绩，不是那些黄钟大吕，而是纱窗风雨黄昏后的儿女情长，是夕阳西下断肠人在天涯的浅吟低唱。

大雪纷纷扬扬，看似无声，实则每一瓣雪花上，早已写满了古往今来事、记住了南来北往人。因此我期待着一场大雪，我要在"日暮苍山远"的图画里，在芙蓉山的暮色中做那个"风雪夜归人"；我要在"万木冻欲折"的苦寒中，在大沩山的琉璃世界里踏雪寻梅，喜看"昨夜一枝开"；我要在"十方密印寺，飘落白云中"的暮鼓晨钟里，拔一拔炉中火，让自己明心见性早悟兰因；我要在官埠桥的猎猎长风中，看先生之风，山高水长；我要在识山楼的寂寂回廊里，看鸳鸯成双，同把牡丹嗅……

我期待着，与一场纷纷扬扬的大雪，久别重逢。

商周青铜器

    商周青铜器是本书的主体部分。据统计，到目前为止，宁乡境内出土和征集的商周青铜器已超过 300 件，其中许多形体硕大、造型奇特、装饰华美、工艺精湛，堪称中国古代青铜艺术的杰作。

    青铜器在我国商周时代不仅是社会生产力发展水平进步的标志，更是社会等级秩序、国家政权的象征和国家统治力量的保证。在当时，"国之大事，在祀与戎"。为了氏族的生存和国家的强盛，古人采用当时最先进的技术，耗费巨大的社会财富，制作青铜器用来祭祀神灵，希望以此求得神的护佑，这是青铜礼器出现的起因。故东汉许慎《说文解字》云："礼，履也，所以事神致福也。"

    由于祭祀活动非常频繁，且多在部落或国家的公共活动中心宗庙举行，青铜礼器就成了宗庙里的固定陈设，被称为"彝器"。久而久之，以"鼎"为代表的青铜礼器就演变成为国家政权的象征。故商周之时，灭人之国，必先"毁其宗庙，迁其重器"（《孟子·梁惠王下》）。

    又因祭祀活动均由部落或国家的统治阶层把持，祭祀对象和主祭者地位不同，祭祀仪式的规格相应有别，那么使用青铜礼器的种类和数量也不同。这种做法扩延到宴飨和丧葬领域，逐渐形成一种严格的等级制度，社会各阶层须谨遵恪守，不可逾越。这样，青铜礼器就成为当时社会政治秩序的象征。

    商周时期的青铜器一般依其实用功能可分为饪食器、酒器、水器、乐器、兵器、车马器、生产工具、生活用品等种类，其中饪食器、酒器、水器和乐器等主要作为礼器使用，但在某些特殊场合，兵器、车马器甚至工具、生活用品也可能成为礼器。由此可见，青铜礼器在商周青铜器中拥有至高无上的地位，在当时社会政治、军事、宗教、社交、丧葬、婚嫁等各个领域发挥着不可替代的重要作用。也正是因为中国古代独特的礼仪文化需求，造就了中国商周青铜文明的霞光异彩。

四羊方尊(商代晚期)

1938年黄材镇月山乡转耳仑出土,现藏中国国家博物馆。

通高58.3厘米,口边长52.4厘米,重34.5公斤。

大口外翻、长颈、鼓腹、高圈足。肩部四隅置四个立体的卷角羊头,四面浮雕柱角龙纹,腹部由羊腹合成,上饰长冠凤鸟纹,圈足上浮雕八只羊腿,通体四隅和四面设扉棱,颈部饰兽面蕉叶纹,羊头饰云雷纹,羊身饰鳞形纹。

四羊方尊造型雄奇,寓动于静,集线雕、浮雕、圆雕于一器,平面图像和立体雕塑相结合,将器物和动物形态融于一体,显示出高超的工艺技巧和艺术构思,堪称我国古代工艺美术史上的一朵奇葩。

羊在古代被喻为吉祥之物。四羊方尊以四羊陪四龙,雄踞四面八方,寓意吉祥、和谐、尊贵、富强。

资料来源

中国青铜器全集编辑委员会编:《中国青铜器全集·商4》图版——五,文物出版社,1998年。

商代大铜铙(商代晚期)

1977年在湖南宁乡黄材镇月山乡转耳仑出土,现藏中国人民革命军事博物馆的《古代战争馆》里。

通高690毫米,重67千克,壁厚25毫米,口宽500毫米,呈双面弧形。铙高460毫米,舞部宽370毫米,无舌;体中空直至柄端;柄高230毫米,柄口直径80毫米,中空,可插木固定;柄上部接近舞部处鼓起,为一宽箍,上有4个乳钉;铙面有缘,主体纹饰为粗线条饕餮纹,四周和柄部为云雷纹。铜铙形体大而厚重,铸造工艺精良。

资料来源

中国青铜器全集编辑委员会编:《中国青铜器全集·商4》,文物出版社,1998年。

人面纹方鼎(商代晚期)

1959 年黄材镇胜溪村新屋湾出土,现藏湖南省博物馆。

通高 38.5 厘米,口长 29.8 厘米,口宽 23.7 厘米。

整体呈长方形,立耳,四圆柱足。腹部四面均饰一浮雕人面,口内壁铸"禾大"(或释"大禾")铭文。人面阔嘴高鼻、神态肃穆,两侧有一对大耳,耳上、下有类似兽面纹的角和爪。

资料来源

中国青铜器全集编辑委员会编:《中国青铜器全集·商 4》图版二四,文物出版社,1998 年。

高至喜:《商代人面方鼎》,《文物》1960 年第 10 期。

虎食人卣一

日本京都泉屋博古馆藏,传出土于宁乡沩山与安化县交界处附近。

通高 35.7 厘米,重 5.09 公斤。

整器为一踞坐虎形,其大口张开,口下一人蹲于虎前。虎前爪环抱人腰,人双脚踩在虎后爪上,双手搭于虎肩,虎背部置器盖,盖钮为一小鹿,虎两肩之间设一提梁,提梁两端为象首。通体遍布兽面纹、夔龙纹、虎纹、蛇纹、鱼纹、方格纹、云雷纹等。

资料来源

中国青铜器全集编辑委员会编:《中国青铜器全集·商 4》图版一五二,文物出版社,1998 年。

樋口隆康编集·解说:《泉屋博古馆·酒器 1》第 8、32、33 页,法人财团泉屋博古馆,平成 6 年(1994)11 月。

◐ ◑ ◉ 虎食人卣二（商末周初）

法国巴黎赛努施基博物馆藏,因与泉屋博古馆藏虎卣几乎一致,推测为同一地点所出。

通高 35 厘米,长 20 厘米。

该器与泉屋博古馆藏虎卣的差别如下:

1. 本器虎口的牙齿两两相连,而泉屋卣虎牙是各自分开的;

2. 本器上人的耳下有穿孔;

3. 本器人背部虎爪相距很近,而泉屋卣虎爪相距较远,中间有小幅兽面纹;

4. 底部龙纹两侧的鱼纹形态和朝向均不同。

资料来源

李学勤、艾兰编著:《欧洲所藏中国青铜器遗珠》图版 40,文物出版社,1995 年。

李学勤:《试论虎食人卣》,《南方民族考古》第一辑,四川大学出版社,1987 年。

大美黄材

大美黄材，一方乐土，聚日月之菁华，物产丰盈；
吐山川之灵气，人文蔚起。
三面群山环抱，林深树密；中间一马平川，土沃田肥。

古园雄风

大美黄材

·周桂华·

作者简介

周桂华，1952年生。黄材镇新桥村人。从事教育工作，文学作品曾获省、市奖。

大美黄材，一方乐土，聚日月之菁华，物产丰盈；吐山川之灵气，人文蔚起。三面群山环抱，林深树密；中间一马平川，土沃田肥。境内阡陌纵横，四通八达；河渠交错，百转千回。城墙大山如同一幅巨大翠屏悬挂在蓝天之下；猴公大山宛若天然画卷飘荡于白云之中。麻石峰苍穹刺破，云台山峻岭横空，八渡水清波献媚，三关门险象惊魂。

井冲有胜境桃园，金马有石溪钟鼓。峡溪十里画廊，幽谷深潭山回水转，漂流惊心刺激；石林千亩公园，危崖怪石势险形奇，游玩尽兴谓壮哉。沩宁胜状汇青洋一湖，湖光山色，风月无边。湖面碧波荡漾，鳞群竞跃；岸边绿草如茵，钓者纷来。山中古来葱茏，遮天蔽日，林间繁花馥郁，斗艳争妍。曲径入胜通幽，流泉飞珠溅玉。竹影婆娑、莺声婉转、涧水丁当。游客至斯，神怡心旷；幽居在此，益寿延年。

真乃休闲康养之佳地。

奇也，湘楚奇观荟石龙一洞。洗心池可洗愁心，通天河可臻仙境。洞中钟乳石难计其数，如柱如笋如剑如锥，形状各殊，石罗汉何止千尊，或慈或怒或笑或憨，神情各异。玉壁岩花锦簇，洞中石具齐全，洞顶繁星碧落，阴河冬暖夏凉。游人到此，如离尘世，神仙居此，不慕蓬莱。

神乎，湖湘数千年文脉源在炭河，南中国青铜文化中心坐落在此。

这里出土的西周青铜器千件之多，件件造型精致华美，冶炼技术炉火纯青。四羊方尊更是国之重器，价值连

◎炭河古城风光

城，它沉淀着这一方风水宝地的文明厚重，也彰显出这方古国王朝的神圣尊严。不到炭河，总使人魂牵梦绕；到了炭河，总令人往返流连。而今古国尘封已破，揭开了神秘的面纱，送走了千年的落寞，迎来了新的曙光。走进城池，走进宫殿，走进博物馆，穿过久远的时空隧道透过堆积的厚厚尘埃，可与那远去的古人们对话，于是那些对此心仪已久的四方游客闻风纷至沓来，想睹一睹这沉睡了几千年而今苏醒的睡美人之风姿神韵；想听一听这里销声旷久的妙曲弦歌。

大美黄材一方灵地，这里英才辈出。文化传承一代又一代，耀眼的光环一圈又一圈。诗僧齐己开创了沩楚诗歌的先河，其辞条单列在文光四射的《辞海》，而后流光继起，经纶厚德泽被一方。张南轩儒家泰斗百世宗师，岳麓传经，贺云山才高八斗钦赐翰林，杏坛掌印。观易博通经史，学富五车，诗文显世，振文以身许国，率师北伐，位列将军。泗淇开国元戎，军中儒将，李贞开国少将，巾帼一人，夫妻一同封将，举世无双。凤韶革命英烈，精神不死，国仁教育名流，道范长存。亚勋揭竿黄唐，时代俊杰，素椿悬壶济世，舍身实验，杏林英模。且喜当代，栋梁遍九州，光芒辉四海。

黄材古迹繁多，寺庙庵堂曾有五十余处。石狮庵一千年香火不绝，黄绢桥五百载桥状依然。南岳行宫佛光常照，姜公大庙气韵犹存。

黄材四周名胜不少，南楚灵山，大沩密印、东雾汤泉、云山书院、何谢故居、裴张陵墓。近在咫尺，或礼佛朝香，或寻芳沐浴，由此而去，遐者不需一时，迩者只要两刻。

欣逢盛世，百业俱兴；喜遇良辰，万民咸乐。万里春风吹新大地；九天丽日照暖青羊。不忘初心，励精图治，奋力前行。凿穴筑巢、招凰引凤、繁荣集镇、千商云集、装点乡村、游客涌来。黄材的奇山秀水，让人大饱眼福，黄材的璀璨文明，让人神采飞扬，黄材的名胜古迹，让人遐思无限，黄材的特色美食，让人回味无穷，黄材的日新月异，让人惊叹不已。试看明日之黄材，必是三湘雄镇。

沩山景点拾贝

大沩凌云

沩山位于宁乡县西部，2012年，被评为"国家风景名胜区"。苍莽雄奇的雪峰山脉自西向东连绵逶迤而来，在这里忽然奇峰突起，群山竞秀，方圆达70余公里，最高峰九折仑海拔达1000多米。沩山又是宁乡、安化、桃江三县的天然分界线，因山高林密，峰峦叠翠，云遮雾绕，气势磅礴，故有"大沩凌云"之誉。清代被誉为诗书文"楚陶三绝"的翰林检讨陶汝鼐称"衡岳之下，山之大者以数十，而沩最著"。前清举人周在武有诗题《大沩凌云》："大沩十万丈，上与浮云齐。山势长不改，云飞东复西。云去山有风，云来山有雨。风雨无定期，云情竟如许。"走进沩山，就能真切感受"千山万山朝沩山，人到沩山不见山"的仙境。县内最大的河流沩江就发源于此。

沩山是一座古代名山，有着优美的自然风光和深厚的人文底蕴，不仅国内的字典、辞书均有记载，据说印度和日本东京的昭提寺至今还藏有《沩山志》。沩山是一座佛教名山，山上有一座高大雄伟的寺院，名"密印寺"，是大唐灵祐禅师得到相国裴休帮助，于公元849年正式建成，一时名重九州，不数年，僧众多达1500余人，拥有近3000亩田地，成为了全国农禅道场之典范。

这里为什么被叫做"沩山"呢？按《名胜志》解释说，"四方皆水曰沩"，于是有人认为，沩山之所以叫"沩山"，是因为此山盆地内原有一小石山，居于水田包围之中，故称"沩山"。还有人认为，沩山原本叫"围山"，即包围的意思，后来逐步演变写作"沩山"。此外，还有另一说，"沩"由"妫（guī）"演变而来，因为早先"沩"也读作euī，《康熙字典》上注音也是"居为切"。于是就有了舜帝幼女妫下嫁沩山而使此地得名的民间故事。相传，舜帝最后一次南巡久久未回，到南方来寻找舜帝的除了娥皇、女英二妃，还有舜的小女儿姡。寻父过程中，姡不慎走失，独自一人寻觅。姡走着走着，看见一座大山，这里风景优美，鸟语花香，人们往来劳作，怡然自乐。姡还看中了一位英俊的年轻汉子，与他私订终身，在这山上结婚生育了。因为姡的下嫁，这座山就叫做了"姡山"。

回心桥

唐宪宗元和二年（807），灵祐受百丈怀海禅师派遣来沩山弘法。

那时沩山山高林密，悬崖陡峭，杳无人烟。灵祐沿沩江而上，割茅伐木，辟条小径上山，搭个草棚住下，采摘野果充饥，夜伴野生动物，准备安禅接众，利济众生。出乎灵祐意料的是，这样一连过了六七年，竟没有一个人上山来听他讲经说法。灵祐动摇了：自己一个人独守山林，如何弘法？既不能利济众生，自己也无法修行，如此枯守有何益处？还是下山回百丈山去吧！

那天天气晴和，满山阳光普照。灵祐走下山来，只顾探路前行。

忽然几声嚎叫，令灵祐一阵心惊，抬头看去，只见前面狼虫虎豹挡住去路，一个个圆睁怒目。灵祐一阵胆寒，心中暗暗叫苦。正是进退维谷之际，灵祐猛然想起师父平日"弘法利生"的教导，便横下一条心来，对着众兽大声叫道："尔等挡道，想是要挽留我么？现在我走了过来，我若与此山有缘，尔等尽管散去，我自会留下，我若与此山无缘，就一任尔等吃掉罢！"灵祐说罢，迎着众兽走了过去。众兽闻听灵祐言语，顿时各自散去。灵祐大惊，心想我果然与此山有缘吗？立时后悔自己耐心不够，几年时间就心生退意。于是回转山来，努力经营草庵。果然很快就感动了山下村民，上山帮助灵祐建设寺院，加上那时江西百丈山也派大安等人前来帮助，更加坚定了灵祐开法沩山的信心。后来人们在灵祐回心转意之处建了一座石拱桥，叫作"回心桥"。

此事在宋人佛教典籍《五灯会元》和《人天眼目》中均存记载。

灵祐墓塔

沩山密印寺建成后，名播九州，僧众云集，多达1500多人。一个寺院住不下，又在周围建起了一些小寺院，其中较大的，甚至可以和密印寺齐名的就是沩山东麓的同庆寺。有人说灵祐生前就看好了这个地方,准备作为自己的归葬之所。

唐大中七年(853)正月初九,灵祐圆寂了。

灵枯弘传佛教40多年,弟子数不胜数,有影响的弟子也有相当一批。他活到了83岁,出家共64年。根据灵祐生前的意愿,慧寂等徒弟们将师父沐浴盥洗,在同庆寺后面的栀子园内建造墓塔安葬。

塔室共有三层,上层是塔碑,中层是三间房室,摆放法衣、法器和祭品,下层是一间石屋,用花岗岩条石,按六方形环砌而成。石屋正中设一檀木椅,灵祐遗体就端坐于椅上。据《高僧传》称,灵祐被御封为"大圆灵祐禅师",其碑额还是晚唐最著名的大诗人李商隐所题写。

相传自灵祐葬后,历晚唐、五代、宋、元、明几朝,祖师的头发每年还能长出一分,因此每隔三年密印寺方丈就得派人入室去给祖师剃去头发。传说最后一次理发的人竟因失手,划破了祖师头皮,一时竟鲜血直流,因而寺院决定立即封闭,不再开启。后来有人还想打开石屋,可几次都没有能够进行下去,因为只要有人动手去开启石屋,就有电闪雷鸣予以警示,以后也没有人敢去动手了。

新中国成立后,同庆寺作了学校和地方政府机关。祖塔乡和沩山乡合并后,房屋空出,部分作了宗教活动场所。后院的灵祐墓塔"文革"中被毁,现有墓塔为2001年修复。同庆寺旁尚有唐女禅师刘铁磨墓塔。

白牛精舍

灵祐初上沩山之时,每出外弘传佛法都得靠双脚爬山,出入艰难。

有一天,灵祐讲经说法回来,刚过九折仑山坳便见一只花豹在追赶一只小白牛。花豹猛扑过来,小白牛顽强抵挡,但小白牛哪是花豹的对手,眼看就要成为花豹的口中之物了。"弱肉强食,佛理不容!"正好瞥见了这一幕的灵祐一声断喝,挥起手中禅杖冲了过去,对花豹吼道:"都是佛祖生灵,岂能如此无理!"

花豹见灵祐手握禅杖,声若洪钟,立即夹起尾巴逃之夭夭。

小白牛得救了,它跪到灵祐面前,泪水下涌。这时从山头上走下来一位白髯老者,虽农夫打扮,却鹤发童颜,仙风道骨。他对灵祐说:"我就是这条小白牛的主人,谢谢你救了它,现在我就把它送给你吧!"灵祐道:"利济众生,原是佛家本分,如此实不敢当。"老者道:"这小白牛原本是你的坐骑,你日后乘坐它更方便去弘法利生,就不要客气了吧!这也是你们的缘份了。"说罢扭头就走,倏忽间不知去向。

灵祐心下颇有些疑惑，看着小白牛已在山边吃草，若不将它带回去，又恐花豹再来。灵祐把小白牛带回寺院，关入一个石洞饲养起来。以后白天灵祐一有闲暇便牵着小白牛上山放牧，自己就在一旁石头上打坐，冬天夜晚亲自出来加些草料给牛食用和御寒。日子一长，小白牛长成大牛，它和灵祐的感情也日益加深。灵祐外出，本不忍心骑上白牛，但白牛跪到灵祐跟前，灵祐不骑，它就不起来，就这样，白牛终于成了灵祐的坐骑。灵祐骑上白牛，上山下坡，过河涉水，安安稳稳，飞奔如风，出入十分方便。

数年如一日，白牛和灵祐十分投缘，亲密如初。灵祐圆寂后，白牛突然不见了。和尚们到石屋一看，只见石屋里面有一个白色大石头，匍匐地上，其状俨如白牛。

到了明末崇祯年间，陶汝鼐偕尚书李腾芳同游沩山，寻找密印寺大火之后的遗迹，听寺院住持讲述灵祐和白牛结缘的故事，大为感慨，当即捐钱数千，嘱咐住持为白牛立庙，供人祭祀，并由李腾芳亲笔题写了"白牛精舍"匾额，惜今荡然无存。

裴仑上

沩山东面群山有一个高峰，叫"端山"，当地人却常叫它"裴仑上"，就是因为这山头上埋葬了唐代相国、沩山密印寺大护法裴休。

裴休，字公美，孟州济源（今河南）人。曾任监察御史、兵部侍郎、诸道盐铁转运史、同中书门下平章事。裴休是唐代笃信佛教的官员中职位最高，研究佛教经义最有成绩的。他一生好佛向善，和很多高僧大德有过非常密切的交往，也帮助过很多寺院。他任湖南观察使时，经长沙至益阳，几次上沩山向灵祐咨询佛理玄机，自称"灵祐弟子"。武宗会昌灭佛后，灵祐在山下裹首为民。宣宗即位后，佛教重兴，裴休亲临沩山，请灵祐重新上山，帮助灵祐向朝廷奏建密印寺，并请皇帝御赐"密印禅寺"匾额，又为寺院捐集僧饭田1000余亩。裴休晚年常居沩山，死后也葬于沩山之端山上。如今墓冢依旧，是湖南省重点文物保护单位，墓碑上书有"唐相国裴休墓"六字，墓地前饰二龙戏珠、双凤朝阳石雕，两旁石柱上雕刻的墓联"亮节高风乾坤并老，慈怀道气天地长存"仍很清晰。站在墓旁，若是天清气爽，可看到黄材水库一泓碧水和起伏如涛的山岭，因此，从前人们都说这是一块宝地，"日有千人朝贡，夜有万盏明灯"。

御香亭

沩山境内的一个小山峦上原有一座古亭，相传是当年为大唐昭宗皇帝烧御香而建的，直到1966年御香亭还在，后毁于"文革"。

传说昭宗皇帝曾率皇妃、公主、大臣等数百人到沩山参禅礼佛。皇帝驾临，是前所未有的神圣威严，密印寺僧众在亭前跪拜接驾，山呼万岁。昭宗皇帝一行进香后，在方丈陪同下还游览了寺院各处，密印寺的壮丽非凡引得龙颜大悦，随即赏赐寺院巨资，御赐方丈袈裟，方才下山还朝。据说此后，御香亭一直有专人看管，随时修缮。清代高僧不缺和尚曾题有《御香亭诗》，其诗曰：

乱云长假篆齐房，草木无名尚可香。

亭子百千年内事，月留法籁咏恩光。

今已易址重建于寺院右侧。

仙女朝供

沩山九折仑山顶有一巨石，酷似巨人端坐，其石前不远处有一小圆石，恰似一碗斋饭，人们称这对一大一小的石头为"仙女朝供"。

相传当年修建密印寺时，由于工程浩大，每天有1000人做事，但每到饭桌上一点数，总只有999人。当时虽然有人知道，但也不很在意。寺院竣工后，东边斋堂忽然飘落几片小瓦，刚修好，西边禅房又掉下几块檐板，这样的事时有发生，众人都深为疑惑。

一日，天空中突然飘下一张黄纸，有字如符，细细辨认，却是"沩山和尚不待饭，修起东头西边烂"，这时众人方才想起，当日没来吃饭的竟是一位仙人，因为寺院得罪了他，便故意玩些恶作剧。以后数百年，密印寺总是补了这头烂那头，补好那头烂这头，修修补补，没完没了。到了宋代，寺院众僧曾为此跪拜三天，求佛爷给予解难。

话说一个雷电交加风狂雨急的晚上，九折仑顶上突然长出石人石斋饭的两个奇石。随之，寺院住持做了一梦，梦中有土地神告诉他：那是金甲仙人奉佛祖之命，借助风神雨师的神力，从昆仑山上赶来的仙女石和斋饭石，永远代替和尚在寺门前打供饭侍候那位神人，以补偿当日"沩山和尚不待饭"之过，寺院"补了东头西头烂"的情况也就不再了。

明代文人湛可振还写过一首《仙女送供》的诗,其诗曰:

崖岩数丈古顽身,雍廉怡然贡异珍。

不问饱餐云水意,千年供奉见全真。

狮子崖　象王峰　禅衣岭

沩山沩江村一带有三座高山,一座貌若雄狮,一座好似大象,还有一座恰如一领禅衣高挂,被当地人唤作"狮子崖""象王峰"和"禅衣岭"。

相传大唐咸通年间,这一带经常发生地震,人们提心吊胆。山民们和寺院僧众急得天天焚香秉烛,求拜苍天保佑。玉皇大帝闻到人间香火,遣人一查,得知原是地府孽龙作怪,便令李靖天王为沩山解难。李靖领旨,立即令神狮前往,神狮出发前与好友象王告辞。神狮和象王本是莫逆之交,想起此一别却是天上人间,以后很难相会了,正依依不舍时,象王忽然果断决定和神狮一道下凡,同往沩山,一来相助神狮,二来互相照应,不再有离别之愁。神狮和象王一同来向玉帝请旨,玉帝嘉奖象王,欣然应允。这样,李天王带上如来佛镇压妖孽的灵符率狮、象二神腾云驾雾来到沩山,将二神安置在离密印寺不远的地方,贴上灵符,就镇住了妖孽。从此以后,沩山就平静下来,不再有动摇颠簸之忧了。玉帝还知道沩山山高气温低,而大象十分畏寒,特赏赐禅衣一领,让它为大象遮挡风寒,这样就形成了狮子崖、象王峰和禅衣岭三座高峰。

由于有了这三座高峰,自此沩山安然自在,风调雨顺,百姓安居乐业,人寿年丰。有清代文人鲁一弼《题象王峰》诗为证:

如来放出象王游,大寺无边去复留。

回顾山门心不二,与僧同定不劳收。

老龙潭和小龙潭

沩山腹地溪涧纵横,向东北行约 10 余公里,溪流逐步增大,水势渐趋陡急,不少汇流进入沩江,并造就了一些深潭,其中老龙潭、小龙潭较为有名。

相传当年灵祐禅师有次说法回来,路遇一个小顽童沿街叫卖泥鳅,灵祐见半篮泥鳅中有一条大得吓人,深黑色,足有筷子长短,嘴上的胡须也足有寸把长,一时心生恻隐,口中念声"阿弥陀佛",便连鱼带篮一并买下带回了寺院。灵祐带领徒众们焚香秉烛,念了几卷经书,然后来到沩江河边,选了深潭,全部放生了。

七天后的一个晚上,灵祐梦见西天佛国一位护法天王迦蓝告诉他,那条黑色大泥鳅原是泾河老龙,被顽童捉起原是它的劫数,如今被和尚放归大海,它必当以德报德。

不知又过了多少年月,那一年夏秋之间,沩山一带一连三个多月老天滴雨不下,塘干水尽,稻田开坼,农民们叫苦连天,徒叹无益。寺院里的和尚也十分着急,他们天天念经,烧香拜诵,祈愿上苍普降甘霖。

沩山顶上连日哀声动地,祷告惊天,泾河老龙得知,他想,现在报答灵祐大师大恩的时候到了,便带领他的子孙们来到了沩山。那天中午,正当人们灼热难当,沩山顶上吃水都困难的时候,忽见两个深潭里面突然冒上水来,接着雾气弥漫,黑云笼罩,原来这是老龙在兴云布雨了。不到一个时辰,黑龙潭里腥臊熏人,一股黑烟腾空而起,奔入上空,接着就是天昏地暗了。人们知道将有一场暴雨来临,一个个朝天跪拜。紧接着就是电闪雷鸣,大雨倾盆,一下就是两个时辰,沩山的庄稼得救了,沩山的山民得救了。

人们兴高采烈,忽然一声巨响,两朵乌云从龙潭水面冲天而起,向天空飘去,片刻工夫云消雨散,雨霁天晴。众人走到潭边一看,潭水大减,已可见到水底鱼虾。

大家方才悟出是那老龙借助两口深潭出来的水,降下大雨,拯救了沩山生灵。这两口潭后来就被人们叫做了"老龙潭"和"小龙潭"。陶汝鼐曾题诗道:

空潭窈窕尺澜生,每有慈云似化身。

解得护珠如护法,弥云雷雨不曾惊。

月山峡谷

自黄材经月山到沩山,必经 10 多公里的月山峡谷,两边列峰高耸,夹住一股清泉,两岸每隔三四里巍然耸立三道石崖,犹如三张石门,似古时的锁须将峡谷横锁着,形成关卡,名叫"三关门"。

从三关门入口徒步而上,山崖陡壁,幽谷浑涵,日月难来,云雾难收,怪石嶙峋,古木斜横,曲径通幽,清爽怡人。但见谷底山溪边山道依山随势呈"S"型拐出,给人"山重水复疑无路"的意境。溪涧有娃娃鱼出没、林间奔突的野兔、树头嬉戏的斑鸠,为峡谷增添了幽深和静谧。山涧清澈见底,饮之清淳可口,暑热顿消,观之更是美不胜收。

在这长长峡谷中,还有多处充满神奇传说的人文景观点缀其中,更使它显得神奇博大。

相传盛唐时期此地常有妖魔作怪,一过路仙人特在此处设三道石卡,拒妖魔鬼怪于石卡之外,从此,当地百姓安居乐业。

在峡谷陡峭的山崖上,有两块巨石对峙矗立,宽约八尺,高达丈余,一块大石板横卧于两块巨石顶端,构成一座天桥,远望险峻无比。近看似有长短不一的两双脚印,深深印在了大石板上,中央似有棋盘纹路,并残留了几粒棋子。人们称它"仙人桥"。

另据民间传说,佛光自南方而来,进入沩山形成法王之地,亦得益于位处正北方的月山峡谷,曲曲弯弯如重重门户,将佛光道气挡在峡谷之中。前清时本地一秀才有联云:

万载千秋献身原野,搜来古道雄关,山崖陡壁,结成铁壁铜墙,教古刹遗风,金汤永固。

长年累月盘踞山关,汇聚南国佛光,东方紫气,练就奇姿异态,看仙桥神韵,道气长存。

如今,月山峡谷两条溪水已先后开发出沩山漂流和龙泉漂流。

芦花飞瀑和芦花古井

沩山九折仑北坡芦竹坪是沩江的北源。从深山沟壑汇集的小溪流绕过山崖,从悬崖上倾泻而下,落差达七八丈之高,形成一道瀑布。因水花飞溅,如芦絮纷飞,故被称之为"芦花飞瀑"。明代陶汝鼐出家密印寺后,曾到此游览,他写道:"沿溪深入,两岩夹畦,半道即闻瀑声。至岩处,石壁矗立,草树茸蒙,度岩之虚邃处,可坐十数人……瀑布自高而下,前挂晶帘,倾流到渊,作大朵昙花散落……溅雪飞霆,声撼林谷,断人语笑。"从这些文字,我们可以看出当时景观之美妙。

沿芦花飞瀑而下,在一片田畴之中,有一眼远近闻名的古井,叫"芦花古井",水质十分奇特。取此水制作豆腐,吃起来特别香醇细嫩;酿酒则香浓可口;洗澡、洗脸,则使肌肤细腻光润。

相传很久以前,有一个心地善良、勤劳朴实的姑娘,只因为生得丑陋,年近三十尚待字闺中。

为此,父母十分着急,她本人也很苦恼。姑娘年年月月到庙里烧香,并为密印寺做苦力,不取分文报酬。后来,她搬到芦竹坪居住,天天劳动回家就挑芦花井水洗浴，过了些日子，她渐渐觉得满脸清凉，周身舒畅，久而久之竟活脱脱成了一位大美人。一时间芳名远播，引来大批富豪公子登门求婚。姑娘竟不为所动，执意嫁给了一位大龄单身豆腐郎。

原来这位豆腐郎从不嫌她丑陋，多次帮助过她，还曾向她父母提亲。姑娘嫁给豆腐郎后，恩恩爱爱，夫唱妇随，他们用芦花井水打制的芦花豆腐也就更加闻名乡里了。

青羊铺与姜公桥

地处沩江上游的黄材镇早先是竹木集散地，每当春汛来临，四面山里的竹木就从沩江的各个小支流放排出来，漂满一河，看上去只见黄黄的一片，于是人们就把这里叫做"黄木江"。后来又叫作了"黄材"。

又相传唐朝天宝六年，在沩山与安化交界处，有一位樵夫在山中砍柴时，见一青羊卧于潭上，待近前一观，倏忽不见，以为神物。于是就有青羊山、青羊潭等地名。明清时代，黄材作为西上安化驿道上的第十铺，就又叫作了"青羊铺"。

在青羊铺旁的沩江上，先前有一座始创于当地姜姓始祖姜厚德、由姜姓一族建造并一直维修下来的千年古桥，叫"姜公桥"。

那时候，沩江河上没有桥，上宝庆（今邵阳），出安化，本地居民往来，都苦于河水阻隔，交通困难。姜厚德先是发动族人捐献，建起了义渡，置买了义田，维持义渡的日常开销。接着就搭建了木桥，尔后见木桥不甚坚固，年年要修复，便进一步建成了石拱桥。1935年至1938年，姜姓族众共捐银5430余元，最后一次大修了姜公桥。其桥长75.74米，宽3.62米，礅高4.84米，九个石墩，八个桥洞，中间一墩建有焚字亭，两端各有麻石狮子一对，桥东立有两丈多高的牌楼。

牌楼两侧撰有国民党元老于右任先生联云：利涉已多年，垂名有自，功成虽一姓，济物无私。

桥上另刻诗词碑记，其中以四季写桥诗尤有特色，其诗曰：

春雨奔流石渡溪，石桥新建尽留题。

遥知渭水龙蟠耸，会见晴江鲤跃低。

碧草绿波花月夜，白沙黄菜钓鱼矶。

我来便似登台乐，柳色青青送马蹄。

夏山如滴锁长流，地骨横抛便泳游。

骑马客来从释褐，负薪人过尚披裘。

龙文缦缦云千岫,虹影重重月一钩。

最是黄材风景好,箫声吹上采莲舟。

秋浦澜翻叹望洋,何来此处达康庄?

填河仅鹊难驱石,掷杖虽仙不及姜。

几阵雁惊芦水月,半街人迹莱畦霜。

鱼龙莫便悲岑寂,东海苍鹰正待扬。

冬来范叔最多寒,到此方知石架宽。

赠我绨袍犹小惠,济人功德不偏安。

桥头题柱冰常结,坝上吟诗雪未干。

渭叟皤然能耐冷,年年独下钓璜竿。

建国后,为适应交通需要,姜公桥改建成公路桥,彻底结束了姜氏合族修桥的历史,桥上也赫然刻上"黄材桥"字样,然而,当地人仍然把这地方叫作"姜公桥"。

炭河里遗址

炭河里遗址位于黄材镇沩水河流和它的支流塅溪河的交汇处。

从黄材镇沿沩江逆行 2.5 公里,一条小河自北向南注入沩江,两河汇流处形成了一个三角洲。旧时黄材是沩江上游的货物集散地,在陆运并不发达的古代,这里主要靠水运。沩山、祖塔、月山、崔坪等山区盛产竹木,当然也出产木炭了。木炭出山后,就在这里下排或集中出售,久而久之,这里便被叫成了"炭河里"。炭河里者,转运木炭之河也。由于修筑黄材水库,沩江被拦截下来,这里原来的沙洲便逐步演变成了良田沃土,长年耕种,看不出丝毫特别之处。

然而,奇怪的是,就在这个不起眼的地方,却陆续惊现了大铜铙、人面纹方鼎、提梁卣等大批国宝。并在距不远的月山转耳仑还出土了享誉海内外的四羊方尊,因这里出土的文物有的还镌刻有"大禾"二字,于是有专家指称,这里就是西周时期一个叫"大禾"的化外方国。2004 年的进一步发掘,文化层中可见到一个 700 平方米的大殿并出土了一些文物,被定为当年全国十大考古发现之一。2006 年这里被定为国家级文物保护单位。

炭河里是我国为数不多的西周城址,正在建设中的炭河里国家考古遗址公园是宁乡第一个"国字号"文化产业工程,同时,省、市相继把炭河里列为"十二五"地方重大文化产业项目。不久的将来,一个拥有西周王宫、西周作坊、西周渔猎、青羊古城、青羊人家的宏大建筑群将呈现在世人面前。

寨子山

黄材水库大坝右侧有个寨子山。

寨子山又名"得胜寨",海拔高465米。清代陶汝鼐在《游沩山记》中记载"危峰拔地突起道旁,前代土人尝据绝顶筑垣,避兵于其上,因以寨名。山径由此入。"山上有一城墙连接小北门,山顶上有约400平方米方型瞭望台、烽火台、祭祀台、敌台,坐东北而朝西南,面迎青洋湖,敌台分四层,下三层有2-5米多的土筑高墙,最上一层的墙体用山石垒砌而成,最上层有相距较远的单人土坑,坑后有连成一体的防护壕沟,还有多个拐弯的七字型土坑,同时有约40-60平方米清晰可见的石砌建筑基础。这是一处极为完备的战备、号令军事用地。

相传生于宋孝宗年间(1163-1189)的姜九郎自幼聪明好学,博闻强记,且灵魂出窍,善观天象,却少年早夭。姜九郎死时坐得端端正正,和活着时没有区别。人们认为是上天打发他下凡短暂现身,现在重返仙班了。于是合族为他建庙,春秋祭祀,占卜吉凶。姜九郎渐渐成了黄材地方的保护神。农民们有去洞庭湖区扮禾、贸易的,若在水上遇上风浪,只要喊一声"姜九郎"便可逢凶化吉。

相传明朝末年,张献忠兵败路过黄材,一路上见物抢物,见人杀人。姜氏合族商议抵御兵难。然而,毕竟是老弱病残者多,身强力壮者少,况且没有打仗的武器装备。最后只得退守此山头。正当兵匪们呼啸上山,刀光剑影威胁着一山百姓的时候,人们记起了姜九郎,于是齐声呼喊。霎时,只见一朵白云飘来,身着红袍、骑着白马的姜九郎从天而降,挥戈奋战,英勇无敌,片刻就杀退了贼众,救护了一山民众。以后,民众聚集的这个山头便叫作了"寨子山",姜九郎的故事也一直流传了下来。

千佛洞

千佛洞位于黄材崔坪。千佛洞原名"石龙洞",又名十三洞,形成于3亿6千万年前,是典型的喀斯特地貌,洞中所有钙化沉积类物应有尽有,石钟乳、石笋、石柱、石花、石幔星罗棋布,溶岩种类和集中程度居湖南省首位,是长沙地区景观最集中的石灰岩溶洞。

千佛洞深2300米,洞洞相连,洞内有洞,相传有13洞连通。洞内钟乳石林立,千姿百态,或如和尚打坐,或如罗汉聚会,或如高僧面壁。2004 年进行旅游开发,更名为"千佛洞"。洞内有罕见的峡谷,垂直高度近 100 米。2005 年 4 月 24 日,在此举行"世界首例洞穴攀岩极限挑战赛"。2007 年千佛洞被评为国家 3A 景区。其大洞可容纳数千人,狭窄处仅容一人通过。洞内一条幽长的阴河,探险者始终未能穷尽,据说从几十里外的桃江境内流出来。

当地还流传着一位为人们求水的老和尚的故事。

传说崔坪自古风景秀丽,村里住着崔氏几十户人家。有一年,老天大旱,一连几个月没有下雨,庄稼眼看就要枯死。人们沿溪而行到了石龙洞洞口,只见洞侧有碧水一泓,心想洞里一定有水,只是谁也不敢进去引水。

正在人们望洞兴叹之时,有一老一少两个和尚云游到此,当地人就请和尚师傅为他们请出水来,老和尚欣然答应了。老和尚将一面铜锣交给小和尚道:"徒弟,师傅进洞之后,你就敲打铜锣,无论发生了什么事,都不能停歇,你记住了吗?"小和尚连连点头。

老和尚抱一捆白布,抓住布头,用力往洞中抛去。顿时,洞内银光闪闪,就有一条光明的布道向洞内延伸下去。老和尚脱下脚上的鞋子,整齐排列于洞口,点上几支香,插于洞口,然后循着布道向洞里走去,小和尚就开始敲击铜锣。不多时,小和尚看到洞内火星闪闪,喊杀声喧,洞口寒风吹出,水流渐渐增大。小和尚颇为欣喜,回看洞口,只见师傅脱下的那一双布鞋却忽地一上一下,腾跳起舞,而且越舞越起劲。小和尚看得出神,竟忘记了敲打铜锣,但停锣不久,布鞋就停止跳跃,这时小和尚才记起师傅的嘱咐,一阵猛烈地敲打起来,然而已经迟了。此时,只见白布化作水流流了出来,"嗖"的一声,一只白鸽从洞内飞出,箭一般飞向了蓝天。

小和尚完全明白过来,跪在师傅鞋前大声呼喊师傅,却只有哗哗的水流声,听不到洞内的答应,小和尚一直守候了好些日子,可再也看不到师傅出来。

从此,石龙洞里水流不断,山下的良田水旱无忧。人们为了纪念为民众取水而献身的老和尚,就在洞边修了一座庙,他们认为那飞出去了的白鸽就是老和尚化变的,因此将庙取名"白鸽庙",庙里供奉的就是为村民下洞引水的老和尚。

城墙大山

城墙大山位于黄材镇境内,地处沩山背面,为宁乡、安化、桃江三县交界点,亦属雪峰山余脉。

城墙大山总面积 1.2 万余亩，平均海拔 700 米，最高海拔 927.4 米，森林覆盖率高达 85%，主要为原始次生林，有省一、二、三级保护植物 30 多种。林场内峡谷幽深，古木参天、春红夏绿、秋露冬雪，令人流连忘返。娃娃鱼、野猪、麂子等 10 多种国家重点保护动物出没其间。山中天然的野菜、野味让人齿颊留芳，延年益寿。城墙大山四季气候宜人，冬暖夏凉，夏天平均气温比山下低 5℃左右，空气中负离子浓度极高，是都市人群所向往的"天然氧吧"。山上有密印峡、密印庵、五龙伴圣、百步登天、狮子石、豹子潭、仙桥洞、观音石等众多景点，是旅游观光、休闲度假的理想之所。

望百峰

望百峰位于老粮仓和横市交界地带，海拔 523.4 米，远眺望百峰，宛如一座巨大的黛青色屏风，登上山顶则见四周峰峦叠翠，沟壑纵横；俯看山下，丘陵起伏；丘陵之间，细柳依荷塘，桑竹掩农舍，鸡犬之声朝夕相闻，好一派江南田园风光。何以称之为"望百峰"呢？据说是取站在山顶能见四周百座山峰之意。

相传周朝立国以后，周武王姬发派姜子牙将所有阵亡的将领封为神仙。战功卓著的原丛赫府府台被赐封为圣帝，被派来统管南方的两湖两广。

话说这一天圣帝爷由北往南赴任，途经望百峰时，见这里群峰耸立，青翠葱茏，峰峦重叠相依，气势磅礴，好一个立殿布道的香火宝地。然而，立殿有个不成文的规矩，那就是四周要有大小山峰不少于一百座。圣帝只得停下来从东到西，从南到北一个个地数脚下的峰峦。遗憾的是，数来数去硬是只有九十九座山峰。圣帝失望之余只得怏怏离去。他走一阵，停一停，歇一歇，然后喝一杯茶，抽一袋烟，他为这么个好地方的美中不足而惋惜不已。

圣帝继续前行，他来到一个山坳里歇息。忽然，他一拍大腿，恍然大悟了。原来他想起了自己在望百峰数数时，将自己脚下的这座山给忘了。

加上它，这不正好是一百座山峰吗？粗心的圣帝想返回时，却已晚了，另一神仙已经捷足先登，占据了望百峰，圣帝后悔莫及……从此，他坐下歇息之地便叫作了"悔此坳"，而先前圣帝停下来抽烟、喝茶的地方又分别叫作"烟坡冲""茶亭子"了。望百峰四下峰峦起伏，在峰峦之间尚有一泓泓碧水，犹如一方方宝镜，那是多处水库，站在山顶俯瞰山下，一年四季，景色各异，美不胜收。

1980 年代，由于电视广播事业的发展，宁乡县在望百峰上建起了电视差转台。

双乳峰

双乳峰在宁乡西南的云山与毛公桥交界处，朦胧中能看到两座并立空中相距只几十米的山峰，酷似年轻女人丰硕而高耸的双乳。

两峰之间有个宁中庙。在双乳峰下，有个谢家冲，传说该村有一谢氏财主，雇得一个孤儿，先当放牛娃，后当长工，这人姓宁名中，祖籍安化。他为人憨厚、勤劳，对每日喂养的水牛更是关爱有加。十六岁那年，连续两个夏日清晨，宁中从村口老井挑回的水都浑浊不堪。财主怀疑他偷懒从近处的池塘担水。宁中有口难辩。第三天，在主人亲自监督下，他们天不亮就到了井边。竟然意外发现有一头健壮的水牛在井中戏水闹腾，见有人来，水牛一跃出井，一缕烟飘出便不见了踪影，两人都惊呆了。谢氏财主大喊一声"妖孽"便昏倒在地，而宁中却连喊几声"神牛"之后便望空礼拜。

是夜，宁中梦见天空中一头背生双翼的水牛飘忽而来，对他说了四句话："三根金髭枕头边，十世修来得此缘。只要诚心求必应，乳峰顶上受香烟。"宁中一觉醒来，果见枕边有三根粗壮的牛髭，他小心翼翼地包好，放在贴胸的口袋里。

老实的宁中从不向神牛求荣华富贵，也不求娇妻贵子，更不求长生不老。天热时，他求过神牛双翼变成乌云遮烈日，好让自己下地干活。天旱时，他求过神牛下一场大雨，挽救庄稼；村里人有三灾两难时，他求过神牛赐予良药良方。神牛每次都给足了宁中面子。宁中没有凭此道发家致富，他依然在谢家挑水、放牛、砍柴、种地，依然过着他那乐呵呵的单身汉的生活。

一晃十年过去了。一天晚上，宁中梦见神牛用舌头舔着他的前额，悄悄地在他耳边讲了几句话，宁中在舒适惬意中醒了。

那日，春光明媚，鸟语花香，谢家冲人分明看到宁中笑嘻嘻地骑在水牛背上，朝双乳峰顶奋蹄而去。

大家诧异，紧紧追随，一齐赶上山顶，只见宁中双目紧闭，安详端坐在峰顶石头上。宁中怀里展开着一幅黄绢，上书四行小篆："有缘成造化，无求可作神。美名千古在，骑牛上乳峰。"

这下人们一切都明白了，宁中再也不会做长工了，他成神仙了，村人用檀木棺材礼葬于他羽化的石头下面。在他的墓旁修建了宁中庙，从此便经常有人登山朝拜了。

宁中庙"文革"期间被毁，1990 年代重修。

（注：以上未署作者名文章转录于《宁乡历史文化丛书》）

黄材水库

黄材水库是宁乡市西部的一颗明珠,距市区 50 余公里,它还有一个诗意的名字青洋湖。作为国家级水利风景名胜区,如今的黄材水库已是万亩湖面尽染葱,乡村静景与碧水湖光相得益彰。如今的它集饮用水、森林康养、旅游、户外运动等多功能于一处,狭窄的水库出口将高峡平湖的自然风貌挤出了一个世外桃源。

为了这座水库,当年的宁乡、望城与益阳人民付出了艰辛的汗水乃至生命的代价。

说到黄材水库,不能不提沩江。沩江是宁乡境内最大的河流,流域面积占全市总面积的 76%。沩江上游多山,重峦叠嶂。历来水旱灾害频繁,严重影响生产的发展,威胁宁乡、益阳、望城三县人民的生命财产安全。历史上流传"有女莫嫁沩江旁,五年要遭十次殃,三年要逃两次荒"的民谣。沩江两岸历来是个"三天无雨天旱,三天下雨水淹"的穷地方。

解放后,宁乡县委、县政府决心组织力量根治沩江。1957 年 3 月,县里请来专家实地勘察,缜密设计,决定在沩江上游兴建一座以灌溉为主,防洪、发电为辅,兼养殖、提供工业和居民用水的综合利用水库。大坝定位在黄材镇西面的寨子山和铁山峡谷处,然后在竹山坳等地建设两个副坝。

1958 年 4 月,黄材水库工程建设指挥部正式成立。下设五个科室,分别是政治科、供应科、工程科、器材科、财务科,两个站,即广播站、医疗站。5 月 6 日,以宁乡为主,加上益阳、望城,三县 2.3 万名民工作为先头部队进驻工地,做前期工作,在 20 天内完全依靠人力修筑了 34 公里多长的进山公路。随后,10 万人大军陆续进驻,按团、营、连、排、班进行编制,共编成 11 个团,分木工大队、石工大队、机械队及四个民工大队。工地建立党委会,下辖各级建立相应的党组织。在党委会和指挥部的统一领导下,开始了修筑围水堤、大坝清基、开凿输水洞等工程的战斗,全力推进这项史无前例的水利工程的建设。

在"跟时间赛跑,与洪水争先"等口号鼓舞下,以党团员为先锋的广大民工开展了轰轰烈烈的劳动竞赛和技术革命。工地广播站、《工地报》不断传递工地新人新事,以鼓舞民工斗志。一时间,黄忠队、穆桂英队相继涌现。其中,第三大队沙坪中队创造运土高工效纪录,第二大队创造了三天无病号,保证100%的出勤率新纪录。土火车、土汽车、起重机、打碴机等各种工具和革新成果相继出动,第二大队和第三大队联合研制的滚珠轴承迅速在工地推广。通过三个多月的昼夜奋战,前期工程基本结束。工地党委召开了第一次功模代表大会,评选了10多个先进单位,30多名特、甲劳模及500多名功臣模范。

9月开始,三县继续增派大军开赴工地,至10月20日,民工达3万名,并增设了参谋部、工程部、后勤部、调度室和工地医院等。指挥部下辖18个团,民工按部队编制编为营、连、排、班。工地党委制定了《干部工作守则》《民工劳动生活纪律》,指挥部制定了《关于安全操作的几项规定》等系列规章制度。整个工地实行准军事化管理。

为了大面积提高工效,加快工程进度,县委根据当时"双革"(技术改革、工具革新)的新形势,提出了"向工具改革要劳力,与技术革新争时间"的口号。

在县委指导支持下,培训了各种技术人员600多人,自办工厂36个,全体技工、指战员共献出图纸、模型近10万件。"双革"运动掀起了新的高潮。湘潭专区组织各县农水局负责人于8月下旬来工地,组织了为期七天的技术革新现场会。中央水利检查团于11月中旬到工地视察,对民工的干劲和工具改革成果给予了充分肯定。并对工地工具改革给予诸多技术上的支持和指导。由于各级领导的支持,通过一番努力,整个工地实现了空中索道化,斜坡溜板化,照明水电化,水上船运化,上坡绞车化,陆地土车子化。大大减轻了民工的劳动强度,提高了劳动效率,加快了工程进度。

1959年春节将至,1月19日召开全工地政治工作大会,大会要求全体员工移风易俗在工地过年。政委李健作了题为《抓住春节枯水期的大好时节,开展大面积高工效运动》的动员报告。会后结合战地整风、大反"右倾"保守思想,开展春节创大面积高工效高潮,向新的一年献上一份厚礼。各团营摩拳擦掌,纷纷表决心。第四团胡工桥排首创人均5.7立方米的高工效。第一团刘绍武青年突击连人均运砂4.4立方米荣获水上冠军,第五团李秀英女英雄班人均运土3.1立方米。1月22日,长沙电影制片厂来工地拍摄民工夜以继日不停顿地发射高工效"卫星"的场面及改革推广先进工具的事迹,更把春节大面积高工效运动推向高潮。

在这节骨眼上，洪水来了。2月5日深夜，天气骤变，大雨倾盆而下，山洪顿时暴发。库内蓄水迅速攀高，围水堤和刚成型的大坝受到洪水的严重威胁，危在旦夕。

保护大坝刻不容缓！工地党委连夜下达防洪抢险的紧急动员令，命令各团抽出健壮精兵上阵突击围水堤。1300精兵冲向围水堤与洪水搏斗。各团、营干部率领党团员、民工紧跟而上，两万多民工乘黑夜迎严寒斗风雨一齐出动，他们的口号是"水涨一尺，堤高一丈。用生命保护大坝。"

雨，越下越大，只几个小时，水位提高5米多。惊心动魄的护堤抢险战斗一直持续着，不制服洪魔，谁也不下火线。直到6日下午，围水堤终于超过了输水洞的高度，当输水洞由12立方米/秒增到21立方米/秒时，完全控制了水位。一个昼夜的艰险搏斗最终战胜了洪魔，大坝安然无恙。

第一次抗洪取得了胜利，工地又面临着更严峻的洪魔威胁。入春以后春汛逼近，大坝土方仅完成整个土方的24%，输水洞虽已导流，但浇浆工程尚未完成，有可能崩裂。要在春汛前完成大坝76%的土方任务和其他基础性工作是绝对不可能的。鉴于这一情况，县委果断决定，实行工程大调整。从3月起，大坝停止进土进砂，集中力量用块石护坡护坝，春汛一到，让水越坝泄洪。调节部分劳动力回乡投入农业生产。工程调整期间，400米长的输水洞、51米高的调压塔、68米长的发电管及3120千瓦的发电站，20多米长的启闭井及30米长3米深的消力池等工程一一顺利建成。两座副坝及长约250米的溢洪道也基本竣工。由于事先采取了一系列周全的措施，巧妙地回避了1959年的特大春汛，整个工地一切工程设施未受丝毫损失。

10月9日，3万大军重返工地，投入"秋后猛干"的攻坚战。指挥长李庆忠发出了奋战冬春两季，完成116万立方米土砂方任务，提前完成大坝工程的动员令。工地党委提出了四大措施。一、大反"右倾"保守思想，大鼓革命干劲，开展战地整风，猛促"双高"（高工效、高质量）。二、组织强大的政治宣传声势，不停顿地促进劳动竞赛高潮。采用表扬、嘉奖、发号外、评比检查、开现场会、广播、工地小报等多种多样的形式宣传鼓劲。三、抓好劳动管理，坚持砍土分方，评工记分，按分得钱，多劳多得的原则。全体民工，实行工地记分、回队分红。四、继续大搞技术革新，大抓工具改革，向"双革"要效率。"秋后猛干"又掀高潮。工地"双高"竞赛运动，"卫星周"运动、"三高"（高工效、高质量、高速度）运动此起彼伏。土车、牛车、马车、土火车、索道及五里堆团自动倒土箱等运输工具一齐出动，工地一派沸沸腾腾的繁忙景象。

10月15日，指挥部发出"斩断㵲江咽喉，实施大坝合龙"的号令。这是整个

◎黄材水库

水库工程中起着决定性作用的攻关战,只能成功,不能失败。3万民工整整三天三夜废寝忘食轮流猛干,堵截了缺口,大坝成功合龙告捷。至 27 日,大坝达到 155 米的安全高程,取得了决定性的胜利。28 日,县委发出贺信,为大坝成功合龙表示热烈祝贺。1960 年下半年,大坝终于竣工。

　　1965 年 5 月,水库枢纽工程建设竣工。其渠道配套工程建设于 1959 年动工,1970 年竣工。整个工程造价 5393.3 万元,其中国家投资 1893 万元,群众自筹 199.5 万元,投工折资金 3300.8 万元。工程移动土石方总量超过 1492 万立方米。

　　水库大坝为粘土心墙砂壳坝结构。坝顶高程 169.5 米,坝高 62 米,坝顶宽 6 米,坝顶轴线长 365 米,坝顶防浪墙高程 170.5 米。竹山坳副坝最大坝高 22.3 米,坝顶高程 170.5 米,坝顶轴线长 26.5 米。位于竹山坳副坝的溢洪道,为河岸开敞式,堰顶高程为 157 米,三孔闸门装三扇钢质弧门控制泄流。

　　水库配套工程有 80 公里长的总干渠一条,渠底宽 4.5 米,渠面宽 24 米,可容 20-30 立方米/秒。县委将总干渠定名为"新沩河"。新沩河于 1959 年底破土动工。动员 8 万民工奋战三个月修建而成。新沩河沿线有大小泄洪闸 16 处,大小灌溉涵闸 700 余处,桥梁 371 座,渡槽 13 处。建有灌溉 20000 亩以上农田的干渠共 7 条,其中峡山干渠长 218 米,干支渠共有 107 条总长 621 公里,干支渠装有电动灌溉机具 128 台,2320 千瓦。干支渠纵横交错,整个配套工程接通大小水库、塘坝等水利设施 5 万多处。

黄材水库的修建,得到了各级领导的高度关注和支持。1960 年 1 月 15 日,县委书记兼指挥长张润清,陪中央水利检查团一行来工地视察,他们对整个水利工程"库连库、河连河、水上山"的大气派表示赞赏。1959 年 1 月 24 日,甘泗淇偕夫人李贞,亲临工地视察,与民工一道抬硪打夯。1960 年 2 月 14 日,谢觉哉和徐特立来工地指导工作。1961 年 5 月 9 日,国家主席刘少奇偕夫人王光美登大坝视察水库雄姿风貌。

黄材水库控制集雨面积 240.8 平方公里,总库容量达 1.8 亿立方米,为全国最大土坝水库工程之一。整个水库总造价 8000 多万元,其中国家投资 3500 多万元,县自筹 1000 多万元,群众自筹 199.5 万元,投工折资 3300.8 万元。动用土石方 1500 多万立方米。灌溉宁乡、益阳、望城 3 县 23 个乡镇 242 个自然村共 42.2 万亩农田。其中高(直)灌区 22.9 万亩,低(补水)灌区 12.3 万亩,提灌 7 万亩。宁乡有效灌溉面积占全县水田总面积的 50%。

水库修建于轰轰烈烈的"大跃进"年代,浮夸风、强迫命令风等在全国各处盛行。在这个大背景下,水库工地热火朝天的建设场面背后,工地部分干部除大刮浮夸风、大搞形式主义之外,还大搞命令主义,发生了私设监狱、殴打民工的严重违法乱纪行为。县委发现这个问题的严重性,于 1960 年 6 月组织工作队,来到工地,开展了"三反"(反贪污、反浪费、反对官僚主义)运动。重点对私立监狱、殴打民工的违法乱纪事件进行了严肃整治。

黄材水库建成以后,设立黄材水库管理站,1976 年更名为黄材水库管理局。行政上隶属于宁乡县人民政府,业务上由省水利厅、市水利局共管,属自收自支事业单位。

黄材水库跨黄材镇、沩山乡(原属祖塔,2005 年并入沩山)、巷子口镇(原属官山,1994 年并入)。坝址位于黄材镇,大坝以西库尾属沩山乡,大坝以北达官山(巷子口镇)。

一晃大半多个世纪过去了,这个被称为全国三大土坝工程之一的水库,还在造福这一方土地上的人民。在承担着防洪、灌溉、发电、饮用水等多功能于一体的同时,成为了宁乡的一处休闲旅游的胜地。

(摘自百度百科)

云山书院记

·刘 典[1]·

　　书院,古之乡学也。所以培植人材者,莫大乎是。我邑书院三:一玉潭,一灵峰,一南轩[2]。灵峰、南轩,不知废于何时。至今存者玉潭,缙绅先生胥于此发迹[3]。乃限于地,不能增广楹椽,后至者及门而返。余道光辛丑、壬寅间肄业其中,日击而心计之未尝言[4]。县治偏东北,而西南袤长,西尤甚。百里以上多崇山。士人秉清淑之气,文而有质,不乏英贤磊落之才。其耕田凿井未泽以诗书者,则似质胜于文。于以叹昔者之有书院,其用意深也。余尝思复其旧,久而未敢言。

　　同治癸亥冬,余由浙臬丁艰回籍[5]。过信州时,魏君隽卿良总理楚军粮台事务,过舟吊余,宿于舟[6]。更阑,言及建复书院,鼓舞不已。归而谋诸同人,咸翕然从[7]。甲子二月既望[8],集曾君敬庄毓郊、罗君翊廷珍、潘君复亭本榘、王君书霖懋昭于六都水云山,相其基址。咸以山水秀丽、局势开展为壮观。遂议纠费,置田数百亩,岁收租千有余石,刻日兴工。建正屋四楹。最上为先师殿,次山长课艺处,次讲堂,又次为出入总会之门;左右各建两楹,分十六斋,共建一百五十八间。外垣可数百步。凿池以导源,泉流而不滞。池畔植桂竹与兰,亦馨亦郁。院后重峦叠嶂,佳木葱茏,樵者毁伤有禁。盖以学者藏修之馀息焉游焉,畅其机固必有赏心处也。

　　夫人之气质虽殊,而性禀则一,学所以化其殊而归于一也。五伦五事,皆人所必由之道[9]。或行之不著,习矣不察,终身由之而不知者,未学者也,是故博学、审问、慎思,明辨以析其理,笃行以践其实。诚能百倍其功,则愚必明,柔必强,从此臻于纯粹。处为大儒,出为良佐,学之为功伟矣哉!若夫溺于词章,汩于功利[10],所学者,浮躁浅陋也,机械变诈也。寡廉鲜耻,无所作为,是学之为害甚于不学,又何望乎?董仲舒曰:"正其义不谋其利。"张敬夫曰:"无所为而为者,义也;有所为而为者,利也。"君子小人之分,只在义与利之间,能勿审诸?书院近南轩之墓,因南轩书院之废而继兴之,游其中者必有所感发而兴起也。

　　是举也,经始于同治乙丑冬,葳事于丁卯春[11]。董事为运同衔候选同知曾毓郯、同知衔广东候补知县刘汝康、州同衔监生潘本渠;督修为州同衔候选县丞姜瑞芳、五品衔浙江候补从九刘大诰,监修为从九李春台等。三年于兹,不惮劳瘁,邑之人咸踊跃赴公,捐资相助。是欲善有同心,可卜将来之人材益盛也。兹余奉命承乏陕甘[12],征车在途,不遑启处[13],喜美举之有成也,特停骖濡笔以记之[14]。

注释

[1]刘典(1819–1878),字伯敬,号克庵。枫木桥牛角湾人。县学生员。追随左宗棠转战南北,历官知县、知府、按察使,同治六年(1867)署陕西巡抚。光绪元年(1875)留守兰州,迁布政使。关心家乡教育事业,倡修云山书院,创办驻省沩宁试馆。云山书院:位于横市镇对河水云山下,清同治四年(1865)刘典倡修,人公建,同治六年落成。

[2]玉潭书院,原址在宁乡县城之玉几山,由邑令胡明善首建于明嘉靖年间,名玉山书院。后移建城南仓岭下,尔后改"玉山"为"玉潭"。灵峰书院:宋代建,址在朱良桥小源村灵峰山下。为胡安国、胡宏父子讲学处。南轩书院:明嘉靖三年(1524)明世宗诏建,址在官山张浚、张栻父子墓侧,明末废。

[3]缙绅:亦作"搢绅",原艾为旧时高级官吏的装束,后用作官宦的代称。

[4]道光辛丑、壬寅间:1841–1842 年。

[5]同治癸亥:公元 1863 年。浙臬,浙江按察使。明清时,称按察使为臬司。丁艰:旧时称父母之丧。父丧为丁外艰(简称外艰),母丧称丁内艰(简称内艰)。亦叫丁忧,时,刘典丧父。

[6]信州:今江西上饶市。魏良,字隽卿,县人,禀生,授会同县训导。后入左宗棠幕。

[7]同人:亦作同仁,谓志同道合者。咸:皆,都。统括副词。翕(xi)然从:一致赞同积极响应。翕,统一,协调。

[8]甲子:此指公元 1864 年,既望:望,农历每月十五日为望日,既望即指十六日。

[9]五伦:指君臣、父子、兄弟、夫妇、朋友等五种人伦关系。五事:旧指修身的事。曰"貌、言、视、听、思"。

[10]汩(gu):汩没,沉沦,埋没。

[11]同治乙丑:公元 1865 年,后文丁卯指 1867 年。蒇(chǎn):完成。

[12]承乏:谦辞。表示所任职位一时无适当人选,由自己暂补其缺。

[13]不遑启处:语出《诗·小雅·四牡》:"王事靡盬,不遑启处"。盬(sn),没完没了意。不遑启处,言行役在外,没有安息闲暇之时。

[14]停骖(can):勒马不前。濡笔,以笔蘸墨,指写作。

题云山书院

为将十年,每思禁暴安良,愧无格致正诚本领[1];
读书万卷,须知明体达用[2],不外君臣弟友常经[3]。

[注释][1]格致正诚:语出《大学》:格物,致知,正心,诚意。

[2]明体达用:事体明了而运用灵活。

[3]君臣弟友:旧指我国传统的伦理道德,倡君圣、臣良、弟恭、友信之说。

云山书院联(选九联)

凌云亭

桃李阴中,幽境常来采药客;
石泉声里,危岩时倚看云僧。

文昌阁

文曰思,文曰明,辉光连斗极[1];
昌而炽,昌而大,芘荫[2]到儒林。

[注释][1]此系嵌字联,传为清代姜于冈作。[2]芘荫:同"庇荫"。

先贤堂

作圣道干城,真正渊源宗泗水[1];
肃士林拜跪,嵯峨庙貌镇沩峰。

[注释][1]干城:比喻捍卫者。干,盾牌,为捍蔽如盾,为防守如泗水,在山东省境内。春秋时孔子讲学授徒于泗水之滨,后因以"泗水""泗上"指学术之乡。

奎光阁

彩笔自凌云,有万丈光芒,上腾霄汉;

高楼真得地,看千秋人物,并壮江山。

书院大门

福地拥双峰[1],近南轩居[2],问道须从者里过[3];

文澜连二水[4],溯玉潭派,寻源都向此间来。

[注释][1]双峰:指书院后乳峰、螺岭二山。 [2]南轩居:指宋儒张栻(字南轩)葬官山之罗带山。 [3]者里:即这里。[4]二水:沩江、楚江。

讲　堂 [1]

广厦正新开,乐此间化雨宜人,春风坐我。

前程当远到,望多士文章华国,经济匡时。

[注释][1]本联传为晚清宁乡知县郭庆飚作。

崇道堂

开绝学在城南岳麓以前[1],沩水灵峰留正脉[2];

续正传于乾道绍熙之际[3],中庸太极阐精言[4]。

[注释][1]城南岳麓:指长沙市南妙高峰的城南书院和市西岳麓山之岳麓书院。 [2]沩水灵峰:沩水,当指前清时县人所建沩水校经堂。灵峰,指灵峰书院,在朱良桥乡小沅村灵峰山(又名道山)。为宋儒胡宏、张栻讲学处,今遗址犹存。 [3]乾道绍熙:乾道、绍熙分别为南宋孝宗、光宗年号,时在公元1165年至1194年间。胡宏、朱熹、张栻均为此时人。 [4]中庸太极:泛指儒家学说。中庸,书名,相传为孔子之孙子思所作。太极,宋儒周敦颐兼采道家学说而著太极图说。

希贤堂

一龛萃孝子忠臣、节士名儒[1]，唐宋以还，共享千秋人物[2]；

四面皆崇山峻岭、茂林修竹[3]，水云之曲，长留数亩祠堂[4]。

[注释][1]龛(音堪)：用以供奉佛像或神像的石室或柜子。 [2]以还：犹言"以来"。 [3]崇山峻岭茂林修竹：状书院环境之美，景物之幽。语出王羲之《兰亭集序》。 [4]水云：云山又称水云山。曲：弯曲之地。

仰极台

图画自天开，喜双峰叠翠，二水回澜，争现名山真面目；

楼台平地起，看四野桑麻，万家烟火，尽成此处大文章。

◎云山书院

沩江源,禅之境

· 胡雅婷 ·

作者简介

胡雅婷,女,1975 年出生于宁乡黄材镇墏溪村。省作家协会会员,省诗歌学会会员,著有《光阴纵使匆匆》《身体里簌簌落下风声》等诗集。本书执行主编。

沩山,可说的太多,可观的地方有不少。这里,连水都姓高。寻沩江源,得找到一个高姓者作向导。这位高姓者私建了一条十多公里的便道,通往他的后花园,这后花园是宋朝状元易袚孜孜不倦读书的地方;是长沙通往大湘西的古道;是楚沩大地沩江的发源地。

这里适合放牧。不但可以放牧牛马,放牧云朵一样洁白的羊群,还可以放牧禅思妙悟,放牧累积于胸的悠长喟叹。细弱的涧水到了下游叫作沩江。我来寻踪,像拜谒灵佑菩萨拜谒沩水源。

过沩山密印寺,沿沩水向上漫溯。沩水上别着一朵兰花——芦花瀑布。它四季清幽,不狂不俗。过一座小木桥,就能听到溪流溅落的声音。没有巨瀑惊天动地的轰鸣,没有飞流直下三千尺的壮观,但它像花朵一样开得欢快,从几十米的崖上飞下,一层一层细致地跳跃,水花一朵一朵在阳光的折射下散出清脆的音色。周围山势紧凑合围,瀑布之声不温不火,有力而有节奏地形成一首交响乐,我为其取名《生之欢欣》。

从芦花瀑布出来,继续往山中走。水流越来越小,山道越来越窄,便进入沩水源村。也就是我们要找的带路人高姓者高书士的家了。车止于此,剩下的十几公里只能徒步前行。

高书士有一双从火坑中保留下来的眼睛,沩水源将这双眼睛清洗得明亮而温和。他幼时从摇篮中翻出,滚进火坑,整个面部被毁,死神离他一步之遥。

他花三年时间带领村民自资修路，将沩水源区域内的风景连成一片。他关心环境，带头清理沩水源区域内的垃圾。为慕名而来的游客不辞辛劳地当起免费导游，一遍又一遍地讲沩水源的故事。不停地向外界传递美丽的沩水源风景，游客纷至沓来，更多的人来分享蓝天白云、厚重的历史与一方净土。

◎沩水源状元亭

他被评为县"十佳社会贤达"，作为监督员参与县政协会议，会上不用稿子，发言铿锵有力，条理清晰。命运于他是眷顾的。他有一双好儿女，出落得像山后的翠竹，已有孙子抱膝，其乐融融。一到春天，他家门前屋后开满了洁白的梨花、李花，粉红的桃花，火红的杜鹃花，仿佛是上苍许以他嘉奖。

在他的带领下才不会迷路，四通八达的山路兴许会将你指引到安化，到巷子口。来这里，应先寻到沩江源头。像儿时回家，第一件事先找到母亲。

往里，已没有了人家。修葺的几座木屋闲置着，从哪个角度看，它们都在合理的位置上存在。沿途植被厚重，山峦清秀，高叔一路向我讲起了山中的传说。

他家的对面，也就是进山的右边，名为皇田村。传说舜帝的女儿路经此地，遇一孝子，见他长得英俊，便心生爱意。留下与他结为夫妇，命随从帮助此处的百姓耕种，留下皇田村一说，也即皇家的田。史料记载当年舜帝的幼女南来寻父，后归稳，不知所踪。因为妫的下嫁，这座山就叫做了"妫山"。有另一种说法，"沩"由"妫（guī）"演变而来，因为早先"沩"也读作 eui，《康熙字典》上注音也是"居为切"。

高叔认真地讲着他祖辈留下的传说。每每回头叮我一句：是真的呢！我微笑着回他，说当然是真的。

沩江源处在安化、巷子口与沩山的交界处，至今保留着清朝时期的路牌，左指巷子口，右指安化。传说此处有凉亭，当年巷子口宋朝状元易袚去安化亲戚家，路过凉亭时，见风光秀美，十分宁静，便在凉亭中读起书来，而忘了此行目的，读到日落西山。如今此处已重建凉亭，极目三界，甚是旷远。离他读书的地方不到 50 米之处，出土了世界上唯一的一对虎食人卣，一件流落在法国巴黎赛努奇博物馆成为镇馆之宝，一件流落到日本的泉屋博物馆。

天马山立在沩江源北面。传说唐宪宗元和年间，高僧灵佑禅师来沩山开法，经

◎沩水源古路标(左安化、右沩山)

宰相裴休奏请朝廷御赐"密印禅寺"门额与经书。皇帝问山高路远，如何到达？此时天边飞来一匹花马，驼上经书直飞大沩之境，路经沩江源时，留下了四只人足印与七八只马蹄印，称"神仙马脚石"，此山便叫天马山，附近还有花马仑。

他一边行进一边不停地介绍，在方圆十多公里内，还有好些景点，诸如练兵场、瞭望台、战壕、灯鹅寨、燕鹅寨，每一处景点都有传说，活灵活现的神话为沩江源蒙上了神秘的面纱。

要走遍这些景点，需要两天时间。在他的讲述中，不知不觉已过数里。涓涓细流从各个山头渗出，越往上追溯，水越清澈，只是无鱼戏水，光有水蜘蛛一类在水面荡悠，心中略有惆怅。想必那些修行的佛者与我同有此境。到了中部的分水岭，这里是密印寺的分庵雪峰庵旧址。如今只有一个亭子立在那里，香火之事唯在人心，也沉于深山。择水流大的一支往右上山。简易公路利于行走，没有水泥路生硬，走起来不伤脚，徒步而来寻找水源才有意义。他日千万莫修成水泥路，破坏了山体给水源带来的不利因素。

爬上陡峭的一段路后，眼前一下变得开阔，一块巨大的石头上刻着"沩江源"。石碑前砌起一池清水，沩江滔滔不绝便是从这里涌动了第一滴。

寻见沩江源，对于沩仰宗的追溯与探寻更进一步。密印寺景区是一片以"千年古刹密印禅寺"为主寺的佛国圣土，距今已有 1200 年历史。试想当年苦行僧司马头陀发现大沩山，是不是像我今天追着沩水一路踏寻，发现沩山是修行的好地方？司马头陀不仅发现了大沩之境，也识得灵祐祖师的佛缘，才有中国禅宗史上最早的禅门宗派沩仰宗。

佛经云："欲识佛性义，当观时节因缘；时节既至，如虚忽悟，如忘忽忆，方省己物，不从他得。"沩江源与沩仰宗之间必有密道，有些人轻而易举地进入，有的人一生找不到入口。而高书士读书不多，却通佛理。懂沩水源点滴汇聚，又知广施为乐，沩水源之地的百姓深得此理。

我母亲的娘家住在沩江的源头。

2017 年 5 月 30 日

黄石坳

·陈佑生·

作者简介

陈佑生，男，生于黄材镇龙泉村，原益阳市劳动局局长。

查阅中国神仙传，有一个叫赤松子的神仙（封神榜上有名），他在神农皇帝期间，是掌管雨水的神，常服冰玉散，教化人们在火中而不被烧伤。赤松子经常到昆仑山，常住在西王母石室中，也是广成子给皇帝传授仙法的地方。他能随风上天下地，最后登天成仙，偶尔到人间游历。相传，赤松子经常出入黄石坳上首的仙台山，观密印寺的台子，就是当年赤松子祭天的地方。赤松子因管水，对水情有独钟，他在黄石坳上侧，用神力开发清澈无底的"龙眼井"，故称赤井。千百年来龙眼井下游沿河一带水旱无忧，对灌溉良田起了重要的调节作用。中国神仙传中的黄石公（赤松子化名），在当年黄石坳的一座小桥上，为寻求得意弟子传授仙法，故意傲慢而又百般刁难考验弟子张良的德性，张良也感老人非同一般，于是，他不厌其烦，非常谦虚，每次都是跪在地上，满足黄石公提出的所有要求，最后，黄石公老人很高兴地说："你这个年轻人可以教诲。"

据《史记》记载，张良，秦朝末年韩国人。有一次，张良闲游在黄石坳的一座桥上，遇对面迎来一位白发苍苍的老翁，来到张良身边，老翁故意把鞋子丢到桥下，回头对张良说，你小子快下去把鞋拾起来，张良开始很气愤，但想到他是老者，就强忍着性子，下桥将鞋拾起来。这时老者又对张良说，把鞋穿上。张良见老者行动不便，遂躬身跪下给老者把鞋穿上，老者见张良不但能忍下桥拾鞋，还能恭谦地跪下为其穿鞋，便暗赞其胸志。

老人穿上鞋后笑了笑,什么也没说便起身扬长而去。张良感到很惊讶,望着老人远去,过了一会儿,老人又回来了,对张良说:"孺子可教也。五日内清晨到此与我相会。"张良觉得老人举止不凡,遂跪下行礼答应。到第五天天刚发亮,张良应约急忙赶到桥上,一眼看到老人已站立在桥上,这时老人气愤地说,"与老人相约,为何迟到",回去吧,等五天以后再来。到了第五天,张良在鸡叫之前赶到桥上,谁知老人又先到了,老人很生气地说,"为何还是来迟,老样子,还是五天后再来。"过了五天后,张良干脆一夜不睡,站在桥上等候老人,半夜后,老人悠闲地走来,很高兴地说,"应当如此"。老人接着从衣袖中取出一部书交给张良,并告诫张良,你认真读完此书,将来可以做帝王之师,十年以后天下将大变,你一定会与我再次相逢,仙台山下有块黄石就是我,说完就飘然而去。等到天亮时,张良打开宝书一看,原来是一部道家类的《太公兵法》,张良每日细心研读,不敢懈怠,就凭这部兵书,成就了张良伟业。

秦朝末年,陈胜、吴广领导了农民起义,刘邦乘机起兵,其在谋士张良、陈平的精心策划和辅佐下,终于灭秦,与楚霸王项羽争夺天下,建立了汉朝,张良因功被封为"留侯"。

张良在刘邦盛世时功成、名遂、急流身退,抛开人间俗事,跟随师傅赤松子(即黄石公)遨天神游。

自张良之后,其张氏家庭世袭"黄老道家"。到了东汉末年,有他的九世孙张道陵,在巴蜀《今四川境内》创立了"五斗米"道,即道教。因张道陵是奉天行道之少辈,故道教徒称其为"张天师"。他曾率弟子赴今江西龙虎山修炼,三年丹成,龙虎齐现,在123岁时与他的得意弟子王长、赵升三人冲天而去,后世道教尊张天师为创教"教祖"。

国营七一六矿

· 姜应钧 ·

作者简介

姜应钧，1943年出生于黄材镇左家滩，曾任七一六矿矿长。

在今黄材镇沩滨村境内有一处几乎荒废的六七十年代建筑，一色红砖青瓦有序地排列。当今天走近它，断壁残垣处荒草萋萋，墙根已结青苔，爬过一层的窗台向上蔓延。楼舍内奋斗过的人们去了哪里？偶有几间成为鸡鸭的宅第，偶有路人咳喘，似从久远的地方传来。谁能想到它曾经的热火朝天与辉煌？

它就是国家核工业部（原二机部）国营七一六矿，为我国第一颗原子弹爆炸和导弹核实验提供了铀，在中国国防史上留下浓墨重彩的一笔。

七一六矿于1964年7月开工建设，1965年10建成投产。在核工业部湖南省益阳地委政府的领导下，在宁乡县黄材镇和黄材广大人民的支持下，经全矿四千多职工家属的艰苦奋斗，不懈努力下使一个单纯生产铀矿石的小型矿山发展成为军民结合的矿产机械化工、建材等多种经营的中型企业，为核工业的发展、国防工业建设和国民经济服务作出了应有的贡献。

在七一六矿第一任矿长方金栋（原益阳地委常委）和副矿长路宽、单国富、任方文的领导下，在矿山建设中，全矿职工克服了住房、供电、供水、子女上学等多方面的困难，群策群力，艰苦奋斗，提前九个月建成投产。在1964年10月16日，我国第一颗原子弹爆炸成功和1966年导弹核实验成功的鼓舞下，全矿职工精神饱满，大干快上，生产热火朝天，投产三个月就达到了设计生产能力。投产五年后，进入了高产高峰期，年均产量比设计能力提高2.7倍，被部、局誉为小矿山建设的典型。每天只见川流不息的七一六矿运矿汽车在宁黄公路上穿梭;只见运送七一六矿上下班职工的客车在黄材镇上奔跑。由于全矿职工的奋发拼搏,获得了核工业部科技进步二等奖、湖南省环保科技奖、核工业部安全生产单位和节能先进单位的光荣称号、中共长沙市委颁发的保密工作先进单位,荣获湖南省军供工会先进职工之家等。

先后有四任核工业部长到七一六视察检查指导工作,省地县委经常派人到七一六矿进行检查,指导和慰问。七一六矿的建设得到了国家主席刘少奇同志的关怀。1965年,刘少奇主席亲切地问刘杰部长(原二机部部长):"我家乡那个铀矿建设得怎么了?"刘部长回答:"正在加紧建设,计划明年投产。"刘主席听后微笑着点头,连声说:"好好。"

在七一六矿的建设、生产和职工的生活中,宁乡县委县政府黄材区领导和广大人民给予了七一六矿极大的支持和帮助,在最困难的建设初期,要房给房,要地给地,要电给电,黄材区把原宁乡钢铁厂优惠卖给了七一六矿,建起了庞大的汽车队,机械加工车间和生活区,在松花村及七一六矿建起了办公楼、工人村(职工生活区)、子弟学校、职工医院、电影院、八号商站等。该矿建设的几个采矿工区,黄材区政府和人民更是大开绿灯,千方百计满足他们的要求,黄材人民为七一六矿广大职工家属提供了蔬菜肉食粮食,丰富了他们的生活。

七一六矿领导也没有忘记宁乡县黄材人民的帮助,1984年3月5日十一时许,黄材粮站大米加工车间失火,全矿职工家属师生六百余人参加了灭火战斗;1986年6月14日,白合村与古塘村交界处,山林发生火灾,七一六矿组织上百人灭火,受当时计划经济影响,黄材镇在经济建设中缺乏一些如钢材木材水泥等材料,七一六矿在不影响生产生活的前提下,提供了大量的帮助,如龙洞大桥的钢材木材、水泥都是七一六矿无偿支援。黄材水泥厂的一些设备轻轨也是七一六矿提供的。他们多次支持黄材区医院,用救护车运送急救病人,获得了黄材人民的好评。

黄材人民对七一六矿的大力支持和帮助,七一六矿得以正常安全生产生活,获得了部省市各地领导的好评,七一六矿也为地方建设生产生活提供了帮助,谱写了一曲军工企业与当地政府、群众和谐共处的好篇章。

由于军转民的需要,和矿山资源的变化,七一六矿转产关闭,大部分职工搬到了长沙、娄底,生产区域实行了治理覆盖,植树等措施。生活设施,医院、学校转交给了当地政府,从四面八方聚集到这里奋斗的职工与职工家人将他们的艰辛与故事留在了黄材,带着对新生活的希望走上了另一个征程。七一六矿风风火火的采矿年代已成为历史,剩下那些矿职工居住房尚有几丝温度在风雨中向世人诉说。

美丽的石板塘

·肖重周·

作者简介

肖重周，1958 年生。宁乡大屯营三仙坳人。曾执教于宁乡三中，后任宁乡县文化馆馆长。

西出宁乡，驱车行约 50 公里，便是古镇黄材。再前进五公里，就进入崔坪乡了。这里是山区，两边山峦高耸对峙，形成一个小狭槽，崔坪便处在小狭槽里的沩水河畔。

有诗云："曲径高山岭，山峦欲接天，万山相对峙，一水送溪烟。"恰当地描绘了崔坪的地形。山坡间，镶嵌着一小块一小块的盆地，先人们在这些盆地和山坡间开挖出一些小水塘，使人看到了先民们的智慧。石板塘便在郭公寨发展中的山谷里，直径有 120 多米，几十米长，水深却有十多米。石板塘绝不是山谷和坡地的陪衬。塘里长着水草，水里有成群的游鱼，清澈澄明的塘水，微风拂起，涌现粼粼波纹，片片涟漪。焕发出一股醇厚的自然美，蕴含着丰实的诗之韵。

诗之韵在于石板塘塘底和四周都是由一块整石构成。有人说这是造物主的鬼斧神工，我推测是先民挖塘时因势而开，顺其自然。石块的塘塍宛如灵动的五线谱，而塘底却恰似琼瑶诗境仙女们沐浴的大浴池。也许正是这顺其自然，才使石板塘多彩多姿。

塘塍上长满了许多野草，野草的根，编织成一片片的网，维护和加固了塘塍。石板塘的塘水里，更是一片生动的天地，透清的水，可以清楚地看见游鱼穿梭在水草间，小虾小蟹藏在水草里，泥螺静静地躺在塘底薄薄的塘泥上，张开甲质圆盖伸出小小触须寻觅浮游的食物。夕阳西下，彩霞映红了山谷，劳作一天的人们，荷锄归来，掬一把清澈的塘水，洗尽满身的劳累，哼着清爽的望郎花鼓小调，悠然回家，圆一曲丰收的好梦。

石板塘没有任何水的来路，但塘内却有一条似手车车出的水，自流不息向外涌出，因而石板塘从来也不干涸，有人说这是塘内尚未查明的石缝里渗透出来的汩汩清泉，也有人说，这是大沩山密印寺里的大佛们，凭籍佛祉灵光，点化出这一股流泉。这股流泉，荫注着李子坑等地不少农田免遭干旱，供给无数人们生活饮用，成为生命之源。

石板塘的诗之韵，还沉淀在厚重的文化中，石板塘的塘水，养育着崔坪人，哺育出一颗颗璀璨的明珠。宋代大理学家朱熹，曾为福建龙溪城南郑义斋馆舍半亩塘写出"半亩方塘一鉴开，天光云影共徘徊"的诗句，这美妙的诗句，借用来赞赏石板塘也恰到好处。

石板塘的塘水，还荡漾着黎明前夕的朝霞。新中国成立前夕，国民党二三二师 30000 余人的兵力，妄图剿杀姜亚勋 300 多起义部队，好样的这支队伍，与十倍于己的反动队伍巧妙周旋，枪林弹雨，战马嘶鸣，终于取得了胜利，迎来了黎明。

石板塘应该清楚地记得建国初期那个癯瘦青年的身影，他走过石板塘塘塍，走出大山，投身到解放军的行列，而 50 年后，昔日的青年已是满头华发的老翁，当那场非典蔓延在神州大地时，却不顾身高体弱，发扬不怕疲劳，敢于牺牲的大无畏精神，终于研制出抗击魔爪的良方，取得了积极的成果，获得党和政府领导的高度赞扬，感动了人民，感动了中国。他叫姜素椿，一个喝石板塘水长大的孩子。

石板塘，一定还沉淀着湮没于历史长河中许多生动的故事。进入新世纪，石板塘焕发青春，这里的人们正秉承这种大无畏精神，在科学世界观的武装下，向着困难宣战，向着小康道路飞奔！石板塘，美丽的石板塘，演绎着永恒的美丽！

宁乡长桥的传说和历史

·秦旭卿·

作者简介

秦旭卿，宁乡横市镇云山村人，湖南师大文学院退休教授。

（一）美丽的传说

有一个美丽的传说长期在我的家乡流传着。

横市镇有一个长桥港，它的深与宽大大阻碍了上横市、黄材，下宁乡县城的交通，行旅极为不便。

金盆滩有位富人李秉南看到这种情况，便大发善心，用麻石修了一座横跨河港的大拱桥，两边低，中间隆起、上七下八（上桥有七级石级，下桥有八个石级），桥就显得很突出，真像彩虹高悬，蔚为壮观。于是行旅无阻，肩舆通行。这样的奇人奇事，在方圆几十里传开了。

据说桥刚修成时还被封闭着，要找一个有功名、有学问的人开桥，才让人通行。大概就是今天请领导、名人剪彩之意吧。正当此时，在北京城里教御书的国师张南轩路经此地，李秉南便诚邀他开桥。南轩先生的父亲葬在40里以外的巷子口官山（后来自己也葬于此），经常要经过此地，觉得这是义不容辞的，便照办了。但李秉南还进一步请他题诗一首作纪念。南轩先生便口占一首五律，以酬答主人的盛意。这首诗后来刊刻在竖立桥头的石碑上。周围群众几乎家喻户晓，直到现在上了年纪的人几乎都能背诵。不过各人所背都有些出入，现在把年近80的老人喻自章凭记忆手书下来的原诗抄录于下：

西风吹短发，复此过长桥。

木落波空阔，亭孤影动摇。

徘徊念今昔，领略到渔樵。

桥有山中隐，凭谁为一招？

我小时候也看见过那块诗碑。诗还有题目、前言，现在都记不清了。刻在青石板上的文字确如上述。当时我就听塾师秦海帆先生说过："桥有"应为"翘首"。桥、翘两字音同义通；"有"与"首"形近而误。大概这是我第一次接受文字学教育。

长桥修成后影响很大，连北京城里的皇帝老子都知道了。皇帝问御师南轩先生："长桥到底有多长？"

南轩先生回答得很幽默："长桥到底有多长，未曾用尺量，只知它一拱就跨过一条江。"

李秉南其人就更被说得神化了。据说他出身不凡，是皇帝的后代，自己也当过大官，家住金盆滩，房屋一大群，有广阔的良田，上至沙坪的黄塘湾南坪桥，下达横市长桥港，上下约20里，都是他的田产。真是广厦千间，良田万顷。

李秉南冬天洗澡就更具传奇色彩，每次都要他太太装满一王桶热水（宁乡民间酿酒，用一个大椭圆形高桶装酒糟，密封起来，让它起发酵作用。此桶大约可装100公斤左右的水，这种桶俗呼王桶），上面要横放一根扁担。那间房子，连小小的门缝都得糊闭起来，生怕有人瞧一眼泄露天机。这不仅奇怪，而且是个谜，是一个天大的隐私。别人不敢去碰这个谜，解这个谜，揭发这个隐私。只有他的妻子有点急不可耐，只想知其究竟。

一天，她为丈夫准备好一切让他进去洗澡后，悄悄地撕开了一点糊缝的纸，向里面一瞧，哎，她惊得魂飞魄散，半天还未回过神来。原来不见丈夫洗澡，只见桶里水波荡漾，一条白蛇出没其间。

白蛇游玩一阵，又上来缠绕在扁担上休息；游水、休息，轮番进行……由此盛传李秉南是白蛇精转世，也有说他是白蛇仙子下凡的。

还有另一种传说。他与柳山里一个龙姓富人闹纠纷，甚至打起架来。一次两军对垒，相持不下，李秉南就地一滚，转瞬之间只见滚成了一条小河，汩汩流水，源源不断，就成了两家的界河。这条河至今犹存，就是现在的柳山小溪。

后来，李秉南与妻子发生口角，互相对骂，妻子急起来就不顾一切，把她发现的隐私和盘托出：

"你以为你是什么好东西！你是畜生，是白蛇精，我早就知道了！"

李秉南一听此话，即刻倒地猝死，只见一绺白烟像蛇似的腾空而起，直上九重霄了。

李秉南死后，家人大办丧事，做了九天法事，又摆了很多筵席，尤其是出殡送葬那天，旗幡飘引，浩浩荡荡，同时从李家抬出了48台灵柩，东南西北各方都有坟地。李秉南真身到底葬于何处，同乡人没有能知道底细。

一座雄伟的长桥和一个美丽的神话传说互相映衬，显得更加神奇美丽，她将传诸永远而不衰。这是地方文化的魅力和生命力。

（二）历史真貌

我为了弄清长桥的地理和历史，作了些调查，主要调查对象是李氏族谱、宁乡县志、桥公屋老住户喻自章，以及乡里70岁以上的老人：戴茂容、萧仲芬、秦旭泉、邓正坤等，或亲自咨询，查阅史籍，或通过函电请我的学生杨巩承先生（宁乡县中学教师）和我的老师陈声达先生进行调查。

长桥港河发源于铁冲龙潭村清静仑下，有灌溉泄洪作用，也有溪水猛涨，推着河沙堆压两岸稻田的灾害记载。溪水全长20余里，过长桥向南60米汇入沩江。在这一段，河面较宽，约20多米，河床较深，约10来米，可以停泊小木船（俗称乌舡子，船上覆盖乌黑的篾篷，有时船夫全家就住在里面）在此装卸货物。多的时候有几十条小木船停泊。从这里装生猪、稻米到县城、省城，再从县城、省城运百货、南货回来。旺季常有几十个挑夫从事装卸。他们组织了"箩脚会"，以保护自身的利益。所以长桥港是横市镇的一个装卸码头，一个吞吐港。

石拱桥修成以前这里靠什么渡河呢？应该有木桥，而且比较长，不然何谓长桥？据李氏族谱所载《长桥碑记》云："旧架木为桥，间数颇多，因以长名。"宋代张南轩先生行走的大概就是这种桥。

但是这种桥材料不坚固，山水暴涨，随时可被冲毁，行旅和运输者，以及两岸的农民，常常要"冒险苦涉"，而且由于地势的原因，桥不能架得很高，桥下不能穿过木排和木船，造成诸多困难。

大概长桥港也是古驿道必经之处，木桥怎能适用日益发展的交通需要呢？

当地巨富李秉南见此情况，"遂捐资，伐石故址，就便道鳌砌，而一改观焉。经始于丙午秋九月庚辰（嘉靖25年，即公元1546年），历丁未夏六月庚寅（嘉靖26年，即公元1547年）告成"。建成的石桥，"桥广一丈六尺，长两倍之。卧石为道，为鳌拱岸，亦遍以石，以利水之冲突。"（李氏六修族谱）

《宁乡县志》（民国30年，即1941年修）说得详细一点："长桥跨铁冲水下流，西北距樟木桥、南入沩水均不及一里。《康熙志》：在县西九十里，洪武间知县刘淳鼎建，嘉靖26年邑人李秉南、监生李廷臣重建……嘉庆中，萧禹甸、隆有绪、李汇升、王国安、杨文彬、杨兰亭、范青廷、萧周武等倡众复修，錾石为栏杆，剥(加石旁)岸石，铁桩板，碑亭铺屋，焕然一新。

从以上书证，可知长桥开始创建很早，到清朝，李秉南复修，建成石桥，为独拱两岸。解放以后修成的公路还在桥上通过，继续使用，完好无损。一直到2000年修等级公路时才拆毁，在原地重新修了一条梁式的水泥桥，平卧在长桥港，让公路在其上通过。

那么修桥的倡导者李秉南的情况到底如何呢？

李秉南，其实并非仙子下凡，亦非白蛇精转世，他是一个凡人，不过他是一位善良的绅士。据李氏五修族谱所载：

秉南字公阳，号梅坡。公悯穷恤困，好善乐施。以巨富于正德10年(1515年)同信富公修百步三拱桥。又于嘉靖26年(1547年)同兄秉槐诸公偕廷臣公修长桥，有碑记，俱载邑志。其百步三拱桥即志载李家桥是也。此桥在秉南公故居金盘滩之首，石子岭之上首。

公[明]成化21年(1485)己巳9月29日亥时生。[明]嘉靖30年(1551)辛亥12月19日辰时没。葬宁邑十都塅溪牛栏石月形山。

"公配有二，原配敖氏，续配彭氏。"

从这里可以看到：李秉南享年66岁，有原配续配两次婚姻。他并非神仙，也非精怪。

可是他到底葬于何处呢？这里需要引点调查材料在下面。

杨巩承先生邀约李华冬等4位老人座谈，把所得材料写信告诉我："大约1961至1962年期间，黄材水库渠道整修过程中，在柳山村泉塘庙后山的西北处，有一古墓须改迁。古墓结构严密，棺外用糯米饭与石灰拌和均匀筑成约1米厚的保护层。挖坟用硫磺炸药放炮都炸不破，只是松动一点点。后来硬是用钢钎一点点锉，好长时间才打开。里外棺椁共有三层，打开最后一层时，发现尸体完好，头发未脱落，皮肤还是湿润的，手指可以弯曲……"原说李秉南之妻葬于此，而李秉南据谱载是葬在十都牛栏石月形山。那么，这是谁的尸体？打开棺解开裤分辨，才知道葬的是男尸，而不是女尸。这说明原来说的和族谱记载的都是错的。这是李秉南的坟，而不是他妻子的坟。这或许是当时有意造的迷阵，以防盗墓。这也恰好印证了前面传说的四十八台灵柩出葬是实有其事的，虽然不一定是那样多，都是为了防止盗墓。

（三）诗碑的所在和字句的校勘

刊刻在石碑上的长桥诗，给长桥这座石拱桥增加了浓厚的文化色彩，既然如此，这首诗与桥的关系以及诗的文字的正误就是非常重要的了。

诗的作者张南轩（1133—1180）是南宋人，而石拱桥修造者李秉南（1485—1551）是明朝成化、嘉靖年间人，修桥是他晚年的一项事业。两人时代相隔几百年，李秉南不可能受张南轩之邀为长桥开桥，也不可能应李秉南请求而写诗。关于这一项，民间传说造成了张飞打岳飞的有趣错误。

诗刊刻在何处？据陈声达先生回忆："我小时所看到的这首诗，是在拱桥东头紧接引路北侧坡下处一个比一般土地庙大几倍的小土地庙（全高个多人高，无空，无门，只有小空行窗眼，不能进人）。刻诗的石板就嵌在土地庙的壁上，不是什么亭。所谓'亭孤'的'亭'当然是在旧时的长桥桥头的亭；那时的亭，可能是驿路上人客车马能住宿的公用旅居之所。"这是陈先生的亲目所见和推测。是合乎历史唯物主义的，大致是不会错的。

至于诗的字词，因为诗碑已经找不到了，无从查考。经多方搜求，获得几个版本。

其一是老人喻自章凭记忆手书下来的原诗，已在上面讲过了，不再赘述。

其二是陈声达先生提供的版本。他在信中说：

长桥港桥头旧诗碑刊的宋代理学家张南轩当年过此所题作的一首五言律诗，可我至今还记得明确无误。因为这是我幼小时随先父游经此地被他老特事指点、诵读，而更暗记下来的。诗如下：

> 西风吹短发，忽此过长桥。
>
> 木落波空阔，亭孤影动摇。
>
> 徘徊念今昔，领略到渔樵。
>
> 翘首山中隐，凭谁为一招？

陈老师在来信中说："关于诗第七句中的'翘首'二字，记得我先父当时指点碑壁所刊名为'翘首'，所刊'桥有'，为重刊之错乱。"

"忽"可能是"复"之误，是陈老师记忆的差失。其三是李氏续修族谱所载《长桥碑记》中宋张南轩过此所作诗。

这一版本的不同是第七句为"知有山中隐"，"知"从意义上讲，也可以讲得通，但并不好。

其四是宁乡1993年县志所收录的版本。

这个版本有个题目叫《重过长桥》，内容的不同是第七句为"矫首山中隐"，这里将诗碑的"桥有"改为"矫首"，但"矫"无"翘"之意，这种改法似乎理由不足，不甚妥。

其五是文渊阁本《四库全书·南轩集(卷四)》上的诗，抄在下面。

过长桥

西风吹短发，复此渡长桥。
木落波空阔，亭孤影动摇。
徘徊念今昔，领略到渔樵。
傥有山中隐，凭谁为一招？

这一版本与前四种有重大的不同，一是用"渡长桥"代替"过长桥"；这可能是此时桥被大水或其他原因而毁，只能坐渡船过河港。二是用"傥有"代替"桥有"或"翘首"，这表明南轩先生不肯定山中有隐，而是用假设语气表示探求，让人去发挥遐想。我以为《四库全书》上的文字是经过推敲和校订的，事理和构思都较为协调、得体。也可以这样看，前面四个版本，除了明显的笔误和错乱，可看作初稿或未定稿，而《四库全书》本是定稿，是经典文字，应该取这一版本。

此外，我小时听我的祖父口里念的是"夫子过长桥"，我到长桥看过以后告诉他老是"复此"不是"夫子"，他老还以此大谬不然，或者这也算一个版本吧。

2003年7月，我回了一次家乡。经过长桥时，下车凭吊了一番。对拆了那座历史悠久、文化意义丰富的古桥的举措不能认同。为什么不把公路稍稍偏离一点，另修新公路桥，而保存这古桥呢？要知道这座古桥是中国地方文化中的无价之宝，无论用多少钱也买不到的呀！

原桥已毁，但她仍巍然屹立在宁乡人民心中，她也将随着传说和史籍流传千古。李秉南们修桥的功勋是永垂不朽的！

古桥今何在，凭谁为一招？

湖南师大景德村　2003年8月9日

黄材中学

·刘献民·

作者简介

　　刘献民，1961 年生于黄材镇胜溪村，从事教师职业，省市刊物发表作品若干。

　　1912 年，世居黄材的姜族倡导从各宗祠祠租内抽提学租，集资开办"姜姓私立流光小学"，校址设在黄材划船塘。1926 年上期校址迁至黄材流光公祠（姜公庙），学校更名为"姜姓私立复初流光完全小学"。1927 年 7 月，"马日事变"后，学生离校，学校被迫解散。1929 年上期复校。

　　1930 年秋，因生源不足，又迁返划船塘，以便吸收黄材街上儿童入学。1936 年，姜亚勋来校任校长，学校更名为"流光小学"。1938 年 7 月，学校被洪水冲毁，校舍倒塌，校具、教具及图书文卷荡然无存。学校只得复迁姜公庙，校名为"宁乡县私立流光完全小学"。

　　1949 年，学校处于半停半办状态。1950 年，由宁乡县第十区人民政府接收，更名为"栗山乡校"。1954 年"大沩完小"与"栗山乡校"合并，校址仍设在姜公庙，更名为"黄材高小"，1958 年更名为"黄材完小"。1970 年开始办初中，更名为"黄材中学"。

　　1974 年至 1979 年学校办高中。1979 年下期始停办高中继续办初中。1987 年更名为"黄材镇第一中学"。1994 年下期黄材镇一、二中学合并，恢复"黄材中学"校名。

　　2001 年下期，由于学校教学楼属于严重危房，与"友谊中学"合并，校址搬迁至七一六矿子弟学校，校名为"黄材中学"。当时，学校有 22 个教学班，81 个教职工，1500 多学生。中华人民共和国成立前，流光小学不仅培养出一批革命人才，也是进步人士从事革命活动的基地。泔泗淇（姜凤威）将军就毕业于流光小学。1948年至1949年，姜亚勋、饶孟虎、李石锹等曾在流光小学以教书为掩护，进行"黄唐起义"的筹备工作。谢子谷（谢觉哉之子）、黎运芝（姜亚勋之妻）、谢东初（谢子谷之子）等也曾在该校以教书为名，从事革命活动。

新中国成立后，学校注重改革，加强管理，办出了特色。1978年起，该校逐步更新教学手段，大幅度提高教学质量。1984年，举办电教实验班，全部采用电教手段进行教学，效果明显优于对比班。连续七年，实验班学生参加中考，人平分、及格率、优秀率、升学率均名列黄材区前茅。教师所写《一堂高效省时的语文课》《为社会主义培养有用之才》等经验材料在《湖南日报》上发表。自制幻灯片"植物细胞"获市三等奖。1987年，长沙市农村中学电化教学现场会在该校召开。十几年来，市、县、区、乡（公社）在该校开展电教研究45次，上研究课310堂，接待课和观摩课57堂，教师撰写电教论文25篇，经验材料330份，编写电教教材230余份，自制幻灯片890张，有95堂课评为优秀电教课。学校开展电教以来，四次评为县的先进单位，三次被评为市的电教先进单位。1988年评为省电教先进单位。

2004年以来，学校力求改革，注重人才质量的培养，学校被定为省级农村中学第一家中华文化"经典诵读"示范校。2005年10月在全县中小学德育工作大会上作了题为《实施信心教育，扬起学生奋进的风帆》的经验介绍发言。学校德育工作经验为全县推介。学校第二课堂活动经常开展，且有成效，先后为宁乡一中、宁乡四中、宁乡三中、宁师、长沙师范输送了一批又一批音、体、美特长生。1984年至2006年每年有3名以上学生获县歌咏比赛优秀奖。1986年至2005年十次获县音乐比赛团体一等奖。1984年至2006年，50来人获县美术比赛一等奖。学生绘画《荷花鸳鸯》被选送参加全省青少年书画展览。学生所制"自动捕鼠器"等40多件科技小制作获市以上奖励。体育竞赛，年年居于县级先进行列。1982年，学生参加县中学生田径运动会获男子标枪、铅球第一名。1984年，学校被评为县体育达标先进单位。1985年，学生获县田径运动会两个项目第一名。1986年获县中学生男子跳远、女子百米跨栏第一名，三公里竞走男子团体第一名。1987年获中学生男子撑杆跳高第一名。2002年、2004年中学生篮球赛均获县农村中学第一名。1988年至2006年学生车航模比赛获市一、二等奖15次。2005年学校教育教学经验在省级报刊作了五次专题报道。2006年，学校争创全县学管研示范校、校本教研示范校、德育特色校。

黄材中学经历了近百年风雨沧桑，培养了代代英才，全国"抗非英雄"名震中外的解放军302医院教授姜素椿、原湖南省益阳地委书记何晓明、华中科大党委书记刘献君、中南大学文学院教授博士刘泽民、现任长沙市高新区党委书记彭可平、《计算机世界》总编刘九如、留学美国的严日新、苏春民、留学加拿大的黄坚等才俊都先后毕业于该校。

国宝之乡，黄材月山

·胡雅婷·

很想带你去这个地方，一般人我保密。

一提到她，就让我想起母亲生下第三胎，接生婆抱着婴儿，向我爷爷亮了亮婴儿的"小鸡鸡"，说道："胡老爷子，是个带把的，恭喜恭喜！"爷爷笑得眼睛眯成一条缝，那样子就像是得了个无价之宝。我一提到这个地方，总也笑成这样。

在中国，你兴许不知道月山，但一定知道国宝四羊方尊。闻名天下的它出土在我的家乡月山。初中时，我学完历史课之《中国青铜器》中的四羊方尊，便跑到它被挖出的地方，想一探究竟，因为心中一半骄傲，一半好奇。其实，什么也没发觉，那儿已是荒山一片，只隐隐露出一块大理石镶嵌着白玉碑证明它在这里出土。

月山，在娄底也有一个月山，而我的月山是要名扬天下的月山。早在南宋时期就出了一个诗人叫姜月山，当时姜哲夫拟景，他填词，写了关于黄材一带的"南宋八景"。在他逝世后，人们为了纪念他，将这里取名月山。

月山，光四羊方尊足令世界惊叹，还有另一青铜国宝商代大铜铙也出土在此，离四羊方尊出土的地方仅几百米，是中国迄今出土最大的青铜铙。

值得我骄傲的不只是国宝，还有开国将领泔泗淇将军与我同乡；千年香榧树英姿飒爽；明清时期带防御功能的城墙仍坚挺在龙泉大峡谷。

从宁乡县城往西南四五十公里，便到达古城黄材。沩水上游，有条支流叫塅溪。随溪而上可纵穿整个月山。它肩挑两头，下游挑着黄材盆地，另一头可抵安化、桃江。

月山厚重的人文历史与黄材炭河古城一脉相承，青铜之色映衬这里的每一片土地，还有多少不为人知的青铜器深藏在这山水之间，不得而知。

城墙人山两臂一挥，月山夹行于崔坪与祖塔两条山脉之间。这两脉山峰是月山的守护神。从黄材盆地进山，入口便见奇峰，洞子坑煤矿两峰对峙，形成狭窄的隘口。在不久的将来，已停止开采的洞子坑煤矿，会建成一个供游人参观的景点。

◎月山龙泉峡谷（出镜：胡雅婷）

埱溪蜿蜒曲折，在过去没有修通大路的时代，人们遇水搭桥才能贯穿月山。据姜姓族谱记载，月山共有十三渡水。从入山口一直往里，需要十三次过河，人们便以每个渡口为一个地名，共有十三处，从一渡水开始到十三渡水，如今只剩下一至八渡水之名沿用。

在四渡水，此处有一座山，酷似一头饮水的牛，人们赋予了它神奇的传说（见作《牛形山传说》），并取名牛形山。此地关于王的传说以及与炭河古城在地理位置上仅相距三公里，难免令人产生许多联想。儿时，伯父总是神采奕奕地对我们讲这些传说。

泔泗淇将军的故居地处八渡水。青青垂柳，碧水弯弯。将军故居久经风雨。在各方热切期盼中，很快将以新的面貌与我们见面。

纵深十二公里后，地界突然放宽，形成盆地。青铜国宝便出土于这个盆地的转耳仑山上。依转耳仑俯瞰，前方视野开阔，观察四条出路，地形十分有利。无论是兵家之争，还是居家颐养，都是绝好的位置。难怪此处会成为青铜器出土之地，在历史上一定不只是个意外，它的成因值得我们探索。

在龙泉峡谷的悬崖上，近年发现一段三百多米长的明清古城墙，有枪眼，有瞭望口，有攀登孔，具有防御功能。在偏远的山村，青铜成批出现在这里，与这古城墙在方圆一公里之内，尽管它们不是同一年代的产物，能说这只是巧合吗？

月山在过去有"蜀道难难于上青天"之险，便有易守难攻之势，取此地为据点，前方盆地可农耕捕鱼，后山可狩猎，敌人来了，可攻可守。然而，地小人稀，只能是小打小闹，做做山大王也就到头了。

埱溪在此兵分三路，一支由龙泉"三十六拐"梭脚仑涓涓淌来；一支由城墙大山跌瀑飞来；一支由千年香榧树群落飞奔而来，汇聚于此，便有了十三渡水流域的气势。

此溪风景，诗人杨孟军有诗《秋水长》为证。

白云也会迷路，缭乱阳光温煦的足迹

绿野葱茏，记忆的辉光

镶满薄金的簧片

无声之诵却是最大的合奏

水落而石出

白色的鹭鸶踩动秋日粼粼波光

你的眉心含一剪秋水

氤氲、荡漾开来

如一块宁静的璞玉，在光阴的切面上

浮动一池粉色的莲荷

袖口有风流过，把山峦切割开来

流云淡墨点染勾画出秋日的宁静

水流淙淙，雁影成双

沿塅溪上行

任时光溅落如雨

我都绕不过月山这秋水绵长

◎四羊方尊出土地月山转耳仑

杨诗人沿溪水而上，所到之处风景秀美，宁静清怡，流连忘返。还有另一位诗人王超群用他的古诗呈现了《月山春晓》图。

天派烟霞染古墙，凡间唤作郁金香。

千秋月影移灵石，九出花垣动慧梁。

榧树知他真汉子，锻溪晓我好儿郎。

惟余岭上知春鸟，又在家山奏乐章。

他用诗描绘了月山云雾萦绕之下，历史厚重，风景多姿，一派祥和的画面。对了，王诗人提到了榧树。榧树又名香榧树，稀有树种，分布在苏浙一带与湖南的月山。最古老的香榧树王已有 2400 多岁，要五六人才能合抱过来，它枝繁叶茂，葱茏青翠，它与三千多棵大大小小的香榧树居住在月山进入桃江界前方圆二公里内，蔚为壮观。

青铜之宝、香榧树、古城墙，这一些为什么会出现在月山？没人能告诉我，我也没法告诉你，如果愿意，你来，我陪你去探寻。兴许，一不小心，我们一起穿越到那年那月，遇见那朝那代的王。

青铜器出土地、龙泉漂流、龙泉户外运动基地、月山原生态农庄、香榧树公园、将军故里等风景已成为远方客人关注的地方，庆幸能看到她日渐伸展的姿势。

美丽的家乡是安宁之乡，哎！而我终归是个流浪的人，又是个女子，恐怕此生要落土他方，唯现在偶尔回到魂牵梦萦的地方，用一次比一次强烈的爱倒出我仅有的余温。

2017 年 2 月 9 日

炭河古城新貌

· 胡雅婷 ·

◎诗书门

◎礼乐门

当号称一生必看的演出《炭河千古情》在黄材上演后，游客蜂拥而至，黄材镇一夜成为瞩目的焦点。开发商先期允诺年游客量过三十万，开业以来三个月已突破百万人次。

听到家乡雄起的脚步声，我欣喜交加。

炭河里遗址于 1963 年初发现推测为商周遗址，1976 年试挖掘确认为西周遗址，距今约 3000 年，是全国为数不多、南方罕见、湖南唯一的西周古城遗址，处于考古界一致公认的"宁乡铜器群"中心腹地。

今天的炭河古城被一隘三门构成景区的中轴线。一隘为烽火台，三门为诗书门、礼乐门与西门。沿青羊大道进入，过烽火台便入峡溪边的诗书门。诗书门意为文治天下，以和为贵；礼乐门为礼仪交接之处，以礼待客；西门则是古城的后大门。

烽火台、诗书门与礼乐门之间属于沩滨村，南有七一六矿遗址，北有金马仙境。大片的花海、稻田与民居错落，令人流连忘返。继烽火台为夯土建筑后，炭河古城墙与城内物件也采用夯土建造，色彩厚重，形态宏伟大气。古城的夯土构造物达 2 万多方，将是全国最大的夯土工艺建筑群。

◎西城门

◎炭河博物馆

峡溪、梅溪、塅溪、蒿溪、胜溪，五溪与涓水在这里汇集，四纵五横的道路与姜公桥，石狮桥，古城桥，塅溪桥，南坪桥，松花桥，观音桥等十多座新老桥形成交通网，将黄材盆地构建成一个棋盘，南北通透，东西贯通。而解放前后繁华的下河街在经历风风雨雨后迎来了宁静的岁月，留下简朴的民居拥着一条路通往下游的南岳行宫。另一样曾引领六十至九十年代人成长的贯穿黄材镇的老街，会因四面的交通拓展成为商业步行街。黄月路口车水马龙的景象已成为历史。

漫步在炭河遗址公园，心生宁静。儿时在暑假里骑自行车到黄材水库贩卖冰棒，道路坎坷，灰尘满天。在寨子山脚下远眺此处一马平川，稻田正黄，人们在双抢，我将冰棒卖给他们消暑解渴。如今来到这里，马路焕然一新，青洋湖康养基地生机勃勃；"千手爱心大屋"林立于侧；黄材镇中心小学、南坪桥小学与沩滨中学为这块神奇而美丽的土地源源不断培养生力军。

环顾公园，三面环水，前有博物馆开道，奢华大气。历史文化墙开启炭河文化的密码，引领游人走入西周文明。园内有文化挖掘坑、冥想台、渡口、沩水关隘、古祭祀台址、塅溪梯田、木栈道、古驿道长廊、秉戈礼器等景点，远古气息浓烈，似乎离我很近。

毗邻遗址公园的青铜博物馆前坪广阔方正，与主体建筑色调统一，直线型结构的博物馆苍劲霸道，气势恢宏。分地下一层、地上两层，第一层包括展览区和公共服务区，第二层包括宁乡历史文化展厅、文物藏品区、学术报告厅和3D影院等。展厅以"序厅、青铜迷雾、方国都邑、方国青铜文明、尾厅"为脉络，采用声、光、电控制技术，并配套标本、图片、文字资料印证，浓缩了炭河里文化和青铜文化发展与演变历程，构成实景与虚景、历史与现代相结合的历史文化科普科研基地。

几次特别注意整个博物馆的人物模型，没有一个为母性。不知是有意而为

◎宋城炭河古城

◎青洋湖康养中心

还是疏忽。

在博物馆的对面，《炭河千古情》如火如荼。

西周风情街内妲己幽魂鬼屋、太子阴魂听音室、西周电影馆、妲己魅惑、姜太公呼风唤雨法术馆、后宫体验馆、酒池肉林等高科技体验项目惊喜连连，大型歌舞《炭河千古情》《武王练兵》《编钟乐舞》《褒姒沐浴》《彩楼抛绣球》《穿越快闪秀》等演艺秀精彩纷呈。三千年前的时光在风情街复活，处处编钟古乐、诗礼周风，遥远年代的文明气息在此张弛。

舞台剧《炭河千古情》以西周王朝灿烂的历史文化为背景，以国宝"四羊方尊"的传奇故事为主线，再现三千年前的一场爱恨情仇。剧情分为《在河之洲》《炭河绝恋》《妲己艳舞》《牧野之战》《爱在炭河》。运用先进的声、光、电等科技手段和舞台机械，数百位演员倾情演绎，在水、陆、空三维立体空间，美轮美奂的场景唱响一曲感天动地的炭河千古情。一幕幕凄美雄壮的场景将剧情的张力尽情诠释，身临其境之感引领我穿越。

传闻炭河古城将以遗址公园为核心，由"西周遗址、西周博览、西周王宫、西周作坊、西周渔猎"五大部分构成，配套建设"青洋人家"和"西周森林"文化旅游体验区，若是这样，有厚重历史的黄材炭河里将迎来更美丽而兴旺的前景。

在风情街依沩江上的情人桥而立，对岸的石狮庵有梵音传来，炭河青铜文化与古城下的秘密将吸引更多的人来踏寻。

古阙公园

·胡雅婷·

若想到炭河古城感受 3000 年前的西周盛世；领略风光旖旎的西周风情；寻找青铜文明的脉络，必经过炭河古城的烽火台。

烽火台所在为古阙公园。西周古阙，进入炭河古城的第一印象。

离古城中心四里有余，远见巨龙盘桓，连绵起伏上千米；猎猎旗风指引烽火台耸入云天；悬索桥在青羊大道上横空出世。厚重雄浑、壮美萧萧，有如穿越时空，跨越地界。瞭望之感正在诉说大禾方国曾经的荣耀与辉煌。

沿青羊大道左侧进古阙公园，两侧陡峭，铜门镶嵌在石砌的城墙内，有一夫当关，万夫莫开之势。入得公园，方知其内另有天地。当青羊大道将古阙公园一分为二，两侧山头成为天然屏障，城墙往两侧伸展，高低错落。古城第一要隘，名不虚传。

古阙即城墙，是一种古老的建筑艺术。自商、周、秦、汉时期，王公贵族聚集足够多的劳动力，采用夯土建造方式筑成宫殿台榭与城墙的高大台基。现所知万里长城、北京故宫、长沙马王堆汉墓、西安秦始皇陵等古建筑均采用相同的方式。

今天的时光里已无烽火，在这里适合虚度。城墙的粗砺将会被风雨浇灌，向未来喊出古老的印记。每一枚带刺的粗砺如同烽火年代每一个生命，紧密地夯建一座都城，一处安宁之所。

走到城墙尽头，便折回到了公园大门。大门顶部架起一米多宽的木桥，过了木桥，上个坡便到达悬索桥。悬索桥全长二百来米，宽一米多，悬空四五十米。悬拉结构，上铺木板。桥下车辆飞速而过，桥身晃动，地动山摇。立于桥中央，两侧城头坚固而立，路从脚下伸出触角，车辆与行人渐入视线，由模糊变清晰，经悬索桥入得城去。

经这里可抵达对岸的粮仓。说是粮仓，实际是粮仓的模型。几十个由夯土筑建的稻草垛分布在山坡上，将粮仓团团包围。这里没有迂回的路，只能从悬索桥返回。返回后到达烽火台下。立于烽火台，古城上万亩风景尽收眼底。四面青山环抱，城内交通井然有序，房屋格调划一，静怡安宁的气息随日光流转。城外稻田、房舍、池塘、山林交错，一张田园风光图向远方铺陈。

古阙公园的金黄赤橙将游人染了又染，从这些事物里转身时，已带烽火的颜色。不要紧，寻一条幽径遁出。石板路隐藏在烽火台后面，顺着它已是"山重水复疑无路，柳暗花明又一村。"在山林曲曲折折中走出这条幽径，已蜕去粗砺、锋芒与激烈，由山水之姿替代。

绕一大圈，回到了上城头的停车场。西周文化的体验还没有结束。往东靠近，一片辽阔的区域突现眼底。空中飞舞的旗子曰：西周跑马场。

占地一百七十多亩的古阙公园为西周文化主题公园，马是那个年代出行与征战的必备工具，在此，当然不能少了马。若不是马在飞奔，初一看，还以为是个足球场。椭圆形的跑马场目前有二三十匹马供游人骑玩。

对马曾有过神往，幻想白衣飘飘，疾驰而去。此情此景终是梦里寻踪也难得见。在西周跑马场，可一了心愿。想乘马车，这里也有，西洋货。戴上礼帽与白手套，着上公主裙，最好配位西装大帅，貌似伊丽莎白女皇出宫巡游。

栓在栏外的那头愣头青马，姑娘们最好别恋它。看它的眼神后睨，时时提防的样子出卖了它不安的心，这家伙的小蹄一扬，缰绳难挽。一只小马驹只适合小孩子逗乐了，大概还有恋母情结，一幅傻傻的模样。那匹毛色发亮的棕色马，眉眼之间有白色点缀，当它扬起四蹄，像个英俊的小伙。对，我就要骑它了。

虽不是纵马奔于草原，在江南人挤人的地盘上，来跑马场骑马，一来满足打马前行的情愫；二来不失为时尚的健身方式；三来是个培养感情的行程。

古阙公园的西周之行在马背上驰骋，炭河古城正敞开着城门……

我县最早的工厂及黄材铸锅业发展

·摘抄县志·

我国是世界上使用铁器最早的国家之一。据文献记载,我国最迟在春秋时期已经发明了生铁冶炼技术。越国的欧冶子、吴国的干将都是铸剑的高手。我县出土的大量青铜器则表明,在西周时期,我县先人掌握了较为高超的青铜冶炼技术。而我县出土的春秋时期使用的铁铤铜镞,说明先人已掌握了冶铁技术。考古证实,我国较早出现铁器冶炼铸造的是南方的楚、吴。特别是汉代,铁农具使用已相当普遍。而我县出现的真正有文字记载的、实实在在的铸件工厂,却在距西周以后二千多年的清朝。据《宁乡县志》载:"清嘉庆十五年(1810),广东商人何楚帮来黄材袁家山创办铸锅厂"。这是有文字记载的我县最早出现的工厂。何楚帮建锅炉一座,雇工10人,生产时间为每年的五、八两个月。生产"老天""牛三""十码"等5种铁锅。道光十年(1830),在宁办厂二十年的何楚帮,想念他的广东老家了,将铸锅厂交给徒弟打理,自己回归故里。但他在黄材开了"铸锅"的先河,成就了黄材近百年的铸锅辉煌史。光绪二十六年(1900)至民国初期,黄材锅厂增至20余家,从业人员近300人,产品有25种,年产铁锅4万口左右,重量约1000吨,销往武汉、上海等地。当时铸锅用的燃料主要是木炭,所以沩江黄材码头多是运炭的船只。

黄材锅业高峰时期,有锅炉五十余座,而一座锅炉需要雇炉工、杂工、炭工、运夫共八九十人。光是锅厂的雇工就达四五千人。还有各地的商贩往来,烧炭运炭的、运铁销锅的,船来船往,加上铸锅业当时利润不薄,大家口袋里都有银元。所以黄材当时的热闹繁华,堪比县城。民国《宁乡县志》说:"乡市以黄材为第一"。

据民国《宁乡县志》载:"铁矿以黄材附近稍多,竹鸡坡、清静仑、西家仑、昔泠潭诸处,其痕迹显然可考。民国以来,开采无定式,由若干土人以包工制,挖取所产铁砂,概销附近之高炉炼厂,生板铁销黄材市各锅铁厂,以供制造锅鼎及农具之用"。又载:"黄材铁锅厂,自靖港至汉沪各口岸均设庄销售。十都竹鸡坡、大仑坡、牛轭矿子山诸处产铁。九都六区廖家滩王家冲产锅模土,土质细而粘,商人设炉冶锅。分高炉和锅炉两种。高炉炼成生板铁,始于道光咸丰年间,光绪中,安化益阳铁商来山,大增工厂。桎木、长冲、乌龟山、横塘冲、汪子坑、直江塘、洞冲等处皆高炉二三座,每座资本金四五千元,炉工三十人、杂工十人、炭工三十余人,运夫无定。有看炉师系宝庆人,炉火发或破烂滞塞,炉师以棉絮包身,由火门入烈焰中审度整治而出,身俸颇高,术不传人,数家合聘,以防不测。高炉之利,一日夜出生板铁十四五石,多至二十石。岁出三千石以上,石售银七元五六角,合得二万余元。十家则二十余万元。每炉一日的工价、柴价等成本五六十元,出铁十四石,收还资本有余,地方财源以活。锅厂设于附近元嘉山炭河里,凡十六家,炉二十七座,一座需本银二千余元,炉工十五人,杂工四人,炭工三十余人,运夫无定。日出锅七石,石售银十二元八角,岁约出锅四万石,以上售洋可五十余万。黄材锅业一时称盛,家世传之,近因外货输入,商本渐多,而生板、锅价均涨,铁模土则仍销于外埠,远及台北"。

1945年,彭泽生、易光庭在黄材新开"复源""振兴"锅厂。建锅炉七座,从业人员100余人,生产大小铁锅46种,年产锅约5万口。1951年,两家锅厂转为公私合营的新生锅厂,后更名为黄材机械厂、黄材锅厂。至1968年改称宁乡铸钢厂,停止生产铁锅,转为生产铸铁铸钢。解放后,该厂生产铁锅16年,年产铁锅1200多吨。品种增至71种。其中"大四连""小四连""翁坛""云坛""天坛"等品种,蜚声省内外。至1961年,有黄材、横市两家铸锅厂,年产铁锅27万口,为历史最高。进入上世纪70年代,黄材锅业基本停业。

除县城外,商业最繁华的乡市为黄材。清末和民国时期,黄材的铸锅业十分发达,远近闻名。高峰时期雇工即达五千人,加上贩铁的、运炭的、销锅的,船来船往,人气很旺。当时"杂货、药材、屠坊、首饰及各手工业共百数十家……",生意都不错,"清时经商此地者多致富"。在黄材集镇,至今有一家"李恒裕"老字号香干店,别看店子不起眼,却有百年历史,做出来的香干销到了澳大利亚、新西兰、香港和台湾,远近闻名。店主李东强的祖父李少华一百多年前在黄材镇上街口开了一个"李恒裕商行",在卖南百货的同时,还砍肉、卖豆腐。改革开放后,李少华父亲李明生重新打出父亲"李恒裕商行"招牌,在卖南百货的同时,还是砍肉、卖豆腐。李东强成家立业后,李明生就把商行供李东强夫妻经营。夫妻专做祖传香干,一做就是几十年。李家古代有商业传承,大体反映了各个时期小商贩的生存状态:"不温不火"、养家糊口。其次就是巷子口、横市、唐市、双凫铺、大成桥、回龙铺、道林、双江口诸市了。巷子口毗邻安化,域内至今留下了茶马古道遗迹,安化茶通过此道外运,须经过巷子口。千百年来,巷子口就是西部一个重要的商贸集散地。横市、唐市以"市"命名,说明商贸繁荣。民国《宁乡县志·村市》:"唐市,或曰市始于唐时,或曰因唐公得道而名。今有唐公庙。"纸扇,镜灯、首饰、豆腐为唐市有名的产品。在唐市,不少"章子客"背着行囊走四方。2015年已71岁的沈宗武就是代表。他13岁随父沈福生学习打章子,加工金、银、锡、铜等金属首饰。沈宗武曾祖父沈求之将技艺传给祖父沈子仁,沈子仁在唐市街上开了家"沈恒发"的首饰加工行,沈宗武又将手艺传给了女婿。如今沈宗武在唐市"沈恒发"的原址上建起了一栋楼房,偶尔也会应客人的要求露一手打章和首饰加工的绝活。

横市在三国时期是新阳县县治所在,宁乡通往娄底、涟源、安化等地的必经之地,沩江、楚江和向阳河三江交汇,交通便利,自古以来就是商业重镇。据民国《宁乡县志》载:自双凫铺西行约二十里,有横市。商店居民百余家,商业亚于黄材。双凫铺是中部地区主要物资集散地,民国时期有小店80余家。道林是东南版块比较热闹的集市了。明崇祯《长沙府志》记:"道林市,县南七十里,通湘潭大路,原有公馆铺递。"街区倚山傍河呈带状分布。古时水运昌盛,道林的码头船只写就了她的繁华。原有靳江船埠,木船通湘江,宁乡东南部以至靳江上游地区进出长沙城的煤炭、粮食、猪羊、茶叶等农副产品皆在此集散,为县东南部集市贸易中心。双江口是我县东北门户、水路码头。在陆运极不发达的古代,物资进出和人流往返都依赖水路,从双江口进入湘江,这也造就了双江口的繁华。民国时期有商店七十余家,是宁乡谷米的主要集散地之一。当年双江口集市就有三条街,分别叫做西长街、闸栏街、遇贤街,有"小汉口"之称,可见当年的繁华。

接下来便是灰汤、檀木桥、大屯营、西冲山、菁华铺诸市了。其他山村僻壤,数里或数十里必有药材店、杂货、屠坊。1929年统计,全县有商业网点822个,从业人员2964人。到1949年,网点增加到1941个。

随着公路的修建和航道的缩短,乡村集市也有一些变化,如粟溪、檀木桥逐渐萧条,夏铎铺、煤炭坝、花明楼等逐渐兴起。以乡镇机关为集市中心的格局,至今没有变化。

铸锅业

·摘抄县志·

　　1810 年（清嘉庆 16 年），广东商人何楚帮集资雇技工在黄材附近袁家山开设锅厂，建锅炉一座，雇工 10 个，生产时间为每年五、八两个月，产品有"老天""牛三""十码"等五种，销往县内各地。到 1830 年，何归故里，锅厂停闭，不久，本地商人何楚平在原地复兴"何楚裕锅厂"，从醴陵雇采技工，设锅炉一座，有工人 20 名，新制成功"牛五""牛四"等 13 个品种。

　　产品行销长沙靖港等地，清光绪年间，安化商人高寿虱、宝庆商人蒋开源先后在黄材附近邓山湾、袁家山开设"义生锅厂"和"开源锅厂"，铸锅业趋于发展，由原来一家增至 10 家。1912 年（民国元年），黄材镇锅业继续发展，至 1919 年止，已有 20 余家，年产大小铁锅 1000 吨左右，1920 年后，因经常处于战乱，交通阻塞，资本小的锅厂逐渐倒闭。1945 年抗日战争胜利后，黄材镇锅业被彭才生、易光庭两大资本家垄断，新开"复源""振大"锅厂，有锅炉七座，工人 100 余人，能生产大小铁锅 46 种，销往上海、四川、湖北等地，一时称盛，上述两家锅厂一直生产到解放后的 1951 年元月，方由县政府接收，转为公私合营"新生锅厂"。

黄材历史上的三座土法炼铁炉

·姜书喜·

中国在什么时候开始冶炼生铁和使用铁器？目前尚无定论，考古学家发现最早的铁器，属于春秋时代，其中多数发现于湖南省的长沙地区（包括当时的宁乡县），当时的炼铁和铁器主要用于国防军事、农业和手工业生产。

金、银、铜、铁、锡等五金，尤其是铁和铁制品是工农业生产和人民生活不可或缺的器物。聪明勤劳的黄材人在这个小小的范围内连续建起三座土法炼铁高炉。

第一大土法炼铁高炉，建于公元1700年，港山村的柏杨仑姜冬友的土地里。占地三亩，日产丁板铁3.5吨，供应当地冶炼锅子和加工铁器为主。

当时较大的土法炼铁炉，是宝庆一个姓李的和当地姜氏以三亩地抵价入股，两人合伙经营，生意红红火火将近半个世纪。由于当地铁矿石铁含量过低，要靠距离20多华里远的月山和崔坪供应优质铁矿，当时交通运输很落后，全靠人工肩挑运输不合算，成本太高，被迫停产，转移到别地经营，现在炼铁高炉遗址还清楚可见。冶炼铁的铁渣子堆成了一座大山，这些铁渣被当地群众打晒谷坪代替中小石子用去了不少。

第二大土法炼铁高炉，公元1840年兴建在原月山乡月山村。日产生铁4吨，在临炼铁炉最近的龙泉村卷耳冲 带有取之不尽的优质铁矿石，运距很近，燃烧木炭就地取材，炼铁的成本比在港山柏杨仑大大下降，企业经营者的利润更为可观，加上当地矿石好，用木炭冶炼出来全都是优质灰口铁，除了供应黄材地区的惠民、大治、中和、炭河里和新生等五个锅厂冶炼生产生活用的优质铁锅以外，还畅销全省各地。

第三大土法炼铁高炉，公元1850年左右，建立在原崔坪乡的通溪村。日产3吨的炼铁高炉，由于月山的生铁非常畅销有时还供不应求。当地一个姓胡的和桃江一个刘老板合伙开办，他们看了崔坪冶炼铁的原材料十分丰富，有取之不尽用之不完的铁矿石和木炭,他们用的矿石就在临近崔坪边界的竹鸡坡等一带的山里挖取,高炉四边烧木炭的薪炭林很多。冶炼的铁同样是优质灰口铁,产品畅销,利润可观。

古代的炼铁炉,在近代又大显神威。1958年党中央和毛泽东主席号召"大办粮食,大办钢铁"。毛泽东同志还说"有了粮食,有了钢铁,就好办事"。于是在1958年开始出现全民大炼钢铁,在黄材地区只有几个月时间,就建起大大小小的炼铁炉100多座,大多数都未炼出真正的铁,多数炼铁炉都结了"牛",炉子死了,只见结成牛大的铁渣球,不见出铁,只有旧时代留下的月山、崔坪这两座古老的炼铁高炉每天能出6~7吨优质灰口铁。因而黄材地区58年的钢铁生产,生机勃勃,经常受到县委县政府的表扬。同时,还常在黄材召开现场会议,介绍大办钢铁和出优质铁的经。

黄材地区的三大历史悠久的土法炼铁高炉,在当时,为社会,为人民生产、生活作出了不可磨灭的贡献。它是宁乡县唯一最早产生铁的地方,也是宁乡县冶炼生铁和生产铁器最多的一个地方。

2007年8月

◎炭河古城之宋城演绎厅

龙王潭的坛罐缸钵

· 甘玉佳 ·

作者简介

甘玉佳，男，1949 年出生于黄材铁冲，机关干部，宁乡县科协党组副书记退休。发表文学作品若干，此书主编之一。

清朝初午开始，龙王潭盛产坛罐缸钵，全省著名，它比资福的瓦货还要早。烧制坛罐缸钵的窑子建在离关圣殿不远白勺龙王潭河边的小山之上，窑子仅有一个烧柴大口，四周有大小不一的七个出货口，每隔五天可出一窑。窑子的上方有许许多多的制作厂房，据说当地 30 多户人家都会制作坛罐缸钵。其生意长盛不衰，产品畅销益阳、常德、涟源、邵阳等地。当地盛产陶土，其土质细腻、粘和、耐力强。产品釉色透明光滑，美观耐用，有精美的花瓶，有一人之高抱围之大的可盛水 500 公斤的大缸，有可盛酒 200 公斤的酒罐。其器皿有盛酒不淡、盛菜不馊、盛肉不霉不腐的神奇功能。烧完的釉渣含有玉，可提炼为玉，历年烧完的釉渣都被人运走了。当年有句民谣："有女嫁给瓦罐窑，一生吃穿都不愁。"

随着科学的发展，塑料制品的替代，加上交通不便，致使龙王潭的瓦货在 60 年代被迫停产。厂房现已变成废墟一片。窑子已变成了一座荒山。现当地会生产制作瓦货的仅存 5 人，龙王潭的坛罐缸钵只成为了当地老年人的美好回忆。

划船塘造船

· 程曙光 ·

作者简介

程曙光，1960 年出生于黄材镇白沙村，1986 年任黄材人民政府文化站站长。

明崇祯《长沙府志》记载：黄木市，旧名黄才，黄木，黄木江，因安化、桃江、益阳等地名贵"黄木"集中于此通过沩河运往全国各地而得名"黄木市"。可见当时黄材古镇水运十分发达，水运自然少不得运输工具，即木船，宁乡县志记载"乌舡造于黄材者良"。造船业发展至上世纪二、三十年代，原黄材老街，沿江西上一公里内，就有几处规模较大，比较有名的船厂，计有：王二十阿公船厂、王召木匠船厂、沈乔四阿公船厂、谢记船厂等多家造船厂，此地段便被当地人称为"划船塘"。

因划船塘一带制造的木船，都是乌篷船，所以又称乌舡子。当时，这几家造船厂都是用较原始的制造方式，虽然工艺较简单，制造一艘木船至少也需月余，载重量一般都在五至七千斤左右，造船所需材料有些还得由外地购进，如樟木需由沩山供货，三角铁钢则由湘乡（今双峰县）供货，船只的订货和购销也有一定讲究，需签订简单的合约，并缴纳一定数量的订金，期间还得向船厂赠送一些食物，给造船师傅打"牙祭"。

黄材划船塘几家船厂制造出来的木船，特别注重质量，讲求信誉，具有轻巧，美观，耐用等特点，畅销三湘四水，特别是王二十阿公船厂制造的木船最出名，可谓黄材造船业的品牌。

因当时黄材的运输都是水运为主，农副产品、商业百货，都由水路运载，当地一些身强力壮的年轻汉子便充当

◎黄材划船塘风光

了艄公。水路运输路途遥远,十分辛苦,但他们也苦中取乐,艄公雄壮的号子和粗犷欢乐的船歌常飘扬于沩江两岸。

解放后,随着交通事业的发展,直至上世纪五十年代,黄材水运便由公路运输取代,悠久的黄材水运从此便成为历史,但划船塘这个地名一直流传了下来。

老家装修了

·刘建中·

作者简介

刘建中，1941 年出生于宁乡黄材镇，从事财政工作，著有《沩源楚呓》古诗集一本，为此书主编之一。

今年入夏，我和老伴想回老家黄材镇居住，都是七十多岁的人了，叶落终归根。

去年，黄材的古城建设如火如荼，青羊古街立面改造全面完工，面貌一新。据说沿宁黄线，黄材大道等主要街道路边的房屋全部由政府出资立面装修，初步推算此项建设费用需几千万元。

儿女们见家乡建设日新月异，又看我们回黄材心切，便由大儿子正文出钱，小儿子正军，女儿正娟出谋出力重新对老房子进行装修。

儿女们送我们回家。刚下车，便见屋前壁贴灰色小瓷砖，配上白灰缝，屋面换上藏色掛平瓦，古香古色，焕然一新。推门而入，墙壁粉刷一新，门窗喷上了浅黄漆，加装了拉动蚊窗门。正面天地宗亲师位，两边一副对联："祖宗有德儿孙福，天地无私父母恩"。客厅进身五米，对座七米二，高三米多，宽敞明亮、静怡舒适。神位的右边，一幅湘绣八骏全图横匾吸人眼球，是我退休时县经管局送给我的纪念品。两边挂了一副 2003 年修族谱时书法家刘振涛送给我的对联："传家有道惟存厚，处世无奇但率真"，纸色在时光中已染斑驳，字迹更显苍劲。横匾下面安装一台 55 英寸的电视机，连接网络，更能丰富我们的老年生活。电视机对面安放了一套木沙发和茶几，棕红色，与墙裙瓷砖同色，和谐统一，温馨自在。

由客厅入内是厨房兼餐厅，配有组合瓷砖灶，新购置

◎炭河古城演出

了液化器灶。再配上大功率抽油烟机,做饭炒菜,无一点油烟气味。客厅右边两间卧室,前面临街面为主卧室,中央摆放着一张宽大床铺,一侧安放我的制氧器,一侧摆放老伴的梳妆台,另外放一个三脚立地竖式衣架。后面一间卧室比前一间大,兼作书房,临窗放了一张书桌,上面安放一套电脑,书柜、床、衣柜一字排开。

　　这栋房子于1984年修建。当时我在横市乡任经管干部,无职无权。那时的总造价一万多元,于我家曾是省吃俭用的成果。

　　我患心脑血管病,气温和含氧量都很重要,回到黄材生活,周边山林带来的氧气与古城清新的街景有利于健康。这一切都得益于当今社会物质条件的大大改善和儿女的一片孝心,使我得以颐养延年。

以地生财振兴黄材镇经济的党委书记

——侧记陈亮和周兵山同志的事迹

·刘建中·

我的祖籍就在黄材镇下河街,在这里生长,读完初小、高小、初中、高中、参加工作,在沙坪、祖塔、横市、云山和区公所共工作 28 年。这里四周群山环抱,中间一马平川,物华天宝,人杰地灵。我酷爱黄材,这里的细微变化我都很敏感,改革开放以前不说,撤区并乡以后的变化,我看在眼中记在心上。镇党委书记前后来过十几个,其中陈亮和周岳山在黄材镇党委书记任上,为官一任,造福一方,留下了辉煌的业绩,有目共睹。为黄材镇区现在建设成三纵五横方块格局规模作出了不可磨灭的贡献。

陈亮是撤区并乡以后调来的第三任书记,我退休闲暇在家,他的每日出入都必经我家门前,据镇干部说,政府是烂堆子,工作人员多,财政欠款多,动手无钱怎么办事。陈亮工作扎实,平易近人。记得他上任做过几件出色的大事。

国营七一六矿撤走以后,仅留一些难以处置和利用的破旧房子,姜公桥南岸因七一六西区和洗澡堂横挡。致使原去祖塔、沩山的山路是一条伴河绕矿区的坑洼狭窄山路,晴天一呇灰,雨天一坑水,车子难行,人员难走。陈亮上上下下跑通,拆除洗澡堂,搬走废矿区,平整为一个近百亩的平地,修通了黄祖沩公路,开发一个靓丽的桥南新街,铺面新增百把家,创造价值上千万元。

宁黄路原来设计 22 米,留过两边人行道,两车并行都拥挤,何况商贩经常以路为市,街道路阻是常事,对西部交通受阻是一个长期难解决的大事,陈亮见机行事,征用青洋村元家山村民组 60 亩水田,修建一个商住两用黄材农贸大市场,沟通桃江,安化边贸畅流,产生了很好的经济效益和社会效益。上述两地还新增加外地农民来镇落户。黄材区公所,黄材镇政府驻所在黄材镇下河街,老街改造寸步难行,居民经常占街做红白喜事,这是千百年来固有的风俗,原区公所和后来镇政府无法解决这种困境,经常车子在内不能外出,车子在外不能归家。陈亮上任谋划镇址搬迁到黄材机械厂空闲厂区内,新建一栋三层楼的办公楼,又建一栋厨房,猪圈和卫生间,还建一栋大会议室和餐厅,建筑面积约四千万平方米,镇内绿化井井有条,雄伟壮观,比原来的老县政府还气派。

黄材车站是一九五六年宁黄公路修通时建成,前面一间候车室可容纳二三十个人,一间售票室和一间宿舍,后面几间食堂和卫生间,中间一个亭子,难容两部车子,这种规模根本不能适应蓬勃发展的交通事业,陈亮与交通部门沟通,与国土、规划办理正式手续,把原车站土地出让,利用土地转让费在沩江南岸建设规模雄伟的新黄材汽车站。

仅仅以上四个大手笔可以看出,陈亮是一个务实的领导,是一个能办大事的领导。

周兵山同志是一个工作认真扎实,关心干职工的好书记,他在黄材镇党委书记的任上也干出了一番大事业。他大胆设想,拆除一九五八年建成的黄材人民公社社址,撤区并乡后,因黄材机械厂的转卖,与黄材区公所产生了债务纠纷,把这栋房子变卖给黄材工商所。周兵山同志排除方方面面的重重阻力,解决各方面的经济纠纷,经上级批准,拆除了这栋砖木结构的双层四合院,同时征用青羊村,黄材村百多亩水田,修建一条上千米的黄材大道,扩大商业铺门估计500家以上,两旁下水道,街道灯光,绿化带一应到位,现在黄材大道两段与古城黄祖沩公路连通安化,同时,还设计一条青洋路,修建沩江、崔坪两河的桥梁,南连各田村,北达六祠,长约两公里,这种格局构成,其气派和作用可以与县城白马大道和宁乡大道媲美。据说古城开发的土地,地价暴涨,4米宽,15米长约60平方米的铺面,价格38万元,成为当地抢手馍馍。可惜周兵山同志在黄材镇工作时间太短,由于周兵山注重建设开发,原来他上任时财政欠款400多万,他离任时财政存款600多万,镇里的干部张治兵、赵和平及村干部姜志强都分别对我说调走了一个好书记。

大沩典范垂后昆

· 邓寿生 ·

作者简介

邓寿生，1956年出生宁乡沙坪乡，从事教育工作。

大沩完小创立于1942年。当时的全称是"大沩国民中心小学"，属中华民国政府的公办学校。

1942年，正是抗日战争进入相持阶段。大多数工厂、学校迁往抗战后方。创办大沩国民中心小学时，已有一个由益阳迁入黄材的五师附小，校址在松柏垸子。大沩国民中心小学校址在现在的门前湾。第一任校长是肖振岚，我镇蒿溪人，此人饱读诗书，满腹经纶。教导主任是谭守虞，老粮仓弯田冲人，毕业于黄埔军校，文韬武略，豪放刚正。"大沩"创办始，有初小两个复式班，高小两个单式班，学生100多人。当时的大沩乡行政管辖范围包括沩山、祖塔、月山、崔坪、沙坪、横市部分村、铁冲全部。在大沩乡内，当时铁冲有一个胡氏族学，沙坪有邓氏族学，黄材有姜氏族学，密印寺内有个重光小学，"大沩"的学生是从上述学校读完四年级的初小生中严格考试后录取的。学生有走读，但大部分是寄宿。寄宿生除学费外，每年还需交一石四斗五升米。当时的教师主要来自原各族学，是选出的有能力、有实际经验的教师。从胡氏族学调入的总务主任胡良阶，精明干练。当时的教师不是货币工资，以稻谷为工资，需要与当时的大沩乡当局和所管辖的粮食管理员交涉，还要兼任其他课程，但胡一直干得很好。从邓氏族学调入的杨德文、朱子奇、邓旭红、邓定芝兄妹及邓咏魁，文化知识根底深厚、书法也相当著名。当时的大沩乡乡长隆梓魁曾躬身邓氏大院请邓咏魁出任副乡长，但邓不为所动，对隆说："我要当就要当乡长，你当副乡长，我跟你可能有些观点不同，那时难免伤和气，我还是教我的书，行我的医。"（邓当时已是颇有名气的中医）可见邓的傲气，但也足见他乐业敬业之心了，邓咏魁的胞兄邓履平原任教云山书院，与"宁乡四髯"是至交，是早期共产党员，对邓氏兄妹宣传共产主义理论较多，后被张辉瓒沉溺于鄱阳湖，因此更加深了邓氏兄妹对国民党的仇恨，这些影响后来对他在大沩中心国民小学任教时倾向进步不无缘原因。根据健在的当时的学生回忆，他们听完课后，老师还不由自主地向他们宣传反封建礼教，反国民党统治的言论，为后来的"大沩完小"倾向革命奠定了基础。当时的体育教师邓彰宪，身材伟岸，对学生十分严格，当时政府对学校投入很少，他能因陋就简添置器械。如棍棒、单双杠、爬竿、秋千、举重器械等，当时开设的课程有国文、算术、历史、自然、常识、体育、音乐、地理。据贺元勋老人回忆，当时一个叫袁贤良的音乐老师教他们唱抗日歌曲、爱国歌曲，师生非常融洽，常常唱得热泪盈眶，有的老人现在还能哼出几句。袁的丈夫李先映在沩滨任教同时兼任了"大沩"的课，解放后袁老师还受到过周恩来总理的接见。

抗战期间的 1943 年、1944 年，日军已进入宁乡，但上宁乡相对安全一点。因此，有不少军人、商贾携家眷涌入黄材。据当时在读的李梅立、贺元勋等回忆，当时的大沩镇成了一个流动人口较多，经济、文化相对繁华的地区。大沩国民中心小学除招收来自各族学的本地学生外，还吸收了随父母来黄材的外地学生。他们贫富悬殊，富家子弟有的还有父母派来照顾的勤务员。当时的教师薪水不是太高，肖振岚校长还兼任了大沩乡乡公所职务，一年约 80 石稻谷。国文教员邓咏魁兼班主任，一年约 30 石稻谷，但他经常课余行医。虽然生活困难，但教师们仍乐教敬业。教师中成立了一个"小天学社"，闲时，他们聚在一起从事学术研究和谈论时局，是一个进步的社团。

1945 年，抗战胜利了，国家有了一时的稳定，许多学校、工厂又迁回原地，此时五师附小也迁回了益阳。这时大沩国民中心小学就从门前湾迁到了松柏垸子。此时，大沩国民中心小学规模扩大了，因为全大沩乡 20 个保都开办了一个小学，学生来源也广了，教师也充实了新生力量。从师范毕业分配来的喻振华先生，是我镇崔坪人，后来为"大沩"的教育和革命作出了突出的贡献。同来的还有杨禹章、左执常、姜笏朝、胡光行、袁瑞兰、叶淑坤、姜天禧、隆海康、姜太全、姜石珍、隆中南、伍用之。是年冬大，肖振岚去职，严行健任校长，姜石珍任主任，金惠桃任总务。

到了 1947 年，国共两党摩擦越来越明显，这时"大沩"新增了一名教员王子台，王为地下党员，后来任宁乡师范校长。还新增了 11 名教职工。学生人数大增,规模更加扩大了。这年下期,严行健外调,喻振华成了"大沩国民中心小学"的第三任校长。刚上任就碰上了比较麻烦的事:因为当时"大沩"的教育基金绝大部分来源于铁冲,而人事多由黄材方面充任,铁冲的头面人物带头闹事,要到铁冲开班办学,但县政府又不批,在这种情况下,喻老以当时年轻人的勇气和胆识,答应了在铁冲开两个班,喻老每周逢单在"大沩",逢双去铁冲教课。

这年下学期因革命形势和工作需要,教师调动较大,王子台、袁朴材、张先煦、张雨田调出,刘谷卿、李白楼、熊棣华、刘成全、喻月生、何珍香等新教师进入。1948年,解放战争的节节胜利,使国民政府终日惶惶,这样,教师的工资就无保障了,据刘谷卿老师回忆,1948到1949年,基本上是教书糊口了。因为当时地下党已进入了大沩乡活动,"大沩国民中心小学"也就成了地下党和湘中游击一支队的联络站。1949年正月十三,陈仲怡、姜亚勋、喻迈常、饶梦虎、刘美孚在黄材、唐市举行武装暴动,震撼了湖南,国民政府加紧了对黄材地区的监视,增派了警察和国民党兵员。这年三月,湖南师大革命人士姜运开派出学生邓岗(化名邓紫云)、杜劫刚(化名杜黄)来"大沩国民中心小学"。因为当时警察所已注意到了"大沩"的动向,身为湘中一支队黄材联络站联络员的喻振华先生,为了保护地下党员,为了保护革命成果,将两位革命学生四处安置,以躲避敌人的耳目。

1949年的大沩国民中心小学就是在那种特定的历史条件下为革命作出了突出的贡献。

1950年喻振华先生调去流沙河,王天命接任了"大沩国民中心小学"的校长一职,此时新中国的黄材高小就是"大沩完小",学校是从一年级开到六年级,学生有走读和寄宿两种形式,春秋两季招新生。

1954年,刘振球为校长,大沩完小完成了它的历史使命,与原先姜氏族学合并为黄材完小,即现在的黄材中心小学。

辛勤汗水化春雨

——水利建设简述

·熊其二·

作者简介

熊其二，1942年生，宁乡黄材镇黄绢村人。从事技术工作，曾在省市报刊发表作品若干。

黄材人民历来注重修塘筑坝，蓄水、引水浇灌农田。解放以前，拥有山塘、河坝共2160处，引蓄提总水量1550万立方米，有效浇灌水田4.8万亩，其中自流浇灌2.8万亩，旱涝保收面积仅1.2万亩，占20%。解放后，党和政府非常重视水利建设。一九五〇年到现在，经过半个多世纪几代人的艰苦努力，国家、集体和个人三者合力的投入，动用土石方300多万方，新建山塘、河坝、水库、电力排灌站等水利工程2400多处，水利条件得到了根本改善。二〇〇五年来，共有各种蓄、引、提水利工程5124处，总水量3800万立方米，其中有效蓄水量2900万立方米，为五〇年的2.5倍。有效浇灌面积达5.5万亩，90%的水田可以种植双季稻。

旱涝保收面积增加到4.45万亩，已经具备抗御一般洪水和旱灾的能力。

一、蓄水工程

（一）山塘小坝

一九四九年之前，黄材地区，没有一处较大的蓄水工程。算横市的栗塘最大，也只能蓄水20万方，浇田不到500亩。全区6.7万亩水田，主要靠山塘小坝浇灌，天水田占到 L5 万亩,占 23%。解放后的头几年,国家仍处于经济恢复的困难时期,还没有条件建造大型水利工程。政府积极组织百姓整修新建山塘河坝。在治理塘坝工程上,经历了三个阶段。

一是一九五〇年到一九五七年,经过土地改革,贫困农民得到了土地,有一股种好自己田,修好自己塘的热情,后来又建立了农业合作社,政府对此十分重视,加强了领导。续建、新建大小工程共有 1200 多处,增加蓄水量 100 多万方,扩大浇灌面积 1.2 万亩。第二个阶段是一九六四年至一九六六年,随着社会主义教育运动的开展,又来了一场修塘建坝的高潮。第三阶段是一九七八年之后,国家对于小水利工程建设加大了投入,在全区范围内,又开展了一场建设高标准工程的热潮。对年久失修、堤崩坝垮的工程,进行"三加",即加高、加固、加深,实行水泥护坡。共修建高标准工程 900 多处,增加蓄水量 50 多万方,扩大浇灌面积一千多亩。现在,全区 3620 处山塘河坝,共蓄、引水量 2300 万方,占总水量的 52%。

(二)各类水库

从五四年至现在的五十年间,全区共修建小型水库 44 座,正常库容量 1400 万立方米。境内还有省管大型工程黄材水库。

位于黄材镇西 3.5 公里的寨子山口,是一座浇灌为主,防洪、发电为辅,兼养殖,工业、居民用水等综合利用的大型水库。是国内第一大土筑工程(它的详细说明情况专题介绍):

小型水库

一九五四年,沙坪乡在干旱严重的古塘村修建了黄材地区第一座小型水库,坝高 20 米,库容 13 万立方,浇田 350 亩。浆砌涵洞,所需的 180 丈花岗岩条石,是从三十里之外的黄绢桥采运的,当时没有公路,全靠人工抬运,走的羊肠小道。其艰难程度,不言而喻。从五五年到五九年又先后修建了新桥的神冲等 5 座小(H)型工程。六四年之后到七五年,先后修建了库容 700 百万立方,宁乡第一土坝工程的铁冲水库(黄材水库除外)还有赤竹冲、少年冲、胜溪共四座小(0)型水库,为黄材地区四大骨干蓄水工程。小(Ⅱ)型水库,也由原来的 5 座增加到 44 座。这一批骨干工程的修建,大大增加了蓄水量,提高了防洪抗旱能力,双季稻面积,由原来的 50% 左右,提升到 80% 以上。

二、引水工程

一九四九年前,沩江及主要支流黄绢水、塅溪水、峡溪水、铁冲河共有垒石坝、木石混合坝和条石坝三十多座,引水 230 万立方,灌田 1.5 万亩。一九四九年之后,先后修建了黄绢水上的苏家坝、白沙坝等较大工程。大中型引水工程有黄材渠道由西到东,穿越黄材、沙坪、横市,干渠长 19 公里,支渠 12 条、35 公里、能浇水田 2.8 万亩。田坪水库左干渠,穿过千米松坑隧道,浇灌华塘,刀子、井冲、黄绢等 6 个村(境内)长 5.5 公里,支渠三条共计 15 公里,浇田 4000 多亩。

三、提水工程

沩江两岸农民,历来有拦河垒坝,安装盘式筒车埠,使用龙骨水车和戽斗、提水浇田的习惯。随着动力、电力提水工具的问世,筒车提水浇田的办法,已于七十年代,成为历史。五八年之后,加快了机械提水进程,沩水及主流两岸,设立了 124 处排灌站,沿河两岸的万多亩农田,依靠提水浇灌为主。一九六二年,黄材水库,投入 30 千瓦电机一台,为胜溪大队建起了全县第一个排浇站,浇田 60 多亩。后来,逐年发展,又修建了野鸭园(功率 75 千瓦)、古塘等规模较大的电排站。提水 165 万立方米,浇田 4500 多亩。

四、河流治理

沩江及其支流两岸,历来水患无穷。解放后,经过了几次规模较大的治理工作。特别是五四年、六三年、六九年三次特大洪灾,冲垮河堤几百处,冲毁稻田几万亩,经过艰苦努力,才得以恢复。多年来,对沩江 16 公里河段,和四大主要支流的 50 多公里河道,实施河道截弯改直、加固加高大堤、共动用土石方 120 多万方,大大提高了泄洪抗灾能力。

五、水土保持

黄材地属湘中丘陵,容易造成水土流失。特别黄绢水流域为疏松的沙土结构,更易水土流失。据县志载,原来,沩江航道通到炭河里之上,小木船还可航至黄绢水的黄绢桥下，由于河道淤塞，民国时期，木船就只能到姜公桥下。解放后，在植树造林、绿化荒山方面，虽开展了大量工作。但是受到了几次大的破坏。一是大办钢铁、大办食堂，二是以粮为纲、拓展耕地，都造成了水土流失加剧。总面积达 80 多平方公里，占总面积的四分之一。

在水土流失治理上，也经历了几个阶段，一九六三年，县乡成立了水土保持领导小组。贯彻了"积极防预、全面规划、巩固成果、重点治理"的方针。开展了一场声势浩大的水土流失治理战。一九七九年，国家加大了这方面的资金投入。加上社、队自筹部分资金，农民投工、修建土谷坊，石谷坊共五千多处，治理面积有 15 平方公里以上。

一九八一至一九九〇年，开展了一场以小流域为重点的治理工作，黄绢水流域长期不懈地治理，境内水土流失面积由最严重时期的 80 多平方公里，减少到现在的 10 平方公里以下。

六、水电工程

黄材西部山高水陡，水利资源丰富，水能利用潜力很大。历年兴建大小水电站 13 处，规模较大的有黄材水库电站和小龙潭电站。总装机容量 6550 千瓦，年发电量 2016 千瓦时。其中，黄材水库装机三台。容量 4720 千瓦，年发电 1300 万千瓦时。小龙潭装机三台，容量 1630 千瓦，年发电 516 千瓦时，两处工程的建成，为缓解黄材地区生产、生活用电作出了贡献。尤其是小龙潭的发电，使祖塔乡这个贫困山沟，在全县率先装上电灯。老百姓赞曰："清泉碧水润大地，万盏明灯亮山沟。"

教育、文化、卫生概述

·周桂华·

黄材系千年古镇,这一方土地璀璨文明,有历史悠久的青铜文化,有丰富多彩的民间文化,有底蕴深厚的校园文化。千百年来,人文蔚起,英才辈出。

教育

晚清民国时期,国势日衰,列强入侵,民族处于水深火热之中,国势颓危,许多爱国人士高声疾呼兴教救国,一时学校云起。黄材先是姜氏流光、继而何氏意诚、邓氏杞源、沩滨中学、大沩完小、莲花堂中心小学应运而生。抗日时期,五师附小也由益阳迁来,于是四方学子纷沓而来,黄材教育进入了一个兴盛时期。

解放后,国民中心小学更名为大沩完小,1954年更名为黄材完小;1956年莲花堂中心学校并入划船塘小学扩为划船塘完小。继而在月山、祖塔、井冲、崔坪各建一所完小。1957年黄材共有学校38所,学生3800余人,教师178人。1958年20多所初小增设高小班,招收部分超龄学生入学,增加一批民办教师。1964年,开办半耕半读教学班35个。通过调整,有完小4所,初小42所,学生达3300多人,教师196人。1970年四所完小升为初级中学。1973年初中增设高中班。80%的大队小学增办初中班。此时全镇学校规模之大,学生人数之多为历史之最,极一时之盛。但由于盲目戴帽提级,教学质量相对没有保障。

1976年,撤销社办高中班,村办初中相对集中,由人民公社重点办好初中和中心小学。

1985年,黄材中学开展电化教学实验,所撰写的《高效省时的语文电教课》一文在《湖南电教》第五期上发表。黄材中学和划船塘完小被评为省、市电化教学先进单位。科技制作《荷花鸳鸯》被选参加省展。1997年,全镇"双基"验收合格。

2001年,出生率下降,由于生源减少,学校布局大调整,撤掉完小6个,村小

12 个,黄材中学搬迁与 716 子弟校合并,创办了中心幼儿园。

2005 年,全镇有初中 4 所,完小 9 所;教学点 7 个。学生近 4000 人,在职教师 300 余人。办学条件大为改善,学校危房全部消灭,并新建教学楼 2 栋、综合楼 2 栋,初中和中心小学建起了电脑教室和多媒体教室。全镇所有学校完成了远程教育装备。教育、教学质量大提升,学校德育工作颇具特色。黄材中学的《实施信心教育,扬起学生奋进的风帆》,黄材中心小学的《培育"四心",建设奋发有为的校园精神》在全县德育工作大会上作典型推介发言,并发表在德育专著上。教师培训工作,成绩突出,被评为县级先进单位。

文化

黄材文化源远流长,堪称文化之乡。炭河青铜文化历史悠久,可谓湖湘文明之先河。唐代诗僧齐己诗作之多,仅次于李白、杜甫、白居易、元稹,位居第五,《全唐诗》录其诗十卷。晚清井冲隆观易博学能文,曾作诗 7000 余首,著有《罘恩草堂诗集》传世,湖南巡府陈宝箴为之作序。黄材文化丰富多样,民间乡土文艺形式有赞土地、花鼓戏、唱山歌、耍狮子、玩龙灯。民国时期,每年端阳节云集姜公桥对唱山歌,热闹非凡。此俗流传至上世纪 60 年代。1987 年,黄材的《横市三条喜龙庆新春》在长沙地区龙灯表演赛中获金龙奖。镇区内庙宇众多,有石狮庵、南岳行宫、密印庵、石龙庵、三仙观、清安庙等。释道文化得以广泛流传,其中南岳行宫、石狮庵数百年香火不绝。

上世纪 50 年代,黄材成立了花鼓剧团,精彩的演出,曾吸引周边数十里观众前来观赏。上世纪 60 年代中期至 70 年代中期乡村都有毛泽东思想文艺宣传队,样板戏唱得家喻户晓,进入二十一世纪,黄材的文化又一次得到发展,除镇有文化站外,2003 年成立了"沩源"和"清洋湖"两个诗社,诗社每年征集出版诗刊,诗社的成立大大促进了黄材文化事业的发展。

卫生

黄材的医疗卫生事业发展有目共睹。旧时中医颇多,青囊串户,且不乏名医,井冲粟木贺召贤出身世代医家,医术高超,闻名遐迩。五十年代黄材就成立了黄材地区医院,随之,各乡都成立了卫生院,上世纪 60 年代后期每村有赤脚医生。2000 年黄材地区医院升为二甲医院,医院设备先进,技术雄厚,是宁乡西部的重点医院。2005 年农民入医保,使黄材医疗卫生事业又一次飞跃发展,村民的医疗得到了有效保障。

科学养蜂　发家致富

——记宁乡县蜂业协会会长何连辉同志的先进事迹

·甘玉佳·

何连辉,男,现年52岁,宁乡县横市镇金丰村人。他2000年开始学习养蜂,历经16年,成了宁乡县有名的养蜂能手,2009年被选举为宁乡县蜂业协会会长,2013年被长沙市老科协授予科技致富能人称号。

一、参与养蜂协会,滚动发展

2000年元月18日,宁乡县蜂业协会在铁冲街上成立,何连辉同志作为一个养蜂者参加协会成立大会,听了大会报告和养蜂老专家的经验交流后,非常感动。他决心要虚心向养蜂老专家学习,在养蜂事业上闯出一条道路,干出一番成绩。他从老会长家购了5箱种蜂起家,并跟随老会长学习养蜂技术。他起早贪黑,刻苦学习,终于掌握了中蜂的养殖技术。通过年复一年,滚动发展,现已发展到400多箱,年蜂产品收入加出售种蜂收入达到35万多元。

二、推广养蜂技术,带动发展

何连辉同志致富不忘乡邻,吸收新会员,在他的帮教下,一个个在养蜂致富的道路上迈出了坚实的步伐。横市镇金丰村罗坚辉同志,原住雁鹰不下蛋的盐菜垄,为生计给人做引线,两次被烧伤,成了残疾,为治伤,组上好心人到处找人捐款,才保住了生命。何连辉同志为了挽救这个即将破碎的家庭,伸出援助之手,赠送2箱中蜂给他起家,并手把手地教他养蜂技术。罗坚辉同志虚心好学,热心养蜂,通过狮子滚绣球的办法,逐年发展,现已发展到220箱,年收入20多万元。通过多年的艰辛努力,不但还清了债务,还在横市镇铁冲村购地,花费40多万元建起了新楼房。横市镇仁桥村的廖志华,于2009年部队退伍回来后一直没有正式工作,2012

年参加何连辉组织的养蜂培训班后，在其帮助下学习养蜂，现在已经在长沙成立了自己的蜂业公司，养蜂事业取得很好的成就。

2009 年何连辉同志被当选为宁乡县蜂业协会会长后，他不负众望，不计报酬，自驾私车，跑遍全县养蜂大户，网罗信息，主动请示县科协、县老科协和农业局有关单位，争取资金和扶助，积极组织养蜂大户，成立了云台山蜂业合作社，并在自家建立了养蜂合作社联系点和办公场地。近年来，举办养蜂技术培训班 10 期，共培训学员 1000 人次。在他的带动下，养蜂户如雨后春笋般地迅速发展。目前，宁乡县蜂业专业技术协会养蜂户已超过 130 户。养蜂群数由 300 多群，现发展到 40000 群。特别是规模养殖户不断增加，现 200 群以上的有 30 户，100 群以上的 40 户，50 群以下的 60 户。随着规模不断扩大，群数不断增加，经济效益也随之提高。去年 12 月份统计，蜂业协会会员养蜂群数 40000 多群，产蜜 1600000 斤，创年产值 8000 多万元。养蜂不但致富了宁乡农民，还带动了周边省部分农民走上了致富之路。据了解，宁乡蜂业协会会员为沅陵、桃江、安化、益阳、湘乡等县发展养蜂户 100 多家。益阳市钟学申过去办过鞭炮厂，自学习养蜂技术后，他觉得养蜂比办鞭炮厂更安全，收入更大，便停办了鞭炮厂，一心养蜂，年收入达 10 万元以上。

三、带动养蜂产业，联动发展

养蜂业的迅速发展，带动了制造业的发展，如蜂箱制造和摇蜜机制造。据了解，现全县从事蜂箱加工的共有 10 家，如横市镇金丰村木工肖中明同志，自 2000 年开始从事蜂箱加工，每年加工蜂箱 1600 个，槽框 10000 个，收入 19 万元，年纯收 11.4 万元。家住横市镇横市社区的宁伏荣同志从自摇蜜机制造，平均每年制造摇蜜机 200 台左右，年收入 15 万元。

四、热心科普事业，不计个人得失

身为长沙市农村科技致富能人和宁乡蜂业协会会长，何连辉深刻意识到身上的责任和重担。他意识到一花独放不是春，万紫千红春满园，只有全县及周边地区的蜂农都增收了，富了，才是他的最大的愿望。为此，他在家布置了科普画廊，2009 年到 2015 年先后购买宣传科普挂图期刊 8 期，结合当地的蜂业实际情况提供技术和资料；开办技术培训及科普讲座，6 年来参加人数共达 21000 多人次。

何连辉同志一年四季不辞劳苦，奔忙于各地，为中蜂养殖的发展，为科技事业的普及贡献着他的热血年华。

黄材人杰地灵

人物春秋

黄材"人杰地灵"。有源远流长的沩江;有万亩人工青阳湖;有天人共造的千佛洞;有商周遗址炭河里;10万人民吸日月五星之灵气;食田土山水之精华;吮母亲之奶液;养育出一代又一代的仁人志士。古往今来各种人才层出不穷。

古园雄风

黄材人才辈出

·姜 烈·

作者简介

姜烈，真名姜汉武。1934年出生于宁乡黄材镇。著有《导钵》《百衲》，主编《古镇黄材》《今古黄材》等。

黄材"人杰地灵"。有源远流长的沩江；有万亩人工青阳湖；有天人共造的千佛洞；有商周遗址炭河里；10万人民吸日月五星之灵气；食田土山水之精华；吮母亲之奶液；养育出一代又一代的仁人志士。古往今来各种人才层出不穷。

从古以来，各种杰出人才数不胜数，他们为国家的振兴、民族的独立、社会的繁荣、事业的发达、科技的进步，人民的物质文明和精神文明建设作出了不可磨灭的贡献。主要有黄材镇的后唐御史大夫姜德厚，字流光，在帝王朝中主管监察、司法及朝中重要文书，其职位仅次于丞相。一身正气，胆识超人，为正义、反邪恶、抗金兵英勇献身的民族英雄姜公太祖、祖塔唐代至后晋时代诗僧齐己，他的作品有《白莲集》十卷，《全唐诗》收录其诗八百余首，诗坛有"一字师"佳话流传，齐己不仅只是写诗，他还有精深的诗歌创作理论。《历代诗话辑编》中，诗话史上影响深远的《风骚旨格》，还有同郑谷、黄损同撰的《新定诗格》等系列诗歌创作格律和理论。在当时和后来产生了深远的影响。一代名将甘泗淇和夫人李贞将军。甘泗淇原名姜凤威，出生月山乡八渡水，1955年，授予上将军衔，荣获一级八一勋章、一级解放勋章、一级独立自由勋章，他和夫人李贞少将，在抗日战争，解放战争和抗美援朝战争中，身经百战，为祖国、为人民、为世界和平，英勇战斗，立下了丰功伟绩。革命先烈王凌波夫人姜国仁和她妹妹姜国芬，她们姊妹早年受王凌波革命前辈的进步思想影响，马列主义的熏陶，姊妹二人一生呕心沥血为新旧中国的教育事业奋斗了一辈子，培养出了一代又一代的中华学子。还有反封建，促解放的井冲姜凤韶，他是民国十三年宁乡县第一届农会会长。黄唐起义的姜亚勋司令员和姜应中团长等人。黄材在大革命时期、抗日战争时期，解放战争时期，黄唐起义和抗美援朝时牺牲的革命先烈有张伯伦、谢南岭、肖绍裘、何敏群、姜鄂林、姜干成、余喜文、沈子桂等62人。还有各个时代、各行各业的各种贤能人士不胜枚举。

"数风流人物，还看今朝"。1949年解放以来，新中国经过学校和各种途径培养出成千上万的各界各类人才。

政界： 有为党和国家肩挑重担的公务要员——原长沙高新技术产业开发区党委书记、长沙市人大常委副主任彭可平；正厅级：湖南省农垦局长张凯丰；中华人民共和国审计署副厅级干部李凤雏和望城县委书记、市民政局长姚普科。副厅级：益阳地区教育局长贺正南；湖南省审计厅某处处长潘苏中；湘潭电机厂处长姜中文、长沙农校教务长卢冬良等人。

军界： 有为保家卫国、维护世界和平的军界要员姜登科，任香港回归祖国后的首届驻港部队参谋长；还有解放军海、陆、空三军各兵种要员：四川89955部队，大校刘迪兵；中国人民解放军广州某部政委文永清等人。他们一生在军界、政界等多个岗位上，为军队和地方的政治思想建设，组织建设，工农业生产建设，为国家富强，民族振兴，作出了不可磨灭的贡献。兰州军区后勤营房部高级工程师姜导群，他把毕生心血献给了祖国的国防建设事业。特别是崔坪大山里人民的好儿子，北京解放军302医院老军医教授姜素椿，抗"非典"中，生死试验。他为了国家和人民的利益，不顾个人安危，以身试药，取得了抗击"非典"的伟大胜利。他那严肃认真的科学态度，那大无畏的献身精神名扬世界，受到了党和国家最高领导人胡锦涛的亲切接见。

文卫界：有为振兴中华，为祖国培养一代又一代的各类人才。有救死扶伤，为病人解除痛苦，以增进人类的文明和健康水平的教育界和医学界的中坚力量。有中南大学湖南湘雅第三附属医院，消化内科主任、教授、硕士生导师姜希望。他一生全神贯注于医学领域中看病、教学、科研三位一体的领域，特别擅长消化道内科一系列疾病的诊断治疗和教学，医术精湛，医德高尚，同时他还培养出无数医学人才，桃李满天下，并主编了十三万多字的无痛性消化道内镜术著作，在湖南及全国影响深远，其作用绝不可低估，它对医学界和病人作出了杰出的贡献。湘雅附属医院博士，药剂科主任刘世琨；衡阳医学院教授姜志全；宁乡县人民医院外科主任，教授刘瑞枚，他是宁乡县人民医院原副院长，外科手术第一把刀。1964 年在益阳地区第一例切除 60 多斤的巨瘤，1975 年开创宁乡第一例开颅盖骨手术，宁乡县第一例大肝叶切除手术等都是他主刀，他学识渊博，医术精湛，医德、医风高尚，被誉为宁乡外科的奠基人。贵州大学教授秦月君、兰州大学教授邓俊勋、湖南师大教授刘泽民、湘潭大学教授陈振韬、茶陵师专校长、教授李万群、新疆八一农学院教授喻枚飞、国防科大教授姜乐华、中国农科院研究员邓雨斌、湖南工业科大教授姚桃良、武汉大学教授卢雪元，益阳电大教务长、教授周瞻舜；高中老师中的高级教师姜彩云、周维汉、李建连、姜长清等等。

生产技术领域：在祖国各地各条战线的工程技术人员，如高级工程师、高级经济师、总工程师及博士、厂长、经理等。有彭禹和、姜元保、张志明、颜德修、刘仙名、姜吕珍、廖理彬、熊卫立、姜达权、姜石泉、刘卫兵、伍小林等人，他们在祖国的各条战线的工作岗位上搞科学研究、创造发明、攻克技术难关，为技术革新和陈旧设备改造等方面的事业添砖加瓦，立下了功勋。高级农艺师姜福初，他一生几十年如一日地从事第一线的农业技术工作，探索水稻、旱粮、棉花、果蔬等高产栽培和选育良种；同时还充分运用土壤普查成果，科学改良中低产田，促进全县的粮食平衡增产，对宁乡县农业技术的推广和农业生产发展作出了卓越的贡献，为此受到了国家农业部、地(市)、县政府的多项奖励。

文学界：有马恩列斯著作编译局，享受国务院的特殊津贴的杨彦君；岳麓书院院长陈谷嘉教授等人；业余作家姜福成代表作有小说《诱惑》及《沩山禅》等书作；作家杨青的主要作品有《洞庭湖龙文化》和《洞庭湖区——文明的起源》等作品；退休干部姜汉武，从 70 岁开始写书，2004 年至 2012 年八年中独著《导钵》《百纳》《汪子坑杂谈》，主编《古镇黄材》《今古黄材》《养生经》上下集等七部著作，共 200 多万字。原宁乡县科协党组副书记甘玉佳，为家乡主编了《金丰人读本》，作为副主编，协助姜汉武同志编印了《古镇黄材》《养生经》等。

工商界：改革开放以来，从事各行各业的各类人员大显身手，其中纳税大户超 1 千万元以上的人有不少。还有黄材人在县城及其他外地办企业,经营有方、经商生意兴隆个人资产将达几亿万元的新宇房地产老板等人。他们对国家,对社会作出了一定的贡献。

尤其值得惊喜的是黄材学子:在全世界各国大展宏图。有湘雅医院附属二医院教授潘子健;还有专家学者李锦芳及其家人;井冲李望林教师之子李成红在华东师大毕业后,去美国北卡罗莱洲等地工作;中南大学毕业的戴强、湘潭大学毕业的严日新等人也在美国就业,他们在美国的各个领域工作,深受同行的欢迎和信赖。在英国名望较高的石油专家、华人协会会长彭祖久,加拿大任职的姜志全教授,在南非津巴布韦国经商办企业,大展华人才智和风采的何静忠的女儿,姜立红、姜波、姜晖等人。中国黄材人在世界各国,特别是在发达国家深受欢迎,这是中华民族的骄傲,宁乡黄材人民的骄傲。

刘少奇回乡调查纪实

——视察黄材水库修建工地

　　1961 年 1 月,在党的 8 届 9 中全会上,党中央提出了"调整,巩固,充实提高"的方针。由于 3 年"大跃进"和人民公社化运动,使全国的经济建设,社会发展和人民生活都陷入了严重的困难时期。3 月 14 日,中共中央在广州召开中央工作会议,通过了"农村人民公社条例",简称《农业六十条》。会议结束以后,刘少奇根据毛泽东提出 1961 年成为调查研究之年,实事求是之年的指示,即回湖南深入考察和调研农村工作。从 4 月 2 日到 5 月 16 日,先后在宁乡县东湖塘公社,花明楼公社和长沙县广福公社天华大队农村蹲点调查,时间长达 44 天。

　　5 月 9 日,刘少奇离开炭子冲前往相距近百公里的黄材水库建设工地视察,沿途全是沙石路,坎坷不平,一路都是灰尘飞扬,坐在吉普车内,一身都是灰尘。因为黄材水库正在建设中,去大坝的公路还未修好,汽车不能开上大坝,刘少奇只好下车步行。登上大坝以后,他深入细地进行调查,向水库建设人员问了一连串的问题:工程是哪里设计的,工程量有多大,工程造价有多少,资金哪里来,大坝总高程有多少,库区内积雨量有多大,建成后的受益面积有多少,等等。然后,他神情严肃地说:"听说在修水库中刮五风,搞强迫命令死了不少人",要认真总结经验教训。千里之堤,溃于蚁穴,要特别保证工程质量,注意施工安全,修好这个伟大工程,为人民造福,为子孙后代造福。刘少奇仔细看了大坝,深入调查有关情况后,不顾大家劝阻,坚持要爬上山顶看看整个库区全貌。陡峭的山路有 500 多米,他硬是一步步登上山顶。

（摘抄《宁乡百年人物风云录》）

纪念密印禅师圣诞一千二百周岁

·姜品南·

密印禅师原籍唐都长安,祖籍天下第一名人村——山西省闻喜县裴柏村,上姓裴,大字文连,晚唐学士,生于公元八一四年三月初一日。

唐代佛盛,玄奘西游,鉴真东渡,学士南修。裴学士,密传心印到沩山,监修沩山密印寺数十春,竣后静居白牛舍。匪焚庵堂,仙桥精修,功果圆满。于公元八八九年八月十五日圆寂,葬五龙捧圣,有《密印真经》一本传世。

千百年来,大禅师治病救人,消劫弥难。释疑解惑,灵圣异常。善男信女,竞相朝拜,每年农历三月初一、八月十五,敬拜者数以千计。名震古今的金山寺法海裴文德大师即密印禅师的二胞兄,裴家兄弟同为禅佛天空的熠熠双星,能不惊叹,能不佩服?

值此大禅师一千二百周岁圣诞之际,祈世界和平,国泰民安,特赋诗志庆。

学士唐都佐帝皇,密传心印到宁乡。
监修禅寺丰功伟,圆寂仙桥福慧长。

沩源诗社姜品南敬献
农历公元二零一四年三月初一日

走出沩山的大诗僧

· 姜福成 ·

作者简介

姜福成，湖南宁乡人，1952 年出生于黄材镇井冲村，系湖南省作家协会会员、湖南省曲艺家协会会员、长沙市作家协会副主席。先后出版专著若干。

知道祖塔乡政府的宅基上曾经是名闻遐迩的同庆寺以后，我内心便油然升起敬意。拜谒同庆寺，我把我全部的尊敬洒向这片贫瘠而神奇的土地，并非因我皈依了释迦牟尼，为的是凭吊那远古的诗魂——中国的齐己，湘楚的齐己，宁乡的齐己，祖塔的齐己。

作为诗僧，《全唐诗》收诗十卷，几近千首。就数量而言仅次于李白、杜甫、白居易、元稹而位居第五。楚沩文化历史的长河中谁能与之匹敌呢？除齐己而外，土生土长的宁乡人中在《辞海》上单列辞条的还有何人？

齐己，真正的宁乡文化第一人。

益阳人开了几次齐己诗歌研讨会，他们说：齐己是我们的。因为《辞海》和《全唐诗》都明明白白地写着：齐己，俗姓胡氏，名得生，长沙益阳人。但是，我们不能忽视的一个事实是，那时没有宁乡县。

三国时，今宁乡县域即已设县，名新阳，晋改新阳为新康，而隋又并入益阳。唐高祖武德四年重置新康县，但武德七年（公元 624 年）重又并入益阳。而整个五代期间，原新康县域是分属益阳、长沙、湘乡三县的。齐己出生于 863 年，卒于 937 年，经历晚唐和五代，可以肯定，无论他生活的前期或后期，沩山、祖塔、月山一带都只能是归属益阳。

宋人陶岳作《五代史补》，其卷三有《僧齐己》："僧齐己，长沙人。长沙有大沩同庆寺，僧多而地广，佃户仅（几乎）千余家。齐己则佃户胡氏之子也。七岁与诸童子为寺司牧牛,然天性颖悟,于风雅之道,日有所得,往往以竹枝画牛背为篇什。众僧奇之,且欲壮其山门,遂劝令出家。"从这段记述中,我们可以看出,齐己自小就是同庆寺牧童,其父是同庆寺佃户。1990 年出版的《中国典故精华》中记述了齐己"一字师"的故事,其中涉及大沩同庆寺时,还特别解释道:大沩即大沩山,在今宁乡县西,以沩水发源于此,故名,别于醴陵县的小沩山。试想,胡氏若在今日益阳境内,怎能百里迢迢到今天的祖塔来当佃户?七岁的儿童又焉能来寺院放牛?乡政府的同志告诉我们,如今祖塔还有个村基本都是姓胡,遗憾的是我未能去翻查这胡氏的族谱,不知那里面是否也记述了他们这位出了家的先祖。

出了家的齐己不再为世俗的功名利禄所累,于是他的诗才得到了空前的发挥;作为诗人的齐己,他也许不会过分拘泥小节,虽然身着法衣,出入寺院的时候,他却总是潇潇洒洒。齐己不是美男子,颈项上还有个小瘿瘤,被时人称为诗囊。应该说,这也是一种友好的戏谑了。

齐己诗风清润,语言简淡,多是些登临、唱和、酬答之作。唱和酬答的对象除一些僧人、处士、乡间秀才外,也有一些官场人物,其中交谊最笃的,恐怕要算那位袁州郎中郑谷了。得知郑谷去世时,齐己写了一首五言律诗:朝衣闲典尽,酒病觉难医。下世无遗恨,传家有大诗。新坟青嶂垒,寒食白云垂。长忆招吟夜,前年风雪时。忆起郑谷,看着眼前的山山水水,我忽然感到齐己求教于郑谷的那首《早梅》也许就作于这同庆寺。

一场大雪过后,大沩山上一派琼妆玉琢,同庆寺覆盖在大雪之中。清晨,齐己出来赏雪,是那一声鸡啼把他的注意力吸引过去,他眼前一亮,便见雪地里灿灿地开出了几枝红梅。齐己顿时诗兴大发,回到禅房旁,便欣然润笔写下了《早梅》:"万木冻欲折,孤根暖独回。前村深雪里,昨夜数枝开。风逃幽香去,禽窥素艳来。明年如应律,先发映春台。"那时郑谷正做着袁州府(即今江西宜春)郎中,仰山就在那里。齐己是沩仰宗的僧人,去仰山如同去访亲戚,于是就有机会去拜访那位被称为"一代风骚主"的袁州郎中了。他就是从这边沩江的源头,同庆寺的脚下,驾一页扁舟趁着阳春三月,四野青葱出发的。不数日到了袁州,见到了郑谷。

郑谷读罢齐己的《早梅》,微微一笑道:"既是题为'早梅','昨夜数枝开'就不如改成'一枝开'更显其早了。"听郑谷一言,齐己叹服不已,顿时撩起法衣,倒地便拜,于是文坛上便有了这"一字师"的千古佳话。

沩仰宗的主要特点就是师徒唱和,互相默契。诗才横溢的齐己在寺院里当然是为众僧瞩目的,但作为诗人的齐己是不愿死守一山一寺的,他是个云游和尚,要读万卷书,走万里路,因而我们也可以断定齐己在同庆寺并没有呆上很久。从他的诗中我们可以看出，他是居住过很多寺院的，直到最后在荆州圆寂。他离开湖南去江西宜春时还曾写了一首题为《行次宜春寄湘西诸友》："幸无名利路相迷，双履寻山上柏梯。衣钵祖辞梅岭外，香灯社别橘州西。云中石壁青浸汉，树下苔钱绿远溪，我爱远游君爱住，此心他约与谁携。"诗中湘西当不是今日湘西的概念，而应是指湘江之西，或曰"橘子西"——今岳麓山至宁乡、黄材一带。

我以为是这样。

姜姓始祖德厚流光公简介

·姜品南·

作者简介

姜品南，黄材月山人。姜姓三十三派嗣孙，退休教师。

姜姓源于烈山氏，出自炎帝神农出生地姜水，属以居邑地名为姓，任姒，少典正妃，感神龙首尔生炎帝。神农氏后裔姜太公，即吕尚，齐国创建者，因辅佐周王朝得天下而封于吕，所以才以封地为姓。吕尚的后代分散到全国各地，姓吕姓姜都有之。

黄材姜姓初祖德厚公，字流光，行四。其先江西吉州（今吉安）泰和人，生于唐昭宗龙纪元年己酉岁（公元八八九年）三月初七日辰时，登进士第，官大理寺评事，尝署廷尉，擢御使大夫，治狱不动声色，疑案立决，避执政之忌，绝意仕途，采入县府志。后唐庄宗二年（公元九二四年）奉移民诏迁湖南宁乡黄材熟乐田居之。宁乡有姜姓，自公始，宋太祖建隆三年壬戌岁（公元九六二年）八月十一日午时卒，享年七十三岁，葬十都七区石壁塘大墓山，其夫人宋恭人葬塅溪三渡水陈田坡，子一仲铨。

流光德厚传家远，初祖所发后裔遍布五洲四洋，至一九九零年六月三十日，宁乡有姜姓二万九千二百九十七人。公之后裔，谨遵其教诲，和睦乡邻，耕读传家，开辟田园，兴修水利，建造桥梁，启开津渡，兴办学校。为卅创繁荣文明之黄材作出了巨大贡献。毛泽东说："你们青年人，朝气蓬勃，像早晨八九点钟的太阳，希望寄托在你们身上"。国如此，家庭地方更是如此！既要前人兴，更要后人兴，愿我姜姓后人扬祖德，守国法，各自以身作则，培育好后一代，为振兴家族地方，振兴中华作出较大的贡献。

2017 年 8 月 1 日

起世祖进迓公刘御天

——由吴徙楚源远流长

·刘建中·

　　我刘氏自陶唐幼子监明嗣封,继世相承,渐称盛族,泊沛公定鼎,光武中兴,赐姓封藩,刘氏遂满寰宇。嗣是文章勋业彪炳史策册者,代不乏人。宋赞善大夫叔度公发迹豫章,以春秋三传起家,登进士第,历官农部荐履司空,宦业儒林,后先辉映八传至中池学士,万山明经。中池学士三传至伯河,伯汉,伯源,伯请,伯瀛昆仲分徙益邑桥头河,牛田,汾湖洲,阳龙坝,新桥,刘冲,石燕,楼房,宝林冲等处。万山公又名万三,字式卿为我宁益二宗之祖,世居江西吉安府泰和县范子庙,昆季六万。万一,万二仍居泰和,万四徙湘乡朱山,万五,万六徙居未详,明季变乱,先世编录半就沦亡,暂无考究。公居三,配范夫人生进通,进迓。明洪武二年己酉(1369年)八月十五奉旨携妻儿迁徙湖南长沙府宁乡县,落业六都龙洞,瓦子坪,湾田冲,坪塘,石回冲,唐市等。通公由宁徙宝庆,新化石马三都,地名平底,此次七修曾派人前往联络,仍无功返回。万山公字式卿,及进士,赐兵部侍郎,元至大二年八月十五寅时生,寿91岁,明建文二年七月七日申时卒,(1309-1400年)葬宁邑老粮仓镇毛公桥石洞庵之铃子塘天鹅形庚山甲向,历经六百多年风雨,有青山冲子嗣看守,墓碑,墓冢完好无损。进迓公即起世祖,字御天,号龙洞,元明宗元年七月初一子时生,寿98岁,明洪熙元年十月十五酉时卒(1327-1425年)。墓葬沙坪分水村,鸽形山,左有青龙,右有白虎拱卫,东有双乳峰靠山坚固,前有龙洞溪流,子孙发达,西有笔架印台山摆置,一应天设地成。明洪武乙卯(1375年)举孝廉,丙辰(1376年)成进士,后吏部郎授开封府尹,巡府顺天,再抚甘肃,擢升兵部侍郎。配李夫人,生秉尧,秉舜,秉颜。颜公无裔,尧舜两房子孙繁衍至今已愈万人。从尧房贤四公迁长沙失传,贤一公之文彬公五子,思惠,思敏,思伯,思仲四公相继迁川蜀失传,仅思让公仍居本地。自此代代有族人外迁川蜀,陕西,广东,广西等省失传,无从考究。现聚居宁乡,湘乡,桃江,赫山族众4000多人。此外,本省沅江,安乡,华容,汉寿,安化以及外省甚至海外都有万山公子孙散居者未能及时入谱不一一详述，总之子孙源远流长，从事党、政、军、民、学、务农、工商者足迹遍天下，这次入谱者正师 1 人，副厅级 2 人，正副县处级及正副教授共 14 人，正副科级以下未作统计。

由吴徙楚近千秋，世态炎凉路坎坷。
盛世今逢成七谱，四千族众写新歌。

进迂公墓志铭

·刘建中·

　　侍郎公从师塾,游梦大神,与语而授公艺也。于是公少而著声诸生间,长而举于乡,遂成进士。历部郎擢开封府尹,公之为开封洁廉,彊力不事权贵人,权贵衔之久之乃迁,备兵靖边晋山西参政,江西山西藩臬使。以贵人故率皆用秩迁,又久之乃拜都御史,巡抚顺天再抚甘肃,寻进兵侍郎贵重矣,遂谢病出盖。公于近世功名之际,称完节笃行君子,云公为人廉治有大节,任事多远略,郎刑部时属李公为尚书郎,每诣前白事顾独目属公谓是夫足当大任,以故擢开封,公治开封,首递隶人不籍名者累千人,晨起坐堂剖决,立就狡胥无所缘为奸郡,故饶财赋吏,所有奇羡吏,初不知公则前白事,故事以佐公需,公怒令答之,悉附簿入岁会中邑令进赎镪公矣,曰乃公无用为也,去悉徙实庾廪有大盗,哗於狱阄,兵来赴援者匝墙外,目眲睈睨不敢动,公手起剑而入,曰敢后者死,众拥入盗皆诛,初靖边议贡市,文武吏多不廉察,失虏心否者,以汉财物啖虏,恣从之名曰羁縻,公至立画机宜,即市榷充市赏不至,费县官一金事,闻岁赐金有差,而诸边时,方事虏顾虏,至辄忧刍粟,公愤悉摘发乾没者,於法边库悉清,虏之盟也,议者谓吾,且以其暇修守备,乃盟日久备日益弛即令与斩首,虏同功用虚文相冒元实者,公所筹筑镇边新障若千里,盖至今称雄边,起学宫亲为边人师帅,彬彬比内地尝试谓假令,公居今时备边顾亦如所为,虚文为政者否也,治晋田赋,即无论晋以无逋负所条官会之楼,议置受输惟隶役任岁省富民数十万计,至天下郡县效其法则。公尝为之也,盖公独用实心,故所举利便率世世利天下称便,按察豫章取讼,询得其主名数十人,捕治之,讼事衰息,治晋方伯属有铸钱之役,公曰,是将与民为政,不可忘,急则铜腾踊耳授民以柄,条具八事絜为令所鼓铸文质周郭大行矣,顺天外备边内抚三辅,公悉为裁抑诸不急费岁省,征徭十余万已悉取积逋尽白镪之三,抚民大苏会虐炒蛮寇,古北遗神将击破之,获首虏捷闻。诏赐白金文绮虏三犯三捷均受重赐,而公亦以是威镇诸虏间,公与诸将议兵间异同辄瞋目诤不下已，而公策中诸将则穆然心折也，夫世称敦笃重厚之儒自守有之，至涉不能建功业临以小威势罄折不自胜，公平居恂匕不越规范驯笃长者也，当封疆饬法制兴利，便所至成累世业夫，树功业必笃厚老成也信矣，公之在开封属新郑，方贵所示风藩臬大人皆风靡，公独有扶沟令为新郑党所愬，新郑持重怒待之，公力白其无他卒之，新郑无以夺公，然公秩满以治行第久，乃使守边以靖边数中虏新郑意也，又久之当事倨甚无所诎当事目摄之，或谓公宜逊谢曰吾不能徒步勤造请廷尉汤也遂谢病归，惟真为忠厚乃能真正直如公，可谓兼之矣。公名进迓字御天号龙洞，万山公则公父，赠如公职者也。公生于元明宗戊辰七月初一子时，享寿九十有八配李氏，诰封夫人，生子三秉尧拔贡生，次秉舜邑诸生，三秉颜邑诸生，继娶胡氏生女一适姜。葬于宁邑之西岗龙洞月形山之阳铭曰法以廉介严风采嶽嶽，深以潜朱铉玉壶，惟公兼聪马矫矫为民瞻吴冀边鄙，公所监霜风膏雨，被里阎崎岖回翔，何久淹溟沉吏，隐居以恬世风所重者，健与箝莫邪为钝沿，刀铦日入虞泉迫于崦，谁其承之孙与男千秋万岁符期占，明洪熙元年乙孟冬月吉旦赐进士第出身翰林院知制诰内阁大学士兼礼部尚书洗马年家眷弟许进谨撰。

（抄摘刘氏七修族谱）

夫妻将军甘泗淇与李贞的传奇故事

◎甘泗淇与李贞

1955 年 9 月 27 日，北京中南海怀仁堂举行了中国人民解放军的第一次授衔授勋仪式，在首次授衔的 1048 名将帅中，有一对夫妻将军特别显眼，丈夫甘泗淇被授予上将军衔，妻子李贞被授予少将军衔，人们纷纷称他俩为"神州夫妻两将星"。

甘泗淇（1903-1964），原名姜凤威，别名炳坤。湖南省宁乡县黄材月山八渡水（宁乡清都月山楠竹山）人。1918 年就读于云山学校，成绩十分优异。在他的一篇《天下兴亡匹夫有责》论文中，班主任谢觉哉老师曾给予"巉思破石，炼句成金"的评语。毕业后，他考入长沙长郡中学，参加毛泽东等组织的驱逐军阀张敬尧的斗争。1924 年，考入湖南法政专门学校（后并入湖南大学）。次年，加入共产主义青年团。1926 年，由姜梦周介绍加入中国共产党。同年，被推举为驻省宁乡同乡会（即沩社）代表，向省政府请愿，促使当局判处宁乡县大沩镇团防分局长、大恶霸杨致泽死刑。

1927 年春，甘泗淇赴苏联莫斯科中山大学学习。1930 年回国，在上海党中央秘书处担任笔译。1931 年 5 月，派往苏区，先后任湘赣省委宣传部长、中国工农红军独立第一师党委书记。其时，国民党反动派发动第 3 次"围剿"，他同独立第一师其他领导者一起，率部与红 3 军团特务营、河西教导队配合，歼敌公秉藩师一个团,俘敌近千。随后,转战赣南,屡战皆捷。

1932年,甘泗淇任湘赣军区政治委员兼省委宣传部长。河西教导队改建为红军第7分校,他亲自给学员讲课,为部队培养和输送干部。翌年,任苏维埃政府财政部长兼国民经济部长、红6军团政治部主任。

王明"左"倾路线期间,湘赣省委被指责为"右倾机会主义",甘泗淇被指责为"右倾机会主义者",诬其"对肃清AB团采取自由主义态度",被撤销军职。直到党中央派任弼时去湘赣工作,甘泗淇才重返部队。

1934年,甘泗淇任红军第18师政治委员,参加长征。次年,代理红6军团政委。2、6军团会合后,任红2军团、红2方面军政治部主任。2、6军团长征到甘孜时,他对张国焘的分裂行径,进行了坚决斗争。他把长征当作教育党员、考验干部的课堂,注重发挥共产党员的先锋模范作用,尤其注意发展党的组织,坚持边行军边吸收党员,使第3军团的共产党员人数始终保持在部队指战员总数的30%左右。

抗日战争时期,甘泗淇任八路军120师、晋绥军区、陕甘宁晋绥联防军政治部主任等职。针对部队因发展迅速而缺少干部的情况,确定师办教导团,旅、团办教导营,一批工农青年和学生很快得到成长,走上领导岗位。

1947年,甘泗淇任晋绥野战军政治部主任时,发现第一纵队358旅创造的"诉苦三查"政治整军经验,迅速推广到各所属纵队,提高部队政治素质和战斗力。次年春,在宜川西南瓦子街战役,一举歼灭胡宗南部近3万人,毛泽东发表《评西北大捷兼论解放军的新式整军》的讲话(载《毛泽东选集》第4卷),号召全军推广晋绥野战军政治整军经验。1949年,他任第一野战军政治部主任,转战华北、西北各地。

抗美援朝战争中,甘泗淇任中国人民志愿军副政委兼政治部主任。他提出政治工作必须同军事业务相结合,政治工作必须从群众中来、到群众中去等几个根本性问题,对全军做好政治工作具有指导作用。

从朝鲜回国后,甘泗淇任解放军总政治部副主任,当选为中共第8届中央委员会候补委员,第1届全国人民代表大会代表,1955年被授予上将军衔。他的夫人李贞同时被授少将军衔,成为中华人民共和国第一位女将军。

李贞(1908-1990),女,湖南省浏阳市人。1908年2月生于浏阳永和小板桥乡一个贫农家庭。6岁当童养媳。1926年受当地党组织的教育,带头剪掉辫子,参加支援北伐军的活动。1927年3月加入中同共产党。先后任乡、区妇女协会委员长兼区工会、农民协会委员。她常说:"是党给了我信心和力量。"蒋介石、许克祥相继发动反革命政变后,她坚持从事地下革命武装斗争,历任浏阳苏维埃政府执行委员会委员、妇女部长和赤卫军政委、妇女团政委、红 6 军团和湘鄂川黔军区组织部部长等职。她先后参加了秋收起义、湘赣和湘鄂川黔根据地反"围剿"斗争,亲历了红军长征。在战斗中,她身先士卒,不怕牺牲,英勇顽强,不愧为一位叱咤风云的革命女将。

抗日战争时期,李贞奉命东渡黄河,奔赴抗日前线。历任八路军妇女学校校长、陕甘宁晋绥联防军组织部组织科科长,进行了艰苦斗争,作出了积极贡献。解放战争时期,她任晋绥军区政治部秘书长、西北野战军政治部秘书长,参加了保卫延安和解放大西北等重大战役。新中国建立后,李贞参加了抗美援朝战争,任中国人民志愿军政治部秘书长,与丈夫甘泗淇一道,夜以继日地忘我工作,建立了不朽功勋。1953 年回国后,她任防空军政治部干部部部长,对加强干部队伍建设进行了卓有成效的工作。并曾和许广平一道,率中国妇女代表团访问苏联,向苏联人民介绍中国人民志愿军战士的英雄事迹,扩大了中国妇女在国际上的影响。1957 年,李贞任中华人民共和国最高人民检察院军事检察院副检察长,为军队法制建设做了大量的工作。

甘泗淇和李贞的结合充满曲折和传奇色彩。1908 年深秋,湖南省浏阳小板桥乡的一个农户家里又添了一个女婴。户主名叫李光田,是个老实本分的农民,全家 8 口人仅靠租种地主的两亩半田和捕鱼为生。李光田唉声叹气地看着自己的第 6 个女儿,失望得连名字都不想给她起了,便随随便便地叫她"旦娃子"。因为家境贫寒,旦娃子 6 岁那年就被送到一户姓古的人家当童养媳,开始了噩梦般的生活:一个 6 岁的小姑娘要担负起古家繁重的家务,打水、砍柴、洗衣、做饭、带孩子……大盆水端不动,要挨打;砍柴不会捆,捆了背不动,也要挨打;背一个比自己还要大一岁的女孩,背不动把孩子摔着了,更要挨打。就连比她大 4 岁的未婚夫也常常抓住她的头发拳打脚踢,直至打得她鼻嘴出血,身上、脸上青一块紫一块方才住手。

就这样,在无尽的苦役和打骂中,旦娃子度过了苦涩的童年和少年时期。1924 年正月,旦娃子 16 岁了,婆家让她和儿子圆了房。由于长期受虐待,旦娃子对古家人有着一种难以化解的敌意,对那个脾气耿直但性情粗野的丈夫也激不起半点感情。婚姻对她来说,除了负担与痛苦,别无其他。对于这种毫无希望的生活,旦娃子常常暗中流泪,甚至产生过轻生的念头。然而,就在旦娃子倍感绝望的时候,仿佛一潭死水突然溅起了波澜,她感到了一种不可阻挡的生机。旦娃子的感觉是对的。1926 年对湖南而言是汹涌澎湃的一年,湘军师长唐生智驱逐了湘军总司令、湖南省省长赵恒惕,占领了长沙。与此同时,广东革命政府的军队正准备着北伐,革命的洪流席卷着每一座城市、每一个乡村。封闭的小板桥乡也被汹涌的潮水掀动了，在共产党人的发动和组织下，工会、农会和妇女解放协会，如同雨后春笋般冲破重重土块和岩石，迅速冒出地面，茁壮成长。

一心想脱离苦难的旦娃子敏锐地察觉到了这些未曾有过的新事物，并自然而然地向其靠拢。妇女解放协会刚刚成立，旦娃子就悄悄打听："妇女协会是干什么的？""是干革命的！"有人回答她。革命！多么新鲜的字眼啊！她过去从未听说过，但直觉告诉她，"革命"对她这样的人来说，不但没有什么坏处，相反还会给自己的命运带来改变。在妇解会工作人员的帮助下，旦娃子以"李贞"作为自己的名字加入了妇女解放协会。童养媳李贞从此走上了革命的道路。

1926年10月，北伐军进入浏阳，各种群众组织由秘密状态转为公开活动。在革命的斗争中，李贞突出的组织活动能力得到了充分展现。她带领一批进步妇女搞宣传、做军鞋，为北伐军征兵筹粮，工作做得十分出色，成了永和地区颇有名气的女活动家，同年冬被选为永和地区妇联委员。1927年3月，李贞光荣地加入了中国共产党。胆小怕事的婆家害怕李贞会连累自己，连忙将一纸休书送到了李贞娘家。李贞终于如愿以偿，可以完全自由地参加革命活动了。从李贞1926年走出婆家闹革命的第一天，她就认识了时任中共永和区委书记的张启龙。一次，李贞的母亲病重，由于家境贫寒无钱医治，生命垂危。张启龙得知这个消息后，毅然将自己的生活补贴拿了出来，请妇联的同志转送给了李家。由于救治及时，李贞的母亲很快就转危为安。为此，李贞打心眼里感激这位领导，深深感到了革命大家庭的无限温暖。随着革命低潮的到来，在反动派"斩尽杀绝"的政策下，张启龙的父亲、叔父及堂弟先后惨遭杀害。1930年，他的妻女也被杀害。张启龙悲痛万分。

为了安抚失去亲人的张启龙，同时也为了报答张启龙的关爱，李贞悄悄地给张启龙送去热饭热菜，帮他洗衣服，还特意做了双布鞋放在他的枕头下。渐渐地，张启龙与李贞之间深厚的革命友谊在不知不觉中升华成了真挚的爱情。他们在工作上互相关心支持，在生活上相互体贴照顾，并于1932年经组织批准，喜结连理。可是不久，张启龙被错误地打成了"改组派""AB团分子"。为了不连累李贞，张启龙痛苦地在保卫局事先准备好的"离婚申请书"上签了字。李贞接到判决离婚的通知后，伤心地大哭了一场，找到保卫局提出自己的申诉，请求保持他们的夫妻关系，但遭到了无情地拒绝。一对恩爱伴侣就这样在彼此不情愿的情况下洒泪分离了。

李贞与甘泗淇的相识其实最早始于1930年。那一年，甘泗淇从莫斯科中山大学学成回国后，受党中央的派遣来到了湘赣苏区，任中国工农红军独立一师党代表，后又调任湘赣省委宣传部部长。甘泗淇一到任，就听说组织上原来打算调时任中共吉安县委军事部长的李贞担任此职，但李贞考虑自己的文化不高，坚决要求调整，这样组织上才派甘泗淇来任此职，而李贞则调整为湘赣军区红军学校政治部主任。

后来有一天，甘泗淇和军区政治部的人去红军学校检查，此时学员们正列队在操场上唱歌，指挥者竟是一个留着短发、腰扎皮带、脚穿草鞋的女同志。她充满朝气的面庞和刚健的身姿，引起了甘泗淇的注意。这时，只见那位女同志双手用力一收，发出了一声洪亮的口令，跑到甘泗淇一行人面前致敬道："红校政治部主任李贞报告，学员集合完毕，请首长指示！"

"李贞！她就是李贞？"甘泗淇几乎不相信自己的眼睛，连连问身边的同志。身边的同志赞叹道："对呀，她就是李贞：别看这么年轻，可是个老党员，老同志了！"甘泗淇被她深深地吸引住了。回到驻地，甘泗淇在日记本上郑重地记下了："红校，李贞"几个字。不久，李贞与甘泗淇一前一后被调入红军团，一个任组织部部长，一个任政治部主任兼代政委。这样，他们在一起工作，互相接触的机会更多了。

李贞对甘泗淇的印象极好，但自从与张启龙被迫分手后，却从没想过要和甘泗淇结婚。1934年10月，红2军团与红6军团会师后，转战至湘西开创了新的根据地，并在湖南省永顺县的塔卧镇成立了湘鄂川黔省委、省军区。原为红6军团组织部长的李贞，被调任省军区组织部部长。为了巩固和发展这块新的根据地，贺龙率主力东进，向常德展开攻势，而任弼时则率余下部队在永顺和附近的桑植、大庸等县发动群众，开展土地革命和游击战争。

一天，李贞从农村回来后，刚到宿舍就听见有人敲门。开门一看，原来是任弼时的夫人陈琮英。原来，陈琮英是跟甘泗淇与李贞牵红线的。李贞听说之后，心里忐忑不安，往事一幕幕地在她的脑子里迅速闪现。尤其是突然听了陈琮英的话，更加惊讶不已，连连摇头说："不行不行！""为什么？"陈琮英不解地问。李贞说："人家是到苏联留过学的，我可是个童养媳出身，没有文化。""那怕什么！我也是童养媳嘛！"陈琮英笑了，"至于他的文化高，你的文化低，他正好可以帮助你学嘛！"

"那也不行！"李贞提高了嗓门。

"反正我觉得不合适。"其实，李贞的内心世界异常复杂，在她看来，自己结过婚，甘泗淇是不会愿意和她结合的。不料，陈琮英的一番话又让李贞吃了一惊："别把话讲得那么绝对。甘泗淇对你的印象可是相当好的哩！他说你泼辣能干，作风扎实，是个了不起的女同志。"原来，陈琮英常见甘泗淇人前人后地夸李贞，而且李贞离婚后也一直单身，才主动过来撮合他们二人的。听完陈琮英一席话,李贞羞涩地低下了头,不再说话了。长征即将开始的时候,在贺龙亲自主持下,甘泗淇和李贞在一个老百姓家借了间房子,真正结成了一对革命伴侣。

长征征途漫长而艰难,战斗频繁,对于每个红军指战员来说,都是严峻的考验,而对于已经怀有身孕的李贞来说,困难就更大了。当时,组织上考虑到这些情况,曾动员她就地留下,等生下孩子再说,但李贞坚决要求随部队继续前进。

"我感谢组织上的照顾,但我能经受任何考验,请组织上放心!"李贞说到做到。

长征途中,她几乎每天都和战士们一道在露天的冷风里过夜,部队一驻下,她就到每个单位去,询问党团工作和伤员情况,统计伤亡数字,很晚才歇息。

李贞配有一匹马和一顶小帐篷,但她常将这些让给伤病员用。有位女战士病了,她还将自己的一件较好的衣服送给这位女战士,而自己穿的是一件单薄的旧衣。由于过分劳累,加上饥寒交迫,李贞病倒了,但她没有告诉任何人,艰难地跟着部队一道行进。她的情况被战友们发现后,战友们纷纷来看她,那个女战士流着泪要将衣服还给她,可她坚决不要。由于病情严重,最后大家只好用一条长布带将她捆在了马背上继续行军。

由于战斗的需要,甘泗淇和李贞并不能常在一起行动。甘泗淇除了参与军团的决策外,有时还要参加指挥战斗,沿途做部队的政治工作和群众工作。这时的他,身体消瘦,头痛病时常发作。当得知妻子病重的消息时,甘泗淇感到惊讶和惭愧,于是在贺龙和任弼时的"命令"下,他火速赶到李贞身边。甘泗淇发现妻子高烧不止,便请来医师诊断,最后李贞被诊断为伤寒病。但当时部队缺医少药,甘泗淇便把自己唯一的私产莫斯科中山大学奖给他的一支金笔卖掉,买来了针剂,才使李贞的高烧退下来。夜晚,山风如刀割,甘泗淇又将自己唯一的一件毛衣脱下给李贞穿上。大病一场的李贞,身体非常虚弱,部队过草地时,她已怀孕7个多月了。恰恰是在这段最艰难困苦、最难行走的征途中,李贞早产了。可问题是,战士们都在吃树皮、草根,甚至在吃战马、皮带的时候,这个呱呱坠地的孩子哪里能吃到好东西呢?李贞长期没有充足的营养,自然缺少奶水,孩子饿得啼哭不止。尽管叔叔阿姨们对小生命百般呵护,送来了自己舍不得吃的青稞面,但这毕竟杯水车薪,根本不能解决问题,还没等李贞走出草地,这可怜的小生命便夭折了。从那以后,李贞再没有怀过孕,这是甘泗淇和李贞为革命战争做出的巨大牺牲。

孩子的夭折,使李贞伤心不已,身体愈发虚弱,常常高烧不退、昏迷不醒。甘泗淇只要有机会,就想方设法来照顾她。

李贞不宜骑马,甘泗淇就背着、扶着她走。战友们见这样下去不行,就临时做了副担架要抬李贞。甘泗淇很受感动，坚持自己抬一头，尽量减少战友们的负担。就这样，夫妻二人患难与共，终于顺利地到达了陕北。贺龙高兴地称他们是"两个模范干部，一对革命夫妻"。抗日战争爆发后，李贞接受组织的安排，从120师直属政治处主任的位置上回到了后方，担任了妇女干部学校校长，而甘泗淇作为120师政治部主任一直奋战在抗日前线。解放战争时期，甘泗淇任西北野战军政治部主任，李贞任政治部秘书长，夫妇二人一道参加了解放大西北的一系列战役。新中国成立不久，夫妇二人又一同奔赴抗美援朝的前线。甘泗淇担任志愿军副政委兼政治部主任，李贞则被彭德怀亲点为志愿军政治部秘书长。

在异国炮火纷飞的战场上，李贞出色地履行着自己的职责。她还于1950年八月与鲁迅夫人许广平一道率领中国妇女代表团来到了莫斯科，向苏联妇女介绍中国人民志愿军女战士的英雄事迹。为了让苏联妇女更多地了解志愿军女战士的事迹，李贞进行了充分的准备。报告会的会场设在克里姆林宫的一个大厅里，李贞在苏联妇女界领导人的陪同下一跨进大厅，就赢得阵阵热烈的掌声。李贞缓缓地走到主席台，向人们回以亲切的笑容，她声情并茂的演讲，响彻克里姆林宫大厅……

1953年，甘泗淇和李贞胜利完成党和人民交给的光荣使命，从朝鲜凯旋回国，又一起担当起国防和人民军队现代化建设的重任。甘泗淇出任解放军总政治部副主任，李贞任军委防空军干部部部长。1955年9月，夫妇二人又一同走进了怀仁堂。

周恩来亲自把上将军衔授予甘泗淇，把少将军衔授予李贞。周总理握着李贞的手，亲切地说道："祝贺你，李贞同志，你是我们新中国第一位女将军啊！""这是党和人民给我的荣誉，我决不辜负党和人民的期望！"李贞谦虚地说道。繁忙的工作之余，李贞眼见战友们一个个膝下儿女成群，其乐融融，想到自己不能再生育，总觉得很内疚，对不起丈夫，便对甘泗淇说："老甘，趁现在还来得及我们离婚吧！你再娶个妻子，给自己生个孩子吧。"可甘泗淇不容置疑地说道："我要的是爱人！"

"我要的是爱人"。这是多么简单的一句话，但却饱含着甘泗淇对李贞坚贞不渝的爱情。而李贞这位钢铁般坚强的女将军，此时此刻听了这番话，也不禁流下了感动的泪水。

1959年，担任中国人民解放军总政治部副主任的甘泗淇携夫人李贞将军回到家乡宁乡，一同视察了黄材水库工地建设，对家乡充满了无限的眷恋与关怀。然而，正当夫妻二人准备携手再创新的辉煌时，命运之神却再次让李贞陷入悲

痛之中。1964 年 2 月 5 日,刚过花甲的甘泗淇因积劳成疾,被猝然暴发的心脏病夺去了生命,终年不足 61 岁。甘泗淇离开了相濡以沫 30 余年的妻子,离开了他们共同抚养的 20 多个烈士遗孤,最后留给妻子李贞的,除了他们共同未竟的事业外,便是难舍难分的夫妻感情。时任军事检察院副院长的李贞悲痛欲绝,洞悉丈夫心思的她,决定化悲痛为力量,继续倾心革命事业,更加忘我地勤奋工作。"文化大革命"期间,李贞对林彪、"四人帮"进行了坚决的斗争。1975 年 10 月,她任总政治部组织部顾问。

1986 年在纪念红军长征胜利 50 周年之际,李贞撰文评价红军"风雨浸衣志更坚,革命理想高于天"的精神,鼓舞人们进行新的长征。李贞是中共 7 大候补代表、13 大特邀代表、中央顾问委员会委员,第 5 届全国人大常务委员会委员,第 1、2 届全国妇联执委和第 3 届全国妇联主席团成员、第 4 届全国妇联常委。

1990 年 3 月 11 日,李贞将军因病在北京逝世,终年 82 岁。新华社发布消息评价她:"不愧为中外闻名的杰出的中华女性,身经百战的巾帼将领。"中国人民解放军总政治部在《人民日报》上发表文章,称她是"为党为人民戎马倥偬,艰苦奋斗了 64 个春秋的新中国第一位女将军,我们党的优秀党员,久经考验的忠诚的共产主义战士,第一次国内革命战争时期便投身中国革命事业和妇女解放运动的革命家,人民军队优秀的政治工作领导者"。

人类历史上难得的"夫妻将星"双双陨落了。为深切怀念自己的丈夫,关心人民群众的疾苦,在遗嘱中,李贞将军最后交代:将平时节省下来的 1.1 万元人民币存款和 2500 元国库券,一部分捐献给宋庆龄儿童福利基金会,一部分捐献给甘泗淇的家乡宁乡作为办学补助,她最后一次表达了对丈夫及其对家乡深挚的爱。

(本文摘录于《宁乡历史风云录》)

县委书记杨世芳蹲点记

·甘玉佳·

一九七三年宁乡大旱，铁冲公社双丰大队近200亩晚稻枯死在含苞待放时。县委书记杨世芳在考察农村工作时，看到这连片干枯的禾苗无比悲痛，他决心把点从五里堆移到双丰大队，改变双丰面貌，为全县作个样板。

一九七四年春，他从县直机关和县直部门抽调了20多个干部，组成农业学大寨工作组，背起背包进驻双丰与农民同吃同住同劳动，一干就是三年。

思想武装

杨世芳书记带领工作组进驻双丰后，看到全村干群生活困难，有的农户闹春荒，粮食接不上新，情绪低落，杨书记看在眼里，急在心里。他一边筹粮借给双丰群众渡过春荒，一边用强大的政治思想工作武装干群。我曾记得工作组入队后，白天带领群众生产，晚上组织生产队长以上干部和全体党员连续48个晚上在大队部开会，每晚开到12:00才散会。会上，杨书记亲自作报告，他从工作组进村蹲点的目的讲起，教育干部党员要振奋精神学习大寨精神，大灾大干大变样，大干三年，彻底改变双丰面貌。党员干部们虽然很累，但看到县委书记如此关心农民，便克服疲劳情绪，打起精神，坚持每晚按时到会听课、学习。通过讲课，使党员干部树立起了战胜灾害的坚强信心。

党员干部思想认识提高后，杨书记考虑的是要发挥支部核心作用。于是，他把当时大队干部的数量增至了12名，且注意老中青搭配，为选拔坚强有力的大队干部和今后工作组撤离培养一支永不走的工作队奠定基础。

修建公路

要致富，先通路。杨书记带领工作组入队后，做的第一件事就是修建公路。我曾记得一九七五年的大年初一，杨书记带领的工作组干部没有回家过年，他们组织全大队十二个生产队的近千名农民自带饭菜和锄头扁担上工地大战"开门红"，修建公路。那天，在横灰公路进双丰大队约2公里处，全线红旗招展，啊嗬喧天，农民们挖的挖，担的担。外地来亲戚家拜年的客人看到这种场面，也自愿加入了修路行列。一天功夫，便修起了一条约2公里长的单行车道。

种试验田

为提高粮食单产，杨书记亲自带头在双丰大队第四生产队种起了试验田。他还号召县委工作组干部与大队干部各种一丘试验田，看谁的产量最高。那几年，只见路旁田边，到处是高耸的试验田牌，牌上标明丘名、面积、试验品种、密植、试验人。春季，杨书记亲自带领干部薅草皮积凼肥。盛夏季节，他不顾炎天暑热，戴起草帽，挽起裤脚，带头到田里拖泥船散凼肥。一天下来，劳累过度，吃了晚饭，连澡也没力气洗就睡下了。第二天天刚蒙蒙亮，他又徒步两公里来到公社机关和部门检查干部的工作作风。我曾记得，他的试验田收割时。喊了全体工作队干部和大队干部去收割、过磅，不搞半点虚假。那年，他种的试验田产量最高，亩产单产达到了900多斤，首次实现了粮食单产过纲要。

修建水库

为根治干旱，杨书记冥思苦想，四处察看。经与水利部门专家研究，决定在云台山下修建铁冲水库，解决农田灌溉问题。在动员大会上，杨书记提出"一人顶十百顶千，一天等于二十年"，号召人们发扬战天斗地的愚公精神。一九七五年秋季，刚收完晚稻，杨书记便动员全公社男女老少群众齐上云台修建铁冲水库。那时，以生产队为单位，上齐白胡子，下到开裆裤，全部出了门，自带伙食和土车、锄头齐上阵，一日三餐都在工地上。只见云台山下红旗招展，人山人海，土车运土的吱嘎声，压土机的轰隆声，人们的啊嗬声，汇织成一支与天斗其乐无穷，与地斗其乐无穷的交响曲在铁冲上空回荡。经两年多苦战，一座长约一公里多的水库大坝建成了。水库建成后，解决了全公社1万多亩的农田灌溉问题，使昔日只能种花生、玉米的旱田变成了旱涝保收的良田。

改河造田

铁冲水库建成后，杨书记又带领铁冲人民开始了一场新的战斗——改直铁冲河。从水库堤下开始，沿云台、双丰、铁冲、田心到石桥大队，把弯弯曲曲的老河劈成一条直河至横市入沩江。新河挖成后，沿河两岸大搞平田化，便于机械耕种。老河与沙滩开新田，增加耕地面积。我曾记得仅我们双丰大队就新开耕地

50 多亩,为后来增加集体收入奠定了财源。

大办猪场

为增加农民收入,杨书记在双丰蹲点期间,曾号召农民大办猪场。那时每个生产队都利用当地片石和卵石资源兴建一个石拱猪场,我们大队当时的三个石拱猪场内就养猪 800 多头。石拱猪场建成时,杨书记亲自题名——双丰大队有机化肥厂。为解决饲料问题,利用田塍上种灰萝卜作饲料,田塍上,中间栽灰萝卜,两边种黄豆,充分利用土地。猪粪用来种水稻,改善土壤结构。牲猪出售后,换钱购化肥,杨书记说一个猪场就是一座银行。我曾记得有次大队送猪的热闹场面,100 多辆土推车,一车一猪一人推,长长的队伍,送到公社肉食站时,肉食站敲锣打鼓欢迎送猪队伍。

植树造林

一九五八年大炼钢铁时,森林被毁,到处是荒山秃岭,满目凄凉。为恢复生态,杨世芳书记曾号召植树造林,绿化祖国。在造林动员大会上,杨书记形象地提出"头戴帽子脚穿靴,一根腰带系中间,高山远山松梓杉,近山矮山油果茶,竹林深处是人家",描绘了一幅农村美景图。一九七八年冬,双丰掀起了植树造林高潮。山顶上,杨书记派飞机洒播了松树种子,山腰开成梯土,挖成大穴,栽上了杉树和梓树,矮山与山脚有的栽上茶树,有的种上了油茶。10 年后,双丰林场成了村集体收入取之不尽的滚滚财源。

学校改危

双丰学校原是土改时没收的地主房屋,采光条件差,且年久失修,已成危房。为改善办学条件,培养革命事业接班人。杨书记在双丰蹲点时,拆除危房,新建了两幢八间的双丰学校。一九九八年,双丰学校扩建时,时任湖南省人大教科文主任的杨世芳同志还到处奔忙,筹资支援双丰学校建起了学校门楼和围墙。在学校门楼建成庆典时,他还亲临学校题写了校名。

杨书记在双丰蹲点三年,双丰变了:山上绿树成荫,茶叶飘香,山下田地成块,稻谷丰收,双丰人民开始变富了,前往参观的人们络绎不绝。

杨书记虽已离开了双丰,但他那带头艰苦奋斗的精神和那和蔼可亲、平易近人的高大形象却永远印在双丰人们的心中。

作于长沙高新区管委会

2007 年 7 月 30 日

平凡中见伟大的女性

· 刘大年 ·

中国封建社会时间很长，妇女深受压迫。中国的近代处在不间断的革命震荡中，中国妇女受到革命洪流的洗礼，又最有觉悟。她们之中有不少英雄和伟大人物，众所周知，但她们之中更多的是寓伟大于平凡的革命者，普通人。

湖南这个地方就有向警予、蔡畅这样的著名女革命家，也有更多的像姜国仁同志这样平凡中见伟大的女性。

我认识姜国仁同志是在一九四六年。那时我是北方大学（校址在河北邢台）工学院负责人，她在文教学院任教。但在很早以前我就和她有一点间接的联系。八五年三月我写过一篇短文，那上面有这样一段叙述："抗日战争爆发，爱国心使我决定奔赴延安。一九三八年夏天到长沙八路军驻湘通讯处办理去延安的手续。当时湖南知识界尊而不名的'徐先生'徐特立同志介绍办事处一位姓刘的中年同志与我谈话。在日机空袭警报频传下，我们先后作了两次长谈。也可以说是两次辩论。他用历史唯物主义原理，指出我所认为的'国学'要点——《大学》上的真心诚意，治国平天下那一套的唯心主义实质，旁征博引，议论滔滔，叫人折服。后来从姜国仁同志，也就是这位'刘'同志的夫人口里才知道，原来他就是当时中共驻湘通讯处主任兼新四军驻湘办事处主任王凌波。徐老和已经在延安去世的王凌波同志，他们是我最早的指路人。"我说很早以前与姜国仁同志有一点间接的关系，就是指这一段往事。一九四六年以后，经过一些变动，我们又一起在华北大学研究部工作，并同属于一个党支部，直到一九四九年进入北京为止。她回湖南工作以后，每次到北京来，总要见面谈一谈。前年六、七月间湖南人民代表大会开会，我是湖南选出的全国人大代表，回去列席会议，接受监督。那时姜国仁同志住在医院里，我特地前往探望，作了一次长谈。她非常高兴。她同我爱人师力坤同志彼此熟悉。当她知道师同志不久前因病去世以后，不胜悼叹，并替我出主意，安排好今后生活。她准备再次来北京看看，并会见老朋友，我很赞成她的愿望,可惜没有能够实现。

姜国仁同志的一生主要是在中等学校从事教育工作。抗日战争以前就是一位教书多年,深受学生欢迎爱戴的中学国文教员。抗日战争和解放战争期间,一直在中学和北方大学一个学院教中国语文。全国解放后,回到湖南,当中学和师范学校校长,也还是继续教国文,直到年过八旬。从她的经历来说,是不是很平凡呢? 可以说是平凡的。

不少人认为中学教师没有什么了不起,太平常了。然而,姜国仁同志完全不这样认为。她在平凡工作中贯穿着一种伟大的精神。她的 生,是把全部心血献给中等教育和语文教学的一生。她半个多世纪如一日,培养出一批又一批学生,对革命和社会主义建设事业卓有贡献。她从不计较名誉地位,也不知什么是个人得失。论工作能力,论显赫的社会关系,她一样也不缺少。她喜欢旧体诗,是延安"怀安诗社"的成员,编印过诗集,其中一些作品富有生活气息。她还和其他同志一起编过书,如《宁乡四髯合传》等。她和一些革命老前辈如林伯渠、谢觉哉过往密切,也认识毛泽东、刘少奇等最高领导人。如果她追求名誉地位几乎唾手可得。但是她鄙视那种向党伸手,要这要那,把为人民服务当作口头禅,只热衷于谋求个人私利的人,而以孜孜不倦办好中等教育事业引为光荣和自豪。

"文化大革命"中,她受到"四人帮"迫害。不许教书,只许参加体力劳动,如喂猪、种菜、编竹器等。她憎恨"四人帮",但认为劳动光荣,不是耻辱。不顾七十余高龄,自愿从事一些力所能及的体力活。热爱劳动的感情洋溢于那时写的一些诗作中。这是一个只有胸怀远大,对社会主义前途充满信心,确实具有共产主义世界观的人才能做到的。她从不以老革命自居,对周围的同志体贴入微,关怀备至。最近,她的妹妹姜国芬同志,从她 1949 年 3 月的日记中摘抄几段给我。其中连续几天记叙着我的病情和她对我的关怀照顾。例如怎样替我求医,如何请求组织上调师力坤同志照护我,以至看到我吐血不止,恐怕治愈没有希望,心中一阵酸痛,马上掉泪了。她对所有熟悉的同志,都饱含着深切的革命感情。综观她的事迹和崇高精神境界,伟大不伟大? 我觉得应该说是伟大的。

中华民族是一个出产英雄、伟大人物的民族。无产阶级革命、社会主义现代化建设,需要有自己的英雄、伟大人物。孟子说:"人皆可以为尧舜。"这个话讲得很对。尧舜当然是英雄人物了。不过尧舜有各种各样。他们有的知名度很高,有的次高,有的跟普通人一样,默默无闻于世。他们或她们都值得我们景仰尊敬。中国革命的胜利,归根到底是表现了亿万普通人的力量、智慧,反映了他们的愿望和要求。中国社会主义道路之所以不可移易,现代化建设事业之所以前途光明,也正由于这亿万默默无闻或知名度不高的尧舜们,是原动力,决定者。姜国仁同志，无论在民主革命和社会主义时期，都是他们中献出了全部心血的一分子。她更有理由受到我们的尊敬。

前人纪述人物，往往在末尾加上一段赞语。仿效一下，对于姜国仁同志，我想这样说：贤矣姜老，煦煦其仁，粉笔黑板，岁岁长征。少疆场百战英雄之赫赫，无刑场血火烈士之峥峥，而种桃栽李，以芳惠四邻。有砖有瓦，是欀是楹，崇楼桀阁，藉此经营。百年大计功不计，人看四两我千斤。何谓利动？何谓权争？涅不缁，磨不磷，昆岗无价，尧舜无名。爱国爱民，赤子之心，乐世乐道，磐石忠诚。追求真理，献此一生，堂堂正正，共产党人。

（注：姜国仁系"宁乡四髦"王凌波的夫人，中共优秀党员，教育家，湖南省政协委员，出生于宁乡县黄材镇左家滩。）

学习国芬老师的敬业奉献精神

·谢景星·

作者简介

谢景星，宁乡青山桥人，工作于北京，姜国芬之学生。

姜国芬老师今年九十岁了，一生从事教育事业，桃李满天下，是一位受人尊敬和爱戴的好老师。

1942-1945年，我在湖南私立沩滨中学读书时，姜国芬老师担任我班——初七班的级任导师（相当于现在学校的班主任），并教我们英文、化学、生理卫生等课程。她是我青年时期在学习文化、增长知识、学会做人等诸方面感受最深、终身受益、难以忘怀的一位好老师。在我的记忆中，她学识渊博，执教严谨，为人宽厚，工作极端负责，不仅是一位完成教学任务尽心尽力的好老师，用我们军人的话来说，她还是一位"以身示范，带兵首先爱兵的模范"。她爱学生胜过爱自己的儿女。母爱是伟大的，她对学生的爱，无疑是超过母爱的一种更高尚的道德精神，这是非常难能可贵的。姜国芬老师有自己的苦恼和坎坷经历，而她却把自己的爱心和精力全部倾注在学生身上。她吃在学校，住在学校，同学们随时都可去接近她，向她请教。她批改学生的作业，认真细致，解决学生的疑难，诲人不倦。我们都庆幸有这样一位好辅导老师。

有些事情至今我还记得清楚。有一次，当我听她讲授生理卫生课后，向她诉说了家庭包办婚姻给我带来的苦闷。她从关心后一代健康成长的角度，指出血缘关系太近不应该结婚的科学道理，并从伦理道德方面告诉我，应该如何谨慎处理这个问题。她讲得清清楚楚，亲切体贴，使我处理这个问题有了正确的导向，也受到家庭和社会的谅解和支持。

在姜国芬老师的影响下，我曾立志要当一名像她一样的好老师，初中毕业后，便去投考湖南第一师范学校，并以第三名入选。但我参加革命后，因工作需要，组织上未让我教书，而是选送我上大学去学习俄语（这所学校当时叫北京俄文专修学校，是现在北京外国语学院的前身）。由于念初中时姜老师为我在英语方面打好了基础，加上我自己进一师后又在原有的基础上坚持自学，英语和俄语本来就有许多相通的地方，所以原定三年的课程，我两年就完成了。

姜老师对她的学生是寄予了厚望的。我参加革命后，曾担任班长、排长、俄文翻译、机要秘书、宣传科长、政策研究员、中央纪委军纪组组长，一直到离休。我的道路也是不平坦的，有过不少的坎坷和挫折。在"文化大革命"中，由于我对人对事坚持实事求是的精神，拒绝为林彪"四人帮"作伪证来迫害军内高级干部，结果遭到他们的打击和迫害，全家被赶出北京，进行劳改和"支左"，一直到党的十一届三中全会后才回到北京。现在我的晚年生活是幸福的，充实的，组织上给我的待遇也是优厚的。我写这些，并不是说我对党的事业有多大的贡献，只是向姜老师作个汇报：几十年来，我一直牢记她对我的教诲，注意学习她崇高的道德境界和理想情操，对党真诚，对工作尽责尽职，尚可告慰于老师而已。

近半个世纪以来，姜国芬老师始终不渝地热爱自己所从事的职业，造福子孙后代的教育事业。凡是接受过她教育的学生都有一个共同的感觉，她对自己的事业有一种全身心投入、忘我工作的精神。在社会主义的中国，特别是今天，实行改革开放，实行社会主义市场经济的今天，弘扬姜国芬老师这种敬业奉献的精神，使年轻一代树立正确的世界观、人生观、价值观，正是我们党和老一辈无产阶级革命家所倡导的、加强社会主义精神文明中首要的、极其重要的组成部分，其实质就是全心全意为人民服务。

欣闻姜老师九旬寿诞庆典在长沙举行，我远在北京，不能前来，谨写此文，向她老人家祝贺，向到会的老同学问好！祝姜老师的这种敬业精神在她的"桃李满天下"的学生和学生的学生中开化结果，使我国人民在充满"爱"的精神文明境界中胜利而幸福地迈向二十一世纪。

满目青山夕照明

——记县畜牧水产局退休干部肖爱莲

·姜笑澜·

作者简介

姜笑澜，出生于黄材镇井冲乡，《今日宁乡》总编室主任、湖南省作家协会会员。已出版《笑眼看人》《青春仓惶逃亡》。

1997年，县畜牧水产局党组书记肖爱莲退休后实在闲不住，就开办了一家茶座，到1999年停业时已为她赚回了7万余元；随后她又在家里办起了"城市花园"，经营各种花卉苗木，每年也有六七千元的纯收入。肖爱莲不缺钱，但她的生活却非常朴素：家里最好的电器就是一台19英寸的电视机，衣柜、床铺等不少家具都还是20世纪70年代的产物；一对已经褪色的沙发，开裂的地方用透明胶粘着；一床破旧的竹垫，两边已经磨得参差不齐了……肖爱莲把钱都花到什么地方去了呢？

走到哪里，就把好事做到哪里。

1998年元月6日晚，肖爱莲路过一家医院，发现有个年轻人捂着脖子蹲在医院门口哭泣。肖爱莲上前一看，只见年轻人满手是血，脖子被撕开了一道10余厘米长的口子。经询问得知，年轻人叫孙维龙，是湘西大庸县农民，搭人家的便车去长沙打工，路过宁乡时不慎从车上摔了下来，脖子受伤，但由于所带的钱远远不够，医院不给他动手术。肖爱莲想，再不治伤，会出人命的！她当即拉着孙维龙进医院交清了费用，并守着孙维龙做完了手术……2000年元月，孙维龙带着妻子、儿子专程来宁乡感谢肖爱莲。之后，孙维龙又多次给肖爱莲写信，他在信中说："我能在宁乡遇到您这样的好人，确实是我的幸运，您的恩情，我会永远挂念于怀。"

黄材镇刁子村洞咀组村民罗寄周，大女儿28岁了，一直瘫痪在床；小女儿神智不清。他自己年老多病，觉得难以生活下去，已经几次寻短见。1999年的一天，肖爱莲专程到罗寄周家找他谈心，讲了两个多小时，临走又拿出三百元钱给罗寄周，说："你以后有什么困难就来找我！"3年来，肖爱莲多次给罗寄周送去钱物，并帮罗寄周买回猪崽，指导他养猪。如今，罗寄周已经能够靠自己的努力养活一家人，精神也越来越好。

◎肖爱莲工作照

在别人困难的时候毫不犹豫地伸出援助之手，对肖爱莲来说，这样的事情太多了！她曾拿出500元钱给一位从三楼摔下的陌生的建筑工人治伤，并守护到他醒来；她常常给在垃圾堆里寻找食物的流浪者送去饭菜。人们说："肖爱莲走到哪里，就把好事做到哪里。"大屯营乡的戴淑纯摔断了手无钱医治，电话打到肖爱莲家里；河南人阮福礼来宁乡寻儿，儿子寻到了却因没钱而流落街头，人们把他带到了肖爱莲家里……

肖爱莲总是有求必应。肖爱莲说："我出生于农村一个贫穷家庭，深知陷入困境而无人相助的滋味。因此，看到别人有困难，我就忍不住要去帮一把。"

她曾为误入歧途的青少年深深地担忧。2000年，肖爱莲被选为县关心下一代工作委员会副主任，分管夏铎铺、全民等乡镇的青少年法制、道德方面的教育。一次，她听说一个未满15岁的学生为帮朋友"出气"杀了人，感到很震惊。她立即到监狱见到了这个孩子及另外几个少年犯。通过一一与他们谈心，肖爱莲发现，是无知和鲁莽误了这几个花季少年的前途，她深感自己肩上的担子不轻。不久，肖爱莲写出了一篇《学法守法，预防犯罪》的文章，找到某初中，要求给学生们讲课。校长先是不答应，但碍于肖爱莲县关工委副主任的身份，只好把学习任务较轻的初一学生召集拢来。肖爱莲抓住学生心理，首先从那几个少年犯说起，然后进行分析。45分钟，学生们鸦雀无声。讲课完毕，台下掌声雷动。在一旁听课的校长激动地过来和她握手，并说："您讲得太好了，我们要请您再讲一次，全校师生都来听！"此后，约肖爱莲去讲课的学校络绎不绝。两年多来，共有学生及学生家长3万余人听了肖爱莲的课。

某初中有几位女同学，常和社会上一些不三不四的人混在一起，玩电子游戏上瘾，有夜不归家的现象，并经常旷课。这些家长找到肖爱莲求助。肖爱莲通过仔细询问，认为家长们动辄打骂的教育方法是不对的。她清晨5点起床，在电子游戏室找到了那几个女生，把她们送到学校，并连续几个星期放学时到学校去接她们，带她们到自己家里，给她们讲道理，早晨又亲自把她们送到学校，现在，这几个女生已经不上电游室了，成绩也进步了，家长感谢不尽。

有人说她是太平洋的警察——管得宽。退休后，肖爱莲曾多次受聘担任县里的纠正行业不正之风评议员、督办员。因其敢讲真话，敢于大胆揭露问题得到上级和群众一致好评。

大事要管，邻里之间的小事，肖爱莲管得更多。邻家有两兄弟，经常争吵、打架，有几次还动了刀子，每次都被肖爱莲及时劝住。弟弟是近视眼，打架中眼镜经常被摔坏，肖爱莲总是主动为他去买眼镜、配镜片，一次、两次……兄弟俩被感动了，从此不再打架……

一天晚上将近零点，不远处的一户人家突然传来争吵声，肖爱莲闻声赶去。只见几个人在强行搬一个青年的家具，双方争执不下，一场斗殴眼看就要发生。原来青年借了对方几十元钱，无钱归还。肖爱莲挺身而出，劝开了双方，为青年还了账，事情迎刃而解。从此，这个青年见到肖爱莲总是特别亲热，他常说："肖姨帮了我的大忙。"

"有人说，我是太平洋的警察——管得宽。"肖爱莲说这话时脸上带着笑意，但她很快就变得严肃了，"要是大家都不管，这社会怎么得了？我是党员，我不管就对不起'党员'这两个字。"

肖爱莲爱"管"，与她相关的事，她要管；与她无关的事，她也管。肖爱莲在县关工委"管"青少年，不但没有一分钱报酬，而且每年要花去车费、电话费等近千元，但肖爱莲照样干得有滋有味。

肖爱莲自己过着朴素的生活，对待需要帮助的人却异常的慷慨，当记者问她的想法时，肖爱莲说："我小的时候，一到夏天就只能睡门板。如今能有垫子睡，我已经心满意足了。我节省一点，说不定节约下来的钱就帮上了别人的大忙。这对我来说是一件非常快乐的事。

我为别人解决了困难，为党旗增添了光彩，我活着就有意义。"难怪有人戏称肖爱莲为"大侠"，在肖爱莲身上，确实有着一股"该出手时就出手"的"侠气"。肖爱莲，这个普普通通的名字，开始被越来越多的人所熟悉。

肖月苏同志二三事

·刘建中·

　　肖月苏同志是个忠诚的共产党员，黄材镇青洋大队妇女主任，闻名遐迩的接生员。她虽然去世多年了，她的音容笑貌在我的脑海里留下了深刻的印象。

一、忠于职守

　　肖月苏同志是青洋大队的妇女主任，六、七十年代在职十多年，而担任接生员直到80年代初，在职30多年。七十年代以前，黄材地区卫生院一直在下河街，就是现在的黄材国土所，这里广大的乡村，上10万人口没有妇产科医生。七十年代初期，地区医院迁去白沙大队山上，黄材镇卫生院分开才有一个临时女卫生员。此前30多年妇女生孩子都是民间接生员，这些接生员由公社妇女主任管。七十年代中期，公社增设一个计划生育专干，接生员由计生专干代管，七十年代末，黄材地区才安排了妇产科医生。肖月苏同志接生技术高，几十年没有一例死于难产的。大家都对她放得心，而且她工作认真负责，不分昼夜，不分阶层，一视同仁。这样一来，本大队的居委会居民，黄材地区公职教员都请她接生，本公社其他十多个大队及井冲、沙坪、祖塔、月山、崔坪公社的疑难产妇也都请她接生，有的家庭生儿子请她接生，几十年后儿媳生儿子也请她接生，现在黄材三十多岁至五十多岁的男女都是她接生的，有接生娘娘美称。我们家的三个孩子都是她接生，头一个初生，爱人提早破了水衣，生了三天三晚，她一直守在我们家里，当时我家里贫寒，连一个鸡蛋都没有招待她，她只抽几支烟，喝点酒提提精神。大家都一直尊称她为肖主任，三十多年风雨寒暑，由她接生的孩子总有千多两千个。

二、不计名利

待遇很差,一年大队只给她记千多分工,回生产队参加分配。我看见她,街坊死了老人,像男子一样,抢着去抬棺材,在冬修的水利工地,上山植树,栽红薯,下田插秧,踩田,扮禾都有她麻利的身影,没有一点放不下身子,重活累活争着干。她兼任生产队出纳员,坚持日清月结,群众都放得心。生产队在她家开队委会,党小组,她满面春风,她爱人罗金国是黄材镇邮政局邮递员,家里是四属户,她投工,投肥,投资都及时完成,起模范作用。

他们夫妇常来我家指导成家立业,没有亲缘胜过亲人。记得有一年正月,请我们去他们家吃饭,一碗肉丸子汤,一块煎鱼,一碗鸡肉,一碗白干子,一碗魔芋子,一碗白菜蕻子,极精微,口味极鲜,这些都是肖月苏同志的拿手菜,时过几十年了,我至今没有忘记她的热情招待。由此可以推测她待别人也是满面春风,善交各路朋友。

三、勤俭持家

肖月苏夫妻生两男两女,家里共六个人,子女尚年幼,陆续上学校读书,都在宁乡三中高中毕业。罗金国每月三十多元,一年约四百多元,肖月苏每年约2000工分,参加生产队分配,折合当时市币只有100多元,维持一家六口人,日子过得清贫。住公租房,一张门进去三四户人家,他家两房,一间公共厨房和一间公共厕所,加起来约60多平方米,虽然拥挤,但收拾得整整齐齐,干干净净。四个小孩长期是大女儿建中管理弟妹吃喝和学习,姐弟团结友爱,其乐融融。罗金国下班回家帮助种自留地,打理得井井有条。韭菜茎宽叶厚,冬苋菜茁壮生长,黄芽白蔸子大,辣椒树高果大,都很爱人。可惜天有不测风云,罗金国因公被车撞身亡,那是80年代的事,给肖月苏同志是一个沉重打击。当时四个子女都没有成家,全靠她一人承担,寒门出良才,幸亏个个都很听话,以后陆续成家。肖月苏同志还独自支撑,在长塘巷,建了一栋四间砖瓦结构平房,约150平方米,由于长期无人居住,也是显得非常古旧简朴。肖月苏同志长期随子女居住,在水晶郦城儿子家去世,当时80岁左右,生前要我们夫妇陪她送终,我们践行了她的诺言,送她去火葬场,送她回黄材安葬。肖月苏同志千古流芳。

星沉宝岛，魂葬家山

·刘建中·

二月二十四日，从肖凤林同学手机中传来曾焜先生二月十八日在台北去世的消息，三月九日骨灰归葬黄材，完成先生遗愿，叶落归根。

先生享年97岁高龄，知命乐天，高风亮节。我和先生同是黄材镇下河街人，因诗词爱好相识相知，十多年的接触成了忘年交，先生对我学习诗词，特别关心，诲而不倦，先生送给《浮生散记》《客窗晚晴》两本著作，《中华民族的未来》和《宁乡文献》16、17、18、19、20、21、25期。

先生在《浮生散记》中自我介绍，余姓曾名焜字华忠，别号梦嘉，笔名铁焜、楚痴、孔亮，湖南宁乡人，陆军官校二十一期毕业，干校高级班十五期晋升。文艺研究班第三期(戏剧班一期)军退役之后，进入台铁工作。曾组成台(笔友联谊会)并担任总干事，路工月刊主编。及本县"宁乡文献"总编辑等文艺工作，加入中国文艺作家协会为会员及清溪文艺学会会员。曾被邀参加全国第三次文艺会谈。

在写作方面除诗、词、歌、赋、论文、传记、散文外、尚有武侠小说《翻天印》一部，编有《求凤曲》广播剧，由中广创作剧坊播出，曾获文艺小说创作奖第三名。兹将平时部分作品，选编为《浮生散记》，前后两部为文不下百万余言。

先生平常最欣赏古典文学，因之韵味无穷，杂文甚多，为期保存中华文化遗产，编印心韵诗、词一部，以论雪泥鸿爪，并由中国文艺协会出版发行。

涉及先生的简历，未进行过系统的介绍，只在平时不经意的交谈中，片断得知先生早年加入国民党，随国民党军队参加远东军去缅甸，与日本鬼子作战，直至日本投降，后奉命由香港转武汉汉口，在解放战争中，节节败退，守于台湾。一九八七年两岸开放探亲，先生第一个于十一月八日，回到阔别近四十年的故乡。

先生在《客商晚晴》所著诗词，非序一文中写到：离家其促使我作诗的灵感，是看过秦琼在流落异乡，病中无助时卖马当锏所吟的一首七绝句"一日离家一日深，犹如孤鸟宿寒林，纵然此地风光好，也有思乡一片心。"

一九四八年的夏末秋初，当时先生正寄身军阀，过着颠沛流离的生活，心有所感，乃吟成处女作一首"颠沛流离暮夏时，忠心耿耿有谁知；金风吹涨黄昏后，游子思乡梦也痴。"先生当时并不知道什么是平仄，什么是韵，只觉得念来顺口，颇感自慰，随即寄回家去，之后便忘了，及至一九八七年返乡探亲时，由童年的玩友念出，始知那正是一首完整的七绝句，且与秦琼的诗曲有同工之妙。

"未读万卷书，曾行万里路"。在行万里路中，目触的林林总总，常发乎吟作，先生至八十岁初度时，曾出版一部《心韵》诗集，藉以作为自寿礼物。时间一去不复返，余生夙愿，未遂一百，而九十之年忽焉已至！在十年来的休闲生活中，或怡情遣兴；或词友联唱；或山水揽胜；或文化交流等，游目所触，曾记下了生活点滴若干。为免散失，先生特以《客窗晚晴》编辑成集，俾志雪泥鸿爪，籍留回忆。

《客窗晚晴》收集先生诗、词、联近千首，限于篇幅不能详示。

先生在自述中，写作方面除诗、词、歌、赋、论述、散文外，尚有武侠小说，《翻天印》一部，编有《求凤曲》广播剧，由中广创作坊播出，曾获文艺小说创作奖第三名。同时，还获第二十三届世界诗人大会筹备委员兼大会顾问聘书；二〇〇八年十月十八日北京朝阳图书编辑中心荣誉证书；二〇〇六年十一月十日，荣获北京朝阳图书编辑中心，首届"玉洁杯"中华经典诗词选拔赛一等奖；二〇〇七年六月十八日，荣获潍坊国际艺术碑林草书作品证书；二〇〇八年十月二十八日荣获中国诗书画研究会中国奥运冠军题赠嵌名创作一等奖；二〇〇八年六月九日荣获中国十二生肖文化与艺术家大典证书；二〇〇五年五月十八日，"中华优秀诗词艺术作品精选"入选荣誉证书；二〇〇七年元月七日，中华大汉书艺协会邀请展感谢状等。

先生身高一米八左右，虽然近百岁老人，挺胸昂头，耳聪目明，蓄着长发，梳洗干净，洁白的面容泛红光，常戴墨色眼镜，西装革履，气质极好，一表绅士之状。每天两盒烟，两餐酒，大块肥肉像吃萝卜，每餐一碗饭下肚，不间餐，消化力极强。他常吹嘘三冒：喝酒冒醉过，做诗冒难过，风流没抓过。

先生对酒、色、财、气反复辩证：无酒不成知己，无色断绝香烟，无财使人丧志，无气便是庸才。不饮过量之酒，不沾越礼之色，不贪非分之财，不生无谓之气。

先生风流倜傥，自编风流自赏，虽非名士风流近似名士，不是奇人浪漫却是奇人。先生在九秩述怀词十首，其中抄录三首。

卜算子·返乡探亲

两岸撤藩篱，游子还乡速。闻讯亲朋各地来，初逢半生熟。
相识发鬓斑，面笑心头哭。互诉离愁喜带悲，难掩神情穆。

木荫花·怀发妻

藩篱阻断来时路，一别那堪成大错。心萦残梦五更天，泪洒新愁三月雨。
爱浓偏被皇天妒，离合难合由名注。仙凡永隔绞悲肠，此恨绵绵无尽处。

蝶恋花·珍惜余晖享晚秋

珍惜霞辉春渐暮，且趁余年，漫赋风流句。不必词擅推独步，但期潇洒舒情趣。
人海沉浮非已悟，独摇红影，应敛前时倨。似水年华留不住，悠悠岁月壶中渡。

先生自从一九八七年回家探亲后，每年回宁乡一、二次，常住体育馆侧自家楼。先生长于诗词，回来后很快结识了宁乡诗联及香山诗社诸位诗友，吟诗答对，喝酒聊天，棋牌消遣，我于二〇〇四年组建沩源诗社，高仰先生才华，结识先生。我肚内无文墨，做诗没有一点基础，平仄、用韵对仗、用典一窍不通，先生教而不悔，点破玄机。当时我家相距先生家不足一公里，先生家常是宾朋满座，我也是其中之一。

我从黄材带下来的大菜碗容量大，兰花色的外表极漂亮，大碗大碗地摆在水晶长桌上，极为壮观，请先生来家喝酒，先生看到这个阵势笑得菊花一样，我还请刘麟素先生、王定荣先生、刘建中先生、徐拂荣先生等诗词大家作陪，有时喝完一瓶不够又开第二瓶。先生爱酒一请便到。我曾写过感谢世伯曾琨先生盛宴诗：
群贤荟萃兄弟楼，老骥新雏共唱酬。
两岸炎黄皆一脉，吟诗品酒展风流。

曾琨先生"客窗"读后感：
拜读客窗韵味长，思家爱国谱华章。
流离颠沛真豪杰，历尽艰辛独品尝。

有一次,我组织沩源诗社诗友二十多人去巷子口采风,这次邀先生参加,他非常高兴,在会上情绪高昂发言,博得了大家称赞,那次之行,先生赠送沩源诗社一百美元。回来的中途,在双凫铺镇京都酒家落座,由彭欣荣招待,两人对答胜欢,从国共两党谈到改革开放,一国两制,先生健谈,彭书记也不示弱,气氛越谈越浓,相见恨晚,三人喝完两瓶酒,太阳西沉都不愿离别,为此我吟成一首七律:

听曾彭宴会畅谈

同餐初识京都馆,笑语频频话意绵。
满席家肴迎贵客,五粮美酒结良缘。
三生有幸谈韬略,四自无稽延寿年。
只恨知交相见晚,留连几度别时难。

我老伴七十大寿,先生送上寿联祝贺:
宜室宜家偕白首;
相亲相爱庆金婚。

红底黑字挂在客厅,栩栩生辉。谁知这是先生的封笔作品。去年在新府名邸居室内接待先生中餐,刘明山书记、胡再尧先生作陪,先生自斟自饮喝了三杯就吃饭,饭后留先生玩牌,先生谢绝了,说要回家午睡,谁知这一次仅成了辞路。

当我听到先生作仙的消息,老泪横流,眼睛模糊不清,想到十多个春秋的交往,泣不成声,痛感失去了一位才华横溢的良师益友。祝愿先生千古流芳,挽联如下:
惜家园,珍友情,可谓高风亮节典范;
爱祖国,嗜文艺,堪称雅士儒人楷模。

追忆中共宁乡县工委书记李品珍

·甘玉佳·

风雨历程　不老人生

李品珍(到永安工作时改名李达仁),男,汉族,1911年9月生于湖南省宁乡县青山桥一个自耕农家庭。湖南省立第一中学(即毛主席就读的第一师范原校址,国民党鉴于第一师范屡出革命人才,大革命失败后,将其改为第一中学)毕业。毕业后在宁乡、湘乡、湘西等地作中、小学教员。他1925年投身政治活动,1926年加入了共青团,1927年担任共青团宁乡县第四支部书记。1930年入省立一中(毛泽东同志母校)前后,大量阅读进步书刊,始有了"爱与创造"人生观的构想,1931年作长文《生命论》,阐释"爱与创造"人生观。1935年9月15日,李品珍与同学黄鼎青自掏腰包创办《沩风》半月刊。利用《沩风》,将经过三年思考的"爱与创造"人生观重新阐释,认为"这是唯一的合理人生观"。1937年入党,1938年2月至1939年8月任中共宁乡县工委书记。李品珍同志身为中共宁乡县委地下党县委书记,以林山学校(现宁乡七中)为根据地,到处宣讲抗日救国、救民的革命道理。林山学校成了培养革命志士的摇篮,一批又一批的热血青年,投身抗日和解放战争,深入农村开展革命。李品珍同志1942年到桂林、香港,为《力报》《青年生活》《野草》及茅盾主编的《笔谈》(香港刊物)、张铁生主编的《青年知识》(香港刊物)写稿。1943年10月疏散到永安,担任《建设导报》主笔,东南出版社首任经理及福建省研究院社会科学研究所助理研究员。1945年7月15日遭受国民党顽固派特务逮捕入狱,是"永安大狱"(也称"羊枣事件")29位被捕者之一。1946年4月,由民盟中央主要人员罗隆基面请蒋介石,遂与同案被捕的叶康参、陈耀民等13人出狱。在永安出狱以后,到上海以"小雅出版社"名义再版永安东南出版社的进步书籍《方生未死之间》等书。1948年曾出版自作《林黛玉的悲剧》一书。以后,回湖南参加游击战争,曾任湘中第一支队政治部副主任,湘中第三支队政治部主任。解放后,在广州铁路局政治部做理论教育工作。1953 年冬至 1958 年秋,曾任衡阳铁路第一中学校长,使这所学校学生学习成绩连续三年在中南六省名列第一。后来一直做教育工作,直到离休。离休以后,1981 年至 1983 年,曾协助老同志刘立青、姜亚勋编写《宁乡人民革命史》(此书 1984 年为中国历史学会及出版家协会评为 28 种爱国主义优秀历史读物之一)。

富民富国　树木树人

宁乡县西部崇山峻岭中有一颗绿色明珠,闪烁着璀璨的爱国主义光芒,这就是宁乡老战士林场。1984 年,李品珍、姜亚勋、陶季斌、姜应钟、刘日升等一批曾在宁乡搞过地下工作、打过游击的离退休老干部,看到自己曾经战斗过的家乡荒山秃岭、民穷地劣,决心改变这里贫穷落后的面貌。他们邀请本县 10 多名老地下党员和游击队员,不要国家一分钱,自带钱粮,十多年如一日,每天挖山不止,先后在原井冲、五里堆、青山桥、崔坪、祖塔等 5 个乡,高标准营造国外松263 公顷,栽种杜仲、板栗等其他经济林 54.7 公顷。多年的苦心经营,如今已获得丰厚的回报。现在林场已有森林蓄积量 1 万立方米,总价值 380 万元。每年仅板栗一项收入就达 5.5 万元。考虑到原先兴办林场的老革命年岁已高,管理偌大一个林场已感力不从心,1996 年 8 月便将林场移交给县林业局管理。他们把白手起家、苦心经营多年价值近六百万的财富无私地献给了国家。无私而执著的奉献精神,深深地打动着宁乡的每一位干部群众,鼓励着我们为发展林业和保护资源而努力拼搏。其事迹载入 1991 年《中国人物年鉴》。

四处奔忙　重修书院

1864 年,时任陕西巡抚的刘典回宁乡探亲,为村内捐建了乡学一所,便是位于横市镇的云山书院。它坐落在长沙市宁乡县城西 45 公里的水云山下。三面环山,佳木葱茏,绿野扩展,沩水流经,步云桥横跨其上。"山水之胜,无殊岳麓","斋舍之制,全效城南"。自辛亥革命改名为云山学校后,此地一直是农村学校。何叔衡、姜梦周、谢觉哉、王凌波曾在此任教。青年毛泽东也曾到此进行过农村社会调查考察活动。云山书院是县以下的书院,相当于乡学一类初级教育机构,曾提出"修书院,广育婴"的宗旨,便于乡民子弟就读。"东西八斋,斋舍十间,可容徒百六十人"，比一般乡学规模要大。"山长为士林楷模，秘择本邑宿学名儒"；对学生要求"贵博学、审问、慎思，明辩以析其理，笃行以践其慎"。书院创办后，受维新变法影响，教学内容开始掺杂自然科学和社会科学知识课程，一度成为宁乡新文化运动中心。

随着岁月的剥蚀，云山书院已破旧不堪。1991年，全国政协委员王定国、刘立青、刘雪初、国家计委副主任刘明夫、中央办公厅信访局局长陈永清、湖南省政协副主席姜亚勋、中国科学院院长周光召、湖南省人大常委会副主任潘基、湖南省政协副主席周政以及王燮权、刘希孟、刘蕴琼、刘赞平、李昭、李品珍、姜彩萍、袁云献、谢放、廖时光、姜国芬、姜德辉、陶季斌、谢子谷等同志发出集资修复云山书院的倡议书，得到全县人民和海内外人士的积极响应。

李品珍同志四处奔波，筹集善款，倡议发出后，包括台湾省在内的全国各省、市、自治区以及旅居泰国的宁乡籍人士纷纷捐款，到1991年年底共集资390万元，其中捐款共25万元，修复工程于1991年12月16日破土动工，使云山书院修复一新，云山书院的修复与李品珍同志的奔忙努力是密不可分的。

李老现虽已离世，但他那高大形象永远活在宁乡人民心中。

怀念父亲

·程丹宏·

作者简介

程丹宏，女，1955年8月出生于黄材镇白沙村。曾任长沙市东区政府办主任，宣传部副部长，房产党组书记，民政局长，2011年人防办主任退休。

提笔写这篇文章时恰逢父亲节。在这特殊的日子里，初夏的风推开我思绪的窗，记忆的藤在蔓延，父亲生前的一点一滴在我眼前浮现……

父亲名程旭华，1933年1月出生于宁乡黄材镇的一个小山村。他17岁参加工作，19岁加入中国共产党，曾先后在宁乡县委组织部、龙凤山区、县委宣传部、坝塘区、县税务局、县志办、县畜牧局和益阳沅江市黄茅洲区、县农业局等处担任负责人，2009年因病不幸去世。他的一生虽然短暂平凡，但在儿女们的心目中，他永远是伟岸如山的英雄。

实事求是　敢讲真话

父亲一生对党忠诚，心系群众，一身正气，敢讲真话。但在他年少青春的大好时光，便遭遇了人生的大起大落。

听母亲说，20岁时父亲担任龙凤山区区委书记，23岁任县委宣传部长，还一度成为县委副书记的人选。1958年，大办人民公社、大炼钢铁、"大跃进"运动在全国各地风起云涌，宁乡县也积极汇入到了这股大潮之中。面对这种全民狂热的形势，父亲仍能理性思考，坚守了自己的原则与底线。当时，父亲正在宁乡流沙河区蹲点，负责几个乡的农村工作。一次，县委书记李学良给父亲打电话，传达县委精神，指示要集中全部力量大炼钢铁。父亲则认为宁乡是一个粮食、牲猪大县，这个主业不能丢。他建议李书记不要放弃农业生产，如果将所有劳力去炼铁，将会得不偿失。最终因两个人沟通不顺，不欢而散。因当时正值农忙季节，流沙河地区仍坚持留下足够劳力从事农田收割。当年，这个地区农业生产形势非常好，全国各地都到这个区来参观学习。县领导又要求要放"卫星"，父亲按实申报，亩产为 650 斤，而这个区区委书记却虚报了产量，县里另外一名干部甚至放出了粮食亩产 6.5 万斤的最大卫星。最终的结局着实令人唏嘘，父亲因说真话被打成反革命，而流沙河区区委书记当了劳模，去北京出席了全国劳模大会。放最大"卫星"的干部被提拔使用，接任了宣传部长。

原中共宁乡县委宣传部长程旭华

1959 年中央庐山会议召开前，党和国家领导人对极"左"的"浮夸风"有所察觉，开始大搞农村调查，湖南省委根据中共中央指示，时任省委书记周小舟带头深入农村调研。根据省委调研提纲，父亲被派往月山乡。有群众反映，一些干部不按客观规律办事，搞形式主义，稻谷没完全成熟就收割下来堆放到马路边，经太阳一晒就"痨"，用扮桶扮十分吃力，社员手上被勒出一条条血印，含浆的谷子收成又差，社员说看着很心痛。父亲将这一现象总结归纳为三出："谷出浆、手出血、人出泪"，在省委调研会上进行了汇报，认为要坚决制止，得到省委领导的肯定，哪知道几个月后这成了他一条最大"罪状"。1959 年中共中央庐山会议前后变化最大，会议从开始的批左一下转向反右，不久，中央搞了个"彭、黄、张、周"，湖南也搞了个"周（小舟）、周（惠）、杨、唐"，宁乡比照执行，拼了个"程（旭华）、高、杨、史"，父亲被定性为右倾机会主义分子，反党集团头号人物，阶级异己分子，戴反革命分子帽子开除回家，监督劳动改造。这是我们家一段灰暗而又不堪回首的日子，在长达 2 年多的时间里，家里被抄洗一空，母亲被隔离审查，子女被遣送回乡，父亲在轮番的批斗中遭受毒打，肋骨打断了几根，颈椎落下残疾。1961 年 4 月，国家主席刘少奇回乡调研，父亲一纸申诉由母亲递交到了刘少奇警卫手中，刘主席在父亲的申诉书上批示："如情况属实，应予平反"。国家主席的批示，改变了父亲以及我们全家的命运，在申诉书送出不到一周的时间里，父亲就被召回县城等待平反，几个月以后，他得以保留副县级经济待遇，到坝塘区担任区委书记，这是父亲人生中的一次重生。

事业至上　不计得失

作为一个农民的儿子，父亲十分感恩党和人民给予他工作的机会，经历了人生的大起大落后,他更是珍惜。在几十年的工作中,他始终不忘初心,以革命事业为重,从不计较个人得失,获得同事们的尊重。

反"右倾"斗争中,因为刘少奇的批示父亲才得以平反,到了文化大革命,他自然而然又成了"刘少奇的忠实走狗"。那段时间,他被红卫兵戴上高帽子、胸前挂着打了"X"的牌子,到处游街和批斗,他坦然面对这一切,批斗会一结束,又回到自己的岗位忙开了工作。后来因与刘少奇的"牵连",他被调往益阳沅江工作,开始并没得到重用,只在单位担任了副职,而他一如既往,任劳任怨,无论在什么样的岗位,都干得有声有色,获得奖励无数。如1985年在沅江农业局工作时,积极支持和参与农业科学研究,其科研成果《十六个县(市)农村产业结构调整和劳动力转移调查研究报告》获全国农业区划委员会二等奖,湖南省一等奖。最终因他能力出众,才被委以重任。

1986年,经时任县委书记宇庆华同意,父母亲调回宁乡工作。在文化大革命中,宁乡有许多干部因受刘少奇影响被调出,年纪一大,都想落叶归根。宇书记这样对我父母亲说,你们对宁乡是有贡献的,所以作为特例才能调回。刚开始,因畜牧局能腾出2间住房,父亲被安排到畜牧局。但几个月后,按照上级要求,宁乡要修县志,县领导决定让父亲去任县志办主任。当时,这个办公室是临时组建,既无住房,又无办公场地,还无人员,一切都要从零开始,还是一个专爬"格子"的清水衙门,没有人愿意去。但父亲没有计较任何得失,立刻走马上任。他从办公室的租借、人员的选调、经费的申请等繁琐的事情做起,到撰写县志的策划、调研、收集整理历史资料、写稿审稿校核等,倾注了大量的心血。经过8年的努力,《宁乡县县志》第一版得以付梓。但这时却因父亲坚持尊重客观历史的原则,建议在县志中还原个别历史真相而与相关县领导发生了分歧,他很快被调离。同事们为此愤愤不平,而父亲则很坦然。他在宁乡县志办的工作得到长沙市市志办领导的充分肯定,退休后多年,长沙市志办还聘请他担任顾问,经常请他审稿改稿,而且当时并没有什么报酬,有时还要贴上宁乡到长沙的路费,但他不计得失,乐此不疲。

诚以待人　严以律己

父亲是一个严谨而认真的人,平时话语不多,其实内心却蕴藏着一团火。无论在工作和生活中,他总能扬人之长、补人之短,察人之难、谅人之过。

在同龄人中,父亲算是读了一点书,但他终身学习不止,看书阅报是他的最爱。长大以后,我经常听到别人夸他能动笔成文,出口成章,作报告妙语连珠,其实我知道这是他不断学习、认真努力的结果。由于他本人有才,所以也十分惜才，任宁乡县委宣传部长时，分管文教卫系统工作，许多学校和文化部门富有学问和才干的知识分子得到重用，后来其中大部分人因受他的牵连和影响被批斗、被戴帽，甚至有的还因不堪受辱而自杀，直到他的晚年父亲还在自责，认为是他对不起这些人。面对给他一生带来重大伤害的人，他也选择了原谅。有次，原来的宁乡县委书记李学良特地登门，说来请罪，并检讨了自己在反右倾中对父亲的政治迫害，父亲对他热情相待，而且还劝他不要为此再背包袱，让李书记在有生之年了却了一桩心愿。后来，宁乡一位干部写了一本回忆录，其中描述了反右倾中李书记对父亲的不公，父亲则在这本书上补充道："李学良同志当时也只是因大势所迫，并非他个人的错误，同时他能在多年后亲自登门认错，表现出他的大度，他是知错道歉第一人。"

父亲要求自己严格，看不惯不正之风，也从不做违纪违规的事。他在领导岗位多年，当请吃送礼之风蔓延时，他坚持不去吃喝，拒收钱物。在沅江县农业局工作时，基层农科所送来柑桔、鸡、鸭等农产品，他坚持按市价付费。一直以来，父亲和母亲的工资级别都比较高，但调回宁乡因无住房要自建房屋时，居然没有任何积蓄，最后靠母亲一位亲戚拆借。父亲平时生活十分节俭，他从不抽烟也不喝酒，到了晚年，穿的衣服多半是子女送回去的旧衣服，每个月理个发也只花 3 元钱。但亲戚朋友有困难，他从不吝惜。一次回乡一位亲戚房子建好后再无钱盖屋顶，父母亲看到这一情况，二话没说将身上仅有的 200 元全部拿了出来。文化大革命中父亲被扣了一年多工资，1968 年一下补发了一千多元，但他和母亲看到奶奶祖孙多人挤居一间陋室，立即将全部补发工资拿出来建了 4 间新房孝敬奶奶。父亲对子女的教育非常严格，总是叮嘱我们要好好读书、好好工作、做事要踏实、为人要正直等等，在经济十分拮据时，也省出钱来送子女上了大学。我小弟还记得父亲的严厉，在他上小学一年级时，因为书写"女"字，笔画顺序总是不对，被父亲责骂了多次。上世纪 60 年代，我和大弟上小学时，有次因无钱买票，被电影院一个熟人接进去看了一场免费电影，父亲知道此事后，不但对我们进行了批评，还让我们带上钱补了票道了歉。父亲总是潜移默化地以他特有的方式影响着我们成长，养成了我们良好的品性，长大以后，我们姐弟 3 人都成为了共产党员，也都是各自单位的骨干。

父亲去世后，母亲根据他的愿望，将他送回了那个生他养他的小山村。每次回乡，走在四季的路上，花草依旧、树木依旧、河流依旧、山峦依旧，只是山间平添的那一座坟茔，成了我们一家无法释怀的牵挂与思念。天堂上的父亲，祝愿您永远幸福安康！

2017 年 6 月

创业典范　育人楷模

——记我的舅父李养曾

·甘玉佳·

今年农历十一月初五日,是我舅父九十大寿的喜庆之日。在他老人家大寿前夕,我的远在北京国家审计署工作的李凤雏表弟把他珍藏七年之久的我舅父83岁时所写的回忆录《苦尽甘来》从网上发给了我,并要求我写一篇稿子一同印在我舅父的回忆录上面,我欣喜地答应了。

读过我舅父的《苦尽甘来》,回想起我舅父的一生,不禁使我泪如雨下。《苦尽甘来》,是一部诉说家常的催人泪下的血泪史,是一首回忆往事的激人奋进的奋斗篇,是一曲教育后代的创业为荣的激情歌。苦尽甘来,是我舅父一生的真实写照,没有虚夸,没有做作。我舅父的一生是坎坷的一生,是奋斗的一生,是勤劳的一生,是创业的一生,是育人的一生,是光荣的一生。他老人家不愧是创业的典范,育人的楷模。

我母亲在世时,常跟我说"你舅父是一个疾病磨不死、困难吓不倒的硬汉子。"的确,在他卖身顶替人家当壮丁,多病缠身时,大难不死,在黑暗的旧社会艰难地熬过了29个春秋;解放后,在多年的基层工作期间,带头创办农村信用社、互助组;带头进行农业生产改革,把插一季稻改插双季稻、由插双季稻改种稻稻油;带头发展副业生产,开辟茶场、果园、为改变农村落后面貌,艰苦奋斗不息。为响应党中央、毛主席的号召,修建"三线铁路",一马当先,带领民兵日夜奋战,创造出令人振奋的工程业绩。

在任铁冲公社金台大队治保主任的几十年间,鞠躬尽瘁,无怨无悔,工作细致到家,从不留后患。我20多岁时也曾在大队任过信用站会计、大队会计、大队党支部副书记、大队党支部书记,尝到过基层工作的辛酸味道,是舅父的榜样给了我无穷的力量。

我舅父想办成的事,从不气馁。特别是在三次建家创业、教育儿子成人的年间,宁愿自己吃苦,省吃俭用,不达目的不罢休。为送儿子读书,不分白天黑夜地劳作，一人顶作两人用。我记得他为送儿子读书，在银行贷不到款的最后关头，利用我的名义才贷到款，到儿子参加工作后去还款时利息还超过了原贷款。如果没有我舅父的毅力，恐怕就没有我表弟们的今天。

好心人终有好报，苦尽甘来，乐享晚年福。喜看我舅父的三个儿子都大学毕业，二儿子和三儿子是研究生。大儿子教书育人，桃李满天下；二儿子在国家审计署为国家财政把关，进行审计；三儿子奋斗在科研战线，为企业献力，成为享受国务院特殊津贴的青年科学家。大孙子也大学毕业，参加了工作。

儿媳妇个个孝顺，关爱有加，在家的出力，在外的出钱，从不攀比。兄弟团结，妯娌和睦。一日三餐茶饭送到手，病时，床前床后不离人。

这真是"一辈子为革命奋斗鞠躬尽瘁苦尽甘来终得晚年幸福，数十载替儿孙操劳含辛茹苦精诚所至育出满屋栋梁"。

去年，我舅父生日的时候，我母亲前去祝寿，从客厅到厨房，再到卧室，到处摸了一遍后说："娘屋里搞得这么好，我真是高兴！"临走时，握着我舅父的手说："明年再来给你祝九十大寿。"可惜，今年正月初四日，我母亲却离开了人世，未能实现她老人家的诺言，也见不到我舅父大寿的热烈场面了。

愿舅父大人百岁不老，越活越年轻！

2010 年 9 月于长沙

艰苦创业的领头雁

——记李泽成同志对铁冲人民的贡献

·欧玉梅·

作者简介

欧玉梅，男，宁乡铁冲人，1940年出生，从事教育工作。

李泽成同志虽离开人世五年了，他的英灵却仍在人们心中回荡，在铁冲大地飘移，亲人怀念万民颂念，确实业绩周知，不可磨灭。李泽成同志出生在旧社会，在党的培养教育下，成为一名光荣的共产党员，他是党的优秀儿子，是人们最尊敬的时代新人。

喜获新生

李泽成同志生于一九二五年，正值国家处于动乱时期，国内从军阀混战，转入中国共产党和国民党两党抗争的时期，幼年的中国共产党还比较虚弱，国民党妄想把共产党扼杀在摇篮之中，1927年，大举屠杀共产党人和革命群众。8月，中国共产党举行南昌起义，向国民党打响武装起义第一枪，此后，国民党疯狂向共产党攻击，大肆屠杀共产党人和人民群众，给人民带来沉痛灾难。李泽成同志也饱受苦难。在24年的旧社会生涯中家道一直贫寒，遭受日本侵华军和国民党匪军的肆意蹂躏，苦难的人们处在水深火热之中，食不能饱，寒不得衣，讨米、逃荒、躲壮丁，是穷苦人的厄运。就在这饥寒交迫的年代，在中国共产党领导之下，打败日本侵略者，赶跑国民党反动派，于1949年全国解放，中华大地红日东升，李泽成同志出身贫寒家庭，饱受旧社会的困苦岁月，当过壮丁，打过长月工，也同全国人民一道喜获新生。

铁冲水库的功臣

李泽成同志自解放后开始,当过民兵,合作化时期任社主任,参加过修洞庭湖工程,合作化后,带领人民群众修公路、修渠道、筑新塘、开荒造田,项项建设事业走在人前,为确保农业丰收,于 1964 年 9 月起,带领铁冲人民奋战在铁冲水库建设的工地上。

铁冲老是一个天晴三日田开坼,雨落一天水推田的地方。尤其是田心的大片稻田,不是无水耕种,就是干死禾的地方,可以说十年九不收。为解决农田水利灌溉,党和政府决定修建铁冲水库。

修铁冲水库,从勘探到定位花了几年时间,最后落实在刘瓜嵩山与莲花峰两山的山峡盆地。开始修建之初,要搬迁近百户人家,工作难度大,要落实接收地,又要动员移民,有些刁难户寻衅闹事,为难干部,做工作半年才安定情绪下来。

修建开始,清基打基础难度大。都是靠手挖肩挑,李泽成同志为确保大堤不漏水,日夜守护在工地上,他抓工程质量就是扎实,从不疏漏。基脚清理平整后,就是全体民工上阵,场面壮观,气势宏大。几千民工穿梭在工地上,全部靠人力把土石一担一土车地运来,打夯声不绝如耳,工地一派热火朝天的气氛。民工驻扎在周围农户家中,吃饭在工地,一天从早到黑不停地劳动着。李泽成同志也和民工一样,不分日夜地操劳着,有事三五天都不能合眼,经常熬得眼睛发红,不思饮食,还是坚持在工地上指挥。经过两年的奋战,一座四百来米长的大坝水库初具规模,可蓄水灌溉。

接着是修筑水渠,两条水渠总长 15 公里,又是李泽成同志带领工程指挥员奋战在渠道工地上,他最担心的是工程质量,因此,他总是穿梭在工地上,保证工程的进展和质量,由于有李泽成同志的苦心操劳,才得以使水渠如期如质完成。

1969 年 9 月,一场特大洪水暴发,水库上游泥石流多处发生,洪水冲泄下来,水库水位猛涨,李泽成同志巡视在水库大堤上,水库堤下的群众忙着转移,他站在大堤上,呼唤群众:洪水已涨得平大堤了,快来担土堵水。当时去了几个人,突然,风停雨止,洪水渐渐地退下来,他才放下心来。经过这场洪水的考验,李泽成同志对水库的安全总是放心不下,以后又组织劳力对大坝堤护坡,溢洪道用混凝土加固修筑,水库才得以 40 多年未出现任何事故,给铁冲人民造福千秋。在铁冲水库的建设中,李泽成同志也从中获得不少学问,工程的丈量、测量、水库容量、流量,施工的周密计划,劳动力的使用,等等,对于一个只有小学文化水平的他,由于有钻研精神,磨砺出了他的才干。他是为铁冲人民获得粮食丰

◎修建中的铁冲水库

收,首当其冲的功臣巨人。现在,所有铁冲人们只要从铁冲水库经过,或是闲谈巷议之时,一提起铁冲水库,无不赞赏有李泽成同志和高永生同志的巨大贡献和功劳。

铁冲鞭炮企业的奠基人

铁冲有鞭炮之乡的美名,李泽成同志是鞭炮企业的奠基人。有史以来,人们为庆贺或吊丧有放鞭炮凑热闹的习惯,鞭炮制作、加工,被个别人保密垄断,随着时代的不断发展,鞭炮的用量不断猛增,这成为供需矛盾的一道难题。李泽成同志根据调查、考察、了解,认为发展鞭炮生产是一项巨大财富之源,因而决心开发这一行业。

七十年代末,八十年代初,本地有家庭小型生产鞭炮生产户,李泽成同志考虑,要把鞭炮生产扩大,成为铁冲人民致富的门路。当地政府提议兴办铁冲鞭炮厂,在政府部门的全力支持下,李泽成同志从择址、建厂,技术引进,人员组合,劳动力的使用,原材料的采购,加工制作,销售诸多方面,精心安排,很快把铁冲鞭炮厂建立起来了。缺技术,从浏阳请来技师,缺材料,从江西、浏阳购

进，逐渐把工厂从小向大扩展。那时，铁冲鞭炮厂可谓热火朝天，李泽成同志一手策划，组织厂部领导，责任分配到人，抓采购的往返江西、浏阳；搞销售的穿梭湖北、云南、江西，最后，还打入东北等全国 10 多个省市。抓安全的排除种种安全隐患；财会、后勤一应俱全。劳动力从四面八方涌入，铁冲鞭炮厂，越做越强大，经济效益不断攀升，到此时的李泽成同志，人们都有此一说，看李泽成的行动，走路都是低着头走，吃饭也不说话，睡觉都在温温细语。这是为什么？他无时无刻都在思索着怎样办好这家鞭炮厂。鞭炮厂办了多年，由于管理经验不足，致使外销资金不到位，使鞭炮厂处于资金为难时刻，导致鞭炮厂不但不能发展下去，还有濒临倒闭的危险，后来才成为分散的小型企业，最后又成为中、大型村级和镇企业。现在，鞭炮、引线企业成为铁冲各村的支柱产业，年生产值可达几千万元。之所以铁冲有鞭炮之乡的美名，是和李泽成同志为鞭炮生产奠基的功绩分不开的。

李泽成同志不但是鞭炮生产的奠基者，还是生产鞭炮原材料的奠基人。八、九十年代，又在铁冲兴办一家氯酸钾厂。李泽成同志精心策划氯酸钾厂，又费尽了一番苦心，如何提高效益，增加收入，他冥思苦想，找到了一条生财的门路，把氯酸钾的毛材料放到祖塔的小龙潭水电站加工，再运回铁冲氯酸钾厂精制，成为国家标准氯酸钾，他说："只要赚了小龙潭电站的电费就是一笔可观的经济收入"。这个人做事就是算得尖，只要有孔可入，就是他的生财之源。

李泽成这个名字，在铁冲很响亮，因为他为铁冲人民做出的贡献太大了，他的贡献于子孙后代有益，也可以说是千秋万代，名扬千古。他为子孙后代造福，从不计较个人得失，他艰苦度过了一生，本人没有获取什么享受，他为铁冲人民树立了一种光辉形象，为家庭子孙树立了榜样，他三子两女，有三个是教育工作者，两个是小型企业家，孙子、孙女读大学，有的已参加了工作，真是名门世家。

胡述祖的坎坷一生

胡述祖,男,汉族,(1905-1950),宁乡市横市镇界头村李家湾里人。

胡述祖1927年随贺龙部队参加南昌起义,失散后回家乡,利用其在国民党部队任职的贺达明等亲属,为共产党做了许多工作,1949年参与黄唐起义,任湘中二支队第一团团长,屡建功勋。

一九四九年,湘中二支队在益阳进行整编,胡述祖因过不惯部队严肃整顿的生活,擅自离开部队回家,在界头与益阳交界一带行医度日。

胡述祖性格豪爽,在当地老百姓心目中有较好的口碑,他不伤害穷人,对富人则不轻饶,与普通老百姓来往密切,留下不少佳话,至今仍流传于界头一带。

其妻去世后,他去上海亲属家,后被捕,因一纸"国民党忠义救国军秘书长"委任状等于1950年大镇反时在黄材镇压。

党的十一届三中全会以后,党中央拨乱反正,大量冤假错案得到了平反昭雪。还专门发出中央文件,摘去所有地、富、反、坏、右的帽子,胡述祖的冤案也得以平反,恢复了历史的本来面目。胡述祖在天之灵倘若得知,定当含笑九泉。

胡述祖的家人,受其冤案的牵连,深受磨难,艰辛度日,而他们都堂堂正正做人。

胡述祖的妻子叶淑坤,益阳人,解放前一直在界头杨柳塘教小学,深受当地民众和学生的尊敬和爱戴,因病于1950年去世。

胡述祖婚后生一男二女,分别由亲属抚养成人。

长子,胡国石,1945年生,新疆生产建设兵团十师181团牧场场长,共产党员,现已退休。

长女,胡国安,1929年生,中国地质大学高级教师,现已退休。

二女,胡国如,1941年生,岳阳市阀门公司退休。

现将《宁乡百年人物风云录》中,有关胡述祖的记载摘录如下,让历史事实说话,以便见证胡述祖坎坷一生。

1949年2月间,原贺龙部队参加过南昌起义的胡述祖利用妹夫贺达明取出其胞兄贺俊明(国民党第19师师长)家藏13支长枪,以及夺取了地方绅士和回乡军官的9支藏枪,组织90多人的队伍,经与解书室成员联系后,被编为毛泽东纵队第2支队,活动在宁乡、益阳边界。

3月23日,李石锹、徐尚达率领的毛泽东纵队第1支队第4大队,从横市云山出发,去龙从乡公所夺取枪支的途中,被望北乡乡长指挥的自卫中队包围在油麻田托木冲水牛山上,突围未遂的几名战士惨遭杀害。部队受挫后,李石锹等人即率部活动在宁乡、益阳边境。

4月29日,以李石锹为首的湘中人民解放工作委员会成员在宁益边界的刘家巷三阳祠召开紧急会议,决定将毛泽东纵队第1支队没有编入中国人民解放军湖南军区第3纵队的人员以及后来由解书室受编为毛泽东纵队其余各支队人员组成湘中人民游击总队,由李石锹任总队司令员,尹泽南任副司令员,张伯伦为政委,张漱华为参谋长,胡南仲为副参谋长,下分8个支队,并任命胡述祖为第1支队司令员,具体部署了各支队的战斗任务。

6月,省工委查明湘中人民游击总队多为革命老同志,队伍纯洁,战斗力强,因此,正式授予湖南人民解放军总队湘中三支队番号,并派联络员黄兆伯带领湖南大学学生何信、姜懿德到部队做政治工作,任命李石锹为司令员,张伯伦为政委,尹泽南为副司令员,张漱华为参谋长,李品珍为政治部主任,下辖6个团,第1团团长胡述祖,政委何信,同时,省工委指示,湘中第3支队也由湘中地工委书记兼湘中第1支队政委官健平统一领导,并强调,一要与兄弟部队加强团结,共同对敌,二要保护桥梁、公路、电讯,防止敌人破坏。

湘中第3支队在省委、湘中地工委的正确领导下,作战灵活,颇具特色,在几个月的战斗中,打了不少胜仗,取得不小成绩,其中表现最为突出的有胡述祖率领的第1团和林豹率领的第2团,主要战况如下:

1949年5月,胡述祖率第1团夜袭人成乡公所,缴获长短枪9支,子弹1000多发,手榴弹21枚。在胜利返回铁冲界头途中,与保安旅杜排遭遇,当即喊话,促其起义,获机枪1挺,长短枪18支。同时,其副手贺达明向长沙防空部队贺执圭要来冲锋枪2支,手枪4支。5月下旬,胡部向桃江灰山港一带推进,声威所及,使在乡军官高尉迪部人枪40余,全部降顺,高亦成为部队干部。随后袭击就近乡镇武装,均能一战而胜。7月14日,敌熊建勋团一个排,由益阳进入宁乡境内,闯入民宅捉鸡做饭。胡部二大队闻讯,即将其包围歼灭,解除了当地群众的痛苦,并缴获机枪1挺,步枪20余支。7月18日黄昏,胡述祖率直属队及其一大队,在离铁冲界头 3 公里处,截击敌某部后卫连,打死打伤敌人 10 余人,缴获轻机枪 1 挺,步枪 30 余支。7 月下旬,第 1 团魏参谋率直属队埋伏于喻家坳附近路旁一小店,袭击敌军小股部队,俘获敌中校参谋 1 人,尉官 3 人,士兵数人,缴获长短枪 8 支,公文 1 包。7 月底,解放大军直抵湘西北,湘中大震。盘踞益阳之敌纷纷向邵阳方向逃窜,胡部二大队占领佛寺坳路边制高点,待敌人大部队过去后,向敌后卫部队猛烈开火,敌惊慌溃散。二大队缴获 30 余支长短枪和一批军用物资。敌军后卫部队余部,有人枪 20 余,劫持青年妇女 20 余人,白天强迫她们洗衣做饭,夜晚对她们奸污,所到之处抢钱抢粮,杀鸡宰鸭,饮酒作乐。某日中午,到达铁冲时,群众睹状愤极,将情况报告胡部,要求除此败类。胡述祖立即率直属队前往,将敌包围,敌兵已为惊弓之鸟,一一缴枪投降。于是,胡部顺利地解除了敌人武装,并召集被解救的青年妇女询问,得知其中大多数是从益阳劫持而来的,遂给盘缠让她们回家,与亲人团聚。

(摘抄《宁乡百年人物风云录》之黄唐起义篇章)

有关影响人物

灵　祐:（771-853），祖籍福建福州。系宁乡沩山密印寺开山祖师，沩仰宗的创始人之一。俗姓赵，福州长溪（今福建霞浦县）人，15 岁在家乡建善寺出家，三年后在杭州龙兴寺受戒。后来游历浙江天台山，遇寒山和拾得两僧。23 岁到江西拜访怀海，居为参学之首。元和二年（807），到宁乡沩山兴建同庆寺。经过多年弘法，僧众达 1500 余人，号称第一禅林。唐大中三年（849），经宰相裴休奏请，御赐寺额"密印禅寺"。唐大中七年（853），灵祐圆寂，享年八十有三。著有《沩山警策》《潭洲沩山灵祐禅师语录》各 1 卷。节度使卢简求为其立碑，李商隐题额，谥大圆禅师，塔名清净。据传他临终时曾说死后转生成山下的一头水牯牛，牛身上写有"沩山僧某甲"五字。

裴　休:（791-846），字公美，祖籍河南济源。他一生与宁乡沩山密印寺结下深厚渊源。这位晚唐名臣官至同中书门下平章事，封河东县开国子，赠太尉。他善文章，工书，以欧、柳为宗，为晚唐著名书法家。寺刹多请其题额，河南等地亦多题铭。曾任湖南观察使，节镇潭州时，捐资为灵祐禅师奏建沩山密印寺。殁葬于宁乡沩山密印寺侧端山。据传，他曾亲自送子裴文德入佛门出家，并在宁乡沩山密印寺作"警策箴"，字字句句劝勉其子精勤向道。其妻陈氏，亦葬密印寺侧，称陈夫人塔。

姜以隆:（1380-?），黄材人。先祖姜厚德，在后唐同光年间，以大理评事从江西泰和迁宁乡黄材。传至姜以隆，于明永乐三年（1405），由岁贡官至重庆同知。

何　辅:（1387-?），宁乡黄材人。明永乐十五年（1414）乡试举人。生平事迹不详。

何　玑:（1480-1556），字天器，黄材人。元初，何德明徙宁乡，为黄材草冲何氏始祖。传元世为何辅，字汝弼，中永乐十五年（1417）举人。何道元，字正气，正德间为当涂知县。玑为道元从弟。工文。明正德元年（1506）恩贡。授广东四会知县,纤毫不取于民。以老乞休,举乡饮大宾,卒年76岁。

姜中洽:（1618-?），字心我,黄材人。明末多盗,安化贼势众,由宁乡趋犯长沙。知府堵胤锡遣幕僚余升与贼战,阵亡。姜中洽率团勇保境,见之大怒,冲入贼营歼之,并将幕僚余升的尸体运送长沙。知府堵胤锡赏其勇,荐授云南都司。但姜中洽推辞不就,后构乐天亭,终老。

姜镜成:（1837-1893）,名清桹,黄材人。清咸丰十年（1860）投湘军刘松山部,转战安徽。同治二年（1863）,太平军杨辅清攻宁国府城,他受命在敬亭山设伏兵,太平军败归,论功擢千总,赏戴蓝翎。1865年随刘松山入河南剿捻。1866年捻军至徐州、西华等地,他奉令为追击前驱。至陕西后,击败捻军首领张总愚,论功以都司补用。捻军平,擢参将。1869年参与平定回民义军,保副将,留陕甘补用。1874年随左宗棠赴新疆,征讨白彦虎。以身经百战,积劳成喘,坚辞回里。卒年56岁。

岳　衡:（1858-?）,字绥荪,九都今井冲黄绢桥人。清光绪十七年（1891）乡试,以大挑知县分发贵州,历司黔西、镇安、普安。

隆观易:（1839-1878）,字无誉,又名卧侯,黄材井冲苑子塘人。清代诗人。幼奇慧好学。年十余时,父系狱死,流落异乡。13岁以诗自荐于湘乡曾国藩,后数从曾国藩游,专事吟咏,诗才清妙。20余年间,得诗六七千首,多散佚。他与同县廖树蘅相友善,得识江西陈宝箴、陈三立父子,均爱重之。同治中,县人喻光容官甘肃狄道州,应招前往,留两年归。1877年,复就喻光容于甘肃宁夏府,数月卒。陈宝箴曾为刊刻《罘罳草堂诗集》。所著尚有《西征续觚》《西征续集》《宁夏消食录》等。湘潭大儒王闿运曾作《隆观易小传》,载于《湘绮楼文集》中。

隆世储:（1876-1918）,字竹卿,黄材沙坪朝阳庵人。少时家贫,与同乡洪兆麟等赴岭南,应募为广东惠州协亲兵,隶属于副将方绥德麾下。不久,方绥德被岑春煊劾免,而隆世储、洪兆麟等已擢为哨官,辗转入六路提督秦炳直部下,仍驻防广东。1903年,隆世储进入江南武备学堂第1期学习,毕业后任广东右路肇庆巡防营管带、肇庆巡防4营兼罗定2营统带（统领）。1911年11月9日,在同盟会肇庆支部策动下,隆世储与李耀汉率肇庆巡防营起义。南北议和后,任广东惠州绥靖处督办。1912年补授陆军少将。1913年加陆军中将衔。1914年授陆军中将,任广东钦廉镇守使,后兼惠州清乡督办,驻兵北海。1915年12月袁世凯称帝,隆世储被加封三等男爵。1916年护国运动中,他与钦廉道尹朱为潮、统领冯相荣一道宣布反袁护国,辞去镇守使职,改就安边都护使。旋即兼任两广都司令部直辖第7师师长、北伐总司令转都护使、南韶廉镇守使等职,获二等文虎章。1917年任高雷镇守使,获三等嘉禾章,特授勋三位。1918年1月,广东都督龙济光从琼崖出兵进攻高雷,企图与北洋军阀段祺瑞遥相呼应,颠覆孙中山在广州的护法政府。同年 1 月 18 日进攻化县县城,隆世储率军抗击,兵败抢渡鉴江浮桥时,因桥断而溺水牺牲,终年 42 岁。著有《附刻古香山庄虚谷子诗集》行世。

张三元:(1888-1920),沩山水口山人。密印寺佃农。1914 年组织"同心会",反抗寺僧的压迫剥削。1918 年 3 月,联合密印寺佃农 1000 余人起义,焚毁寺院,杀死僧侣 10 余人,没收寺中粮食 4000 多石,用以济贫。湖南督军张敬尧派兵联合宁、安、益 3 县团防"进剿",张三元部退入安化。1920 年 11 月,张三元牺牲于安化梅城,终年 32 岁。

李石锹:(1900-1994 年),原名李菊红,横市向阳村茅栗人。1926 年加入农民协会,任自卫队长。1927 年加入中国共产党。先后参加湖南工农义勇军宁乡总队、宁乡沩山起义军、江西永修游击大队,担任过分队长、排长、连长、营长、联络参谋等职。1938 年回宁乡,组建湘中人民抗日工作委员会,任主任。1946 年,任湘中人民解放工作委员会书记。1949 年 2 月 10 日,与姜亚勋等举行"黄唐起义",其中他率领部分起义人员袭击唐市警察分驻所,缴获步枪 30 多支、手枪 2支、手榴弹两箱、电话机一部。5 月,湖南省工委将李石锹领导的游击武装部队改编为湖南人民解放总队湘中第 3 支队,李任司令员。8 月 6 日,中国人民解放军第 49 军 146 师 436 团,从益阳挺进宁乡,在佛寺坳与湘中 3 支队取得联系,共同制定解放宁乡县城的战略部署。8 月 8 日,解放军和湘中 3 支队指战员一齐攻入县城,除少数顽敌被击毙外,其余皆投降,缴获轻重机枪 40 余挺、大炮 4门、长短枪 1800 余支、子弹 200 多箱,宁乡县城宣布解放。8 月 10 日,李石锹所部湘中 3 支队随大军赴潭宝路(湘潭至宝庆)一带投入战斗。8 月下旬,在湘乡谷水地域全歼白崇禧部 1 个团。1952 年,李石锹任宁乡县副县长。1954 年调湘潭专区水利电力局任副局长。

隆振安:(1900-1951),字应程,黄材井冲人。曾任国民革命军北伐军旅长、副师长。1943 年卸职回家。1949 年 7 月,设法营救被国民党当局逮捕的地下武装人员萧振华、姜国夫等人出狱。

姜凤韶:(1902-1928),黄材井冲黄绢桥人。1902 年出生农家。1925 年在长沙甲种工业学校染织科毕业后,回乡任小学教师。他联合进步教师宣传革命理论,组织农民协会。不久,加入中国共产党,并全力支持其父姜早棠担任井冲乡农民协会会长的工作。1926 年,他在中共宁乡县特支领导下,从事工人运动,建立雇工联合会等 10 多个基层工会,先后当选为宁乡县临时总工会和县总工会委员长。1926 年北伐军进入县城后,他动员 80 多名工人参军,组织工人运输队支援北伐,并与青运委员陈雨初一道,发动群众,没收仇货,惩办奸商,一次就烧毁"洋油"162桶。同年12月1日，他和总工会副委员长唐雪梅一道，出席湖南省第1次工人代表大会，被选为省工代会审查议案专员。回县后，积极贯彻执行大会制订的《工人政纲》，提高工会组织战斗力。当时，阶级异己分子纠集100多人捣毁县总工会，殴打副委员长唐雪梅，还出现假工会及图谋暗杀工运干部的严重事件。姜凤韶大力整顿工会组织，逮捕工贼易福生，交特别法庭审讯后镇压，6个假工会的头头均判处徒刑。1927年"马日事变"后，姜凤韶率领工人纠察队参加沩山起义，被选为军事委员。沩山被重围后，奉命筹集粮食上山。在筹粮中，他尽力救护伤病员，背着伤员王运章行军。沩山起义军突围转移后，他遵照党的指示，打入会同县警察局做地下工作。1928年，在出差返回住地时，同屋老妪告已有叛徒告密，需速转移。他走出30多里后，想起床铺下一个本子记有重要机密，急忙返回拿取，不幸被捕牺牲，年仅26岁。

姜运开：（1905-2011），黄材人。1924年考入上海美专。1925年参加"五卅"运动，同年加入中国共产党。1926年任湖南省总工会教育部秘书。1927年任长沙市工人运动委员会秘书。1928年秋任中共宁乡县委书记，同年冬被捕。1929年至1944年，他先后为湖南省博物馆文书、南京中央大学旁听生、长沙市育才中学教员、日本早稻田大学文学部研究生、民国大学教授、《开明日报》主笔、宁乡南轩农业学校教员、南岳商专学校教授。1945年，担任重庆货运局统计研究室专员。1946年至1949年，先后在国立商学院、克强学院、湖南大学任教。1949年至1950年，任湖南大学总务长。1953年至1956年，任湖南师范学院总务长、教授，系湖南省政协委员。1957年至1977年，因戴上右派帽子，被下放平江监督劳动。1978年12月平反，1980年恢复教授职称。随后，在湖南师院等校研究甲骨文，担任外语系日语教学，并研究古文字学。2011年2月13日，姜运开因病在长沙逝世，享年106岁。

李品珍：（1911-2011），青山桥人。1938年2月至1939年8月，任中共宁乡县工委书记。随后在洪江、桂林、贵阳、永安、醴陵、安化、长沙等地从事教育、出版工作。1949年4月，回宁乡参加姜亚勋的湘中游击队。同年8月，任湘中第3支队政治部主任。10月，至湖南省总工会当编辑。解放后，历任衡阳铁路管理局柳州分局政治处宣传科副科长、广州铁路管理局政治部宣传员、衡阳铁路职工子弟学校第1中学校长、广州铁路学院总务科长、生产科长、图书馆长，韶关铁路中学校长等职务。1984年至1996年，与老战友一道在宁乡创办老战士林场。

喻迈常：（1914-1998），原名喻概彬，宁乡崔坪人。1925年入云山学校。1931年投国民党南京卫戍团当兵，不久因爱好体育被送入宪兵学校军事体育队受训，1年后留校担任体育助教。1934年考入南京宪兵学校。1936年毕业后，历任中尉排长、上尉连长。1938年派往广西步兵专科学校受训,半年后回宪兵学校教育科任少校科员。因散布不满国民党言论,被撤职关押,后经同事多方营救,侥幸脱险。1940年赴甘肃兰州,任省政府警卫大队少校副大队长,两年后升任中校大队长。后受陕甘宁边区思想影响,爱国反蒋情绪高涨,再次被国民党撤职关押,判处死刑。后交保释放,与国民党彻底决裂。1945年加入民主建国会,不久在重庆校场口参加章乃器等发动的反蒋示威游行。1948年回宁乡,随后参加黄唐起义,任湘中第1支队参谋长。新中国成立后,任益阳军政干校大队长,不久派往中南军政大学学习。1950年调至解放军22步兵学校任军教参谋。1952年在政治运动中含冤入狱。1953年被送往宁夏惠农农场劳改,囚禁时间长达20年。1972年获释就业。1975年特赦回长沙,被安置在湖南造漆厂工作。1980年冤案澄清,撤销原判,恢复名誉,旋即任湖南省人民政府参事室参事。

卢士凤:男,又名卢国柱(1920-1969年)宁乡黄材镇松溪村(华塘)人,早年考入中央军校学习(黄埔军校)。毕业后,投身抗日前线,多次赴山西、豫西参战,曾任国民革命军保安处处长等职,上校军衔。解放战争中,加入中共地下组织,受任于贺龙、习仲勋等领导派遣,在陕南从事地下工作。陕西解放后,参加西北人民革命大学学习,并投入解放兰州的战役。解放后,在青海省西宁市任职于青海省水利厅副厅级干部,从事水利建设管理工作。1957年遭到政治运动冲击,后遣返家乡,于1969年病逝。1981年经青海省水利厅审查,平反昭雪。

刘飞舞:男(1928-2002年)生于黄材镇黄绢村,1950年参加工作,曾任井冲乡农会文书,五里堆,巷子口小学教师,沩山联校和宁乡七中党支部书记。1968年调宁乡县审干办,组织部干事,县编委副主任,1992年正科级退休,2002年12月五日病逝,享年74岁。

刘应和:男(1928-2012年)生于黄材镇黄绢村,自幼家贫,读过小学私塾,1950年参加工作后入业余文化干校选读中学课程,曾任九区副区长,县委组织部干事,县委党校副校长,兼党组书记,黄材水库副局长,曾三次进省委党校学习及参加洞庭湖,湘黔,枝柳铁路建设,1988年退休,2012年病逝,享年86岁。

刘光潜:男,(1931年4月-2013年5月)生于黄材镇双源村,大学文化,1949年7月参加益阳专区干部学校第一期学习,后分配在宁乡一区任工作队员,1951年参军入伍,1952年6月由部队选调去中南工业学校学习,毕业后到陕西铸造厂,1956年12月参加审查和修改铸造厂表面处理平面布置图,1959年从事新工艺镁合金磷化,1960年至1964年编写了《油漆材料与施工》。1967年调贵州011基地,即183厂,组织新厂筹建工作,70年代研究和撰写了"交直流叠加硬质阳极化","不同电源波形对硬质阳极化质量的影响"。1984年至

1986年研制一项美国属专利的技术,铸造件内腔融熔电化学清砂新工艺,并撰写为论文,填补了技术空白后又撰写"长大型钢筒直径 1.4 * 1.6 内壁快速表面镀铬"等论文,能阅读专业的英语俄语专业书籍。1988年评为高级工程师,1991年副团级离休,享年82岁。

刘迪斌：（1935-2012年）生于黄材镇井冲八家湾。1960年3月毕业于北京航空大学自动控制专业,分配在国防部第五研究院工作,旋即参军,在国防科委多处发射基地工作。在部队工作中立三等功二次,获国家级科研成果二等奖一次,北京市一等奖一次,全军二等奖五次,三等奖四次,能阅读俄语、英语资料,是本部门学术带头人,退休前为大校,高工,研究员,副军级待遇,住成都市,享年八十七岁。

刘海涛：（1940-2014）,横市铁冲人。曾任湖南省信访局副局长等职。

李义兵：（1965-2012）,横市向阳天坪人。国际知名纳米电子材料专家。他从宁乡一中毕业后,15岁考入华中工学院。25岁获博士学位。28岁破格晋升为长沙铁道学院教授。1993年应邀赴联合国教科文组织,在意大利国际理论物理中心任研究员。1994年解决了贵金属表面等离子激元各向异性的悬案,该成果称之为李方法（Li Approach）。1995年开始赴美,进入美国海军实验室和乔治梅森大学开展带电纳米电子材料的计算机模拟研究,提出了一种处理纳米级材料的多体势函数,为新一代纳米电子器件及材料的研制作出了贡献。他先后负责承担国家科研项目14项,在国际学术刊物上发表论文100余篇,并曾获得湖南省十大杰出青年科技工作者、第5届霍英东青年教师奖、长江学者奖励计划特聘教授、中国高校科学技术奖自然科学二等奖和全国优秀教师等荣誉。其国内外主要学术成果包括：首次在国际上获得 Ag 电子元激化谱；首次在国际上创立电磁波在铁磁薄膜、多层膜和超晶格中的传输理论；建立了能同时求解表面振动膜和电磁波传输特性的 P 矩阵法等。2012年,李义兵因病在美国去世,终年47岁。

贺华东：（1982-2003年）,黄材古塘村人。中共党员。2000年12月入伍,在衡阳市珠晖区消防中队第2班任副班长,荣立三等功1次,被评为优秀士兵。2003年11月3日凌晨5时,衡阳市1栋8层商住楼发生特大火灾,其所在中队奉命前往救火,在灭火时大楼突然倒塌,贺华东等20名官兵被埋在废墟中壮烈牺牲。2003年11月6日,湖南省人民政府追认贺华东等20人为革命烈士。随后,公安部政治部号召全国公安消防官兵开展向贺华东等烈士学习的活动。

黄材镇姓氏一览表

姓氏	人数	姓氏	人数	姓氏	人数	姓氏	人数	姓氏	人数	姓氏	人数	姓氏	人数
赵	107	汪	130	乐	2	龙	147	饶	3	田	209		
钱	1	祁	2	于	1	叶	17	曾	266	樊	3		
孙	284	毛	250	时	1	幸	1	宛	0	胡	912		
李	3644	禹	1	傅	57	司	3	信	3	凌	56		
周	2010	魏	69	柏	1	黎	57	睢	19	霍	1		
吴	772	陶	19	明	3	赖	3	臧	1	虞	1		
郑	513	姜	15684	卢	495	卓	1	成	9	万	21		
王	1568	谢	78	莫	7	蒙	2	戴	503	关	1		
冯	23	邹	223	丁	48	乔	1	谈	1	相	1		
陈	1255	喻	1432	邓	2004	翟	2	宋	32	权	1		
蒋	1101	章	5	单	1	谭	325	庞	48	淳	1		
沈	723	云	1	洪	93	劳	1	熊	907	漆	1		
韩	6	苏	93	包	3	申	55	纪	4	鄢	11		
杨	1234	潘	433	左	109	扶	2	舒	5	岳	39		
朱	381	范	1185	石	88	冉	5	屈	1	亢	1		
秦	148	彭	434	崔	9	郦	1	祝	2	佘	3		
许	28	鲁	3	吉	4	桑	1	董	9	卿	6		
何	1934	韦	10	龚	582	桂	631	梁	110	青	18		
吕	12	马	34	程	345	冀	3	杜	20	覃	24		
施	1	曲	2	裴	1	浦	1	闵	248				
张	2718	方	20	陆	5	尚	1	季	2				
孔	2	俞	162	封	1	农	1	麻	18				

姓氏	人数	姓氏	人数	姓氏	人数	姓氏	人数	姓氏	人数		
曹	29	任	10	芮	1	温	53	贾	5		
严	116	袁	257	靳	1	晏	2	娄	9		
金	859	史	3	井	2	瞿	6	危	24		
皮	2	唐	836	段	56	连	1	江	21		
齐	3	费	1	焦	1	艾	1	童	67		
康	26	薛	8	谷	5	向	45	颜	635		
伍	918	雷	201	候	5	易	257	郭	300		
余	58	贺	1022	班	1	廖	625	梅	2		
元	13	倪	2	仰	1	文	853	盛	2		
孟	21	汤	27	宁	136	阙	3	林	22		
黄	1396	滕	3	仇	2	隆	1336	钟	70		
穆	1	殷	3	甘	47	聂	33	徐	124		
肖	1406	罗	1128	厉	75	勾	1	邱	20		
尹	38	毕	1	符	38	辛	1	高	127		
姚	179	邬	2	刘	4827	阚	1	夏	192		
邵	3	常	1	詹	7	简	2	蔡	237		

总计 209 姓　64770 人

黄材派出所供给数据

历史风云

宁乡在新民主主义革命的各个历史发展阶段，
是湖南富有光荣革命传统和有一定代表性的县区之一。
自"辛亥革命"至"五四"运动兴起以来，鼎新革故，英才辈出。

古園雄風

裴休与密印寺

——法有金城赖相君

·孙意谋·

一切都要从"会昌法难"说起。

公元 841 年(会昌元年),崇信道教、深恶佛教的唐武宗李炎登上皇位,佛教的噩梦开始了。在短短六年的时间里,灾难一个接一个降临:会昌二年,武宗下诏没收寺院财产;会昌三年,武宗下"杀沙门令";会昌四年,敕令尽拆大规模的寺院、佛堂,勒令僧尼还俗;会昌五年,敕令关闭庙宇四千余间,勒令二十六万僧尼还俗……佛教遭受到了有史以来最沉重的打击。

覆巢之下,安有完卵?尽管远离政治漩涡,但大沩山应禅寺还是没能逃脱这次劫难。当时,沩山僧众已达五百,"武宗毁寺逐佛,遂空其所,师(灵祐)遽裹首为民"。灵祐与弟子们隐姓埋名,藏匿民间,应禅寺僧隐寺空,道场消歇。在"猿猱为伍、橡栗充食"的艰苦条件下,目睹自己一手创立、苦心经营的应禅寺风雨飘摇、香火不继,灵祐的心中,是否曾经有过一丝的绝望和后悔?

在艰难的等待与不懈的坚持中,裴休来了。

会昌六年(公元 846 年),武宗驾崩,宣宗继位,佛教的处境日渐好转。此时的裴休,正在湖南观察使任上。裴休一生奉佛,在中国佛教史上,有"宰相沙门"的美誉。会昌法难期间,他以地方长官的身份庇护佛家弟子,使他们得以"裹首为民",保全性命。这些貌似随时俯仰行为的背后,无不闪烁着裴休的暗中护持和佑护。

裴休首先做的第一件事,就是迎请灵祐禅师出山。那天,他让灵祐乘坐自己的车舆,自己则站到灵祐徒弟的行列,提请灵祐削去须发,再现僧相。《敕赐大圆禅师碑铭》记载了师徒之间关于剃发之争的有趣一幕,云:"又议重削其须发。师始不欲,戏其徒曰:'尔以须发为佛耶?'其徒愈强之。不得已,又笑而从之。复到其所居,为同庆寺而归之。诸徒复来,共事如初。"徒弟们鼓动师父赶紧剃发,师父开始不答应,说:"你们以为剃了发就能成佛吗?"这是句半开玩笑的话,也是在告诉徒弟们,凡所有相皆是虚妄,修行要在心性上下功夫。最后,灵佑禅师还是从众人所愿,剃发易服,重现僧相。而原来的徒弟们也纷纷回来,师徒共事如初。

裴休接着做的第二件事,就是奏请皇帝重建密印寺并御赐寺额。密印寺原本叫应禅寺。唐元和八年(813)八月十五日,灵佑禅师受百丈怀海的指派入沩,到元和末年(820)便已经开始构建禅寺,名应禅寺。至文宗太和二年(828),赐"真应寺"(后名三塔寺)。大中三年(849),裴休捐资大建佛刹,并奏请朝廷,请唐宣宗御赐寺额"密印寺"。密印寺从此见于史册并流传至今,忽忽已有1160余年了。《大沩山古密印寺志》记载了当时密印寺的壮观景象:"壮丽,凡百楹,大殿高六丈余,广过之。"所谓"密印",指禅宗的相授密付,以心印心之义。裴休也经常到山上参访灵佑禅师,与之谈玄说奥,由是沩山禅学之名高天下。后人作有《灵佑禅师入院》一诗,讲述了灵佑禅师与裴休的结缘。诗曰:"缘结宰官送上方,灵山一主振宗纲。机锋拨转风规旧,笑指天花吐妙香。"

裴休为密印寺做的第三件事,就是捐资置饭僧田三千余亩。裴休对灵佑禅师执弟子礼,为"灵佑禅师捐资,置饭僧田三千余亩,乞朝廷贷其租"。对于裴休之于密印寺的贡献,后人赞不绝口:"询知自灵佑开山,唐相国裴公休节度潭州时护其法,置产饭僧,以故环山千顷,悉别名为罗汉田者,皆裴公当日之深谋。""唐裴公休置饭僧田三千余亩,而四众云集,名禅迭起,故海内称佛地者,亦首沩山。名公巨卿,文人学士,操觚染翰,汗牛充栋,盖自是与衡岳辉映矣。"清人有称裴休皈依了灵佑禅师:"时丞相裴休节度荆州,皈依灵佑,捐金若干两,为之建万佛殿。翚飞干霄,宝相庄严,大沩之千岩万壑,倏忽而开一生面矣。""忆当世自有裴相其人者,发大欢喜,行不住布施也。矧自唐迄今,裴相之功德,尚啧啧在人齿颊间。"

如果说没有灵佑就没有沩仰宗,那么,没有裴休,也就没有密印寺。

不仅如此。

我幼时曾游览密印寺,见寺内有石槽蜿蜒如龙,泉水丁冬,终年不歇,当地村人称之为"美女枧",为"沩山十景"之一。这枧就是裴夫人当年为解决寺内饮水问题而建。人们为了缅怀裴夫人,便将它称为"美女枧"。时人赞曰:"感唐国相裴公夫人砻为石枧若干丈,蜿蜒如龙,径达香积,挹注不劳。润泽之施,殆千载如兹矣。""从毗卢峰接水入天供厨,蓄泄有池,螭首乘之,约二里许。裴公夫人施,计石四百二十块。""回环石枧注流泉,云是裴公之手凿。""九关泉自毗卢峰右,绝壁飞流。古凿石为枧千余尺,汇入石龙池,泄入天供厨。厨足,绕涧而出。"《大沩山古密印寺志》中以《石龙枧》为题的诗歌就有数十首之多,或吟咏石龙枧之美景,或赞颂裴休的功绩:"泉声细向方池出,月色遥随玉枧消。法泽悠悠绵祖席,恩嘉裴相入南韶。"可惜如今,"美女枧"已经不见踪影。

"江南江北鹧鸪啼,送子忙忙出虎溪。行到水穷山尽处,自然得个转身时。"这首《送子偈》,是裴休送子出家时所作。裴休次子名文德,年轻时中了状元,点了翰林。后来遵从父命,到沩山去修行,拜灵佑禅师门下。《大沩山古密印寺志》中多次提到裴休训子出家之事,而据清乾隆时期《金山志》载,金山寺的开山祖师裴头陀就是裴休的儿子。《金山志》曰:"裴头陀,河东人,相国休之子,作文送之出家。"又称:"《九域志》唐时有金山有裴头陀,挂锡于此,后断手以建伽蓝。忽一日,于江际得金数镒。李锜镇润州以表闻,赐名金山。"裴头陀筚路蓝缕,燃指供佛,修建佛寺。后来在挖掘中得到黄金数镒,上交润州太守李锜。李锜上奏皇上,皇上敕令将黄金发回,并敕名金山寺。因此,裴头陀对金山寺的贡献可谓居功至伟。光绪时期的《续金山志》赞曰:"自唐代裴头陀居此,驱蟒得金,芟芜建寺,法诫森严,规模广大。继宋迄今而金山之名隐然满天下。"裴头陀被认为就是大名鼎鼎的法海禅师。

裴休,这位"河东大士""宰相沙门",不仅重建了密印寺,信奉了佛教,还带着妻儿投向了佛祖的怀抱。我想,除了发自内心的信仰,没有什么力量能这样让人心甘情愿死心踏地的了。

这位位极人臣的大唐宰相,撒手人寰之后并未归葬于他的家乡河南济源,而是把自己的归宿地选在了密印寺前七里许的端山之阳。站在墓前远眺,东南方是南宋抗金名臣张浚墓,西南方是宁乡开国男易祓易状元墓。三位曾经的相国,就这样奇迹般地相遇了。"吾尝相国,不能恢复中原,雪祖宗之耻,即死,不当葬我先人墓左,葬我衡山下足矣。"张浚的归来,是一种心驰魏阙、心忧天下。"敌国有必败之势,中国有必胜之理","敌国如外强中干之人,仅延喘息"。易祓深具远见卓识却一贬再贬,最后圣意竟然让其"去留自便"。他说:"我知我罪,固所不计。"易状元的归来,是一种心灰意冷、心如止水。而只有裴休,头枕青山、长伴密印,密印寺的袅袅梵音、晨钟暮鼓,从此有了一位永远的知音。唯独他的归来,是一种心甘情愿、心满意足。

按照寺院的规制,一般寺内都建有护法天王殿。而密印寺却并未建有护法天王殿,只有寒山殿,里面供奉着裴休。因为密印寺的僧众们知道,只有裴休,才是沩山道场真正的护法,才是密印寺真正的守护神。可惜的是,如今漫步在宏大的密印寺中,早已找寻不到寒山殿的踪迹。

有一年秋天,秋高气爽,花木争奇。在识山楼著书立说的易祓来到了裴休墓,凭吊古人。这位宁乡历史上唯一的状元公,留下了这样的诗句:"万重云捧古人坟,花木争奇紫翠纷。神气丽天经夜月,山光映水渡秋雯。田犹荷锸耕罗汉,法有金城赖相君。掷却金鱼逢佛选,至今完璧颂元勋。"

南轩文化园散记

· 杨孟军 ·

作者简介

杨孟军：男，1973年出生于宁乡大成桥镇大成村。教师，宁乡作协会员、湖南省诗歌学会会员。在全国刊物发表文学作品若干。著有诗集《蓝调忧郁》《镜中之豹》两部。

有时，去拜谒一座山就是拜谒一个人，去拜谒一个人也就是拜谒一座山。一座山，在渺远的时光长河中，浸润与承载了太多的日月光华与风雨沧桑；一个人，在草木山川之上以大智慧、真性情镂刻下了太多的历史传奇与人文品格。于是，山与人，如此妥帖地昂首一处，蔚然苍翠，养岫云之白、沥林岚之清，经百世而自浩然，历万代而自绵延。

官山如此。以官名山，足见山之挺拔高昂；以山称官，足见官之端正持重。官山原名罗带山，地处龙塘，沩水之滨，衡岳余脉。因此处葬有南宋抗金名将魏国公张浚及其子南宋一代大儒张栻，历代帝王以张浚为宰相典范，明世宗在嘉靖三年下诏建"南轩书院"，御书匾额，命其墓地为"官山"。

我曾数次寻访至此，来凭吊一个忍辱偏安王朝下的孤绝背影；来感受"天、性、心三者，名异实同，皆同体于理"的理学思想光芒。

初至官山，南轩书院、张浚祠、南轩夫子祠遗迹已不可寻。沿乡村便道逶迤而行，便至官山南麓。只见两座墓冢，翠柏拱绕、肃穆清寒，背依九曲奇峰，前临青洋湖尾岸，一左一右分踞约50米开外的两座山头。左为"宋大儒张南轩先生之墓"，右为"宋元辅封魏国公张公德远之墓"。两座墓的格局形制相仿，以花岗石砌成墓围，前立石华表，以三合土筑成凸字形封冢，冢首竖青石墓碑。青山无言，

◎南轩文化园

石阶清寂,唯风入松林,传来阵阵使人神清魄澈的尾音。想到长眠于此的名相先贤,浩然清气滋养一方山水人文,精研妙悟开湖湘学派一脉道统,死后皆不归家山彰显凛然之志,养下一抹悲壮的乡愁。

官山有幸,成为这位"精忠贯宸极,孤愤摩穹苍"的南宋重臣的埋骨之地。张浚一生力主抗金,纵横驰骋,终无望收复失地,病逝他乡,"吾尝相国,不能恢复中原,雪祖宗之耻,即死,不当葬我先人墓左,葬我衡山下足矣"。其心其志,在隐忍偷安、一派求和声的朝廷中,不啻于一声惊雷。其磅礴孤绝之音,仍能震醒后世碌碌无为、昏聩不明的为官之者。其子张栻至忠至孝,遵其遗愿,将其安葬于龙塘之原,为父守墓,精研理学,讲习授徒,终成一代大儒,与朱熹、吕祖谦齐名,时称"东南三贤"。

再一次来到官山,正值朱张会讲 850 周年之期,宁乡县政府斥资 1.2 亿修建的南轩文化园和南轩书院已正式竣工开放。立于 104 县道之侧,高大挺拔的南轩文化园门楼已赫然在目。"以尧舜君民心振千秋沉溺,承孔孟性理学起一世膏肓。"门楼上镌刻的楹联高度概括了张浚父子一生的功业与对后世的影响。广场以大理石和青砖铺地,四周绿树参差,兰草幽篁,平添意趣。远望水如罗带,山似屏风,万千气象,尽在苍茫辽阔处。

青羊湖之尾，浩淼开阔。冬季枯水期，只剩河道中间有娟娟细流缭绕而行，大部分河滩野草丛生，牛羊在草地上散漫徐行、低头啃食。如果在丰水季节，水波漫至湖堤，绿水汤汤，岸芷汀兰，白鹭斜飞，定是另外一番景象。

　　从此岸已然能望见对岸的南轩书院，粉墙黛瓦，错落有致。要抵达南轩书院，须登上"官埠桥"步行通过。桥头有碑亭一座，雕檐飞角，翼然若振。亭内立有清穆宗诏令之碑："大小文武官员，至此止步下车"。由此可以想见当时之盛况——来往于官埠桥上的达官贵胄、平民黎首、书生士子，心怀虔敬，用脚步一次次丈量一代名相一代大儒的人生、品格与学识的厚度，又将这一份厚度融进自己的生命，融进中华文化的传统血脉。

　　官埠桥为钢筋水泥桥墩、木质结构桥身、桥面、桥栏的步行桥，两侧平坦，徐徐斜转折，中间为圆拱，须拾级而上然后沿梯而下。漫步桥上，青山满目，绿水长流，白云悠悠，天地旷远，自有蒙蔽于心的尘泥被徐徐吹落，而有悠然通透之感沁入胸怀。

　　南轩湖，用一弯碧水，满目诗情，迎接从官埠桥下来的游客。我不是游客，我在内心把自己定位为一位文化的追随者和朝拜者。如果并不急于莽撞地踏入书院的宁静深邃之中，可以缓缓地绕湖一周，穿过"忠孝勤俭"牌坊，路过圣旨碑亭，踏上石拱桥，看青山云影倒影于一湖碧玉之中，赏游鱼青荇、碧荷红蓼，等清风徐来，水面微澜，在江南的云水间濯洗一颗尘心。

　　书院整体为封闭的四合院结构，正门悬"南轩书院"匾额及"精忠贯辰极，道脉雄古今"的门联。踏进书院大门，我仿佛听到南轩先生的脚步声、辩学声、吟咏声、喟叹声穿越800多年的时空传来，清晰可闻。我放慢了脚步，有如醍醐灌顶，循着萦绕于心的音韵细细探寻光阴吐纳出的华彩。

　　院落中轴为张浚祠堂和张栻祠堂，祠堂陈列张浚父子半身塑像。在南轩先生塑像前，瞻仰朝拜者络绎不绝，其中一个平常的场景引起了我的注目。一普通农妇携幼子来到张栻祠堂，小孩顽皮好动，一路嬉耍，待行至南轩案前，小孩却一下安静下来，双手合十、双膝跪在榻上朝南轩塑像拜了起来，母亲则肃立一旁，微笑嘱咐小孩"多拜拜会读书的"。听口音，妇女似为邻近乡民，我会心一笑，搭讪起来，询问附近乡邻是否常来此朝拜南轩先生。妇女说有关张南轩的传说很多，但真正能来瞻仰朝拜还是南轩书院重修以后的事。我们在一侧闲谈，小孩懵懂，仍在一个劲作揖，望着朴素而虔敬有加的乡民，望着憨态可掬的小孩，我深感文化的感召力是无形而长远的，也在先生像前长揖。的确，先生当得起后辈学人对他的如此尊崇。南轩先生毕其一生，让自己的理学思想、教育思想、政治思想闪耀独特的个性光芒，成为一座文化的丰碑。他理学思想中的"太极即性论""知行互发论""义利之辨"既与程朱理学有别,也与陆九渊心学派相异,还与张载的气本论理学不同,在理学中独树一帜,开启了湖湘学派的一代宗风,影响了几百年来的湖湘文脉道统。在教育方面,他以反对科举利禄之学、培养传道济民的人才为其办学指导思想。主张的"致知力行"、"学思并重",发展与丰富了儒家的道德教化功用。在政治思想方面,他主张"以理治国"、"民为邦本"。这些博大精深的思想体系,是一条含金量很高的矿脉,仍值得我们去深入地探寻挖掘、消化吸收,以铸造和重塑更其厚重的生命价值与文化品格。

书院内设有四德堂、忠孝勤俭厅、希颜斋、养正斋、四益斋、怀古轩、文化陈展室、讲堂、会议厅、藏书阁等,主要建筑多集中在书院右首。左首则多为连廊。在书院中轴线两侧,分列有神道和观水道。右为观水道,水渠以青砖为沿为底,碧水如绢帛拂庭院而过,泉声隐约。我沿观水道寻至书院右侧后门,竟不见其源。询问工作人员,才得知水源是从山上引下的一股清泉,难怪水渠一年四季穿珠泄玉,长流不息。整个书院浓厚的历史底蕴与优美的人文环境相得益彰。陈展室以张浚张栻生平为主线,通过复原的图文典籍集中展现了南轩思想的产生、发展、成熟以及对后世的影响。从神道出书院后门,便见一座宽敞轩昂的享堂,内设张浚父子画像,廊柱上有楹联三幅,在此可以行祭祀大礼,凭吊先贤。

享堂之后,青峰兀起,翠柏长青。左右两个山头便是我数次来拜谒过的张浚父子墓地。如今的南轩文化园,随着许多被毁的古迹的进一步恢复,张浚父子的墓冢不再显得孤寂,慕名来此拜谒的人也会越来越多,"山间光景只常事,堪笑尘寰万种心",无论你带着何种心而来,在此,你都会得到一种文化、思想上的浸润、唤醒、抚慰与启迪。

沩山农民起义始末

张三元(1883–1920),湖南省宁乡县沩山乡人。1914 年开始,在密印寺佃农中组织"同心会",反抗恶僧催租逼粮。1918 年,聚集当地民众 1000 余人,掀起了轰轰烈烈的沩山农民武装起义。

张三元领导的沩山农民起义,是在宁乡老百姓连年遭灾、贫困潦倒的情况下开展的。早在 1906 年,宁乡便开始严重遭灾,当时"春夏谷米昂贵,饥民排队索食",遭到宫府镇压。1909 年,即清宣统元年,宁乡春夏之交又闹饥荒,村民吃树皮、草根、观音土度日。1910 年 4 月,宁乡出现了城乡饥民 300 余人聚集于县城冲击米店和官钱局的冲突事件,但均遭到县署残酷镇压。

然而在这种情况,宁乡的地主阶层却并未体恤民情,反而催租逼粮,横行乡里。其中沩山密印寺始建于唐朝,拥有千余年历史,殿宇宏伟,占地广阔,据说僧众最多时达到 3000 余人,寺田达到 3700 亩,可谓盛极一时。由于遭受严重的自然灾害,再加上僧侣阶层的苛刻盘剥,使得沩山一带的佃农不堪重负。

1914 年,年方 26 岁的张三元便在家乡沩山组织"同心会",主要目的是联合密印寺佃农,反抗恶僧催租逼粮。张三元原本是石匠出身,为人豪爽,力气很大,敢作敢当,因此在当地民众中享有较高的威信。而从当时的政治时局来看,全国各地的革命浪潮更是风起云涌。

1915 年袁世凯称帝,随即"护国运动"轰轰烈烈展开。1916 年 1 月,宁乡县城民众则聚会游行,积极响应全国"反日倒袁"运动。3 月,谢文彬聚众宁乡瓦子坪称"护国军",反对袁世凯称帝,遭到湖南都督汤芗铭派兵镇压。谢兵败后,张三元组织的"同心会"却依然活跃在沩山一带,并得到了"宁乡四髯"及其盟兄弟的暗中支持。1917 年上半年,"宁乡四髯"之一的姜梦周就因遭遇宁乡顽固势力的造谣中伤,被县政府撤销校长职务。

1917 年 7 月,毛泽东、萧子升来宁乡游学时,经过沩山密印寺等地。当来到何叔衡家时,何叔衡还向他们介绍了当地农民的疾苦,并告诉毛泽东:"宁乡沩山那个地方,有不少群众起来造反,领头的是个石匠,叫张三元。天不怕,地不怕,声势闹得很大哩!"值得庆幸的是,毛泽东上沩山时,张三元的农民起义军还没有将密印寺焚毁。因此,青年时代的毛泽东曾亲眼目睹了密印寺的非凡气势与风采。

1918年,正是军阀混战时期。这年春天,北洋政府派曹锟、张敬尧攻湘,南北军阀混战,湘粤桂联军后撤,大多由靖港侵入宁乡,沿途劫掠,民怨沸腾。

在这种背景下,当时密印寺的少数僧侣却不顾民众死活,加紧催租逼债,气焰十分嚣张。面对如此处境,张三元所组织的"同心会"不禁群情激奋,于是在这年3月,他带头揭竿而起,率众1000余人,攻入密印寺。据当地老百姓传说,那时山上山下霎时被火光照得通明,喊杀之声传遍数十里外。起义队伍焚毁寺院,杀死恶僧,没收寺中粮食4000多石用以济贫。几天之内,参加起义的农民迅速增加到3000多人。这时姜谷风、夏果雅等革命进步人士也公开地加入了起义队伍,协助张三元发号施令,制订各种规章制度。夏果雅原本是何叔衡、谢觉哉、姜梦周、王凌波、何梓林等人的"盟兄弟",即宁乡著名革命烈士夏尺冰的父亲。姜谷风则是一位教书先生,即中共著名革命将领甘泗淇(原名姜凤威)的老师,并系姜凤威的族人,同时也是一位守正不阿、思想进步的青年。由于佃农出身的张三元得到多方指点,很快便将起义队伍编为5营10队,以沩山为据点,开始反击宁乡、益阳、安化的团防武装。

沩山农民起义的事态扩大后,宁、安、益三县的知事衙门惊慌失措,急电湖南省督军、北洋军阀张敬尧派兵镇压。张敬尧便派警察厅长佟国安及弟弟张敬汤等率兵前来,联合宁、安、益三县团防"进剿"。当时,宁乡横市铁冲双丰村的杨致泽是全县土豪劣绅的魁首。他担任宁乡大沩镇团防分局局长6年,是宁乡团防系统反动骨干。1919年,他追随军阀张敬尧部,利用自身担任大沩镇团防分局局长并熟悉沩山地形等有利条件,充当了镇压沩山农民张三元起义的打手。而张三元所领导的农民起义军,由于使用的武器以梭镖、马刀为主,在与"清剿"军的血战中,众寡悬殊。于是在大兵压境的情况下,只得率部退入安化。辗转梅城等地之后,最终不幸失败。

1920年,张三元惨遭杀害,年仅32岁。曾积极协助张三元起义的姜谷风、夏果雅等人,均英勇牺牲。当时,何叔衡等人在长沙得知情况后,立即派姜凤威(即甘泗淇)为姜谷风收尸,又暗中把夏果雅的儿子夏尺冰接到自己家里抚养。后来,夏尺冰参加革命,担任过中共宁乡县委书记、湘东南特委书记等职,与何叔衡之女何实山结为革命伴侣,于1931年壮烈牺牲。

却说大沩镇团防分局局长杨致泽,因镇压张三元农民起义队伍有功,自此变得更加骄横跋扈。他常威吓老百姓说:"我应十八是副石磨,你们这些蚂蚁是抬不动的。"杨致泽生于1878年,人称应十八,系宁乡横市镇铁冲双丰人。他在担任大沩镇团防分局局长期间,长期统治沩山、黄材两个区,屠杀无辜农民多人。如诬陷农民唐保衡、杨佑民偷谷,沉潭处死。他搜刮民脂民膏,置田百亩,勒派4000银元购枪,扩充反动武装。同时擅揽当地民刑诉讼,凭其爱憎断案,造成许多冤狱。1926年7月,北伐军攻克湖南,国民党宁乡左派代表人物文怀亮出任宁乡县团防总局局长,在中共宁乡特支的支持下,召开各团防分局会议,勒令各分局将枪支印信移交给农民协会。但杨致泽抗拒不交,文怀亮当场将其逮捕,并解省法办。由于杨致泽是当时国民政府军政要员、湘军第2师师长贺耀组的妹夫。杨之亲戚及宁乡的土豪劣绅便纷纷至省城活动。杨在省城关押数月,未见处置,宁乡县内各界人士议论纷纷。当时,宁乡《沩波》旬刊第5期发表了驱杨致泽宣言,指出杨是大沩镇一恶棍,"杀人逾白,乡民畏之如虎","当其断案之际,惊堂一拍,声震屋瓦,拷打随来,血肉横飞,居然一小朝廷也"。驱杨宣言一出,民众群起而攻之。1926年10月17日,宁乡2000多农民和600多工人,冒雨游行请愿,要求县署从速惩处杨致泽,如不答复,游行队伍即去长沙请愿,声言"不杀杨致泽,决不回县"。当时,湖南省省长唐生智已去北伐前线武昌作战,由张翼鹏代理省长,而旅省宁乡同乡会也分别组织声势浩大的请愿行动。同年10月21日,《湖南通俗报》发了一条新闻,载:"宁乡团防首领杨致泽所犯通敌谋叛、滥杀苛罚罪,已拘押两月余,闻有人运动贺师长耀组,鲁副参谋长涤平电保,宁乡旅省民众已推鲁荡平、姜凤威(即甘泗淇)等7人为代表,向张代省长请愿杀杨",促使湖南省政府代主席张翼鹏作出决定。1926年11月13日,杨致泽被枪毙于长沙识字岭,终年48岁。后来,毛泽东在《湖南农民运动考察报告》一文中,两次提到枪决杨致泽的事件。

宁乡沩山密印寺被张三元的农民起义军放火烧毁后,元气大伤,几乎沦为废墟。据传,当时烈焰熊熊,持续3天3晚。由于火势猛烈,寺僧及当地信众近前扑救不得。房屋、佛像、经典、法器、粮食、物品尽皆化为灰烬,周围树木尽皆烧焦,众僧长跪万佛殿前,嚎啕痛哭,还有净尘、自新等人抱佛殉难于火海。事后,僧永光等为之奔走呼吁。

1922年,适逢太虚大师担任武昌佛学院院长,大力推行佛教改革运动。密印寺僧永光等便决心呈请太虚大师,对沩仰宗派的传承进行重大改革,以图复兴沩仰宗派。他们于1922年11月,呈请宁乡县知事梅蔚南,在县政府备案布告。同时先后邀请太虚、法航、宝生等大师来沩山住持,重续沩仰宗派。自1926

年(民国 15 年)开始,着手修复密印寺。后通过住持宝生、居士朱友谅等人的积极努力,在湘军后裔安徽省检察厅厅长郭振墉等人的大力倡导联络下,并先后在江淮、湘鄂等地发动了募捐,如此重建了大佛殿、禅堂、法堂、斋堂、方丈室及围墙。至 1938 年(民国 27 年),千年古刹密印寺才基本修复完工。这次重修历时 10 余年,累计耗资 7.5 万银元,使得密印寺大有风光再现的景象。但是好景不长,接下来便是日寇侵华,战事频发。很快,密印寺又呈现一派萧条。据老一辈人讲,到土改前夕,偌大的密印寺院内仅剩下几名僧人。

新中国成立后,湖南省人民委员会于 1959 年 11 月 30 日公布密印寺为省级文物保护单位。但是在"文革"中,密印寺被作为"四旧",再次遭到严重破坏,并被当做校址办学多年。

1983 年 10 月 10 日,湖南省人民政府再次公布密印寺为省级文物保护单位。现在,密印寺已成为沩山风景名胜区的重要组成部分,并得到了大规模保护与开发,成为宁乡旅游观光的重要景点之一。

(本转抄《宁乡百年人物风云录》)

沩山游学

·喻立新·

一、以字识人

1917 年暑假,毛泽东和萧子升游学沩山。他俩到达密印寺时已是黄昏。进到寺里,二人提出要拜见方丈。小和尚见是求乞的,便婉言拒绝。但由于毛、萧二人一再坚持,小和尚就答应把由他俩签名的一张便条送给方丈。约莫十分钟,小和尚回来说方丈愿意马上见他俩。

方丈注视一番来客,然后抬手一指:"这位施主是毛泽东。这位施主是萧瑜了。"

"你怎么会知道?"毛泽东不胜惊讶。

"两位施主是签了名的。"方丈不紧不慢地看了一眼桌上他们签名的便条说。

"可是,你怎么能知道我们谁是谁?"萧子升追问。

方丈答道:"毛施主一个字要占两三格,而萧施主一个格能写两个字。字如其人的道理,贫僧略知一二。"

二、指认金佛

毛泽东和同学萧子升游学沩山,原计划只在密印寺住一个晚上。第二天早上,天空乌云密布,他俩准备参观万佛殿后前往安化继续"游学"。在万佛殿内,碰巧遇上刚做完早课的方丈。方丈说万佛之中有一尊纯金佛像,相传平凡之人很难辨认出来。当时毛泽东绕行殿内,对着一尊佛像一指,方丈心中一惊:"佛门之外,一眼认出本殿金佛,唯有这青年人。"方丈送两人出殿,只见乌云渐渐散去,天上的太阳射出了万道光芒。方丈更加诧异,于是定要邀请毛泽东,前往客堂谈经论道。

三、预取天下

毛泽东游学沩山,离开密印寺时与方丈有过如下对话。方丈问:"佛教何以在中国千年不衰?"毛泽东答道:"佛教提供了一种完整的人生哲学,对世间普遍真理有重要的阐扬。"方丈说:"还有一个原因,中国历史上的帝皇有宗教的天性或哲学倾向。"毛泽东说:"我以为不是天性,是维护其统治的需要。"方丈说:"帝皇有宗教的天性,特别是唐代帝皇,封孔子以王的称号;封老子为道家始祖;又派玄奘取回佛经,寺院遍及全国各地。这样,儒教、道教和佛教共存于一种和谐的状态之中……"毛泽东说:"是的,中国没有像其他国家那样的宗教战争,几个宗教和谐地共存,对国家来说不是坏事。"方丈说:"阿弥陀佛!只望毛施主记住这句话,日后不要忘记!"

毛泽东问道:"这是什么意思?""阿弥陀佛!"方丈闭目垂首,再不作答。这段对话中,方丈话中有话、暗藏玄机。据说毛泽东多年不解,直到延安后才明白——原来方丈早已看出毛泽东不同凡响,预言他将带领中国人民夺取革命的胜利。

四、劝客出家

毛泽东、萧子升与方丈长谈中,方丈突然望着萧子升,大讲佛教的德性,委婉规劝萧子升皈依佛门,萧子升拒绝。方丈遗憾地说:"只怕萧施主今日不留沩山,日后也难留中国。"

萧子升问:"何以见得?"方丈垂首,嘴角露出一丝浅笑。

十多年后,作为故宫高级管理人员的萧子升被人诬陷盗卖故宫文物,真的流亡国外,终老南美洲的乌拉圭而没有回国。此案当时影响很大,直到解放后查实,萧子升所谓盗卖文物纯属诬陷。80年代《光明日报》专此刊文为萧洗清了冤屈。

春光照黄材

·刘建中·

《宁乡百年人物风云录》第 10 页有关毛泽东与宁乡亲切交往的记载：毛泽东与萧子升来宁乡游学的事发生在一九一七年夏天。当时正值青春年华的毛泽东和萧子升在徒步社会调查中，从长沙市楚怡小学出发，经夏铎铺来到宁乡县城走访到宁乡劝学所、玉潭高小，游历了香山寺，然后往白马桥前往回龙山，云山书院上黄材前往何叔衡家，最后来到了宁乡西部的沩山密印寺。途经路线中，宁乡到黄材路线足足一百里，够一天的行程，第二天由黄材爬芭蕉仑到五里堆，经田庄湾惠民桥到杓子冲何叔衡家，山高路险，在黄材必定要歇息一晚，何况黄材又是上宁乡西部的繁华市镇，街沿沩江北岸而过，约一公里长，200 来家铺面，南百货、日杂、药店、书店项项俱齐，庵堂庙宇香火灵旺，生产铁锅和雨伞是这里的特色，加上山区的土特产，珍贵皮毛也在这里集散，是落脚和游学的好地方。

杨致泽(1878-1926 年)人称应十八，宁乡县横市镇铁冲双丰村(宁乡十都铁冲)人。他任大沩镇团防分局局长多年，统治沩山、黄材两个区，屠杀无辜农民多人。诬陷农民唐保衡、杨佑民偷谷，沉潭处死。他常威吓老百姓说："我应十八是副石磨，你们这些蚂蚁是抬不动的。"一九一八年，他追随张敬尧部残酷镇压农民张三元领导的农民起义军。杨搜刮民脂民膏，置田百亩，勒派四千银元购枪，扩充反动武装。他擅揽当地民刑诉讼，凭其爱憎断案，造成许多冤案。一九二六年七月，北伐军攻克湖南，国民党左派文怀亮出任宁乡县团防总局长，在中共宁乡特支委的支持下，召开各团防分局会议，勒令各分局将枪支印信交给农民协会。杨致泽抗拒，文怀亮当场将其逮捕，并解省法办。关押数月未见处理。宁乡工农代表组织声势浩大的请愿活动，促湖南省政府代主席张翼鹏作出决定，于同年11 月 13 日，将其枪毙于长沙识字岭。后来毛主席在"湖南农民运动考察报告"一文中，第 7 页和第 20 页都指出宁乡镇压土豪劣绅杨致泽一事，由此又可印证毛主席对黄材的重视和关注。

革命摇篮,云山书院育新人

　　宁乡在新民主主义革命的各个历史发展阶段,是湖南富有光荣革命传统和有一定代表性的县区之一。自"辛亥革命"至"五四"运动兴起以来,鼎新革故,英才辈出。宁乡人民的革命先驱,既有传播革命火种的"四髯"——何叔衡、姜梦周、谢觉哉、王凌波;又有继续革命的同盟会员和国民党左派"四老"——梅冶成、喻棣芳、文经酉、曾鼎三,还有青少年时期在宁乡参加革命活动的刘少奇、甘泗淇、萧述凡、欧阳钦。老一代革命家林伯渠讲过这样几句话:"旧的学问和革命学问相结合,和最新的革命学问——马克思主义相结合,蔚然发出奇光。湖南自谭嗣同、唐才常……等以来,不乏其人。凌波同志即是其中之一。"其实宁乡四髯、四老都是如此。何叔衡、谢觉哉、喻棣芳、文经酉、曾鼎三都出身于前清秀才。姜梦周、梅冶成也长期接受旧的教育。他们在"五四"运动前后,都能从旧的学问中解放出来,成为宁乡人民革命先驱。此外,宁乡出国留学的知识分子人数较多;居全省首位,接受"德先生"(民主)和"赛先生"(科学)的影响较早。

　　据九修《宁乡县志》记载,宁乡从辛亥革命到抗日战争前,留学国外的有七十四人:其中留日的四十二人,留法的十六人,留美的十一人,留英、德和比利时的五人,国内大专院校毕业的有四百二十七人。他们走向社会后,大都成为传布新思想、新知识的先行者。宁乡的爱国民主人士也很多,其中有周震鳞(国民党元老)、黄钺(辛亥革命时甘肃都督)、陶峙岳(原新疆起义兵团司令)、朱剑凡(长沙周南女校创办人)等知名人士。宁乡的反面教员也不少,其中有鲁涤平(国民党湘、赣、浙三省主席)、叶开鑫(国民党军长)、洪兆麟(围攻孙中山大元帅府的陈炯明部师长)等反动头子。从"五四"运动算起,左、中、右三方面的力量在宁乡大地上拼搏了三十余年,终于在中国共产党的领导下胜利完成了宁乡的新民主主义革命。

　　(转抄《宁乡人民革命史》)

谢南岭和喻东声等烈士
与沩山武装起义始末

1926 年 7 月，伴随北伐战争取得节节胜利，宁乡的工农运动也如火如荼展开。至 9 月，宁乡县农民协会接管全县团防武装的枪支弹药，成立农民自卫军，拥有 600 余人、500 余枪。至 11 月，宁乡县总工会和双狮岭煤矿工会先后成立工人纠察队，于是把轰轰烈烈的革命运动引向了高潮。但是，1927 年 4 月 12 日，蒋介石在上海发动反革命政变。5 月 21 日，湖南长沙发生"马日事变"。自"马日事变"后，在外逃亡的土豪劣绅相继回到家乡。在国民党"宁可错杀三千，不可放走一人"的口号下，宁乡顿时陷入严重的白色恐怖之中。

1927 年 5 月，中共宁乡县地方执行委员会书记严岳乔召开紧急会议，决心对反革命政变予以武装还击。他们根据省委指示，做出了如下决定：即宁乡县自卫大队和第 3、5、6、11、12 区农会自卫军到横市集结，由谢南岭，喻东声等统率；第 1、2、4、7、8、9、10 区农会自卫军和双狮岭煤矿工人纠察队到东湖塘袋子山集结；县城则由工人纠察队和郊区农民自卫军防守。

1927 年 5 月 25 日，集结于横市的农民自卫军约 400 人枪，由谢南岭、喻东声、李石锹、徐尚达、李甲秋、尹泽南等带队，在云山学校操场举行誓师大会。同日，集结在袋子山的农民自卫军集体宣誓后，由杨春楼、杨文寰等率领，开赴湘潭大塘湾，同郭咏泉部会合，全军共 15000 人，由郭咏泉任总指挥，杨文寰任参谋长。

5 月 26 日，郭咏泉亲率 10000 人，开赴姜畬御敌。因郭不懂军事，武器多是梭镖、大刀，故姜畬一仗，败退下来。部队回到大塘湾后，准备固守。但这时，许克祥部联合湘乡团防前来围攻，幸得杨春楼事先将宁乡农军埋伏于大塘湾以西的野猫坳和猪婆岭一带，出敌不意，才把湘乡团防打败。可由于增援的汉寿、沅江、益阳 3 县农军没有及时赶到，这支队伍终于溃散。杨春楼、庞叔侃、钟志申等只得率领宁乡农军余部撤回县境，活动于宁乡县道林镇与望城县莲花镇交界处的黄茅大岭一带。后来,该起义队伍一部分分散潜伏下来,一部分则由陶咏钦带到谢南岭部。

谢南岭和喻东声则奉令率部由宁乡横市开往姜畬,到达东湖塘袋子山就得知姜畬已失守,立即退回大成桥镇境内的玉堂桥一带待命。这时,县委忽然接到省委指示,要宁乡农军进驻夏铎铺镇油草铺附近石仑关以东,配合各县农军进攻长沙。正当喻东声等率部向石仑关前进,还只到达宁乡白马桥附近时,省委又来指示:"前敌总指挥唐生智即将回湘处理'马日事变',各县应即去电欢迎。工农武装移交公正士绅之手,成立挨户团,以求和平解决政变,巩固国共合作。"县委根据指示,命令自卫军停止前进,随即将其改称挨户团,由国民党左派文经酉担任总团团长,但总团武装队长还是由谢南岭担任。

文经酉(1871-1927),即文怀亮,中国同盟会员,湖南宁乡流沙河人。国民党左派宁乡代表人物,与喻棣芳、曾鼎山、梅冶成并称"宁乡四老"。清政府废除科举制度后,云山书院改为高等小学堂,文经酉被推任堂长。1909年,何叔衡到云山学堂担任教员,与堂长文经酉关系甚密,共同推进教育改革。1926年7月,北伐军攻克湖南,文经酉出任宁乡县团防总局局长,随即将抗拒交枪的大恶霸杨致泽逮捕并押解至省城长沙,后将其镇压法办。

1927年5月底,自国民党左派人物文经酉担任宁乡县总团团长后,各分团武装则回到原驻地待命,各分团团长也由国民党宁乡县党部选派年龄较大的党员担任。至6月中旬,许克祥部两个营进驻宁乡。中共地下党组织已无法公开进行活动,形势十分紧急。这时,共产党员夏曦来到宁乡,主持召开了宁乡、安化、益阳3县负责人会议。会上,对宁乡的工作进行了详细研究,决定中共宁乡县委书记改由罗养真担任,原书记严岳乔则专抓武装组织工作。根据形势需要,工农自卫武装必须撤上沩山,继续坚持斗争。于是县委遵照决定,把县委机关迁到县城内橘子园(今文化超市)马婺湘家里隐蔽下来,并密令各区、乡挨户团武装到黄材集中,总团队伍由谢南岭带往黄材。而团长文经酉则留在县城,利用他在国民党中的声望,应付撤退后的严峻局面。

当时情况十分危急。正当谢南岭率领总团武装到达大成桥乡的玉堂桥时,许克祥部黄子咸营却趁机侵入县城,四处骚扰,搞得鸡犬不宁。对此,担任宁乡团防总团团长的文经酉极为愤恨。而新任县长朱德龙,却以需要武力维持县城治安为由,要文经酉前去劝说谢南岭,把挨户团总团武装全部带回县城。

起初,文经酉对此置之不理,后因朱德龙县长逼得太紧,就提出条件:一是不准许军胡作非为;二是挨户团回来,要按月发饷。否则宁死不从。

朱德龙狡诈异常,佯为应允。文经酉半信半疑,于是亲自找到谢南岭,但他只要了 10 多人枪,以观其变。可当这 10 多人行至宁乡县城大西门外时,立即遭到驻在小桥(今朝阳巷)的许军某连突然袭击,死伤数人,枪支弹药被一应夺去。

文经酉见状,气愤不已,立即赶到该连部,痛斥他们杀人夺枪的罪行。次日,文经酉又去县长公署,严责县长朱德龙背信弃义。

这时,有人告诉文经酉,朱县长要密谋害他,要他赶快避开。可文经酉置生死于度外,坚持与朱斗争。7 月 19 日早晨,文经酉为了解决在大西门外死难的挨户团士兵抚恤问题,到县财产保管处开会。随即有 4 个枪兵进入该处,口称黄营长请文团长开会。当文经酉走出大门时,两个枪兵从其后各扭一只胳膊,强推前走。有人在后喊道:"他是好人,打不得呀!"一个士兵转身用枪对着那个人。

文经酉立马说:"他发神经,不要管他!"几个枪兵随即便把文推到龙王庙坪(今宁乡师范学生食堂宿舍),喝令他跪下。文经酉不肯跪,枪兵就从他背后连开了两枪。文经酉就这样惨死于顽敌之手,终年 56 岁。

国民党宁乡左派人物文经酉的壮烈牺牲,对于沩山武装起义部队来说,是一个不可弥补的损失。但由于文经酉利用自己的声望,与敌周旋多日,牵制了敌人,使得集结在黄材的宁乡农民自卫军得以从容地部署对敌斗争。

1927 年 6 月,当时中共中央为了适应湖南革命形势发展的需要,指定 19 人组成新的湖南省委会,并派毛泽东回湘担任省委书记。新省委制定了《中共湖南省委目前工作计划》,提出和采取了一系列挽救革命的措施,其中最直接的措施就是"上山",采取多种形式保存工农武装。毛泽东指出:"上山可以造成军事势力的基础。"于是,中共宁乡县委便遵照新省委的指示,根据人民群众的革命热情高涨和农民运动蓬勃发展的条件,组织和策划了沩山起义。

沩山起义,又叫沩山暴动。这次起义是由宁乡县军事委员严岳乔具体领导和组织的。暴动的武装力量由三部分组成:即宁乡县农民自卫军总队及各区、乡农民自卫军;宁乡县总工会及双狮岭煤矿工会所属工人纠察队;各乡农民纠察队。此外,不少农运、工运、学运和妇运的积极分子及干部亲属自动参加,总计约1500 人。

这次暴动队伍统一编为宁乡工农自卫总队,又称工农义勇军。公开的名称为"宁乡挨户团总团"。总队共编 4 个中队 1 个特务排,计有长短枪 600 余支。总队成立了党委,由严岳乔任书记,梅冶成、喻东声、闵贡畴分别负责宣传、组织、民运等工作。总队设有秘书、联络、军需等部门。谢南岭为军事总负责人。喻东声任政治部主任。

谢南岭(1898-1929),字维新,号东山,谢觉哉的侄儿。1898 年出生在宁乡沙田乡五里堆桥湾村。1919 年从云山高小毕业后,考入省立第一师范,参加新民学会。1923年毕业后任教于云山，能教多门课程，人称"全能教师"。1925年，谢南岭加入中国共产党，后进入改组后的国民党。同年，去广东参加国民革命军第2军军官学校学习军事，被选为该校国民党特别党部常务委员。1926年回到宁乡，任团防总局武装总教官。"马日事变"后，谢南岭统率县农民自卫军和工人纠察队进入沩山，举行起义，任总队长。

1927年6月21日，谢南岭率宁乡农民自卫军总队开赴黄材准备暴动，并通知各区农民自卫军限期到黄材集结。28日，工农自卫总队全体干部战士及自动前来参战的梭镖队、徒手人员共约1500人，齐聚黄材姜公桥下河沙洲，举行誓师大会。他们高呼："打倒蒋介石！""消灭许克祥！"等口号，浩浩荡荡，挥师西进，很快占领沩山。29日，暴动总队在驻地沩山密印寺召开军民大会，公开宣布工农武装暴动，誓死与以蒋介石为代表的反革命斗争到底。

为了巩固暴动形成的武装割据，中共宁乡县委筹集了大量粮食和物资，保证部队的给养。暴动总队还自行印发"财券"，每张面值一元，流通于沩山周围各乡，山下群众称暴动总队为"沩山政府"。

同年8月中旬，国民党反动派为了扑灭宁乡的革命烈火，派张国威部的陈炳谦团开赴黄材，围攻沩山。敌人先派人诱降，遭到拒绝后，遂以武力"围剿"。

这个暴动总队在沩山坚持斗争3个多月，同反动势力开展了政治的、经济的和军事的斗争。在政治斗争方面，团结人民群众及沩山寺僧，取得他们的信任，争得他们支持，并加强与周围地下组织联系，建立外围组织，处决叛徒，清除敌探，粉碎诱降，同时寻找省委，争取其加强对部队的领导和支援。在经济斗争方面，用向土豪劣绅摊派、征调、没收、借用和购买等方式，筹办给养。在军事斗争方面，首先确立军事指挥体制，明确工农义勇军不再是农民自卫军，而是一支军队，统一指挥，军事上由谢南岭负总责，严守纪律。

同时作4路兵力布置，其中3路警戒益阳、安化、宁乡唐市来犯之敌，1路则驻守密印寺，保证总队安全。虽然宁乡、安化、益阳3县团防武装纠合在一起，对沩山呈包围态势，但他们伏击了月山铺，击退了官山偷袭，不仅挫伤了反动势力锐气，鼓舞了战士们的斗志，而且还缴获敌人步枪数十支、子弹数千发。

同年9月初，白色恐怖进一步加重，迫使沩山周围的人民群众一批又一批上山避难，粮食困难与日俱增，武器装备也断了来源。在这种形势下，战士们报仇雪恨的心情十分迫切。这时候，年仅28岁的谢南岭犯了一个军事错误。他由于一时冲动，便不经党委研究决定，擅调3个中队下山，奔袭黄材。这次军事行动不但导致战斗失利，而且暴露了部队的军事实力。

事后，部队党委严肃批评了谢南岭等人的错误，同时决定将部队由宁乡向安化方向转移,以寻找新的立足点。随后,总队率领400余人枪,转移到安化大尧山区后,在当地农民的支援下进行休整。但此时,部队已经明显势单力薄,处境十分艰难。

于是,在当地党组织支持下,总队负责人决定由大尧经小淹转移到雪峰山建立根据地。而部队在转移途中,又遭到安化团防袭击。谢南岭率部击退安化团防后,方才到达小淹。随后又连续遭到安化团防几次围攻,使起义部队的处境变得更加困难。

正当起义部队身处危难之际,适逢国民党新编独立第5师师长陈汉章,为了扩充实力,派营长刘正球以同乡关系与谢南岭接洽。谢南岭表示同意,当即率余部200多人枪投奔陈部,仅留下队团指挥机关在小淹。

这次事件发生后,谢南岭受到党组织的严厉批评。至此,中共宁乡县委领导的沩山暴动也趋向失败。

1927年9月下旬,谢南岭在安化小淹同严岳乔、梅冶成分手后,把队伍带到溆浦低庄,正式接受陈汉章改编。部队先编教导团,因人数不足,后改为教导营。谢南岭、陈仲怡分任正副营长,徐尚达、李鹿门则分别担任营部副官和书记官。这支部队先在溆浦县城整训,后调驻黔阳。不久,严岳乔化名李子方,奉命到黔阳谢南岭营。

严岳乔协同谢南岭等在营内建立党的组织,营部设立党委。

党委成员为严岳乔、谢南岭、徐尚达、陈仲怡、李甲称、尹泽南等人。各连也建立了支部,由欧朗生、杨亮安、张达等人担任书记。同时,营党委规定,党员干部每月所得薪饷,40%交纳党费,由谢南岭派人跋山涉水送到宁乡。这个营表面上属于陈汉章部,实际上是党领导的一支武装力量。并且因为治军严,纪律好,不扰民,使部队与当地群众的关系日益密切。黔阳各界人士曾上书陈汉章,赞誉这个营:"自古以来,未有如此之驻军也。"

陈汉章为了牢牢掌握这个营,竟与谢南岭结为"干父子"。特别给这个营配备6门炮,加强装备。

但这时,宁乡的土豪劣绅6次致电陈汉章,说该师教导营营长谢南岭,是宁乡"共匪巨魁","请予就地正法,否则,不为宁乡之患,则为湘西之患;不为湘西之患,则为湖南之患"。

陈汉章得知情况后,便叫谢南岭改名谢秋舫,然后复电宁乡,说该师并无谢南岭其人,教导营营长叫谢秋舫,不是宁乡籍。因此,使得宁乡土豪劣绅一时无可奈何。

面对如此形势,党委负责人严岳乔认为,这样一支武装,绝不能长期留在敌人营垒,应当就地起义,割据湘黔边境,发展革命力量。但是,因省委没有明确指示,这支队伍始终不敢贸然行动。

1928年4月,谢南岭发觉1、2、3连连长陈英俊、杨亮安、刘麓生都与"圈子"(即土匪)有联系。特别是杨亮安,身为党员,竟开堂放标(收徒),使他十分恼怒,也很不放心他们。于是不问情节轻重,报准师部,把他们一起撤掉,改由陈仲怡、王柱涛、李甲秾接替他们的职务。陈英俊等人因此怀恨在心,到了洪江师部,就向陈汉章控告谢南岭勾结严岳乔,要把队伍拉走。

陈汉章当即派便衣队到黔阳先捉严岳乔。严事先闻讯,避往常德。便衣队就拘禁原陈英俊连管事务的欧朗生(党支部书记),要他供出营内党的组织以及严岳乔与谢南岭的关系。欧始终坚称不知,便衣队未能获得证据,就叫全连士兵具结保释欧朗生了事。自此,陈汉章对谢南岭大起疑心。

不久,湖南省工委派夏尺冰接替严岳乔的工作。夏尺冰主张谢南岭把队伍拉到湘鄂西边境,与贺龙部会合。但两地相距200余公里,又有称霸湘西的陈渠珍挡在中间,只有先联系贺龙部队,派兵接应,方才可以过去。旋即,夏尺冰又因事调离,最终此项主张也一直未能实现。

夏尺冰走后,谢南岭认为,自己队伍不过几百人枪,周围又驻有陈汉章亲信部队3个团,就地举行起义或把队伍拉走,不一定能操胜算。于是,他想继续利用陈汉章这把"保护伞",将实力扩充后,再行起事。营内其他领导人,也大都是这种想法。但事与愿违,9至10月间,陈汉章以整训为名,把谢营调到洪江,集中驻扎一处,四周都有陈汉章亲信部队。几天后,师部忽然下令,让全营一律徒手到莲花池操场集合。许多人预感事态不妙,但不敢吭声。到了那里,师部军训处长陈方甲,宣读国民党湖南省政府一纸电令:"兹有宁乡共匪巨魁谢南岭率领400枪,投到该师,充当教导营长,着即全部缴械,并将该营长押解来省,听候究办。"宣读后大喊:"官兵愿留者不咎既往,愿去者都发给路费。"此时谢南岭放声大哭,表现出深自悔恨的心情,随即被陈方甲带往师部。全营官兵回到营地后,许多党、团员连路费也不领,就换上便装离开了洪江。

谢南岭到师部后,陈汉章并未把他解往长沙,而是委他为该师第一团团副。11月间,陈汉章把他叫到师部,说道:"把你派到一团并非要你照旧做官,而是静候上面处理。现在过了两个月,不见动静,看来不会要你这个人了。我解除你的职务,你可以自由行动。"随即,谢南岭在陈汉章的默许下,离开洪江,取道宝庆(邵阳)回县,准备寻找党组织。当他路过龙潭司时,却遇上了驻扎在该地的陈汉章部补充营长刘正球。刘正球是一个见利忘义之徒,虽然他在溆浦时与谢南岭结成兰谱兄弟,但这时谢南岭已是国民党反动派缉拿的"宁乡共匪巨魁",捉住可得重赏。于是，他一面假惺惺留谢暂住，一面密报长沙。谢南岭未加细察，遂中了他的诡计。随即长沙来电，由刘正球将谢南岭押送宝庆某师师部，然后转解到长沙。

谢南岭被押送至省城后，在狱中受尽酷刑。但他始终没有供出组织和同志，实践了他"绝不叛党"的誓言。

1929 年 2 月 7 日（农历 12 月 28 日），谢南岭在长沙浏阳门外英勇就义，年仅 31 岁。

在此之前，沩山起义的另一重要人物喻东声也已壮烈牺牲。喻东声生于1909 年，原名冬松，又名冬声，宁乡流沙河瓦子坪万水村人。他在云山高等小学毕业后，进入宁乡甲种师范学校。1925 年 2 月加入中国共产党。1926 年，由组织派送广东农民运动讲习所第 6 期学习。

"马日事变"后，宁乡农民自卫军、工人纠察队举行起义，由谢南岭任总队长，喻东声任政治部主任，进驻沩山。起义军受挫后，谢南岭率主力军去湘西投奔陈汉章部，喻东声则带领 10 余人枪，坚持在沩山、雪峰山一带打游击，并收集失散人员。历时数月，游击队很快发展到 400 余人枪，报请省委批准编为工农革命军湘中游击总队。先后击溃益阳大桥镇及宁乡望北、大沩、同文等乡镇的团防军。后因游击队出现叛徒，部队遭重创，喻东声率余部英勇冲杀，最终未能冲出重围，于 1928 年 3 月 5 日壮烈牺牲。谢觉哉后来闻讯，极尽哀悼地说："东声是太可爱了，死得太早了，牺牲时才 19 岁。"

而谢南岭则作为谢觉哉的侄子，终能为党的事业"杀身成仁"，谢觉哉对他的影响是很大的。同时，谢觉哉对他也是眷念不忘的。1949 年，湖南和平解放之初，谢觉哉曾写信探询关于谢南岭牺牲一事，信里充满了亲人与同志之间的深厚感情。

沩山起义最终虽然失败，但这次起义影响是比较深远的，它不仅比南昌起义的时间还早月余，而且先后涌现了文经酉、谢南岭、喻东声等一批革命先烈，并为后来严岳乔、徐尚达等人领导的红 2 师武装起义留下了革命火种和骨干力量。

（本文转抄《宁乡百年人物风云录》）

李杰举义雪峰山

一九二七年十一月中旬,秋收起义中止进行以后,在宁、益交界的雪峰山又出现了一支起义队伍,其领导人为李杰、符葵。李是益阳人,大革命时期参加过农民运动,后到国民革命军第二军第四师十二团任职不久,担任该团特务连连副,领兵驻扎武昌。一九二七年七月,武汉汪精卫集团公开与南京蒋介石合流后,李杰等在张伯伦等策动下,夺取了该团留守处所存步枪六十余支,子弹三千发,乘船开到蒲圻县,配合驻在该县的第十三军文修信团所属李汉藩和曾翊群两个营起义,然后一道挺进咸宁,解救该地被围农军。由于李、曾两营起义不成,无法履行援救咸宁农军约前。李杰和符葵二人乘局势混乱之际,率部分两路乘船过洞庭湖,溯湘江直上,然后一路转沩水,上了雪峰山;一路循资江,经益阳大桥镇到达雪峰山汇合,随即举行起义。不久,张伯伦回湘,参与领导这支起义队伍,并由他同中共宁乡县委取得联系,又邀了在沩山打游击的喻东声与李杰合作。此时,四十四军叶开鑫部队被李宗仁的西征军打败,取道宁乡,退往湘西。李杰出其不意,拦腰截击,迫使叶军陆营长率部投诚,李杰部获得长短枪四百余支,实力大增。省委遂将李部编为工农革命军湘中游击总队,李杰任总队长陆营长副之,并由省军委加派曾劲勋为参谋长、赵赤心为政治部主任,宋觉、何武、符葵等分任大队长等职。该总队以雪峰山为根据地,出击于宁、安、益三县境内,给上述各县团队以很大的威胁。

一九二八年二月下旬,益阳大桥镇和宁乡望北、大沩、同文三镇团队组织联军,企图进犯起义部队据点。李杰等据报,决定先发制人。某日夜间,全总队分三路,奔袭大桥镇,鸡叫头遍,就将该镇团团围住。但因李部军机泄露,敌人事先作了防备,全部撤到镇外山地,然后回转头来猛扑李部。双方展开激战,打到天明,敌人不支,向佛寺坳方向逃去。李部没有穷追,回师宁乡境内龙王潭休息。是役李部俘获敌兵六名,缴得步枪十七支。部队在龙王潭休息以后,由喻东声作了乘胜攻打横市望北镇团防的动员报告。指战员情绪高昂,仍分三路于当夜出发,拂晓到达目的地,由中路担任正面进攻。望北镇团防局长卢鸿宾发觉后,指使部属纵火,造成混乱,乘机向滩山铺逃窜,遭到李部左路截击,卢鸿宾当场毙命,残部逃向温冲。李部的中、左两路尾追几里后,连接当地农民报告,说右路已同大沩镇团兵在龙洞接火。中、左两路立即转头前往增援。大沩团兵见势不妙,抢渡到沩水北岸,据险顽抗。李部左路由沩江上游涉水过去,绕到五亩冲,从背后猛击敌人。大沩镇团兵腹背受攻,乱了阵脚,纷纷向麻石峰方面逃跑。李杰下令收兵,部队当晚进入黄材,放火烧了大沩镇团防局。有部分士兵违反纪律,强取商民财物。

由于连续打了几个胜仗,李部不少指战员产生了轻敌思想,尤以李杰本人为甚,认为自己兵力足以荡平雪峰山周围团队。陆营长则以战事得势,是因为"有我陆某"在此,目空一切。此时,大沩、望北和同文镇团队部向汤泉乡地区集中,同县团防总局蒋隆权的队伍会合,企图以优势兵力消灭李部。三月间,陆营长受敌人重金收买,唆使李杰前去攻打湘乡壶天团队。虽经喻东声等劝其不要冒险远攻,李执意不听。他率部进至湘、宁边界的杉木坳时,被湘乡宁乡两县团队包围。因为敌人占了有利地势,激战四小时,李部伤亡不少,只得突出重围,退至宁乡景德观。陆营长乘机杀了李杰,并收缴大部分枪支,向二十八师团长朱兴曙投降。喻东声带了一小部分人枪,退往沩山,敌人跟踪追击。由于寡不敌众,于三月底在战斗中英勇牺牲。至此,李杰这支起义队伍完全失败,但是,仍为后来的雪峰山武装斗争留下了火种。

(本文摘抄《宁乡人民革命史》)

姜亚勋和李石锹领导的黄唐起义

　　1949 年 2 月，为迎接全国解放，湖南宁乡县爆发了震惊湖南的黄材、唐市两地农民武装起义，简称黄唐起义。发动这次起义的是姜亚勋、李石锹、陈仲怡、饶孟虎、尹泽南、张伯伦、谭荫南等人。

　　姜亚勋(1913-2004)，湖南省宁乡县沙田乡五里堆太白冲人。1921 年入当地私塾读书，后就读于湘乡春元中学和湖南省立第一师范。1935 年，姜亚勋回到家乡担任小学教员。

　　1936 年 9 月，入国民党中央军校学习两年。1938 年 12 月，他在宁乡秘密加入中国共产党，并受地下党组织的派遣，打入宁乡县政府保安队任队长，1939 年 9 月，因党的单线领导人调走，与党组织失去联系。同年 11 月他投入国民党军队，历任国民党军第 11 师上尉参谋、桂林第 6 军分校副队长、第 3 师少校参谋、中校参谋。1944 年 9 月闲住在家。1945 年 7 月，进入国民党西南干训班学习，结业后到重庆国民党中央军事委员会军令部一厅工作，任少校参谋。1946 年后，姜亚勋历任济南国民党军警督察处副处长、新 36 师 108 团副团长、济南第 10 兵站分监部中校参谋、第 20 集团军总部科长。1947 年 9 月，任整编第 32 师副参谋长，但未到职。随即，在解放战争形势感召下，他在济南积极参与策动武装起义。起义未遂之后，脱离国民党军队。1948 年初，姜亚勋回到家乡宁乡，在黄材流光小学以教书为名，积极从事武装起义的准备工作。

　　李石锹(1900-1994)，原名李菊红，湖南省宁乡县横市镇向阳村茅栗人。1926 年加入农民协会，任自卫队长。1927 年加入中国共产党。先后参加湖南工农义勇军宁乡总队、宁乡沩山起义军、江西永修游击大队，担任过分队长、排长、连长、营长、联络参谋等职。1928 年，李石锹回宁乡组建湘中人民抗日工作委员会，任主任。1946 年任湘中人民解放工作委员会书记，其地下联络点设宁乡县横市镇滩山铺石坳上，对外称"解书室"。1949 年 2 月 10 日，李石锹与姜亚勋等共同举行了

"黄唐起义"。

黄唐起义的主要经过如下：1946 年 6 月，湘中人民抗日工作委员会主任李石锹，经中共中央代表团成员童小鹏介绍，向中共中央南京局梁华汇报工作。李石锹被留在南京局学习一个多月后返回宁乡。

11 月，在宁乡横市云山农田大冲里召开了湘中人民抗日工作委员会成员会议。根据中共中央南京局的指示精神，他把湘中人民抗日工作委员会改为湘中人民解放工作委员会，并建立湘中人民解放工作委员会书记室（简称解书室）的核心组织。湘中人民解放工作委员会正、副主任和解书室正、副书记由李石锹、尹泽南担任。并在滩山铺石坳上开设"小小商店"，作为湘中人民解放工作委员会联络处，以"靖港某宅"代称，直接接受中共中央南京局的领导，广泛发动群众，扩大工作区域，为开展武装斗争，解放宁乡作准备。

1948 年 3 月，姜亚勋离开山东国民党部队，回到长沙，与其要好的同学即王凌波的内弟饶孟虎联系，谈了自己决心利用人地都熟的条件，回宁乡组织武装斗争的想法。饶孟虎立表赞成，并愿牺牲一切，共襄其事。这年暑期，饶孟虎便放弃条件较好的幼幼小学工作，离开长沙，同姜亚勋一道回黄材流光小学（姜氏族学），以教书为名，开展武装起义的准备工作。姜、饶常在课余假日，以探亲访友为名，向农民宣传抗丁、抗粮、抗税和反帝、反封建、反官僚资本主义的道理。他们很快结识了黄材、五里堆一带的许多敢于斗争又迫切要求翻身解放的农民 50 余人。他们觉得有了一批志同道合的人还不行，必须有武器才能举事。于是，由饶孟虎出面，找了素有深交的陈仲怡想办法。陈仲怡是何叔衡的外甥，受何叔衡的影响较深。同时，陈是解书室的成员。1947 年 3 月，陈参与地方竞选，当上了黄绢乡乡长，从而控制了该乡武装及部分乡、保政权。当饶向陈吐露准备武装暴动的想法后，陈立即表示支持，并明确表示："搞武装斗争，我早有此心，现在时机到了，我们捆紧把子干，黄绢乡这点枪杆子都在我手里，什么时候动，什么时候来叫我就是。"

为了分化瓦解敌人，姜亚勋等分析了宁乡政治现状。这时，宁乡的地方实权主要控制在两支力量手里，一支是以国民党益阳地区中统调查室主任黄钟及其帮凶胡民领为首的特务系统，他们掌握了宁乡的民政、刑事、财政、教育、建设的实权，渗透各界，无恶不作，是国民党中的顽固派。另一支是以宋品三（又名品山，宁乡珊瑚人）为首的地方武装，称为宁乡县自卫总队，拥有人枪 600 余，掌管全县治安工作。宋品三曾在贵州军阀队伍中当过旅长，解甲归田后，长期任宁乡县自卫总队副总队长，当初以杀人出名，人称"宋马刀"，由于权利之争，同黄钟、胡民领矛盾很深，因而对国民党有所不满。他常与徐尚达及开明人士谢天赋、刘辉阁接近，而且自行其是，为国民党当局所忌。

姜亚勋等人根据这种情况,决定争取宋品三,并请宁乡开明绅士、友仁中学校长谢天赋做宋的工作。宋对谢天赋明确表示:"我历来只打经济土匪,不打政治土匪,叫姜放心。他们上山之后,省里会派兵来打,宁乡动刀动枪的事,离不了我,到时候我看好这部电话机子(即提供情报),对他们会有用。"自卫总队第3中队队长张昼荣,是宋品三的左右手,且兼任望北乡乡长,是这个地区有势力的人物。早在6月间,姜亚勋就以少年同学关系,拜访他,并曾坦率地对他说过:"要智取生辰纲,上梁山泊,又怕你们这些官兵来打。"张昼荣即明确表示:"梁山也有反正的官兵,你上山,我也跟随老兄上山,决不打你就是。"

1949年1月20日,解书室成员李石锹、陈仲怡、徐尚达、张伯伦和湘抗会成员张漱华等5人在李石锹家里召开秘密会议,讨论当前形势和当地动态,具体部署反蒋武装斗争事宜。同时,根据陈仲怡详细介绍和举荐,通过了同意国民党回乡军官姜亚勋、喻迈常等人一起参加反蒋武装斗争的决定。

2月8日,解书室领导人在望北乡中心小学借用校长王子台(不在校)的房间,召开紧急秘密军事会议。到会的有李石锹、李斯本、谭荫南、刘美夫、金振声、喻子清、彭午云(姜亚勋派来的联络员)等7人。会议决定,同姜亚勋、陈仲怡约定于2月10日凌晨兵分三路,在黄材、唐市两地同时举行武装暴动。黄材、唐市为宁乡西部重镇。大沩乡公所设于黄材镇上繁华区,警察所设置在对岸山麓的莲花堂。唐市也设有警察分驻所。两地相隔约20余公里,距宁乡县城分别为55和60公里。自卫总队第3中队张昼荣部,虽然驻守横市,与黄材、唐市两地互为犄角,但是不会干扰起义。

1949年2月9日(农历正月12日),准备参加袭击黄材警察所、大沩乡公所的50来个农民,以吃春酒拜年为名,冒着风雪严寒,集于五里堆姜亚勋家。陈仲怡于当日深夜,率领乡队副萧海凡及全体乡丁10余人,携带步枪10余支、子弹两担,冒雪来到姜宅。当夜12时许,陈仲怡率姜亚荣、萧海凡、张伟卿等10余人,携带短枪一支,翻越三星仑,经炭河里,沿河堤进入黄材集镇,袭击大沩乡公所。姜亚勋和喻迈常率周祥初、龚明光、陈国章、周武等30余人,携短枪4支、长枪11支,经芭蕉仑至黄材集镇小河街隐蔽,等待拂晓时,直取莲花堂黄材警察所。留下饶孟虎去湾田冲联络袭击唐市的队伍。

进攻黄材警察所的队伍,先化装农民报人命案,由周武扮作伤员,王东汉、周日宣抬轿子,龚明光递禀帖,请求验伤。这时,恰逢警察所事务员从街上嫖娼归来,龚明光等就跟随其后。走近卫门口,站岗的门警开门,让事务员进去,身穿呢大衣、头戴礼帽的喻迈常接着上去说:"我是第5专员公署派来的,要会你们所长。"喻把名片伸过去,随即进了卫门,直趋所长卧室。龚明光用雨伞遮颜,也跟着走上去,指着坐轿子的伤员说:"我们冲里打伤了人,要求验伤!"门警问:"你的禀帖呢?"龚用手枪指着门警的胸前说:"禀帖在这里!"大家一拥而入,按原定计划冲进兵舍,把挂在墙上的武器夺了,喊道:"不许动,你们缴械了!"敌人鼓起眼睛望着,束手无策。喻迈常进入所长室后,看见所长何琪在床上翻身,他的马牌枪响了,打中何琪胸膛,即时毙命。守门的那个门警阻止姜亚勋进去,同姜扭打。周祥初跑出来,用木柄手榴弹朝门警头上一击,姜亚勋趋势将门警甩至石阶下面,门警跌得头破血流,动弹不得。不到十分钟,缴获了全所武器弹药。

攻打大泏乡公所的队伍,天未大亮,即到达该所门口,正设法叫门,适遇乡公所厨工开门上街买菜,陈仲怡乘机进门。厨工问:"您老人家找哪个?"陈提着长杆叶子烟袋,大声大气地说:"我是黄绢乡乡长陈仲怡,要会你乡乡长隆子葵有事。"厨工和门岗见是陈乡长,立即点头哈腰让路,姜亚荣等10多人一拥而进。一路直扑乡丁宿舍,缴了挂在墙上的几支长枪,一路进入后栋破坏电话机。陈仲怡急步上楼,进乡长室找隆子葵。隆听说是陈乡长来了,忙起床开门,陈在昏暗中把右手伸,又开手指头,大喊一声:"不许动,动就开枪!"姜亚荣等乘势上去,缴了隆子葵的手枪,又把装枪的两口大木箱砸开,取出里面的枪支。隆子葵乘机跳窗逃走。陈等缴了全部武器弹药,迅速撤离黄材。走出离街500米许,发现班长张伟秋没有回来,姜亚荣自告奋勇转回乡公所寻找,只见张倒在该院内,已经死亡,又无法背出,只好把张尸体放正。再进办公室把一口小木箱提出来,直走到刘连生百货店门口砸开箱子,内有1支驳壳枪、8发子弹、6块光洋。姜把光洋丢在地上,拿了手枪和子弹,赶回队伍。街上商民都说:"不要光洋只要枪,绝不是土匪。"

这次奇袭,缴获大泏乡公所长短枪21支,警察所长短枪60支、手榴弹65枚、子弹5000余发。

第二天,即2月11日,在黄绢乡中心小学大操坪召开了数百人的群众大会,会上公开宣布这次起义是中国共产党领导的,坚决反对国民党暴政,执行中国共产党的政策与中国人民解放军的三大纪律八项注意。号召广大群众抗丁、抗粮、抗税,反帝、反封建、反官僚资本主义,并宣读和散发了连夜起草油印的两份文件:湘中人民行动委员会《告湘中人民书》《致程潜的公开信》。公开信说:"湘中人民有光荣的革命传统,要起来反征兵、反征粮、反征税;要翻身,求解放;要参加起义部队,支持起义。""希望先生(指程潜)为湖南人民着想,不再征兵征粮,走和平道路,免我湖南人民受战争痛苦和无辜牺牲,则国家幸甚,人民幸甚!"程潜看了书信说:"这两封书信,是代表老百姓的想法和希望的。"同时,起义部队与乡亲父老约法三章:一、封存所有公粮,护粮有功者赏,贪污盗窃者严惩不贷。二、建立地方武装工作队,取代旧的乡、保政权,凡忠诚为我军工作的人员,准其将功补过;凡勾结敌人进行破坏者,严惩不贷。三、收缴私藏军火。自动交出者,本军保障其个人及家属人身安全,抗拒或阴谋破坏者,严惩不贷。并且,宣布任命伍石英为黄绢乡武工大队长,袁朴材为黄绢乡中心小学校长。会后,在南竹山公粮仓库开仓济贫,群众欢欣鼓舞。当天,还收缴了在乡国民党副师长程振鄂的私枪14支。

2月10日,就在姜亚勋、陈仲怡等攻打黄材的这一天,李石锹率领起义队伍袭击了唐市警察分驻所。事先派刘美夫、张先明、刘寿勋潜入唐市,得到小学教师王保南和唐市警察分驻所文书喻小章的协助,探明路线,了解了敌情,并绘制了进攻路线图。至于起义所需武器,经谭荫南疏通驻横市的自卫总队第3中队长张昼荣,由刘美夫前去向张借得手枪5支、子弹多发。还有刘平叔带来手枪2支,秦爱冬带来手枪1支,李石锹自己带来2支手枪和1箱手榴弹。2月9日黄昏,李石锹联络滩山铺周围一部分农民和喻子清、李斯本、刘平叔等共29人,在滩山铺李合兴饭店李菊泉家集合后,一律头扎白毛巾遮眉掩脸,冒雪出发,直抵老粮仓谭荫南家。李、谭等人研究了进攻图纸,分配了任务,由李石锹担任总指挥,喻子清、李斯本、刘美夫为指挥员。10日凌晨4点,队伍由老粮仓出发,行抵唐市北门坳上,喊开一对老夫妇的门,进屋烤火取暖,等待天明。拂晓,唐市栅门打开,队伍分成3路,以护送新兵为名,一齐拥到警察分驻所驻地武庙门口。李石锹等指挥起义战士,割断电话线,封锁门户,打翻敌人哨兵,举起手枪、手榴弹,一阵风冲进警察分驻所后殿。先包围正在洗脸刷牙的警察,然后逐屋搜缴枪支。这次共缴获步枪30余支、手枪2支、电话机一部,伤警察哨兵1名,起义人员无一伤亡。

黄唐起义的突然爆发,使湖南各界大为震动。因为黄、唐地区距长沙仅100余公里,像一把尖刀插到敌人的心脏。国民党政府国防部在《敌情通报》中惊呼:"姜亚勋匪部的存在,是江防战略决战的一个威胁。"翌日,长沙出版的大小报纸,均以头版头条新闻加以报道。2月11日,国民党《中央日报》长沙版,在显著位置以黑体大字标题报道:"宁乡匪患极严重,黄材警察所、大沩乡公所、唐市警察分驻所于10日晨1时,遭大批匪徒袭击,枪支全部被夺去,警方3人殉职。"

国民党湖南当局对黄唐起义的爆发,感到震惊。宁乡县长张溉更是张皇失措。当天早上,急电益阳五区专员胡维陛与长沙绥署主任兼湖南省主席、省保安司令程潜,长沙警备司令刘进,请示速派湘乡、安化两县自卫队,协同宁乡地方武装力量"进剿"。同日上午,急电横市之自卫中队张昼荣,"着即率部,限本日下午驰往黄材,搜剿股匪"。同时急电县自卫总队宋品三,"严督所属,会同友军,星夜分途剿灭"。

长沙警备司令刘进及益阳专员公署,急忙命令保安团长熊建勋,统率益阳、湘乡、安化、宁乡自卫总队来宁乡"围剿"。并令"不分界限,昼夜跟踪穷剿"。同时,湖南省政府又将黄唐起义作为重要"敌情",上报华中"剿总"和南京政府国防部。

引起国民党当局震惊的,不仅是因为地方武力的损失,更重要的是由于这次起义"显具浓厚的政治背景"。2月14日长沙《小春秋》就这样报道:"此次袭击宁乡黄材、唐市警察所之股匪,号称'人民解放军',沿途张贴荒谬标语,对当地人民则尚无洗劫骚扰行动,故一般判断该股匪徒,显具浓厚的政治背景,或为共产党的地下武装组织,其暴动行动,似均按预定计划进行"。奉令"围剿"姜亚勋、李石锹起义部队的宋品三、张昼荣部,于2月11日、12日,先后开抵黄材,并在黄材滞留一日之后,始向五里堆"进剿"。当宋部到达距五里堆尚有2.5公里的芭蕉仑坳上时,即鸣枪报警。起义部队遂安全撤向铜锣山(今沙田乡境内)一带。宋、张率部"进而不击,围而不剿,如捉迷藏。"

2月13日,益阳五区专员兼保安司令胡维陛,亲率熊建勋保安团的两个营,进驻黄材、五里堆一带合围。起义部队形势十分严峻,遂星夜经西湖冲到朗山冲隐蔽。15日下午,部队在朗山冲被湘乡自卫队发现,尾追不放,又向石梅冲转移,碰上益阳保安团正从铜锣山搜索过来,部队饭也没吃,趁黑夜再卜博公寨,经黄泥坝时,又与湘乡自卫队遭遇。由于部队仓促成军,没有严密的组织与训练,更无夜战经验,东奔西跑,四面受围,最终大部分失散。

包围起义队伍的敌人,进入五里堆一带"驻剿"。首先将陈仲怡、姜亚勋家洗劫一空,并予以查封。同时到处张贴布告,悬赏捉拿"匪首"陈仲怡、姜亚勋、饶孟虎、喻迈常等,奖金高达银元500至1000元不等,死、活均赏。敌人还大搞"清乡",实行"连坐法",一户为匪十家同坐,勒令百姓签名具结,互相监督。

当时由李石锹率领的唐市起义队伍,急速奔向别动军第4纵队指挥何际元的老家黑山坡,拟夺取其藏枪。但行至集镇附近,与流沙河方面开来的自卫队张昼荣部一个排遭遇。敌人隔河开枪射击,起义队伍临时编组成军,未经训练,有的听到枪声,自动走散,留下的人枪则由刘美夫带到石洞庵一带潜伏下来。

黄唐起义队伍虽然先后受挫失散,但姜亚勋、李石锹等重整旗鼓的主张,得到骨干成员的积极支持,很快联络失散战士携带武器归队,并指派专人筹备粮食经费,准备再举红旗。

黄唐起义以后,由于敌军的追击,姜亚勋、李石锹各带领部队分别隐蔽和继续活动,并发出《公告》:凡自愿入伍的18岁至45岁男性贫苦农民,每人可在起义部队控制下的粮仓得赋谷三石。几天后,部队扩充到300多人。2月12日,解书室决定成立中国人民解放军湘中人民军事委员会,并将黄唐起义的部队取名为毛泽东纵队第1支队,由陈仲怡任司令员,姜亚勋为副司令员,徐尚达为政治委员,喻迈常为参谋长。3月8日,被打散的毛泽东纵队第1支队队员全部在毛公桥范家冲张祠集结,编成4个大队:第1大队出击铜锣山、雪峰山一带;第2、3大队出击灰汤、道林一带,司令员陈仲怡和副司令员姜亚勋分别随第2、3大队行动;第4大队出击粟溪、龙从乡一带,徐尚达、李石锹随第4大队行动。

3月间,姜亚勋等率领第2、3大队在道林一带游击中,得到中共高露区工委的高度重视和支持,由区工委派遣以采访为名中共党员、县三青团人报社记者刘盛亚到部队会见了姜亚勋。接着,中共潭湘宁边区县工委军事委员毛士凤(化名王剑)、委员李勋启等人由刘盛亚介绍,在双狮岭八方屋场与姜亚勋会面,共商对敌斗争事宜。3月28日,在毛士凤的引导下,中共潭湘宁边区县工委书记庞柱中在大屯营周家大屋会见姜亚勋。姜向庞作了详细汇报,恳切要求党加强对这支部队的领导。庞柱中对部队自黄唐起义以来的表现与贡献,给予了充分肯定与赞扬,对部队的迅速发展与壮大表示祝贺,并对部队提出三点要求:第一,发扬黄唐起义以来勇敢机智的战斗精神,大力开展武装斗争狠狠打击国民党反动派。第二,教育部队严格遵守三大纪律八项注意,密切联系群众。第三,以后部队尽量少到边区来活动,以免引起敌人注意,暴露组织。有什么情况通过毛士凤联系庞柱中回到边区县工委后,向中共湘中工委书记官健平(化名章文)作了汇报。4月的一天,当部队经韶山至银田寺宿营时,官健平随李勋启来到部队,同姜亚勋等人见了面。他进一步了解了部队作战、纪律、素质等情况,决定正式派出边区县工委组织委员伍健(钟耀夫),同毛士凤一起进入部队,开展工作,同时报请省工委直接领导这支部队。4月11日,毛泽东纵队第1支队第2、3大队在三仙坳改名为中国人民解放军湖南军区第3纵队,姜亚勋为司令员,陈仲怡为副司令员,喻迈常为参谋长,徐尚达为政治部代理主任。并建立了第3纵队第1支队,由姜应钟任司令员。

紧接着,纵队司令部将中共潭湘宁边区县工委领导的边区各武工大队合编为纵队第2支队;将投诚的国民党警察局长袁茂廷、望北乡乡长兼自卫中队长张昼荣部编为第3支队;将安化张甫臣部编为第4支队;将湘中人民护乡军李伏波、陶立人部编为第5支队;将蒋麟生部编为第6支队。

5月初,中共湖南省工委书记周礼听取了郭静秋、刘育才对姜亚勋部情况的详细汇后,对姜部的性质进行了认定,决定由省工委直接领导姜亚勋这支部队,由潭湘宁边区县工委派出30多名中共党员骨干到姜部工作,并指派官健平、庞柱中率领一批共产党员进入部队,加强党的领导。

5月中旬,中共湖南省工委在长沙市内秘密召开全省武装工作会议,在周礼主持下,专题研究了加强党对湘中各县革命武装力量领导的问题。会议决定:一是用"湖南人民解放总队"(虚设的)名义,领导各地武装斗争,对全省武装力量实行统一建制,统一领导。以宁乡姜亚勋等领导的游击队为主,将湘中各县(湘潭、湘乡、安化、益阳、宁乡)党所领导的革命武装力量,统一编为"湖南人民解放总队"湘中第 1 支队。二是部队编制上，以宁乡黄唐起义发展起来的部队 1207 人为第 1 团，以起义的国民党宁乡县自卫队、警察部队 600 余人为第 2 团，以安化县工委领导的安化县自卫总队张甫臣部队 1000 余人枪为第 3 团，以周政领导的潭湘宁边区沈诚部队 400 余人枪为第 4 团，以湘乡县工委领导的陈明、聂昭良部队（即湘安支队）900 余人枪为第 5 团。由此，湘中 1 支队共辖 5 个团（6 月中旬增编第 6 团）、1 个直属大队、1 个机炮队。除武工队（安化、湘乡叫地方兵团）外，共有 5000 余人枪。三是任命姜亚勋为第 1 支队司令员，官健平兼任政治委员，陈仲怡为副司令员，徐尚达为副政治委员，庞柱中为政治部主任，喻迈常为参谋长。同时，任命了各团的领导：第 1 团团长姜应钟，政委刘美夫；第 2 团团长张昼荣，政委金振声；第 3 团团长张甫臣，政委由安化县工委书记熊邵安兼；第 4 团团长沈诚，政委由宁乡县工委书记周政兼；第 5 团团长聂昭良，政委陈明。四是为加强对各县及部队党的领导，决定成立湘中地工委。由官健平、庞柱中、熊邵安、刘贤生、周政 5 人组成。官健平任书记。

5 月中下旬，官健平在湘乡团田镇小学召开整编会议，有团以上主要领导干部及支队政治部各科科长参加。会上，由官健平代表省工委传达了上述各项决定，宣布了各项任命。官健平就当前形势与全省及湘中地区武装斗争任务等问题作了报告。姜亚勋、庞柱中等讲了话。会后，各团首长返回部队，分头传达会议精神，并大量张贴省工委印发的布告。湘中各县为之震动。同时，庞柱中、官健平根据姜亚勋等的入党要求，并经省工委同意，随即由潭湘宁边区县工委派钟耀夫到部队进行考察了解后，经官、庞介绍，吸收姜亚勋、陈仲怡、徐尚达、饶孟虎、刘美夫、金振声等 10 人加入中国共产党，由刘育才、郭静秋、毛士凤在凤山塘主持了新党员入党宣誓仪式。随后，又陆续吸收了邓岗、姜应钟、余惠芝（女）等人入党。

6 月，湘中 1 支队司令部建立了临时党委，由官健平任书记，庞、姜为委员。各团也都发展了不少党员。对于一些在对敌斗争中经过反复考验的骨干分子，先后吸收入党，并在团、队建立了党的小组或支部。由于部队处处维护群众利益，深得群众的信任，群众亲切地称部队为"自己的队伍""一家人"。不论部队来往多少次，群众都主动送茶、备饭、腾房子、侦察、送信、带路、贴标语、散发传单，做了大量后方勤务工作。因此，尽管国民党湖南当局对湘中第 1 支队再三兴师"围剿"，人民革命的烈火却越烧越旺。并且由于部队执行了党的统战政策，各方志士相继来归者甚众。仅 1949 年 3 月至 6 月间，先后便有大田方乡卸任乡长张贻孝率 150 余人枪，安化李致中率 600 余人枪，宁乡县交警中队队长刘汉臣率 180 余人枪，抗日初期曾是共产党员的刘日升与张必超、杨禹章、刘楚甲、周苍亭等率 100 余人枪，宁乡县自卫队总队宋品三、张昼荣、洪少孚等率 600 多人枪，还有从台湾回湘的爱国军官文俊鹏、刘刚等，纷纷冲破干扰，加入湘中第 1 支队，从而使得这支部队不断发展壮大。

湘中第一支队组建前后,与敌展开了多次战斗,横扫了宁乡、湘潭、湘乡边界地区的国民党地方武装。其中有4次重要战斗。

第一次,横市歼敌。国民党保安第8团1营驻守横市。部队决定攻打横市之敌。1949年4月30日和5月4日,前后开展了两次战斗。在李石锹所率领的部队配合下,姜亚勋部大获全胜。俘敌营长汪洋及其士兵400余人,毙敌连长及其以下4人,伤敌21人,缴重机枪4挺、轻机枪18挺、长短枪300余支、子弹6万余发、手榴弹18箱。对所有俘虏,除少数留用外,大部分每人发光洋2元,遣送回家。姜部伤17人,牺牲2人。

第二次,攻打姜畲。团田会议后,湘中5县革命武装统一了指挥,声势浩大,部队情绪高涨。司令部根据敌情,决定攻打姜畲。5月28日下午,支队司令部率第1、2团从湘乡驻地石坝出发,向姜畲前进,中途忽遇倾盆大雨,指战员都被淋得全身滴水,被迫在大屯营停留两日。30日下午继续前进,由于道路泥泞难走,滞缓了行军速度,延误了战机。交火时,敌人早有准备,占领高地,设防坚固,火力猛烈,姜部第1、2团几次冲锋失利,当场牺牲中队长陈洪才,另一中队长任瑞林负重伤,同时伤亡战士20余人。战斗至次日上午10时,敌团部派两个营增援,并用迫击炮轰击第1团前沿阵地,湘中1支队腹背受敌,被迫撤出战斗。这次战斗湘中1支队伤亡指战员51人,其中包括落水失踪的战士5人。

第三次,消灭西南联军。尹立言(绰号尹落壳)率其西南联军3000余人,打着"民主自由"的旗号,妄图将湘中第1支队吃掉。6月23日,湘中1支队司令部率第1、3和2、5团到达温塘的南面与西南面,距温塘约5公里,对尹部形成新月形的包围态势。西南联军进入罗网后,尹部被迫将其全部人枪收缩在凤凰仑约1公里长之山脊上。上午9时,支队命令各团同时发起猛攻。很快从腹背两面攻上凤凰仑,打得敌人满山乱窜,纷纷举手就擒,残敌沿深山密林,向小碧桥方向狼狈逃命,企图抢渡涟水,而被1支队第5团堵住。至此,西南联军主力全部覆灭,尹落壳从密林中逃脱。该役俘敌副司令兼补给司令龙席金及以下1000余人,缴获长短枪1100余支,八二迫击炮2门,60小炮2门,子弹20多箱,骡、马6匹。尹部全军覆灭之后,同时救出被掳掠的妇女10余人。

第四次,反大"围剿"获胜。5月下旬,白崇禧的华中长官公署移驻长沙,所辖各兵团在长沙、株洲一线布防,企图在这一带与人民解放军决战。6月底,陈明仁第1兵团向湘中第1支队发动大"围剿",主力分3路从南(湘潭)、西(湘乡)、北(益阳)三面向宁乡西部山区推进,企图压迫湘中1支队主力脱离沩山和雪峰山,退至东部平原地区,然后以驻长、益沿线之第100军,自东向西推进,"扎紧口袋",将第1支队包围歼灭。为了粉碎敌人"围剿",支队司令部采取"保存自己,牵制敌人,赢得时间就是胜利"的方针,决定分三路突围,并以大队为单位,各自为战。一路由姜亚勋、官健平率领,经铁冲向横市方向突围;一路由刘美夫率领,经推车仑过祖塔,向沩山方向突围;一路由文博率领,取道猴公大山,向益阳(今桃江)方向突围。7月下旬,中国人民解放军开始进入湖南,陈明仁正准备起义,他所统率的"围剿"部队,陆续撤退。白崇禧精心策划的这场大"围剿",历时近一个月,企图一举围歼湘中游击队的梦想,终成泡影。整个反"围剿"期间,湘中第1支队经历大小战斗数十次,击毙敌少校营长1名,伤副连长以下60余名,俘敌51名,投诚军医1名,缴获各种枪支80余支、子弹20000余发。湘中第1支队伤亡机炮队长沈梓桂及以下指战员19名,被俘去7名,其中被枪杀殉职者2名。1支队司令部直属大队分队长张保云,被敌第88师活埋于石坝。

　　黄唐起义以后,部队虽然多次受挫失败,但由于起义是正义的,深受广大贫苦农民的拥护与称赞。不少爱国人士携带人枪进一步投奔起义部队。1949年2月间,原贺龙部参加过南昌起义的胡述祖利用妹夫贺正明取出其胞兄贺俊明(国民党第19师师长)家藏13支长枪,以及夺取了地方绅士和回乡军官的9支藏枪,组织90多人的队伍,经与解书室成员联系后,被编为毛泽东纵队第2支队,活动在宁乡、益阳边界。浏阳、宁乡工会理事长林豹取出1944年在陈敦和抗日自卫队搜回的藏枪15支,组织19名船工,在袁家河宣布起义,后又在浏阳金刚头等地袭击警察所、自卫队夺得枪支30来支,队伍发展到100多人,解书室将其编为毛泽东纵队第3支队。接着,又整编湘乡的谢国伦部为第4支队,安化李致中部为第5支队,湘乡聂昭良率领前来学习黄唐起义经验的20多名青年为第5支队第1大队。黄唐起义的另一支革命队伍,在李石锹等人的率领下,虽然历经曲折,也取得了重要战绩。3月23日,由李石锹、徐尚达率领的毛泽东纵队第1支队第4大队,从横市云山出发去龙从乡公所夺取枪支的途中,被望北乡乡长指挥的自卫中队包围在油麻田托木冲水牛山上,突围未遂的12名战士惨遭杀害,自卫队还残酷地割下战士的耳朵去邀功请赏。部队受挫后,李石锹等人即率部活动在宁乡、益阳边界。4月29日,以李石锹为首的湘中人民解放工作委员会成员在宁益边界的刘家巷三阳祠召开紧急会议,决定将毛泽东纵队第1支队没有编入中国人民解放军湖南军区第3纵队的人员,以及后来由解书室受编为毛泽东纵队其余各支队人员组成湘中人民游击总队,由李石锹任总队司令员,尹泽南为副司令员,张伯伦为政委,张漱华为参谋长,胡南仲为副参谋长。下分8个支队,并任命胡述祖为第1支队司令员,林豹为第2支队司令员……具体部署了各个支队的战斗任务。

　　5月,湘中人民游击总队派参谋长张漱华专程去长沙,通过地下党员汤子声找到了省工委军事负责人。由张认真汇报了湘中人民游击总队的组织、干部、战绩等详细情况,请求省工委派员到部队考察和加强领导,并给予正式番号,以鼓舞官兵士气。

6月,省工委查明湘中人民游击总队多为革命老同志,队伍纯洁战斗力强,因此,正式授予湖南人民解放总队湘中第3支队番号。并派联络员黄兆伯(到部队后改名王平)带领湖南大学学生何信、姜懿德到部队做政治工作,任命李石锹为司令员,张伯伦为政委,尹泽南为副司令员,张漱华为参谋长,李品珍为政治部主任。下辖6个团,第1团团长胡述祖,政委何义(即何信);第2团团长林豹,政委姜江(即姜懿德);第3团团长李致中,政委邹金泽;第4团团长曾葆生;第5团团长朱世奇;第8团团长欧阳芳,政委胡南仲。编制中缺第6、7团。同时,省工委指示,湘中第3支队也由湘中地工委书记兼湘中第1支队政委官健平统一领导。并强调:一要与兄弟部队加强团结,共同对敌;二要保护桥梁、公路、电讯,防止敌军破坏。

湘中第3支队在省工委、湘中地工委的正确领导下,作战灵活,颇具特色,在几个月的战斗中,打了不少胜仗,取得不小战绩。其中表现最为突出的有胡述祖率领的第1团和林豹率领的第2团,主要战况如下:

1949年5月,胡述祖率第1团夜袭大成乡公所,缴获长短枪9支、子弹1000多发、手榴弹21枚。在胜利返回铁冲界头途中,与保安旅杜排遭遇,当即喊话,促其起义,获轻机枪1挺、长短枪18支。同时,其副手贺达明向长沙防空部队贺执圭部要来冲锋枪2支、手枪4支。5月下旬,胡部向桃江灰山港一带推进,声威所及,使在乡军官高尉迪部人枪40余,全部降顺,高亦成为部队干部。随后袭击就近乡镇武装,均能一战而胜。7月14日,敌熊建勋团一个排,由益阳进入宁乡境内,闯入民宅捉鸡做饭。胡部二大队闻讯,即将其包围歼灭,解除了当地群众的痛苦,并缴获轻机枪1挺、步枪20余支。7月18日黄昏,胡述祖率直属队及其一大队,在离铁冲界头3公里处,截击敌某部后卫连,打死打伤敌人10余人,缴获轻机枪1挺、步枪30余支。7月下旬,第1团魏参谋率直属队埋伏于喻家坳附近路旁一小店,袭击敌军小股部队,俘获敌中校参谋1人、尉官3人、士兵数人,缴获长短枪8支、公文1包。7月底,解放大军直抵湘西北,湘中大震。盘踞益阳之敌,纷纷向邵阳方向逃窜。胡部二大队占领佛寺坳路边制高点,待敌人大部队过去后,向敌后卫部队猛烈开火,敌惊慌溃散。二大队缴获30余支长短枪和一批军用物资。敌军后卫部队余部,有人枪20余,劫持青年妇女20余人,白天强迫她们洗衣做饭,夜晚对她们奸污。所到之处,抢钱抢粮,杀鸡宰鸭,饮酒作乐。某日中午,到达铁冲时,群众睹状愤极,将情况报告胡部,要求除此败类。胡述祖立即率直属队前往,将敌人包围,敌兵已为惊弓之鸟,一一缴枪投降。于是胡部顺利地解除了敌人的武装,并召集被解救的青年妇女询问,得知其中大多数是从益阳劫持而来的,遂给予盘缠让她们回家,与亲人团聚。

湘中3支队2团团长林豹,更加骁勇善战。1949年4月28日,林豹挑选战士10余人,从长沙骁马桥出发,水路行船至新康靠岸,冒雨闯进新康乡公所,突然袭击乡丁,缴获轻机枪1挺、步枪41支,扩军30多人。由此以少胜多,士气大振。5月11日,原柳州垸厘金局局长周寿昆之子向林豹献枪,被莲花乡乡长周十麻子中途劫去。林豹带着战士跑步追到权子桥,周十麻子依仗楼高墙厚负隅顽抗。林便下令放火,顿时烟雾弥漫,大火封门,乡丁纷纷缴械投降。这次战斗共缴获长短枪34支。

5月14日,在宁益公路东侧某地,林豹率部截击蒋军卡车1辆,缴获手枪6支。从此,敌人视公路为畏途。7月12日拂晓,林豹化装成割草农民,率部偷袭回龙铺敌军第197师589团的一个排。敌兵正在酣睡,就被解除了武装,缴获长短枪20余支,并向敌团部驻地方向鸣枪,使敌惊惶不已。7月上旬,进犯黄材之敌,劫持民船10余艘,抢运粮食200多石,以一个班兵力押运,并有部分军属随船,顺水向宁乡县城方向行驶。行至双凫铺附近,被第2团探知。林豹利用自己人多、战士识水性的优势,拦江截击,缴获步枪10余支,释放了蒋军士兵和家属,将所得粮食分给了当地群众,林部无一伤亡。

此外,1949年7月中旬,湘中3支队第3团在李致中率领下,截击西逃敌人于安化小淹,缴获军用物资10小船。该团在马迹塘配合解放军第147师战斗时,缴获步枪500余支、子弹80000多发、橡皮艇24艘、军用物资8小船。

1949年8月4日,中国人民解放军第4野战军第49军146师436团团长崔荣泰与政委王侨奉令率部从益阳向宁乡挺进。5日,崔荣泰在佛寺坳与湘中第3支队司令部取得联系,商定在8日由两支部队互相配合攻打宁乡县城,由第3支队提供敌军的准确情报。

8日上午,第3支队副司令员尹泽南潜入县城,取得中共地下党员张子珩搜集的敌军驻地、武器装备及动态情报,绘制成敌军在县城驻地地形图,立即返回司令部与司令员李石锹、政委张伯伦、参谋长张漱华和第436团团长崔荣泰、政委王侨等人认真研究,制定了攻打宁乡县城的作战计划。张子珩是宁乡檀木桥人,1895年出生,1927年进入湖南陆军讲武堂学习,曾参加过北伐战争,担任过沅陵县长等职。建国后,当选为湖南省人大代表和监察委员,1952年因病在长沙逝世,终年57岁。

攻打宁乡县城的具体部署为:湘中第3支队第1团第2大队担任向导,带领解放军迫击炮连东进县城,攻打东北两门;湘中第3支队第1团第1大队与第2团第3大队埋伏于西门外万寿山、袁家河一带,配合解放军以猛烈炮火阻击向湘乡方向逃窜的敌军;湘中第3支队第2团第1大队埋伏于南门外邝家巷子一带高地,配合解放军阻击向东湖塘方向逃窜的敌军;湘中第3支队第1团第3大队沿宁益公路,配合解放军直逼县城西门;湘中第3支队警卫大队与解放军436团警卫连为攻城预备队,并负责打扫战场。

1949年8月8日(农历7月14日)黄昏,正值县城居民"送公婆"(旧习俗,每年农历7月10日至14日为中元节),相传已故宗祖阴魂于初十回家,享受子孙奉祀,14日回归阴曹时节,解放军第436团与湘中3支队第1、2团主力向县城进攻。

首先夺取了城西山地全城制高点,连向敌军集中的仓岭上蒋家祠堂发射三炮。接着吹起冲锋号,向城内发起猛攻。敌军如惊弓之鸟,纷纷经西门出城,沿万寿山一带向湘乡方向窜逃,被埋伏部队炮火阻击,大部分缴械投降。另驻县城之敌第97军新编第2师未作抵抗,放下武器投降,后被编入解放军第146师第436、437团。在攻打宁乡县城战斗中,共缴获轻、重机枪40多挺,山炮4门,长短枪1800多支及子弹和其他军用品一大批。至此,宁乡县城获得解放。

姜亚勋和李石锹领导的黄唐起义,发生在解放前夕国民党湖南统治的心脏地区,有力地配合了湖南人民争取和平民主的斗争,在湖南人民革命斗争史上写下了光辉的一页。

1949年3月5日,湖南宣布和平解放。9月,全省游击武装集中进行整编,湘中第1支队和湘中第3支队分别被编入益阳军分区独立第1、2团和部分县大队,姜亚勋出任益阳军分区副司令员,李石锹担任宁乡县人民政府副县长等职。

1950年10月,姜亚勋任常德专署副专员。1955年1月起,先后任省水利厅副厅长、农业厅副厅长兼水产局局长。在反右派斗争中,姜亚勋被定为犯有右倾反党错误,受到党内严重警告处分,并降职为省农业厅副处长。1962年8月经甄别,撤销了结论和处分。"文化大革命"开始后,姜亚勋再次受到审查,入五七干校学习。1973年8月恢复工作,任省农业厅副厅长、党组成员。1983年起,任湖南省政协副主席。1990年5月离职休养。2004年2月,姜亚勋在长沙病逝,终年91岁。

李石锹自1952年担任宁乡县人民政府副县长后,参加了组织民工治理洞庭湖等重大建设。1954年,调任湘潭专区水利电力局副局长,直至离休。1994年,李石锹在湘潭病故,享年94岁。

2010年4月4日,黄唐起义纪念碑暨诗墙在起义爆发地之一的黄材镇落成。纪念碑高达8米,上面刻了63位参加黄唐起义的烈士姓名以及82位参加起义的革命战士姓名,并刻有碑记。纪念碑由第6、7届民革中央委员、原湖南省人大常委会副主任、著名城建专家潘基础题写碑名。沩水悠悠,似乎在永远凭吊着这场充满硝烟的激烈战斗。

(本文摘抄《宁乡百年人物风云录》)

黄唐起义纪念碑落成记

·徐拂荣·

作者简介

徐拂荣，诗词文赋方面造诣资深人士，担纲《诗文集萃》编写工作。

一九四九年二月，黄材、唐市两地农民武装起义在宁乡人民革命史上留下了辉煌的一页。

二月十日，亦即农历己丑年正月十二凌晨，陈仲怡率十九人，姜亚勋、喻迈常率三十人，李石锹率三十三人持梭镖、短棍、锄头等物，以迅雷不及掩耳之势分头奔袭大沩乡公所，黄材警察所和唐市警察分驻所，缴获了敌人的全部武器，黄唐起义一举成功。

湘中地区第一面农民武装起义旗帜的升起，给湖南人民特别是劳苦大众以极大鼓舞。本县和邻县的贫苦农民、工匠、小学教师、青年学生及其他倾向于进步的各方面人士集结于义旗之下，队伍从无到有，由弱到强不断壮大，最后成为一支由党领导的活跃于宁益潭湘，势力遍及湘中的强大的武装力量。

黄唐农民的揭竿而起，全省各界为之震动，长沙出版的大小报纸，国民党《中央日报》均在显著位置予以报道，影响极为深远，国民党湖南当局也惶恐不安，急调湘乡、安化、长沙等地反动武装"昼夜跟踪穷剿"。妄图将新生的革命力量扼杀在摇篮之中。

首义奏凯，全体起义人员旋被编为中国人民解放军湖南军区第三纵队，并以湘中人民行动委员会名义发表了《告湘中人民书》和《致程潜的公开信》。部队的日益发展壮大得到了中共湖南地工委的重视。一九四九年五月，地下党省工委书记周里亲自主持秘密武装工作会议，将湘中的各武装力量统编为湖南人民解放军总队,姜亚勋所领导的起义武装编为湘中一支队,下设五个团,两个直属大队。任命姜亚勋为司令员,陈仲怡为副司令员,张伯伦为政委积极开展武装斗争,给国民党反动势力以致命打击,为人民解放军渡江南下,为湖南的和平解放作出了重大贡献。

际此黄唐农民起义六十周年,黄材镇党委,黄材镇人民政府决定于黄材大桥南侧辟地建园,立碑纪念,委本镇刘建中统理其事。工程始于二〇〇九年六月,三个月工竣,耗资十万余元。

噫嘻,六十年前,夜犹未央。鸡鸣风雨,豺虎猖狂。黄唐起义,高擎赤帜。扫穴犁庭,灭此朝食。群民拥戴,箪食壶浆。星火相继,燃遍三湘。大沩山高,黄木水香。立此贞珉,万古同芳。

参加黄材起义人员49人,名单如下:

姜亚勋	陈仲怡	饶孟虎	喻迈常	周日宣	周祥初	周岳龙
陈国章	陈集聘	姜亚云	龚明光	陈立枚	章 元	张伟卿
王锡其	李保中	周少宗	吴春茂	张桃轩	傅春元	李炳南
王春南	王冬汉	王锡钦	王志新	夏美成	傅佻贵	黄怡亮
周正书	周福泉	聂梦初	沈亮安	沈立青	陈子球	杨石章
杨喜生	彭述生	肖海凡	周 武	姜命生	姜 飞	喻春兰
陈干才	喻菊香	罗 璜	龚正卿	刘喜章	彭午云	周寅初

参加唐市起义人员33人,名单如下:

李石锹	刘 美	谭荫南	喻子清	李斯本	刘平叔	秦海煌
秦爱冬	秦菊昆	谢子云	秦厚云	姜菊初	旭 华	谢建明
廖菊泉	谢桃生	左国权	李爱桃	邹贵臣	李光泉	陈美伦
李伯章	陈贵春	李仲初	陈富清	文连生	戴正丰	张先明
张 铁	刘寿勋	张楚菊	罗命成	傅宜宾		

黄材镇人民政府立
二〇〇九年九月刊

倡修：刘建中　姜凤鸣　姜征兵　周凯旋　胡夕明
主修：周兵山　徐志平
助修：姜运良　姚普良　邓光辉　潘兆丰　卢立煌　姚福平　姜启辉
　　　郭端明　袁鹏飞

鸣谢：
中共宁乡县委宣传部、宁乡县财政局、宁乡县房产局、宁乡县人民政府重点办
沩山风景区管委会、夏铎铺镇人民政府、城郊乡人民政府、白马桥乡人民政府

革命先烈永垂不朽

姓名	出生年月	住址	生前所在单位及职务	牺牲时间	牺牲地
欧阳斌	1914	黄材镇	湘中一支队战士	1949	湘潭
林寄章	1912	黄材镇	湘中一支队战士	1949	湘潭
贺俊林	1925	沙坪乡	湘中一支队战士	1949	湘潭
李春涛	1918	铁冲乡	湘中一支队战士	1949	宁乡
姜寿连	1920	月山乡	湘中一支队战士	1949	宁乡
魏国忠	1919	横市乡	湘中三支队战士	1949	宁乡
熊菊初	1928	横市乡	湘中三支队战士	1949	宁乡
秦春华	1917	横市乡	湘中三支队战士	1949	宁乡
贺　其	1909	毛公桥	湘中三支队战士	1949	宁乡
刘富全	1909	云山乡	湘中三支队战士	1949	宁乡
梁　坤	1912	横市乡	湘中一支队战士	1949	宁乡
胡佑林	1925	崔坪乡	湘中一支队战士	1949	宁乡
李少明	1907	井冲乡	湘中一支队战士	1949	宁乡
彭寄才	1912	井冲乡	湘中一支队战士	1949	湘潭
萧万朝	1927	油麻田	湘中一支队战士	1949	安化
邓科斯	1921	油麻田	湘中一支队战士	1949	宁乡

姓名	出生年月	住址	生前所在单位及职务	牺牲时间	牺牲地
夏丙福	1927	井冲乡	湘中一支队战士	1949	宁乡
李文清	1927	直田乡	湘中一支队战士	1949	安化
左菊桃	1909	云山乡	湘中三支队战士	1949	宁乡
沈可钦	1919	五里堆	湘中一支队战士	1949	宁乡
沈秋芳	1918	五里堆	湘中一支队战士	1949	宁乡
张伟钦	1928	五里堆	湘中一支队战士	1949	宁乡
唐咏夏	1929	横市乡	湘中一支队战士	1949	湘潭
陈凡生	1927	横市乡	湘中一支队战士	1949	湘潭
刘启仙	1922	草冲乡	湘中一支队战士	1949	宁乡
杨凤奇	1927	麦田乡	湘中三支队战士	1949	湘潭
陈俊升	1901	云山乡	湘中一支队战士	1949	宁乡
戴渭臣	1909	云山乡	湘中三支队战士	1949	宁乡
谢桂成	1908	云山乡	湘中三支队战士	1949	宁乡
秦石连	1928	云山乡	湘中三支队战士	1949	宁乡
刘里元	1929	云山乡	湘中三支队战士	1949	宁乡
张林轩	1920	偕乐桥	湘中一支队战士	1949	宁乡
张喜荣	1924	灰汤乡	湘中一支队战士	1949	潭潭
傅正湘	1908	云山乡	湘中三支队战士	1949	宁乡
彭正勋	1928	成功圹	湘中三支队战士	1949	宁乡
李　均	1926	唐市乡	湘中一支队战士	1949	宁乡
彭凤禄	1925	花园乡	湘中一支队战士	1949	宁乡
吴春茂	1913	五里堆	湘中一支队战士	1949	潭潭
赵益生	1920	七里山	湘中一支队战士	1949	湘乡
张运生	1925	历经铺	湘中一支队战士	1949	安乡
郭寅初	1923	城关镇	湘中一支队战士	1949	宁乡

姓名	出生年月	住址	生前所在单位及职务	牺牲时间	牺牲地
曾文汉	1923	老粮仓	湘中三支队战士	1949	宁乡
贺修冬	1925	七里山	湘中三支队战士	1949	安化
谢胜友	1928	老粮仓	湘中三支队战士	1949	宁乡
唐国忠	1928	老粮仓	湘中三支队战士	1949	宁乡
张保云	1924	五里堆	湘中一支队战士	1949	湘潭
贺泽龙	1919	油麻田	湘中一支队战士	1949	宁乡
颜喜东	1926	煤炭坝	湘中三支队战士	1949	宁乡
李正容	1920	三仙坳	湘中一支队战士	1949	湘潭
刘正德	1926	油麻田	湘中三支队战士	1949	宁乡
刘桂全	1909	城关镇	湘中三支队战士	1949	宁乡
唐咏和	1920	双凫铺	湘中三支队战士	1949	宁乡
王海藩	1920	双凫铺	湘中一支队战士	1949	安化
邓子安	1928	成功圹	湘中一支队战士	1949	宁乡
欧阳民	1928	成功塘	湘中三支队战士	1949	宁乡
成迪全	1924	三仙坳	湘中一支队战士	1949	宁乡
杨宗华	1919	东湖塘	湘中三支队战士	1949	宁乡
陈 强	1920	双江口	湘中一支队战士	1949	湘潭
汤文耀	1925	石家湾	湘中一支队战士	1949	湘潭
邓少宏	1926	双凫铺	湘中三支队战士	1949	益阳
杨泽山	1928	喻家坳	湘中二支队战士	1949	益阳
李少明	1927	五里堆	湘中三支队战士	1949	宁乡
沈子桂	1916	黄材镇	湘中机枪中队长	1949	宁乡

黑底黄字，熠熠生辉

·刘建中·

　　请潘基碩老为黄唐起义纪念碑题词给我留下了深刻的印象。当时苦于请省领导题字犯愁，遇上一个偶然的机会，邻居王光浩同志从长沙回来，王光浩同志与潘老的夫人王开琼是叔伯姐弟，他们来往甚密。潘老是省人大常委会副主任，又是宁乡双凫铺人，于是我想到了请潘老为纪念碑题字。因他老对家乡非常关心，为家乡的建设不遗余力，如横市至桃江的公路拓宽及水泥路面硬化，潘老奔走呼吁筹款300多万元。他老一直工作到84岁高龄才离休。2008年还是奥运会火炬手，当时我还在电视里见到了潘老的光辉形象。我对王光浩同志说，想求潘老为"黄唐起义纪念碑"题字。王光浩同志觉得责任重大，也不敢贸然表硬态，他说试试看。

　　2009年7月14日，我们一行来到潘老家。当时是下午三点左右，天气炎热，潘老午睡后步入客厅，与我们热情招呼，没有一点领导的架子。潘老开口说："你们不怕热呀？从宁乡来的吧？"我站起来赶紧把宁乡拟筹资修建黄唐起义纪念碑的报告递给潘老。潘老看了一遍，对我们说，当年黄唐起义震动大，影响大，姜亚勋、李石锹我们早就认识，十一届三中全会后姜亚勋任省政协副主席，我们多次见面聊天。李石锹解放后在宁乡县当副县长，后调湘潭地区水利局，一直在那里工作，这两个人都已作古。乘潘老兴致勃勃，我请他为纪念碑题字。潘老谦虚地说"人老了手写字不听使唤了，写不好了。"潘老问我要写什么字，我立即回答就写"黄唐起义纪念碑"七个字。潘老说，你们莫急，我慢慢写试试看。我们看潘老答应了，就岔开话题说些宁乡奇闻，潘老听了很乐意。

　　临走之前，潘老赠送了我们每人一本《未遗集》，是潘老的诗文选集，还认真在扉页签上"建中同志雅正，潘基碩2009年7月"，我深表谢意，回来后认真通读，获益良多。

　　7月29日上午，我第二次去潘老家，还有姜凤鸣书记，轻车熟路一会儿就

◎黄唐起义碑

到了潘老的家门口。潘老在客厅等我们,他写的字放在桌子上,用四尺宣纸写成的行书体,"黄唐起义纪念碑"七个字刚劲有力,左边一行小字落款:"己丑之夏潘基礩时年九十有五。"盖上了红色印章,细微之处一点也不疏忽。潘老说字体欠劲,有所失望。我接过题字,细心地收起。离别前姜凤鸣书记对潘老说纪念碑落成典礼定于9月,天气凉爽,到时开车接潘老到黄材揭幕。潘老高兴地说,我有车不用接,一定来,顺便看看双凫铺新修的公路大桥。

　　2010年清明节之前,举办黄唐起义纪念碑落成典礼,电话请潘老来黄材。潘老回答:"去冬以来住了几次院,身体不行,很想来参加,力不从心。"谁知与潘老的第二次见面竟成永诀,没有实现潘老的意愿。但潘老的题字黑底黄字熠熠生辉,永远留在人间。

门前树大好遮荫

·孙意谋·

高高低低错落有致的树，如同一道天然屏障，为南馥冲这条之字形的小路遮挡住盛夏的太阳，洒下一路浓荫。人行道中，触目所及遍地葱茏，只觉夏木阴阴清凉如水，微风拂面暑气顿消。沿着林阴小路缓缓而行，便见一栋农家院落悄然而立于浓荫深处，这便是谢觉哉故居了。

每次来瞻仰谢老故居，我总是被这满山的参天树木所吸引。当我抬头向这些欣欣向荣的树木致敬的时候，阵阵清风从树林间拂过，如同平静的水面泛起层层涟漪。遥想谢老当年就是在这样的大树下读书习字、忧国忧民，并最终于此出发，走上革命道路，一种景仰之情油然而生。从流传下来的史料中可以看出，谢老对家乡的树木情有独钟，很多书信和诗文中都留下了他对家乡树木的深切怀念。如今故园早已绿树成荫，到处是"重重叠叠的山，高高低低的树，弯弯曲曲的路，叮叮淙淙的水"。倘若谢老泉下有知，想必是十分高兴的。

他把对树木的喜爱，饱含深情地写进了他的诗词里。1937 年 8 月，正值第二次国共合作抗战时期。谢老已随红军长征二万五千里胜利到达延安，此时正在兰州八路军办事处工作。谢老从 1927 年"马日事变"后离开家乡，足迹遍布洪湖、上海、江西苏区、长征、延安等地，十余年间与家乡天各一方杳无音信，思乡之情尤甚。这天他于工作之余，回忆起家乡的那山、那树、那人，文思泉涌，挥笔而就《望江南》数阙，其中第一阙就是表达对家乡树木的亲切回忆："家乡好，屋小入山深。河里水清堪洗脚，门前树大好遮荫。六月冷冰冰。"字里行间流露出一位伟大的革命远征者对家乡的无限思念。后来他把这首词作遥寄给家乡的何敦秀夫人，以示思念。如今这首词作由著名作曲家张千一谱曲、王丽达演唱，早已在家乡广为流传。此外，在 1960 年春，谢老还有一阙《忆江南·宁乡好》写道："宁乡好，勤植又勤培。处处幼林成行列，中间还把杂粮栽，几栽就成材。"表达的也是对家乡植树造林的殷切期望。

他把对树木的喜爱，满怀希望地种进了他的足迹里。抗日战争期间，他在战火纷飞的延安边区政府工作。工作之余，他在窑洞外亲手种下了几棵树，时时勤加照看。新中国成立以后，有一次他重返延安，仍不忘这几棵树，定要

◎谢觉哉故居

去看看。当年种下的小树苗此时已枝繁叶茂，他十分高兴，留下了"重到延安景倍鲜，旧时栽树已参天"的诗句。在北京，谢老一家曾居住在园恩寺内。刚住进去的时候，院内无花无树，十分萧条。他就和夫人王定国以及儿女们一起，栽花种树，几年功夫就把院内绿化起来。他十分高兴地把这一消息告诉家乡的人们，说："我住的院子里，四年前栽的树，已有一两丈高，也有差的，现在都能遮荫了；栽的果树，有的开始结果了，有的还在成长。"在信中他还附诗一首："四载前栽树，扶疏与屋齐。树头听鸟语，树底看鸡栖。叶密窗增润，实多枝欲低。晚来凉意重，坐到月偏西。"欣喜之情，溢于言表。

他把对树木的喜爱，语重心长地融进他对家乡父老的告诫里。1957年初春，谢老终于回到阔别三十年的南馥冲。三十年里，谢老无时不牵挂着家乡的山山水水，记忆中那是一个山青水秀、绿树成林的地方。但此时谢老看到的，是一幅幅令人不安的景象："森林大不如前了，本来以前有些破坏，现在则更破坏得不成样子。风景优美的不优美了，水旱无忧的有忧了。"他对前来看望他的乡亲们说："你们的房前屋后要多栽四季常青树，新中国的幸福生活离不开环境美啊！"针对乱砍滥伐十分严重的情况，他告诫社队干部要自觉带头护林，还风趣地对大家说：有个人建了一栋很漂亮的房子，墙壁刷得很白，这人为了防止别人把白墙壁弄脏，就在墙上写上"此壁不能画"。第二个人见了，写上一句"你若能画我也能画"。第三个人见了，写一句"要画大家画"。结果事与愿违，这块白墙壁很快就不白了。乡亲们听了谢老一席话，理解了谢老的一片苦心，此后果然都自觉爱林护林，山林很快恢复了原貌。

他把对树木的喜爱，苦口婆心地嘱托在对家乡友人的教诲里。即使离开家乡回到北京，谢老仍不忘与家乡亲友保持书信往来，了解家乡情况，嘱托家乡人

民爱林护林。他在致沙田大队党支书谢岳云的信中说："我生长在肖家湾,屋前屋后都有大树。真好玩!树下可打滚,树上可摇风,好些树或竹,我都爬熟了,对它很有感情。去年路过肖家湾,想起和我一起玩过的一位穷朋友肖晓春,我写了一首诗:为何不共我嬉游?阴影投来只自忧。大树清泉都已杳,尚留情景在心头。爱护树木,谁都有此同感的。它不只给我们农业上、用材上、燃料上很大的利益,而且使我们生活在美化的环境中。""前人栽树,后人遮荫。栽树不只是我们一代计,而且要为子孙计。来信说山林又是大砍伐,和拆屋子作肥料一样,是大蠢事。""我不希望你栽的树长成大树。但如看到幼林,我就知道农村林园化不远了,乌舡子又可直达黄材……"

时光荏苒,一晃很多年过去了。当年让谢老牵挂的那些树,如今都已长大成材。不过在宁乡,却很难找到谢老亲手种下的树了。但有一年我到云山书院,却找到了谢老当年亲手种下的树。

那是一棵黄金树。下午三点的阳光慵懒地照射在树上,把初生的树叶映照得青翠欲滴。一簇簇白色花朵,珍珠般点缀其间。那时,谢老与王凌波等人执教于云山书院。1919 年春,他们从县城运来一批黄金树,满含希望地栽在校园。他们对学生说:"黄金树是很有用的乔木,十年之后就可以成材,希望你们十年后也成为国家的良才"。他们的学生果然没有辜负他们的期望,甘泗淇、刘雪初、萧述凡、夏尺冰、严岳乔、谢南岭、喻东声、尹泽南、林萼生、周凤阳等学生,为新中国的诞生作出了不可磨灭的历史贡献,有的甚至献出了宝贵生命。而百年的时光过去,这些黄金树尽管历经沧桑,也仍然枝繁叶茂,生机盎然,像一部活着的历史,深情回望着那些岁月,那些故人。

◎何淑衡故居

离开云山书院的时候,孩子们还没有放学,正在上课。我听到阵阵歌声随风传来,吟唱的正是谢老那首《家乡好》:"家乡好,何日整归鞭。革命已成容我返,田园无恙赖妻贤。过过太平年。"童音清脆,声声入耳,久久回荡在黄金树上空……

情满枸子冲

·孙意谋·

　　空旷而高远的蔚蓝天空下，一群大雁沐浴着秋天的阳光，振翅南飞。阳光把它们的影子投映在枸子冲金黄的稻田里，无边的稻田翻腾起阵阵稻浪，仿佛挥手相送。在这金黄的浪的尽头，一座古朴的农家小院悄然而立。年复一年它目送这群大雁飞过辽阔的原野，越飞越远最终消失在云天之外；而当春天到来的时候，它又目睹这群大雁出现在云端，像故土难离的游子万里归来。

　　这小院便是枸子冲何叔衡故居了。当年何叔衡从这里出发，踏上中国革命的漫漫征程。对于这位中共一大代表、"宁乡四髯"之一的革命前辈，枸子冲的人们最熟悉不过的了。他们津津乐道于何叔衡当年带领家乡人民闹革命的英勇事迹，言谈之中流露着对这位家乡先贤的无比崇敬与深切怀念。而何叔衡与何梓林这对堂兄弟之间因革命而结下的深情厚谊，更是在当地传为美谈，历久弥新。

　　他们的革命情谊，开始于他们的少年时代。何梓林是何叔衡堂兄，比何叔衡年长一岁。年轻时他曾在枸子冲设馆行医，给贫病交加中的人们解除疾苦、广施医药。而比他妙手回春、悬壶济世更加被乡亲们记住的，则是他的行侠仗义、嫉恶如仇。在那个不平的世道里，他与何叔衡、姜梦周、谢觉哉、王凌波、夏果雅等人一起匡扶正义、惩恶扬善，替穷苦乡邻向土豪劣绅发出了振聋发聩的怒吼。他曾与何叔衡一道，手持利斧将一名遭受沉塘处死的长工从族长手中救出，连夜助他逃往华容谋生；他也曾一拳将仗势欺人、毒打孤老的王财主打个四脚朝天。"如此欺人，我梓八实在难忍！"为了避开王财主的报复，他在何叔衡的劝告下远走他乡，但他"利斧救长工、铁拳惩恶绅"的仗义之举已被四乡八邻传为佳话。

　　离开枸子冲的何梓林，因为种种因缘，于1911年4月加入军警特别同盟会。从此他北伐东征、转战各地，不仅将自己的一生与孙中山领导的民主革命紧紧地联系在一起，而且还与堂弟何叔衡结下了义薄云天的革命情谊。

　　一是何梓林出资支持何叔衡创办望麓园织布厂。1921年，中共湘区委员会在长沙成立。此时的何叔衡为创办掩护革命活动的长沙望麓园织布厂，先后向亲友筹款3000大洋，其中有2100元就来自何梓林的无偿资助。而这2100元光洋中，有1100元原为何梓林一家安家购屋之费用。1921年5月1日，何梓林给何叔衡汇款时说："张祝华（何梓林妻）安家之款光洋一千一百元，请足下代为购屋。"同年12月6日，何梓林回信给何叔衡说："寄款一事，只够千元之力量，多则不能，足下嫌少，而林已竭尽其囊也。只好购屋之事，请作罢论。"此时的何梓林，已经成为孙中山先生侍卫官，跟随孙中山先生举兵北伐。他抑制不住激动的心情对友人说："成功之日，亦我中国之幸也。"因此，以救国救民为己任的何梓林对于堂弟参加革命、建功立业之举，完全赞成、鼎力支持，并将购房安置款悉数捐给堂弟，让他作为湖南建党之初的革命活动经费。这对于革命事业刚刚起步的何叔衡来说，是多么有力的支持和鼓励！

二是何梓林牵线何叔衡会晤孙中山商谈国共合作事宜。1921年12月4日，孙中山抵桂林成立北伐军大本营，计划由广西假道湖南攻占武汉。在此前后，孙中山已通过何梓林联系何叔衡帮助北伐军经湖南讨伐北洋军阀事宜。何叔衡承诺在湖南进行一系列重要工作，配合孙中山北伐。但由于陈炯明极力阻挠破坏，第一次北伐假道湖南的计划遭到彻底破坏。于是孙中山通过何梓林急电邀请何叔衡赴桂，商讨对策。1922年3月28日，何叔衡由长沙启程，于4月中旬抵桂林，会见了孙中山、廖仲恺、许崇智等人。何叔衡详细介绍了湖南社会情况和革命形势，共同讨论了北伐取道湖南的一些具体问题。鉴于何叔衡介绍的湖南情况，孙中山决定北伐路线改由粤北向北洋军阀布防力量比较薄弱的江西进军。这时，何梓林已担任北伐军前支司令，部队在湖南边境的道县、永州一带调训待命。在此期间，何叔衡又在韶关、广州会晤孙中山、廖仲恺、许崇智等人，并协助何梓林整训部队。兄弟他乡相逢，加之北伐在即，前途充满希望，自是十分高兴。在桂林时，他曾写了一首四言诗赠何梓林，期望北伐取得胜利："胸罗紫电，气吐长虹。驰马试剑，自西徂东。其蹄何疾，得意春风。犁庭扫穴，痛饮黄龙。"

三是何叔衡千里护送何梓林灵柩回乡隆重安葬。1922年10月25日，何梓林率部在福建延平水口附近白塘街山与李厚基部激战时，不幸中弹牺牲，年仅47岁。何叔衡听闻堂兄牺牲的消息，异常悲痛。他作为死者家属代表亲到福州参加何梓林追悼大会，并护送何梓林灵柩回乡。途经上海时，何叔衡等专程访晤了孙中山，并接受孙中山为何梓林亲笔书写的挽词"为国捐躯""气壮山河"。1923年1月，何梓林的灵柩运回宁乡后，何叔衡立即和谢觉哉、姜梦周、王凌波等组织隆重的追悼会，并主持建墓。何叔衡在主持家祭时，痛哭陈词，祭文中有："聚首桂林，初塑鼎形；湘局付托，心愿两违；有负教命，内疚良殷；原期咫尺之途，竟成千里之遥"等语。

四是何叔衡给予了何梓林家属无微不至的照顾与关怀。安葬好何梓林后，何叔衡便将堂兄的遗孀张祝华及她的3个儿子接到长沙安顿好。何梓林的二儿子何士尤在回忆何叔衡的文中写到："初来乍到,对长沙环境很不习惯,孤儿寡母更是满目凄凉。只有叔叔(即何叔衡)是唯一的亲人了。为了让我们安定下来,好好接受教育,特安排一个船山学社学员,也是他的内侄女叫袁秀珊的大姐每天来我家陪伴。我们知道,这主要是为了减少母亲的悲痛,并使我们习惯周围环境。"1922 年至 1927年,何叔衡的革命事业十分繁忙。虽然到处奔波,但他时刻不忘何梓林 3 个儿子的学习,要求很严。他规定三兄弟每周末到船山学社接受课业检查,叙述心得。在何叔衡的悉心教导下,何梓林的儿子何思进、何士尤、何禺生均颇有上进,其中何士尤后来还进入了黄埔军校学习。后来,何叔衡将何梓林写给他的 27 封信并其他遗物集中起来交由张祝华保管,并反复叮嘱道:"八嫂,这是梓八哥给我的信,将来留给几个侄儿看看,让他们了解父亲给革命作的贡献。"

目睹自己的至亲骨肉、同胞兄弟为国捐躯,这对何叔衡的影响自然是巨大的。岁月沧桑、时光流逝,我们已经无法获知当时何叔衡的心路历程,但他说:"我要为苏维埃流尽最后一滴血。"所谓前赴后继,能够作出如此坚定的牺牲抉择,我想其中一定与何梓林有关。只是谁也意料不到,13 年之后,何叔衡也在福建一个叫长汀的地方壮烈牺牲,实现了他"为苏维埃流尽最后一滴血"的誓言。这里距离何梓林牺牲的延平水口,相距不过三百公里。这对从同一个地方走出来的兄弟,宿命般地将各自的一腔碧血永远地洒在了八闽大地,为中国革命作出了不可磨灭的贡献。

如今在杓子冲,何叔衡同志故居一如当年,保存完好;距离故居不远的山头上,苍松翠柏环绕着一座坟茔,这便是何梓林之墓了。历经风风雨雨,此墓能得以保全,殊为不易。上个世纪 60 年代,曾有人以破"四旧"之名,要捣毁何梓林墓碑、墓地。当年参与修建墓碑的石匠王吉元急中生智,说:"此墓是共产党老祖宗、毛主席的亲密战友何叔衡设计指挥修建的,绝对不属'四旧',千万捣毁不得"。这样,何梓林的碑、墓等才得以保存下来。伫立墓前,但见墓中立汉白玉石碑,上刻"陆军少将何公南熏之墓"。碑上方石横匾上刻有"为国捐躯"4 个大字,系当年孙中山手书。两边又有石刻"顽廉懦立,志决身纤"8 个大字,为何叔衡所书。

每次到杓子冲,瞻仰完何叔衡故居以后,我都要到何梓林墓前祭奠一番。青松郁郁,白云悠悠,仿佛见证着何梓林和何叔衡之间的兄弟深情和革命友谊。每次到这里,我都被这两位革命先贤的革命情怀和他们相互扶持的兄弟之情所感动。微风从满山松林里拂过,松涛阵阵不绝如缕。我仿佛看到这样一幕:面容肃穆的何叔衡,对着何梓林遗像凝视良久,然后高声说:"梓八哥的像,要挂在显眼处!"

每年春天,当杓子冲的映山红开遍山坡的时候,总有一群大雁从远方飞来,在杓子冲蔚蓝而高远的天空徘徊,久久不愿离去。哦,远来的大雁,莫非你们途经了八闽大地,衔回了何梓林、何叔衡对杓子冲的问候和消息?

黄材历史大事年表

嘉庆十五年"1810年"广东商人何楚帮来黄材袁家山创办铸锅厂。

道光二十九年"1840年"春，霪雨，沅湘大水，圩岸尽决，饿殍塞途。宁乡亦苦饥，斗米钱五百，县中开常平仓，减粜。乡民相率闯入富户人家伐廪出谷，谓之'"排门饭"。

同治四年"1865年"，县人刘典倡建云山书院于县西水云山下。

光绪二十年"1894年"县商简孔佳在洞冲创办洞冲冶铁厂，产品销黄材各锅厂。

光绪廿二年"1896年"县人黄材宁姓冶铁有妨县脉，募勇数百人前往封禁，讦讼连年。

光绪廿八年"1902年"改玉潭，云山两书院为高等小学，岁租悉充经费。

同年，县设邮政代办所，由商人经办。

中华民国元年"1912年2月"，改都区制为镇乡制，全县设五镇七乡一城区。

同月，玉潭，云山两高等小学堂，为第一、第二高等小学校。

1914年冬，沩山农民张三元组织同心会。

1917年7月，毛泽东，萧子升游学宁乡县城、回龙山、经过黄材到沙田、密印寺，去安化。

1918年3月，张三元在沩山起事，攻入密印寺，杀僧侣十余人，纵火烧寺。

1920年3月，张三元被杀于安化梅城而失败。

1926年7月，县总工会成立，姜凤韶任委员长。

1927年7月，严岳乔，谢南岭率400余人枪上沩山武装起义，10月失败。

1935年春，废团牌制，新编保甲，全县设885保，8782甲，同年2月，整修沩山密印寺，1941年完工。

1937年3月宁沩公路动工兴建。

1938 年 2 月中共宁乡县委成立,李品珍任书记。

1938 年春,黄材月山铺农民姜景舒兄弟,在转耳仑掘获商代青铜器精品四羊方尊。

1939 年 4 月,破路制敌掘毁长常,湘宁,宁沩等公路,炸毁沩江大桥。

1941 年 2 月,撤销区立 5 所高等小学校,于 21 个乡镇各设中心小学一所。

1944 年 5 月,日军进逼宁乡县境。县政府迁黄材,次年二月又迁云山学校。

8 月 14 日,日本宣布投降。9 月 14 日县长陈敦和与县警察大队长沈诚在银花桥县警察大队驻地对日军训话,接受日军投降。

1946 年 7 月,扩并保甲,普查户口,全县设 340 保,5634 甲,查实户口为110722 户,707795 人。

1947 年 3 月 10 日宁乡县银行成立。

1949 年 2 月 9-11 日黄唐起义爆发。

8 月 8 日,中国人民解放军四十九军一四六师四三六团进驻宁乡县城,在湘中三支队配合下,击溃国民党九十七军驻县城部队,宁乡县解放。9 日宁乡县人民治安委员会成立,李平任主任委员,25 日,南下工作队首批 160 人抵县。26日,中共宁乡县委成立,李瑞山任书记。27 日宁乡县人民政府成立,张继源任县长。宁乡划归益阳专署领导。9 月 8 日,全县划为 10 个区,区以下沿用保甲制。

1949 年 10 月 5 日,县城军民集会,庆祝中华人民共和国成立。

1950 年 2 月,反霸,减租,退押工作开始,4 月结束。3 月,宁乡县农民协会成立。同月,开始划乡建政。8 月结束。保甲废除,全县新建乡 229 个村 1452 个,区乡均称人民政府。

10 月 6 日,土地改革运动由点到面开展,次年 8 月结束。随后又进行五个月复查。

1951 年 7 月 1 日,县首家公私合营新生锅厂在黄材产生。9 月始,全县 15所完全小学和 111 所私办初小先后转为公办。

1952 年 3 月,全县除城关区外,将其它 10 个区划分为 20 个区,下设 492 个乡,4 个乡级镇和 4 个街政府,7 月,在国家机关开展三反"反贪污,反浪费,反官僚主义"运动。8 月 7 日开展查田定产,10 月结束,并填发土地证。9 月,私立鹅山中学改为公办,同时与宁乡师范中学部合并为宁乡县第二初级中学,私立沩滨,靳江,宗一等中学均先后改为公办。

11 月 20 日,宁乡改属湘潭专署。

11 月 25 日,全县第一个信用合作社第六区永胜信用社成立。

1953 年 11 月,农村实行粮食统购政策,次年对非农业人口实行计划供粮。

1954年，2月县委试办初级农业生产合作社。4月实行粮食统购统销政策，次年对非农业人口实行计划供粮。7月实行牲猪派购政策。9月16日实行棉布计划供应。1955年3月1日，开始使用新人民币和收回旧人民币。10月农村实行粮食三定"定产、定购、定销"政策。1956年1月，县委试办高级农业社。3月23日，县城至黄材公路建成通车。6月，撤区并乡，全县并为61乡和1镇。1957年8月全县农村开展社会主义教育运动，当时称反资斗争。10月，开展反右派斗争，次年11月结束。是年，横市大桥动工兴建，次年2月建成通车。1958年2月，黄材至雷鸣洞和横市至湘乡王家坳公路建成通车，5月5日，黄材水库动工兴建，1965年枢纽工程竣工。6月，国营官山林场建立，后更名黄材林场。9月全县组织4000多名干部和30万男女劳力大炼钢铁。11月，劳力减到6万，1960年春，因得不偿失，全部停办。9月30日，全县第一个人民公社红旗人民公社在老粮仓建立。至10月，建成17个政社合一的人民公社，全县人民公社化。10月，红旗人民公社在松柏湾办起全县第一个公共食堂。

1959年1月23日，甘泗淇将军偕夫人李贞少将回宁乡视察。

6月5日，湖南省博物馆工作队，在云山公社金坪大队发现一处商代遗址。同年黄材寨子山出土商代晚期青铜器人面方鼎。

1960年9月开展整风整社运动，纠正以高指标，瞎指挥，浮夸风和共产风为主要标志的"左"倾错误，次年五月结束。1961年1月县处理平调委员会对大跃进、人民公社化中出现的一平二调，"平均分配、调劳力、调物资产品"错误全面清理。8月，恢复区建制，调整人民公社规模，全县设17个区镇，辖72个人民公社。同年，贯彻中共中央关于"农村人民公社工作条例"，又称六十条。实行以生产队为单位，土地、劳力、耕牛、农具固定到生产队。1962年12月5日，宁乡复属益阳专署。同年，湖南六矿在黄材建立，次年更名为七一六矿。12月，宁乡西部黄材水库淹没区先后移民2250户7665人到宁乡，益阳，望城受益区定居。

1964年9月，全面开展系统社会主义教育，1966年6月结束。1966年6月3日，中共宁乡县委社会主义文化革命领导小组成立。部署开展文化大革命。同月，全县开展破四旧。8-9月，多地发生群众组织武装斗争事件，死9人伤37人。

1969年8月，暴雨成灾，为宁乡近百年最大一次洪水，全县74个公社和城关镇全部受灾，死563人，伤874人，淹没稻田43万亩，倒塌房屋75135间，县城南门桥被冲垮。

1970年4月，全县开展"一打三反运动"。

1970年5月17日，黄材农民姜伏宗在炭河里掘出商代提梁卣。

1976年9月18日，举行追悼会，悼唁毛泽东主席去世。

1977 年 6 月，小龙潭电站在祖塔动工兴建，第一期工程于 1980 年建成。

1979 年 3 月，县公安局开始对经过长期改造的"地富反坏"分子进行摘帽活动，1983 年结束。同月，中共宁乡县委落实政策办公室成立，下设办公室，平反冤假错案，1987 年基本结束。

1981 年 5 月，林业三定"稳定山林权属，划定自留山，建立林业生产责任制"工作开始，1983 年结束。

1983 年 6 月，黄材月山人民公转耳轮出土一件商代晚期大铜铙，重 221.5 公斤。

1983 年 7 月 1 日宁乡改属长沙市。10 月恢复黄材镇。

1984 年春，宁乡老战士林场在井冲人民公社创建。5 月，撤销人民公社，建立乡镇人民政府，大队改村民委员会，生产队改村民小组。

1985 年 4 月 1 日，粮食统购改为合同定购。同月，取消生猪派购，开放肉食市场。

1986 年 3 月，撤销黄材乡并入黄材镇。

1990 年 1 月，开展改造五保户住房募捐活动。至 8 月，共募集 145 万元。

1991 年 8 月，沩山密印寺移交长沙市佛教协会管理。

1992 年 4 月，对城镇单位和个人使用的土地以及农村宅基地，开始收取使用费。

1995 年 5 月 5 日撤区并乡，2002 年 4 月 15 日，启动全县农村税费改革。

2003 年 11 月 6 日，黄材镇商周古文化遗址考古发掘启动。此为国家 46 个主动性考古发掘科研项目之一。

2004 年 2 月 18 日炭河里商周遗址入选全国十大考古新发现。

2005 年 9 月 20 日宁乡首届国际佛文化节在沩山密印寺开幕。

2006 年 5 月继 2004 年入选全国十大考古发现之后，黄材炭河里遗址被国务院列为第六批国家重点文物保护单位。

2007 年 4 月 28 日，西长沙，新宁乡沩山风景旅游散客专线车开通。

2008 年 3 月 26 日，宁乡西部经济文化发展促进基金会成立及千手千眼观音圣像敬造捐献仪式举行，收到现场捐献 4800 万。

当年秋，退休干部刘建中，姜凤鸣发起联系各单位捐款约 10 万，交由黄材镇青洋村修建黄唐起义纪念碑及诗墙仕姜公桥南岸，2009 年清明节工程落成，黄材镇党委组织 100 多人参加纪念活动，纪念黄唐起义胜利六十周年。

2009 年 7 月，水利部发文，批准黄材水库为国家级风景区。11 月 3 日，2009 年中国"沩山杯"第二届环湘自行车赛总决赛在龙泉漂流景区举行。

2011 年 3 月 4 日,国家文物局与湖南省人民政府在京签署"关于共同推进湖南文化遗产保护与发展框架协议",协议议定了宁乡县炭河里遗址保护与发展。

2011 年 11 月 30 日,宁乡县农商银行"原宁乡农村信用社"开业。

2012 年 1 月 9 日,湖南省青洋湖国有林场,青洋湖国家森林公园在宁乡正式挂牌成立。

2013 年 10 月 1 日,"长沙市炭河里遗址保护条例"正式实施。

12 月 17 日,炭河里遗址被国家文物局批准为第二批国家考古遗址公园入围名录。

2014 年 9 月黄材月山村香榧树林获批"香榧树森林公园"。

10 月 19 日,"沩山"密印寺禅茶在 2014 年第六届湖南茶业博览会上获奖金。

2015 年 10 月 28 日,炭河里古城项目建设集中开工仪式在黄材举行,全面拉开炭河古城建设序幕。古城项目规划控制面积 8.6 万亩,其中核心区建设面积 1800 亩,包括西周遗址,西周博览,西周王宫,西周渔猎,西周作坊,西周森林,青洋人家七大板块。

12 月 19 日,沩山千手观音圣像开光法会举行。当天,举行千手爱心基金募捐活动启动仪式。

（刘建中摘抄《宁乡历史文化丛书》略有添加）

乡风民俗

　　过年中的"年"字，与我国农业生产有着直接关系。《正字通》里说"稔"，古人谓一年为"稔"取谷物熟也。可见它的本意是指谷物成熟。《谷梁传，宣公十六年》中说，五谷皆熟为有年"到了正月初一，一年一度的谷物又成熟了一轮"。故称过年。

古园雄风

话说过年

· 熊其二 ·

　　过年,又称春节,是全年最隆重,最热闹的传统节日,农历正月初一为春节。我地俗称"过年""过大年""大年初一"等。

　　过年中的"年"字,与我国农业生产有着直接关系。《正字通》里说"稔",古人谓一年为"稔"取谷物熟也。可见它的本意是指谷物成熟。《谷梁传·宣公十六年》中说,五谷皆熟为有年"到了正月初一,一年一度的谷物又成熟了一轮"。故称过年。"年"之称始于周。《尔雅·释天》里记载:"夏曰岁,商曰祀,周曰年,唐虞曰载"。过年之称历史悠久,称春节还不到一百年时间。辛亥革命之后,一九二一年开始,我国使用公历纪年,称阳历年一月一日为新年,又称元旦,把农历正月初一改称为春节。

一、除夕和年前准备

　　首先是打扫卫生,将室内室外,庭前院后都要打扫干净,这场打扫的核心内容,又称"打扬尘"。从农历十二月中旬开始,各家各户开始打扫卫生和打扬尘。从心理上讲,人们都有迎新辞旧之心,到了年终岁末,人们都希望否极泰来,未来一年比过去一年会更好。于是,每到岁末,尽管有许多事情要做,都必须抽出时间,将被褥衣服,餐厨器具等清洗干净,该淘汰的东西扔掉,最为郑重其事的就是:"打扬尘"。过去,无论城乡,富有和贫穷人家,居住的房子,多为砖木结构,盖的小青瓦和茅草。烧的都是柴火,墙角和瓦片间积有的大量灰尘,平时小的清扫,抹洗,不过是轻描淡写,只将表面和楼下的尘埃清除一些,那些蛛网尘封,藏污垢的旮旯里,瓦片间,确实要花一番工夫才能清扫干净。于是,人们趁过年这辞旧迎新之际进行一次大扫除,搞得干干净净过新年。

　　扫尘具体时间各户自选,通常要选一个喜庆的日子,同时也要看天气,以便适宜行动,除了清扫室内之外,庭院周边环境都要打扫干净,猪圈牛舍,粪便要出掉,粪池便桶,都要淘空倒掉,洗刷干净。

过年的准备工作,从腊月中旬开始,到了除夕三十是全年最为忙碌的一天。这一天,男主人除了要将过年物资全部备齐到家外,一年内与人的钱米往来和债务还没有料理好的,要进行料理。女主人准备团圆饭,很忙碌。时至下午申酉之后,家家户户,长老少幼要结群上坟,给已故父母和祖辈以及土地神,庙王爷送亮,坟上要焚香点烛,设备鲜酒祭祀祖宗及各路神灵,以佑全家四季平安,万事康顺。

年前,要做的事确实很多,由于旧社会贫穷面广,生活水平低,到了年底,穷人家不但无钱购置年货,还没有清偿亲朋间债务,年末的日子,尤其是三十这一天,有点手忙脚乱。富裕之家要杀猪宰羊,干塘扳鱼,酿酒出酒和打糍粑以及挂灯笼、贴春联等等,一派忙碌景象。贫困之家,也要做点年糕,桐叶粑粑,打干子,擦魔芋等,事情很杂。哪一天做什么事,人们还讲究日子,不能随意安排。一般来说,农历二十三四杀年猪,一并过小年,二十五舂好米,有七不打八不舂的说法,就是二十七不打干子,二十八不舂米。人们说:三十这天三十件事,说得很恰当。

祭祀祖先,吃过团圆饭后,还有一些忙碌的事情,首要的是把炉火烧得旺旺的,俗称"三十的火",三十火旺,来年日子更旺。全家人围住炉火守岁,烤得周身热乎。烤火的同时,还要蒸一两锅年糕和桐叶粑粑。接着,长辈向小孩赏赐压岁红包,即是贫穷人家,也必须为孩子准备一个红包,哪怕是几毛钱,孩子们拿了,非常高兴,全家高兴,除夕之夜在红红火火,高高兴兴的气氛中度过。

二、拜年和接春客

过了除夕之夜,迎来了喜庆新年。从初一这天开始,人们相互拜年祝贺。这是中华民族大家庭的共同习俗,黄材有的地方有一些讲究。初一天还未天亮,都竞争早起,放开门喜炮,迎接财神,朝天叩拜。赞吉利美好之言。相互见面必道拜年,恭喜发财之语,体现和谐亲热的乡情。晚辈向长辈拜年,体现长幼有序。并要专程上门,表示尊敬,还要备礼品相赠,长辈也要打发晚辈东西和摆点心招待,带有小孩的要打发红包,体现长辈对晚辈的关爱。一般拜年与接春客结合进行,春节期间大都要接亲戚朋友吃春酒,特别是年长的,儿女们已成家的,都接春客。这种接春客和上门拜年,往往是结合进行,亲友们约定一个日子,相约到某家拜年,这一天也就是主家接春客,设春宴的日子。晚辈向长辈拜年,还有些规矩,那就是俗话讲的:"初一崽,初二郎"初三初四拜舅行,初七初八拜地方。

这种拜年,接春客的习俗,对于贫困的家庭,是一种压力,年前的菜肴食品及烟酒往往不够,或提前告罄。因而,有俗语说"拜年拜到初七八,洗了坛子尽了塔"节日还要延续到十五,到了初七八就已经是捉襟见肘了。囊中羞涩而又碍于面子,有的人只好锁门躲客罢了。

随着社会变革和生活水平提高,这些习俗也在不断变化和更新。如今,天天像过去过年一样,过年逐步淡化,接春客不像过去那样普遍,少数人家继续传统,多数人家不约接春客了,由于应酬多,有的接了也没时间上门,于是就说哪日客来了,招待一餐便是。城镇请客,喜欢简单,到店子里请一桌。还有经济富裕之家,干脆到店子里过年,或者全家去旅游,吃、喝、玩,乐一点不操心。时日久长,过年的一些习俗风情逐步消失。比方说,六十年代之前,少数家庭杀猪宰羊,八九十年代,差不多家家户户杀猪过年,现在,都是买现成肉食回家,基本上没有哪家杀猪宰羊过年了。

三、闹元宵及春节文娱活动

正月十五是春节最后一天,这一天的饮食,又有其特色,兴吃元宵砣,腊猪头,腊猪脚,元宵砣的配料很讲究,主要成分是糯米粉做成,中间夹着包芯,包芯常常是精肉,油渣剁碎加入葱、芝麻、黄豆、花生之类,使之香甜可口,年前的猪头,猪脚,经过二十多天火烤烟熏,洗刷干尽,黄中透红,光亮可鉴,又香又脆,是一道美味佳肴。

旧时,一般过了正月初一,从初二开始玩灯,其形式主要有龙灯、花鼓灯、狮子灯、竹马灯。花鼓灯多是唱望郎调,打地花鼓,伴以唢呐、二胡,一般是一丑一旦两个演员,也可唱些花鼓小调,也有三到四个演员的。无论唱什么调,基本上是表现爱情主题。竹马灯用竹子织成马状灯笼,扎历史人物和故事。狮子灯是双人舞狮,伴打乐器,也表演各种故事。有一人专唱赞词。龙灯有篾织纸糊灯连成长龙,也有长布条镶边连作龙状的,舞龙也同样演示各种故事。正月十五闹元宵,主要就是舞灯。这天晚上的灯,把整个春节期间喜庆气氛推上最高潮,旧时有闹个通宵达旦的。三十的火,十五的灯,这天晚上家家都要点得灯火通明,如同白昼。耍龙灯、狮子灯有讲究,而且有两种级别,一种是普灯,一种是庙灯。庙灯非常隆重庄严,中乐相奏,大锣大鼓助威,出灯前,要到庙里祭告庙王。每户人家都接庙灯入户,以保一年风调雨顺、五谷丰登,万事吉祥。庙灯入户,首先向主人家祖宗神位请安,然后再玩故事。舞庙灯收到的包封,也不能作为劳务费分掉,而要用于唱戏供奉庙王,称唱庙戏。这种戏,通常在农历二月进行,乡村里杀猪宰羊大摆宴席，送个包封，这个宴席谁都可以去吃，包封不在乎大小，有时设个下限，有的随你给，大体是吃顿便餐钱即可，庙戏有时连唱几天。近些年，在城镇文化部门还组织一些灯谜游艺活动，提高民间文化娱乐品位，丰富群众文化生活。黄材有几个著名灯会，不但在本地玩灯，并多次去县城、长沙、湘潭等地玩灯，很受当地百姓欢迎，青洋灯会，曾去省城参加比赛，荣获金奖。

旧时，在正月十五入夜之前，还有一个民俗，就是在田边地头，点燃一些稻草把子，去烧那些干枯的杂草。烧掉杂草，便要烧死一些虫蚁。佛教认为，所有生命神祇都在六道中轮回，而其中最美好的是天堂。于是人们怀着更好心愿，边烧边念道："烧死虫蚁上天去"。人们希望，既烧死枯草中的虫子，确保丰收，又希望它们被烧死后，能够进入天国。这一活动，也有选在除夕扫尘一起进行，总之，这是一个有益于农作物生长的良好习俗。

传统节日

清明节

清明是农历二十四个节气之一，具体日子根据历法推算而来，常常在农历二月下旬或三月上旬。

这是一个纪念性的节日，人们在这个节日前后三天均可到已故亲人们的坟墓上去祭扫。

清明上坟又叫"挂山"，到坟上去插上一树用白皮纸或彩色纸做成的纸花纹长串，意即时令进入雨季，为先人送上雨具。大约民间认为清明前三天上坟为恭敬些，因此又说"前三天送的是伞，后三天送的是斗笠。"清明前三日为寒食日，也有说清明前一日为寒食日的。近年来国家放假孝敬祖先，这种风俗更为广泛隆重了。新死去先人的坟茔称为新坟，也就是第一次有后人去祭扫的坟墓。新坟不能等到清明，要在"社日"前上坟挂山，叫"新坟不过社"。

清明上坟是一个纪念性活动，因此，大都借上坟时修整一下坟墓，以免年深月久被柴草湮没，有的还借此机会立碑，或杀三牲设宴祭祖。

端阳节

农历五月五日是端阳节，相传是为纪念爱国诗人屈原而形成的节日，当然还有多种说法。总之，黄材与宁乡和全国一样十分看重这个节日，可以说它是除春节外最隆重的节日了。

在这个节日里，划龙船是一种最重要的纪念活动。黄材等地旧时还有划龙船时对唱山歌的习俗，这种对歌常常成为姓氏之间，区域之间的一种竞赛。

端阳节饮食方面主要兴吃粽子、黄鳝汤或黄鳝粉，还调雄黄酒喝。这一天，人们都停工休息，有牛歇谷雨，人歇端午之说。各家女婿多是携妻子儿女到岳家拜节，一直玩到吃了晚饭才回家。端阳节又传为是药王爷生日，百草都是药，善挖中草药的常常不失时机抓住这一天挖些草药回来，以备急用。家家门上悬挂艾叶、菖蒲、葛藤、室内熏硫磺、苍术，说是驱除妖鬼邪气，其实都是杀菌消毒的药物。大人还用雄黄酒在小孩头上写个"王"字，说是可以免生疮疖。小孩还有佩香袋、大蒜串的，说是避邪驱恶，其实也都有药用。此外，还有用草药煮蛋吃的，熬药汤洗澡的，从中医学角度看，这些都不失为保健措施。

五十年代之前，黄材在姜公桥上下到划船塘河段，举行龙舟竞赛，威武雄壮，热闹非凡。这种活动，一般都是附近村民自发组织的。到了端阳时节，街上艾蒿之类的药草成捆成捆的摆上街头，市民用不着直接到乡间去采了，粽子当然也是到处有得买的。

中元节

农历七月十五日是中元节，又称"七月半"，鬼节。据说阎罗王每年于七月初十大开鬼门关，放鬼回家探亲度假。

到了初十的晚上，家家户户就都有一派"接客"的气氛，人们更衣沐浴，备礼供奉，大都一片虔诚。从初十晚饭开始，到十四晚餐为止，餐餐要备好酒好菜，香茗果品敬奉，焚香秉烛，烧化纸钱，甚至四茶六烟，俨然家中有客。人们还特别讲究祭祀器皿的洁净，敬神时还得沐浴焚香，甚至还多日斋戒，不能夫妻同房。

十四日晚饭后"送客"。把大包大包的纸钱放在稻草和柴禾上焚烧，称"烧包"

或"化包"，这就是打发先祖们的包封。包封上一袋袋写得明白，谁送的，送给谁，这样，鬼神们在阴曹地府就不会搞错。也因此，烧包就有了讲究，一是不要中途用火钳之类的去撬动，以免弄混了而发生争吵；二是要在"包封"之外烧些散钱，让游魂野鬼也有所收获才不致前来抢夺；三是最好烧于临溪临水处，以便先祖容易收到。

中元节是个敬祀先祖的纪念节日，当然主要是体现后人对已故先人的怀念，因此，也有借此节日给先人烧些纸糊箱、笼、房屋的。

敬奉祖先是一项纪念性活动，同时也是一种垂示后人的行为，让人们不忘根本，也起到团结族人、家庭的作用。

中秋节

中秋节是农历八月十五日，也是中华民族传统的重要节日。在民间节日中，它和端阳一样被重视，过得隆重。

中秋月，据说是一年里最圆的月亮，取团圆之义，这个节日就体现了一个团圆的主题，一个思亲的主题。这天讲究吃和月亮一样圆的月饼，夜晚一家人聚集一起赏月。此外还兴吃牛肉米粉，黄豆芝麻伴和的米糖、桂花糖等。

小孩在户外，河沙洲里、田里、禾场里垒宝塔，用的是石头、红砖、瓦片之类的材料，垒好了就在下面点火烧烤，叫烧宝塔。八月十五是瓜果熟透的季节，煮黄南瓜吃也是习俗之一。特别值得一提的是，小孩子还可以到别人地里去偷瓜在野外煮吃，也可以把偷来的瓜送到没有孩子的夫妻家里，称为送子瓜，接受送子瓜的人家自然会摆出一些糖果点心招待，大家吃得尽兴方散。八月十五偷瓜不算偷，只要瞒了被偷的主人，其他人大可不必隐瞒的，甚至是呼朋引伴，大张旗鼓。丢瓜的主人发现后若骂就好，骂得越厉害，偷瓜的人就灾星越少，故八月十五偷瓜，就是不怕别人骂的。

其他节日

二月十五日是花朝节，旧时选在这一天为即将成人的女孩子穿耳孔，以便日后戴耳坠，传说这一天穿的耳孔不发炎，而且可使姑娘长得更加俊俏。

立夏是二十四节气中的一节，这时正值插田时节，所以也称插田节。"插田栽米树"是美好的事，因而"细伢子望过年，大人望插田"。立夏讲究吃的是糯米粉做成的汤丸，民间称"光砣子"，又称立夏砣。据说吃了这种"光砣子"可以强身健体："立夏吃碗光，石头踩条坑。"

农历三月三日也是一个节日，就称"三月三"，这时荠菜已抽穗开花，人们用荠菜熬出汤来煮蛋吃。荠菜俗名"地菜子"，因此三月三就是吃地菜子煮鸡蛋。地菜子是可以入药的，据说有清肝明目作用，当然也是有利健康的。

重阳节是农历九月九日，这时秋高气爽，可以登高望远，而且山里毛栗成熟，年轻人也正好借此登山采摘。现在国家将重阳节定为中国老年节，重阳节则又有了新的一层涵义。

冬至也是二十四节气之一，这一天人们将猪肉挂于当风处做成风吹肉，叫作"冬至肉"或"至肉"，据说肉脆味香，别有风味，比平时吹的肉好，而且也不易变质。其实也与气候有关，因为到了冬至以后就不会有太热的天气，鲜肉不必特别处理也不会腐烂了。同时这一天也可祭祖。

农历十二月二十四日为"小年"，先一晚，即二十三日晚要送灶王爷上天，小年晚灶王爷即向天帝奏报人间善恶去了。

擂茶

沩山擂茶，因特殊的香浓，且具备充饥保健功效而闻名遐迩。许多年来，爱喝擂茶，是沩山人的一个传统；外地人上沩山，也惦记着喝一碗擂茶。

由于工艺不同，沩山擂茶分为煮擂茶和擂擂茶两种，一般情况下是指后者。打煮擂茶时，先将茶叶和生姜等擂碎，再和糯米、玉米、绿豆等一起加水煮熟，喝时把炒熟的芝麻、黄豆、花生等加进去。打擂茶时，将绿豆、黄豆等炒熟并放入擂钵（钵内壁布满纵向的纹路）中擂碎后，再加入茶叶、生姜等擂碎，然后把粉末与炒熟的花生、芝麻等一起用开水泡着喝。也可先将绿茶茶叶置于擂钵中，以擂槌擂碎，擂时加少许冷开水，使之润滑好擂；放入芝麻后，再擂；待擂至茶叶、芝麻都成糊状后加入刚炒熟的花生，继续擂；直到花生全部擂散了，再加入生姜、胡椒，又擂至全部成茶浆再加开水即可饮用。

沩山擂茶在食用时，有喝清茶和加料茶两种方法。喝清茶时，将茶汤舀入碗中,不另加配料直接食用。对于劳累而出汗多者,或想喝纯擂茶者,以此方法喝热茶,可立即感到身心舒畅。喝加料茶时,则将茶汤加入碗中至七分满,再加入豆子、玉米、芝麻和去皮的炒花生等配料,其香浓的口感更为迷人。

沩山擂茶在沩山有着悠久的历史传承。到沩山,常常遇到当地人聚在一起喝擂茶的场景。平时,某家打擂茶前,左邻右舍亲戚朋友往往一下就来了十几人。大家一齐动手,剥的剥,炒的炒,擂的擂,说说笑笑,十分热闹。

擂茶打出来后,客人不停地喝,主人在一旁不停地添。家里多请几个人做事,上午和下午休息时都要打一场擂茶,也成了一种不成文的规矩。

在沩山,有女人的农家,必备擂钵和擂槌。学打擂茶,曾是当地女孩子的"必修课",很多女孩十来岁时就能把各个程序操作得相当熟练。一场擂茶,全部擂制完成需在 15 分钟左右。虽然时间不长,但需双手持续均匀用力,常令人汗流浃背。初学者,往往擂两三分钟就得休息,而老手知道如何控制力道用巧劲,甚至不换手也可一气打成。

打沩山擂茶,只能用擂钵和擂槌,才能保持其原汁原味,用石磨磨碎或机器打碎等办法都不行。在擂的过程中,擂槌也被不断擂碎进入擂茶中。因此,制作擂槌时,所选木材要具备硬度大和可食两个特征。在当地,擂槌常用油茶树制成。

进入 21 世纪后,沩山集镇出现了不少擂茶店,还有人建起了擂茶厂制作干品推向市场,擂茶已成了当地各茶叶销售店的必备商品。

族谱文化

·刘建中·

当今社会流行产业文化,如茶文化、酒文化、饮食文化、房地产文化、汽车文化。而流传中国的族谱文化却很少听人说,乱世逞兵强,盛世兴文墨。

改革开放的一九七八年以后,由于党中央政策解禁,思想大解放、物质大丰收,带动百业俱兴,根深蒂固修谱修墓随之如雨后春笋般欣欣向荣。

家谱是记载同宗共祖的血缘集团世系人物和事迹等方面情况的历史图籍,它与方志、正史构成了中华民族历史大厦的三大支柱,是我国珍贵文化遗产的一部分。家谱蕴藏着大量有关人口学、社会学、经济学、历史学、民族学、教育学、人物传记以及地方史的资料,对开展学术研究有重要价值,同时对海内外华人寻根认祖、增强民族凝聚力也有着重要意义。为此,国家档案局、教育部、文化部曾于1984年11月20日专门发文《关于协助编好<中国家谱综合目录>的通知》。经过十余年的努力《中国家谱综合目录》于1997年由中华书局正式出版,对家谱整理工作提供学术研究发挥了重要作用。

我2002年退休,闲在家看到了这个文件以后,解除了思想顾虑,邀集同宗族友商定为宗族修谱,我起草了倡议书,指明吾始迁祖万山公,起世祖进迳公自民国十九年六修族谱,至今七十一年。

民国年间外侵内战难以修谱。解放后,国泰民安,然破除迷信,此系严禁之列。从已末改革开放以来,政通人和,百废俱兴,乃民间重兴结墓修谱之俗。近二十多年以来,同姓各宗、异姓各族已陆续修谱,中华民族又创造了绚丽多姿灿烂族谱文化。家之有谱,犹国之有史也,史记国运盛衰隆替,人才之贤否忠奸,谱载族人生配卒葬,繁衍居迁。七十多年的变迁,吾族人才辈出,祖贤功德不可不续,故谱不可不修也。我倡议发起同宗族友应和、熏陶、寿生、命桥、尚之、君亮、德梅、定湘等16人签名响应,以此倡议书不断宣传发动,边宣传边造册,大小十多次会议,步步深入,后来在云山水罗冲刘根家找到了一套完整的六修谱,承前启

后有了根据,在不断深入中,搞清始迁祖式卿公世居江西吉安府泰和县范子庙,昆李六万,公居三,配范夫人生进通,进迈,明洪武二年巳末八月十五奉旨携妻儿迁徙湖南长沙府宁乡县,落业龙洞、瓦子坪湾田冲、坪塘、石回冲、唐市等处,通公旋由宁乡徙宝庆、新化、石马、三都等地。(我们在修谱中曾去新化专车查找无果)迈公即起世祖也,字御天,号龙洞。明洪武乙卯举孝廉丙辰成进士,后吏部即授开封府尹巡抚顺天,再抚甘肃,擢升兵部侍郎,配李氏夫人生秉尧、秉舜、秉颜。颜公无裔,尧舜两房子孙繁衍。

我族谱于清康熙丙申,乾隆甲午,嘉庆戊寅、同治辛末、宣统巳酉、民国庚午六修族谱。凡例三指明,收录新旧序言八篇,各有特点,共有其用,既记述了谱志意义和刘姓宗族源流,也反映了多个时代的历史面貌,尊重历史,古今贯通。可惜一、二修的序言失传。今选三修序一篇,系作者陶树于嘉庆年间为我资阳刘氏三修谱序之一,对我族远古历史源流掘述精湛,不失为同宗共源之考也。注:陶树,安化人,嘉庆进士,道光官至两江总督,人子少保兼管盐政。当时与刘氏族贤其友善,为刘氏三修作过三篇序言,此其一,写此凡例者刘应和公已作古,三修序言无法查找。

四修序言刘典撰,据宁乡百年人物风云录记载刘典(1819-1878 年)字佰敬,号克庵,宁乡枫木桥牛角湾人。1851 年(咸丰元年)太平天国起义,刘典在家乡操办团练。因镇压当地罗西寨斋教会聚集有功,被保为训导。随后,追随左宗棠在赣、浙、皖等地攻打太平军,升任浙江按察使。(1864 年,)太平天国失败后,刘典在湖南募兵扩军。1865 年,刘典倡修云山书院,旋即创办省城驻宁试馆,即望麓园,作为宁邑学子到省城进行科举考试时居住和学习的场所。同治六年,左宗棠督办陕甘军务。次年二月,刘典奉调赴陕,帮办军务,三月,任陕西巡抚,在陕甘任内筹集粮饷,支援左宗棠征战,颇著劳绩。清同治九年,刘典以母年迈,告假回乡省亲。1875 年(光绪元年)左宗棠督办新疆军务,率军出征新疆,召刘典复出,被左宗棠委以留守之任,筹集兵马粮草,致力于收复新疆的战争。随后,刘典补太仆寺正卿,旋升通政使。光绪四年病逝于兰州,后归葬于宁乡灰汤。

刘典在四修序中写道,余奉天子命督勇剿贼十余年,足迹半天下,目击残破之躯枕骸遍野,庐墓邱虚幸而未罹于难者,父母兄弟妻子离散,终至于相见而不相识,是骨肉也等于涂人矣,何问呼敬宗收族之谊,何辩乎大宗小宗之伦,此非人之咎也,迫于时耳,顾吾思之祸乱之兴,实始于家之不肃,闻之爱亲者不敢恶于人,敬亲者不敢慢于人,恶与慢且不敢,况敢作奸犯科,称兵肇乱以蹈复宗绝祀之罪,此岂仁人孝子所忍言欤,夫仁孝莫大于尊亲,礼曰:亲亲故尊祖,尊祖故敬宗,敬宗故收族,收族也者辨其孰大宗孰为小宗,孰为昭孰为穆,理而分之比而合之,有恩以相爱有以相接,而又于春露秋霜,勖其不忍忘祖之心,岁时伏腊勖其不敢忘祖之义,善则劝恶则规所谓中也,养不中才也,养不才岂尚有弃其亲而背其君者乎,天下家之积也,家尽如是岂尚有寇贼奸宄之平乎。故曰家齐而后治国,治国而后天下平,余咎夫宗法之不讲祸乱之相寻也,策马所至感慨系之幸赖。

五修族谱于宣统元年尧舜两房嗣孙敬撰,二十二世嗣孙同知衔升用知县邑照黎芳泽氏敬书。自宋庐陵欧阳式眉山苏氏变唐史谱系为一门之例辑为族谱,而谱学以兴然欧阳叙询以下疏略太甚,眉山远追昆吾陆终,反不载居蜀之长史,识者痛之躬敢如郭崇韬之祖汾阳白乐天之祖乙丙假此以矜阀阅,而不自知其诬者乎。我刘氏自陶唐幼子监明嗣封继世相承渐称盛族,泪沛公定鼎,光武中兴,赐姓分藩,刘氏遂满寰宇,嗣是文章勋业彪炳史册者代不乏人。若不敦本纪实,扳附以光谱牒,是明蹈郭白之辙病更甚,于欧苏矣。宋赞善大夫叔度公者发迹豫章,以春秋三代起家,登进士第,历官农部游履司空,宦业儒林后先,辉联八传至中池学士万山明经,又名万三,为我宁益二宗之祖,中池三传至伯河、伯汉、伯源、伯清、伯瀛、昆仲分徙桥沙,牛田,汾湖州、阳龙坝、新桥、刘桥、刘冲、石燕楼房,宝林冲等处。我明经公传进通、进迓。通公徙新化石马三都。迓公字龙洞,官兵部侍郎随父徙宁落业瓦子坪,湾田冲、石灰冲、唐市、坪塘等处,传秉尧、秉舜、秉颜失传,尧舜两房子孙繁衍,散敬居沩水资江。

六修族谱岁在民国十九年,二十一嗣孙绍阳岳庵氏敬撰并书,序:中国自革命军兴,推倒五千年帝制,创建大一统民国,合四万万人民为一大族。少年新进,谓民族为重,家族次之。究之四万万民族,无非亿万姓家族集占而成。不联络家族,则民族无由,团结联络家族之法,莫要于修谱,顾无论民国帝国,家族民族,皆不可不讲谱学也。

明甚独是谱所以辨亲疏序昭穆,登记一族人之生配卒葬,务宜崇本纪实,正谬删讹,何敢妄自穿凿,扳附名人,徒矜阀阅,以失其祖宗血统之系,而昧其敬宗收族之本心也。

七修族谱岁在 2002 年夏,序言由二十四世嗣孙先范字学文,正厅级干部原省统计局长撰写。序曰:本族子孙,黄帝血统。黄帝第五世放勋,即尧帝。尧长子监明受封于刘邑(今河北唐县),其子孙以邑为姓,取名刘式。又据《尚书中侯》载:尧之长子监明早死,不得立,监明之子(式)封于刘。可见尧帝是刘姓和血缘圣祖,刘式是刘姓的开姓始祖。自监明至夏朝刘累,约十二世,360 年左右,刘累至战国时魏国的刘荣,约 56 世,1600 年左右。荣系汉朝开创者刘邦的祖父。刘邦小弟刘交,当年与刘邦一起创造汉朝,被封为楚王,建都彭城(古大彭氏国,春秋时宋邑,今江苏徐州市铜山县),后人称刘交为彭城刘氏之始祖。我族祖万三公至彭城约 56 世孙。万三公原籍江西泰和县，于明洪武二年（公元 1350 年）迁居湖南宁乡沩水之滨，分徙益阳桃江。我们就是万三公的后裔，与黄帝一脉相通。民族一统，万脉同源。刘姓虽是大姓，但只是中华民族的一部分。刘姓姓始从黄帝所赐祁姓中分出，帝尧之后称祁姓刘氏，周成王最小的儿子为姬姓刘氏。而后又有汉朝赐姓为刘，匈奴少数民族与汉通婚后改姓为刘。但也有刘姓改为他姓。由于婚嫁，血缘关系更为混合。

几千年的历史铸造了中华民族大血统，奠定了民族大团结的坚实基础。龙的传人，中华栋梁。在石器时代，石斧即刘。人类原始生活中，石斧的作用绝不亚于当今社会的机床和火箭。因此刘被作为原始部落的图腾，驻地的邑名，以刘而威雄，以刘而荣耀，最原始的姓氏，往往来源于原始部落的图腾或都邑，刘氏、刘姓就这样产生了，几千年来，亿万刘氏子孙，就是以这种石斧精神鼓舞自己，为振兴中华功劳显赫。首推夏朝的刘累，是刘姓有史可查的第一大显祖，以擅长养龙、御龙著称，君主孔甲赐刘为御龙氏。此后刘姓族人以御龙精神自励。

最为辉煌的是刘邦建立汉朝，前后 24 位皇帝，历 406 年，奠定了我们统一的中华民族和伟大的中华文明的基础。汉人、汉族、汉字、汉语、汉学、汉律、汉书、汉文化，是我中华民族最醒目的印记。三国时有刘备在成都建立蜀汉国，传遽二帝，历 42 年。五胡十六国时，有刘渊在平阳开创前赵，传遽五帝，历 25 年。六朝时有刘裕在金陵开创的南宋朝，传遽八帝，历 60 年。五代时刘知远在卞梁开创的后汉王朝，传遽二帝，历 5 年。五代十国时，有刘崇在太原创建北汉，传遽4 帝，历 29 年。又有刘龚兄弟在广州的南汉王朝，传遽四帝，历 48 年，刘姓几度成为国姓，刘氏具有皇家风范。并且在历朝文臣武将中，也不乏刘姓子孙。仅李唐王朝，就有 13 位刘姓宰相，各行各业都有刘姓子孙的功绩，宋元明清时期刘姓还居文化望族。在当代，无数刘姓子孙献身于中国人民的解放事业和社会主义文化建设，涌现了大批杰出人物。其中有共和国主席刘少奇、元帅刘伯承。

范氏宗祠

·范向阳·

作者简介

范向阳，宁乡市黄材镇人，中学高级教师。

宁乡炭河古城西隅，响铃山山麓，曾经矗立一座家族文化的殿堂——范氏宗祠。我从小发蒙于斯，成长于斯。今执笔行文，纪念于斯。

范氏宗祠的原貌记忆犹新，宗祠门楼飞檐翘角，肃穆堂皇。"读山毓秀，让水长流"的门联铭记于心。跨入祠堂大门，只见一方天井，四水归堂，两株丹桂，八月飘香。天井中央由青色片石均匀地嵌成"人"字图案。苔藓泛绿，犹显沧桑。

进入礼堂，正前方五福台上依辈份次序供奉着祖先牌位："本支百世茂，烝尝万代新"的对联镶嵌两边，文字中透露出后世子孙对家族兴旺发达的期盼。犹为弥足珍贵的是"济世良相"这块金光灿灿的扁额，它的来历非同寻常。

族谱记载："康熙四十二年（1703年），圣祖仁皇帝南巡，驻跸苏州，询及先臣范仲淹文正祠，御书'济世良相'四个大字，赐主祠臣文正十九世孙能浚立扁祠内，诏各省一体遵立，以示旌宠"。"济世良相"是当年康熙皇帝对文正公的褒奖，是一般皇朝宰相配不上的，也应是范仲淹后人莫大的骄傲，今天仍觉无尚荣光。

我一直笃信：祠堂，是大地上鲜活的遗存，是正宗的国粹，是一方独特的中国印。在这里纪念先祖，兴办族学，教化后人。我的启蒙学校——新桥小学，其校址就在范氏宗祠。犹记父亲送我入学发蒙的情景，父亲牵着我的手，带我走进范氏宗祠,路过天井,故意停留,给我讲解天井"人"字图案的寓意,告诫做人要堂堂正正,与人要和睦相处,这应该是我入学发蒙的第一课。在这所小学,度过了六年读书时光,在这里,我闻到了书本的芳香,领会了做人的道理,熟悉这里的一草一木、一砖一石。我迷恋这里上了年纪的木头发出的清香;痴情于五福台上的雕龙画凤;留恋于青石板上的蹦蹦跳跳;陶醉于"济世良相"的荣耀。特别是上课下课老师摇响的铜铃声,至今犹在耳边回响。老师们的谆谆教诲,学子们的琅琅书声……一幕幕读书生活的画面在脑海中浮现。

拂动尘埃的朔风将斑驳的历史剥落,世人的鲁莽将凝聚先人心血的祠堂夷为平地,如今只剩下一方废墟。二〇一六年的清明节,我们好些族人来到了祠堂遗址,只为凭吊先祖遗德,弘扬"先忧后乐"的家风。面对遗址上的片瓦残垣和萋萋芳草,感慨油然而生:祠址幸在,何时杰构重新,为此河山添胜迹;宗堂复修,唯愿后嗣发力,好让子孙仰先贤。感慨也好,愿望也罢,当今清明盛世,弘扬家族优秀文化,应是历史的必然。诚如斯,中华大地上一座座气宇轩昂、古色古香的祠宇将会出现在世人面前,将为美丽乡村、全域旅游增添一道靓丽的风景,也会为淳化民风、构建和谐社会发挥不可估量的作用。

高氏宗祠

高氏宗祠位于沩山乡沩水村,距密印寺约 4 华里。始建于清光绪年间,土砖青瓦木结构,四合院建筑风格,坐东朝西,总占地面积 1 万平方米,建筑面积 989 平方米,由正殿(含戏楼)、厢房、五福堂三大部分组成。进入正门即为戏楼台底,过道宽阔,左右为正房,台底两旁木柱以鼓形麻石为基,两两相对,延伸到台门。台底用木柱支撑形成架空的台基,台前有柱 2 根,左右有木制楼梯可上戏台。木结构戏楼长 6.4 米,宽 5.2 米,万字格护栏,间镂雕龙、凤、荷、梅等,纹饰古朴、精致。高氏宗祠是湘中地区保存最完整的宗祠。

舞台墙上至今还残留有晚清民国间请长沙湘剧班社唱戏的剧目名和演员表。2015 年县文物局又进一步对祠堂进行了修缮布置,恢复了一些匾额和对联。

宗教活动场所(图文)

密印禅寺

密印寺建成于唐大中三年(849),由大唐禅师灵祐创建,经相国裴休奏请,宣宗皇帝李忱敕封"密印禅寺"。宋代神宗赵顼又御赐"报恩寺"匾额。密印寺山门横匾"般若道场",刻有对联"法雨来衡岳,宗风启仰山"。大雄宝殿高九丈,殿内外有石柱 38 根,殿内壁嵌饰金佛像 12988 尊,故又名"万佛殿"。

密印寺是佛教禅宗五派之一沩仰宗祖庭。鼎盛时的密印寺,占地 9000 平方米,殿堂 8 座,僧侣 3000 多人。密印寺是百丈清规践行、警策宏文首倡之圣地,为国内最大的丛林之一,法脉远播东南亚、日本。中国佛教协会先后八任会长中,寄禅、太虚、虚云大师曾是密印寺住持,前任一诚大师、现任传印大师皆为沩仰宗传人。而民间传说的法海,系唐相裴休之子,曾代太子出家密印寺,后住持金山寺,成为一代高僧。

2005 年,密印寺得到完整修复,9 月 20 日,中国(宁乡)首届国际佛文化节在此隆重开幕,原全国政协副主席毛致用出席,时任全国佛教协会会长一诚大师主礼,中央电视台朱军、凤凰卫视吴小莉等主持。节会盛况空前,影响深远。自 2006 年始,密印寺大规模扩建,寺前修建以莲花池为中心的文化广场,寺后修建以千手观音为核心的文化公园。2012 年,密印寺被评为国家 AAAA 景区。2015 年 11 月寺院举行了观音圣像开光法会,寺院影响日益扩大。寺院内至今尚有两株千年古银杏和油盐石、龙王井等景点。

◎密印禅寺

访同庆寺

·姜福成·

想不到在唐代名重九州的同庆寺竟近在眼前了。这里是全国最大的土坝工程之——黄材水库尾端。虽然已是半山，仰头环顾，仍然可见四山高耸，连绵不断，或如笔架，或如马鞍，或似雄鸡高唱，或如群马奔腾，雄奇与幽深巧妙地结合在一起，难怪那位开山祖师灵祐看中了这里。我耳畔袅袅飘起了钟鼓之声，思绪出入于山门内外：灵祐大师的袈裟在阳光里绚烂夺目，而为寺院牧牛的小齐己却挥着竹鞭在牛背上画写诗篇……然而，眼前这一切都不复存在，只有旧址（今祖塔乡政府）左侧的山边垒叠着三块凿成圆柱形，约两人合抱大小的石头，据说这就是当年寺院的拴马桩。不过仅从这拴马桩到寺院中心的距离，我们便不难想象当年同庆寺规模之宏大了。

这里与同一山头的密印寺相距不过 10 余里之遥。相传密印寺的开山祖师灵祐就坐葬于此，因建有墓塔，始有祖塔之名。这一说法当不虚乌，1969 年破四旧时，在今乡政府后院被摧毁的墓塔下还出土过一块石碑，碑上有这样的记述："唐大中七年壬申九月十五日殁葬栀子园，全身入塔，石匠陆士平。"灵祐虽在唐宪宗元和末年（公元 820 年）就来沩山结草为庐，安禅接众，但唐武宗下令灭佛时灵祐又一度裹首为民了，直到大中三年才正式建密印寺。按碑上的记载，灵祐在正式建寺后，仅四年就圆寂了。但灵祐为什么不葬在毗卢峰卜的密印寺，而偏要葬到这里来呢？究竟是先有密印寺还是先有同庆寺？在该乡任职达八年的党委王书记说："日本僧人寻访密印寺时先来拜谒了同庆寺，他们认为是先有同庆寺而后有密印寺的。"

当地有一种说法，说灵祐来沩山建寺时要向当地的大姓姜氏讨块地盘。姜氏慨然许诺：只要灵祐站到沩山半腰，将袈裟抛出，能抛多远就给多广。哪料灵祐一使劲，上抛的袈裟遮住日头，荫及黄材外面，姜氏不能反悔，只得履行诺言，于是寺院便有了数千亩计的田地。

◎同庆寺（坐落于黄材祖塔村）

但据姜氏族谱记载，黄材姜姓是于后唐庄宗同光二年奉移民诏迁来而发脉子孙的。同光二年即 924 年，即是说，姜氏初祖的到来比灵祐迟了 104 年，姜氏焉有田产施舍寺院？

然而有一点是可信的，那就是同庆寺曾经确实拥有相当数量的田产，据称佃户就达 1000 多家，有数千亩土地的寺院，当然不是小寺院，但田地的多寡不仅反映寺院的大小，还反映着寺院的宗派性质。

佛教一经传入中国就有小乘大乘之分，发展到了隋唐就形成了天台、华严、唯识、禅宗、密宗、净土等派别，同庆寺和密印寺同属禅宗。他们主张彻底否定物质世界，相传禅宗六祖就是凭着"菩提本无树，明镜亦非台，本来无一物，何处惹尘埃"这样"四大皆空"的偈语得到五祖赞赏而继承衣钵的。

六祖下分两支，一支是青原行思，一支是南岳怀让，怀让传怀海，灵祐就是怀海的弟子，他来沩山开创了禅宗五派之一的另一宗派。因为他的宗派是由他的弟子慧寂到江西袁州仰山寺继承弘发后臻于完善的，因而史称沩仰宗。禅宗不仅否定物质世界，也不认为有什么客观精神——神的存在，只是主张内心自省以达到顿悟，其表达方式主要是师徒相互唱和。由于他们摈弃了那个救苦救难的神，因而也无法依赖香火过活。这就是老古班人讲的"沩山的菩萨不显灵"。寺院没有香火就没有收入，师徒们自然也不能空着肚子唱和，于是田产（租谷）就成了寺院的主要经济支柱。作为笃信佛教，当时被贬任潭州（长沙）节度使的裴休，以其行政和别的手段，给寺院捐集田产，也就是顺理成章的了。

黄材石狮庵

·胡雅婷·

石狮庵，位于黄材镇沩江南岸，莲花山下，庵后有一大青石，酷似雄狮威踞，故称石狮庵。传说远古黄材，地贫物乏，猛兽涂炭生灵，族长率族人燃香跪求上苍，以求平安，保万物丰收。土地公速上报天庭，请求出手相助。

玉皇大帝闻听此事，立马宣来太白金星，问其由。

太白金星道："陛下！五百年前，此地刁民屡屡不向天庭进贡，香烛全无，还将各神仙居所砸毁，您命文殊菩萨坐骑去震慑他们，而那孽畜不守戒规，祸乱了人间。"

◎石狮庵

"时日已久，他们众心向佛，还请陛下相助！"土地公赶紧作揖。

"既是如此，派观音大士去吧！让他们敬畏不是本皇的初衷，我佛慈悲，应当帮他们打开菩提心，悟其法理。"

"臣领旨！"土地公驾祥云而去，直奔南海观世音菩萨道场。

童子通报，大士宣见。

"土地公！你方原是炎帝修炼之地，他后人不服天庭，才惹事端，如今我已知你来意，即同去降服它。"

话说天狮受命来到凡间，试吃人间生灵，喜上了此味，一发不可收拾。

观世音菩萨凌云黄材盆地上空，正见猛狮张口欲将一人吞食，速唤："畜生，还敢胡作非为？快来受降。"

那东西见是观世音菩萨，立马放下那人，一跃而起，欲腾空跨沩水而去。观世音菩萨见状，手一挥，将座下的莲扔将出去，化变成一座莲花山，将狮子压在了下面，狮子张开嘴一声长啸，便化作了石头。

观世音菩萨受命玉帝，在此布道施法，正寻一处作为诵经布道的地方。一回头，见石狮雄口大张，正是一个好去处，遂在石狮口中开坛诵经，普度众生，广收信徒。

后来信徒日益增多，便修殿以蔽风雨，前殿将石狮洞口遮掩。自唐而宋、而元、而明、而清、立五朝于兹，时有修葺。年深月久，各处善男信女朝拜者络绎不绝，香火长盛不衰。

一道山门而立，庵堂门联云：

佛地不凡，有佛在居皆佛地

灵山难觅，降临于此亦灵山

此联正贴佛的旨意，所谓的灵山在哪儿呢？其实它在我们每个人心中。

过山门，拾级而上，屋檐飞翘，梁道夯实，新立大殿古朴厚重。自观世音菩萨后，众多仙界菩萨前来讲法，曰罗汉、释迦、地藏、饿佛、文殊、普贤、大士。信徒们叩谢仙界，为众菩萨雕身塑像，他们便在前后殿中依位而立，接受信徒们的朝拜。后殿为天然石洞，占地面积八百平方，洞顶悬八卦，壁有凿石成佛。

"山不在高，有仙则灵"。石狮庵以它的久远厚重，长盛香火及周围水光山色，惹得古往今来的文人墨客兴诗作赋，台胞作家曾焜赋诗以志：

重修石狮庵感怀

奇峰异石似狮形，庵奉慈航宝刹馨。
一壑洞天傍水秀，千寻石壁绕山青。

2015 年 11 月 9 日

神奇关圣殿

·甘玉佳·

关圣殿过去叫龙潭，人们习惯叫龙王潭。它位于宁乡西部最偏远、最偏僻的山区，距铁冲街上 7.5 公里。进了铁冲水库，一条曲折蜿蜒的盘山公路沿着清澈见底的铁冲河河畔的发源地，在郁郁葱葱的山林间穿过。乘车约半个小时即可到达关圣村村部。关圣殿立于关圣村村部约 500 米的右下方的一盆地之中。其左有雪峰山，右有云台山，上抵猴公山，下至莲花山，与桃江、益阳、安化相邻，是通往安化、涟源的要道。殿堂四面环山，风景如画，古有三盆（苏家盆、罗家盆、杨家盆）、六寨（郭公寨、牛寨上、拨弓寨等）、四十八庵（栗木庵、为仙庵、福兴庵、观音庵、千佛庵、华严庵、小溪庵、保和庵、宝莲庵、大悲庵等），分布于周围 27.2 平方公里的山坡山坳上，地势钟灵，清静幽雅，有悬岩瀑布的险境，有四季如冰的甘泉，满山山茶山菜山珍，遍地灵草仙丹山药，野猪獐兔出没于林间，各类雀鸟翱翔于山谷，好一幅鸟语花香的人间仙境，旅游休闲的天然氧吧。

关圣殿的由来，有着诸多的神奇传说。它建于何年，因义化人革命中破四旧、立四新运动，殿堂被毁，现无历史考证，民间现有两种传说。

传说很久很久以前，天门山下的河中有一条孽龙时常作怪，经常山洪暴发，洪水漫天，危害百姓，当地人怨声载道，无奈，只得到当时的千佛庵请求老尼除妖。老尼请动神仙助力除妖。当天晚上，老尼在睡梦中，梦见一个一副红脸的勇猛大将手执大刀，追杀孽龙，一直追到龙王潭，那孽龙钻进了龙王潭的石洞洞穴中，再也不敢出来了，洪水才得以息退。第二天，老尼便把昨晚的好梦告诉了百姓。百姓们深知红脸勇将是关公菩萨显灵，拯救了百姓。百姓们为感谢关公宏恩，决心立佛修殿，永保无患。佛殿建在何处，众人一时无法确定。又是一天晚上，老尼又得一梦，梦见仙女庙的女仙告诉她，龟山上的母龟产下九蛋后，不久，龟蛋已出蛋壳，成了幼龟，到处爬走寻母，当幼龟找到母龟后，母龟的立身之地，便是修殿的地址。第二天，老尼又把梦中之事告知了百姓。百姓们四处寻找，最后，在龙王潭的盆地中发现了一个大土堆，旁边有九个小堆，请得风水先生一看，果然是一个修建殿堂的好地方。老百姓凑得银两便在此地修建了一座雄伟庄严的关圣殿，殿堂为四合院，殿前为一戏楼，钟鼓楼列于两旁，后楼为正殿，殿内有千座金身古佛。

另一传说是为感谢关公宏恩，老百姓凑得银两准备修建关公殿，当无法确定殿址时，隆家牌坳上一个老者做得一梦，梦见一只老虎向他飞奔而来，然后俯身让他上背，驼他去到一地。虎曰：此地为蝴蝶化身之地。在此蝴蝶飞舞的玉米地中，有一根玉米秆上连结九球，那是九龟之化身，在此建殿，能永保地圣之仙灵。第二天，天刚拂晓，人们按照老者的梦中之意，果真在龙王潭盆地的玉米地中，找到了一块蝴蝶飞舞的玉米地。玉米地中有一颗高大粗壮的玉米秆，秆上连结九球，个个含苞待放，人们便在此地建起了关圣殿。

关圣殿建成后，历年间常有宁乡、桃江、益阳、安化等县市近地百姓来关圣殿求神拜佛，烧香还愿，常年香火不熄。每年六月二十三日关公圣诞日，打醮祭会连续三、四天，每天开席百来桌。八月十五中秋节，舞龙、舞狮、唱戏、庆愿、孝母拜香，又是三、五天。过去关圣殿钟鼓常鸣，香烟不断，关公灵圣，恩惠万民。

据说民国十九年，久晴不雨，万物将枯，百姓求关公降雨，普救万民。在一个太阳如火，炎热烫人的上午，人们祭祀关公，卜卦。当天午时三刻定降甘霖。在场的一个叫李五染匠的当众嘲笑说："关公今天真的降了雨，我杀个崽祭您。"中午时分，果然一场倾盆大雨，李五染匠自感失言之过，即扎个稻草人竖在门前，请师公作法，用大刀去刺稻草人，每刺一下，就喷一股鲜血。他跪拜在地求关公恕罪，事后杀猪宰羊，也没法补救，在三年之内，他三个儿子相继过世，没了后裔。

关圣殿过去曾遭过三次火灾，每次烧到正殿旁便自然熄灭，关公正殿无丝毫损伤。10年文化大革命浩劫，一座庄严雄伟的千年古刹竟遭到红卫兵的摧毁，人们无不痛心惋惜，期盼有一天能得到修复。

2003年8月15日，当地村民自发组织了一场形式多样、内容丰富、声势浩大、人数之多，影响之广的关公中秋祭会和修复大殿动员大会，人们抬着四尊大小不一的关公神像，出动大小车 20 余辆，集中各种乐器乐队、舞龙、舞狮、拜香队等 100 多人上路，经铁冲、桃江金沙洲、雪峰山等地，打醮请愿，司礼唱戏，历时三天，1000 余人参祭，共募资 7 万多元，于 2004 年修复了关圣殿正殿，为推动关圣生态旅游开发奠定了基础。

其它宗教活动场所图

◎太平庵（坐落于黄材镇蒿溪）

◎密印庵（坐落于黄材月山龙泉村）

◎南岳行宫（坐落于黄材下河街）

◎郭公寨之三仙观

兵家要塞——郭公寨

· 邓喜良 ·

作者简介

邓喜良，1948 年生于黄材镇寨子村，从事教育工作，发表文学作品若干。

位于宁乡西部边陲重镇——黄材，是座人杰地灵、历史悠久的古镇，有着太多的优美传说和瑰丽的人文景观。西周遗址、炭河方国、密印古刹、千佛洞、裴休墓、张栻父子墓、易祓故里等历史古迹早已闻名遐迩，四海传扬。然而，就在黄材镇西侧约八公里的猴公大山南麓，有一座险要山寨，人称郭公寨却鲜为人知。

这个山寨三面悬崖，猴鸟无攀，唯东侧有一羊肠小道直通狭溪，且沿途多峭壁，有好几处地方仅能容一人通过，别无他途，有"一夫当关、万夫莫开"之险。而南面绵延数十里，与雪峰山接壤，故据此而寨，进可攻其不备，守则固若金汤；退能游刃于深山老林，为历代兵家所竞争。

郭公寨原名清净仑，在猴公大山山脉中。相传早在元顺帝年间，白莲教首领韩山童聚众起义，号称红巾军，威震一时。后遭朝廷重兵围剿，兵败亳州（今安徽亳县），韩山童被杀害，红巾军如鸟兽散，军中有一郭姓部将，见主帅遇难，又不甘束手就擒，于是带领四五百败兵之师，逃回老家益州（今湖南益阳县），路过清净仑，觉得此处是个易守难攻的好处所，便籍此立寨，占山为王、行侠仗义、杀富济贫。地方官府曾经几次进山剿伐，终因地势险要，无功而返。

据说后来有个叫林志庚的益州知府，派出十几个武功高强的官兵，假装绿林好汉，自称被官府追杀，愿投奔郭公麾下，郭信以为真，为扩充队伍，便收为偏将，林知府又用重金收买了郭部属下的二当家，设下奸计，里应外合，终将山寨攻破，郭某悔恨交加，引颈自裁。

人们为了怀念郭公的英武狭义，遂将清净仑改称郭公寨。

又传，到了明朝正统十二年，在闽南山已活跃着一支反抗朝廷"禁山""坑佃"暴政的农民起义军，为首的叫邓茂七，一时间，应者如云，攻城掠地，以烈火燎原之势，迅速蔓延，很快发展到 10 万之众，不到半年，连克潭州，赣州等十多个州县，朝廷恐惧，调集京营、江西、福建、浙江等省约 20 万重兵进行讨伐，农民军因众寡悬殊，又指挥失利，在鹰潭镇受官兵四路人马合围，惨遭失败。邓茂七中箭身亡，树倒猢狲散，群龙无首之下，农民军死的死，降的降，散的散。当是时，有江成、杨正、陈异夫三人同为邓茂七部属。他们结伙率众千余，躲开官兵的追击，沿湘江西上，逃到了猴公大山，以郭公寨为据点，与官兵抗衡。他们在三面悬崖边分别布防了"雷木阵"和"滚石阵"，又在唯一能通往山寨的小道上据险设立了六道关卡，派精良把守。时任岳州统制的王三扶受诏调集 5000 精兵，分三路进剿郭公寨，相持数月，仅仅只攻到第三关卡，就损兵逾半，王统制最后只有不战而退，他自知难辞其咎，便遣散官兵，自己跳进湘江，以身殉职。

经过多次征伐，均无计可克，朝廷甚为不安，于是卜诏求贤：

"若有破得郭公寨贼军者，赏千亩田，封万户侯"。

此时，益阳侧耳冲有一大庄户，庄主叫晏光前，此人十分圆滑，当地称他晏圆外，这一天，他揭诏来到剿军帐前，自夸可以擒得江、杨、陈三贼，剿军统帅讥讽道，我等几千官兵，五次三番尚且奈他不何，难道你是孙猴子转世？晏圆外"如此这般"附耳低言一番，督军拍手大笑："妙，速行不误！"

原来，这江、杨、陈三杰治军严谨，处事仗义，自打来到郭公寨，从不骚扰百姓，也不为难一般商贾，唯贪官者杀，唯富豪者劫。这晏庄主虽为大户，也有些财产，可他深知若与江等为敌，绝无好果子吃。于是，明里暗里都给郭公寨送些好处，同时还把那些与己有隙的乡绅大富的劣迹报告给江、杨、陈，深得三人信赖。有一天，晏庄主夜奔郭公寨，送来请柬，说是要为儿子完婚，特宴请三杰前去喝杯喜酒。他们去晏庄打尖喝酒的事，本就时而有之，这次是晏家大喜，理当恭贺，三人毫不生疑，如期赴约。也是命该当绝，宴席中他们开怀畅饮，被晏圆外下的迷药迷倒，缚献剿军。就这样，郭公寨一举攻破。

后来，人们为了纪念三杰，特修建庙宇，将江成、杨正、陈异夫三人塑金身以供，世称"三仙"，建庙为猴公山"三仙观"。前来朝拜的人，络绎不绝，直到民国，寺庙被毁弃，而郭公寨仍为兵家所望。

1930 年 9 月，工农红军第二师所部严岳乔、钟杰率领队伍以此为驻地，与国民党军队多次激战，屡战屡胜。尤其是 1949 年初，曾经威震湘中的姜亚勋部，黄唐起义成功后，亦在此以少胜多，几次击败白崇禧派出的好几个师团，打破了敌人"一个月歼灭湘中支队"的梦想。

凭斯而论，郭公寨实为兵家之要塞。

老二太公

·刘志辉·

　　恩维,尊神彭公法显生于乾隆甲辰正月十七日,去世于道光二十九年(公元1784年-1849年),享年六十五岁,安葬于彭家湾老屋后,已有两百多年,该神自幼学医,并于五关州投师拜法,况受祖传秘诀,水火烫伤、毒蛇咬伤,无名肿毒……等百病能医,故后得道成神,消灾解难、普度众生。

　　尊神祖居此地,四面远扬,八方来拜、有求必应、叩之即灵。受恩当报、酬谢阳钱、历经数载积少成多,则当地首士维持寿庆,添置神具、修建坟墓,况于九八年购买房屋为堂,二○○四年重新改修,以报神恩。

　　仰尊神坐正神堂,通灵显应,治病救人,为民消灾,永受香烟,造福迎祥,岂不善哉。

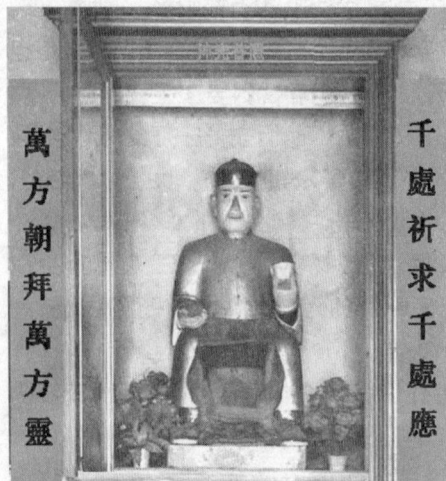

萬方朝拜萬方靈　千處祈求千處應

民间信仰活动场所

彭法显神殿

(证号：湘AN1010)

宁乡县民族宗教事务局监制

风 水

·贺葵生·

作者简介

贺葵生，1941 年出生于宁乡黄材镇，擅长风水，2012 年过世。

《史记》《日者列传》就有"堪舆家"一词。旧时迷信术数的一种，即风水的别称。先人认为住宅和祖坟的方位，地貌及四周环境都会对居住者及后人的贫贱、富贵吉凶、性格等诸多方面产生影响。

风水学大概在晋郭景纯至唐朝的袁守诚等人都曾对风水进行过研究和发挥。宋代杨救贫总结阐发，自此其术始显。至清代范实宾根据前人学说，写出《元辰正运》以阴阳消长之学说观察山脉来龙之变化。蒋云间撰写《天元赋》阐明阳宅盛衰之道，他认为"人生食宿之场，随呼吸而立应"，"欲求朝悴暮荣之求，须识移星换斗之奇"。自此有关家居卜宅及祖坟相地之风气盛行于民间。

千百年来，在人类文明尚不发达、文化并不普及的时代，一部分江湖术士给风水这一学科披上一层神秘外纱，进而愚弄人们，正如"天元赋"中指出："嗣是异书杂出，怪轨争驰，处处造灭蛮之经，人人排掌中之卦，词能害志，妄且乱真。"

据传残唐时，有司马头陀（俗名刘潜），养白龟十九尾，得精珠三颗，取点目精，可见山川龙脉之行住，受南岳百丈禅师之托，寻找十方伽持之地（见景德传灯录卷九）。刘潜奉命，自湘江顺流而卜，至靖港，见支流沩江水流清澈，大异且喜，即沿沩江而上，至大沩山，然后将其所见写成钳地书，谓宁乡有二十四处吉地，至今流传宁乡有二十四钳之说。

在境内，观察风水较有功底和享有盛名者要算姜槐丞先生（1894–1981），先生为饱学之士，对天文地理颇有研究心得，他能在上半年推算出下半年或明年的某一日为晴天或雨天。家居生白蚁，他能测出是哪个方位的风水失调所引起，然后对症施治，百发百中。对龙、穴、砂、水了如指掌，其弟子根据先生所传及其遗愿，著有《愧舆必读》一书传世。

受他的影响，黄材人笃信风水，认为风水可以给他们带来福祉，特别在农村，有百分之九五的人在修建房屋和安葬先人遗体时，总要请风水先生看一看，算一算，以图吉利。

时至高科技发达的今天，一些学者正在潜心研究考证，用"辩证唯物论"的学说，揭开风水之秘密，利用风水这一自然规律造福于人类，已成为事实。

故土情深

人类与森林,是共存共荣的关系,因为它能保持水土,又能改善生态平衡,而且能美化环境,所以我们必须养成爱林、护林的习惯,这有益于当代,又有益于子孙后代。

古園雄風

忆江南·家乡好

·彭可平·

作者简介

　　彭可平，男，1952 年 4 月生于宁乡黄材镇，曾任宁乡县委副书记、长沙县委书记、长沙市人大副主任，正厅级顾问等职。

其一

峰峦绕，盆地乐农耕。
碧水青洋滋万物，
鸡飞鱼跃稻香萦。
谁不喜丰盈？

其二

商周始，历代重诗文。
稚子书声常悦耳，
农家耕读久相闻。
风土育贤人。

其三

辉煌在，上古立都城。
转耳青铜惊玉宇，
沩山法雨洒东瀛。
难却炭河情。

著名传染病专家姜素椿的传奇故事

姜素椿(1929-),男,湖南省宁乡县黄材镇崔坪人,著名传染病专家。2003年,他参加了北京第一位非典患者的抢救,并组织参加了北京首例非典死者尸检,冒着生命危险,用自己的身体进行血清注射实验获得成功。

2003年4月22日,央军委委员、总后勤部长廖锡龙上将受胡锦涛总书记委托,到302医院看望姜素椿教授。4月24日,总后党委作出决定,号召军队广大医务工作者和科研人员向姜素椿学习。5月1日,北京市总工会授予姜素椿"首都五一劳动奖章"。5月5日,总部联合通报,授予姜素椿"全军非典防治工作先进个人"称号,并为其颁发了"中华医学基金会风范奖"。6月,又被中央组织部授予"全国防治非典型肺炎工作优秀共产党员"的光荣称号。由于姜素椿有着40多年的医疗临床经历和丰富的工作经验,他还担任着《中华实验与临床病毒》杂志的副主编,《中华内科》《中国抗生素》等10多家刊物的编委。姜素椿1929年2月出生于湖南宁乡崔坪石龙村。1956年10月,从大连医学院毕业后,分配到解放军302医院工作。他长期从事临床医疗、教学和科研工作,在中枢神经、消化、呼吸等传染病的防治方面造诣很深,先后参与我国部分地区流行性出血热、霍乱、中毒性痢疾等疫情的处理,受到党中央、中央军委的表扬,两次荣立三等功。他还承担了国家"七五"攻关课题"依诺沙星实验及临床研究"。他从事的"儿童沙门菌感染研究""氟哌酸的疗效研究""青霉素治疗流脑的研究"及"伤寒的临床治疗"等课题,分别获得军队科技进步医疗成果奖,为我国传染病的防治提供了理论依据。

2003年3月7日傍晚,在抗击"非典"的战役中,姜素椿突然接到从医院打来的电话,要求对一名危重病人进行急诊。原来这名病人呈肺炎症状,而且是从广东回来后发病的。姜素椿此前只知道广东出现了非典,但在北京还是第一次听到。他正琢磨着如何抢救时,院长发话了:"姜教授,您这么大年纪了,就在病房外坐镇指挥就行了!"话音刚落,从病房里走出来的医生,报告病人的病情很不好。姜素椿对院长说:"不行,我必须进入病房才能指挥抢救!"可院长考虑姜的安全,坚决不同意。旁边的医生也劝他:"教授,里面很危险,您还是别进去了。我们出来给您汇报就行了。"姜素椿当时就急了,说:"一个医生不见到病人,怎么抢救?"姜素椿顾不了更多,很快穿好隔离服,还特意在口罩下垫了两块纱布,就冲进了病房。这时,病人已经插管,情况十分危急。他立即组织抢救,6名医生轮番给病人做心脏体外按摩。那一刻,所有参加抢救的人都有被感染的可能,特别是在气管插管后,毒性更大,致病性更强。但在当时,大家谁也顾不上这些,心里只想着要把病人救过来。虽然他们尽了最大努力,但由于这位病人年龄偏大而且病情严重,最终还是未能得救。

停止抢救后,姜素椿马上交代了两件事:一是让护士做好尸体料理并加强防护,防止尸体排泄物外流污染环境;二是所有人员下去先洗澡,把衣服鞋袜都更换消毒后才能回家。离开病房已经凌晨1点多了,姜素椿在院子里转悠了好久,思考第二天的工作。回到家里,他把衣服和鞋袜全部脱在凉台通风的地方,洗澡后悄悄睡在了另一个房间,打开窗户。因为在当时危急的情况下,姜素椿怕将病原体传染给老伴。

姜素椿看了一辈子的传染病,像非典这么厉害的疾病不多见。半小时前病人还吃过东西,怎么死得这么快?这种病到底是由什么引起的?这只有依靠科学,从病源、病理上找依据。他立即向院领导建议,尽快进行尸体解剖。由于病人尸体内残存着大量病毒,打开胸腔,病毒会四处蔓延,危险性比以往任何时候都大。院领导考虑到他年龄大,坚决不让他参加尸解工作。但姜素椿还是坚持进入了解剖室,和病毒、免疫、微生物专家对各个组织器官进行了细致的研究,用最快的速度完成了北京市第一例非典死亡患者的尸解工作,为开展SARS非典研究积累了宝贵的第一手资料。尸检结束后,院领导考虑到姜素椿年事已高,又连日劳累,怕他被感染,便给他下了一道"死命令",坚决让他撤离一线。但他对院领导说:"我是一名医生,医生的战位就在救治第一线。在这个关键的时刻,我怎么能撤离呢?"接下来的几天,姜素椿先后4次下到病房看病、讨论,每次一呆就是好几个小时。

2003年3月14日傍晚,姜素椿忽然感觉身上发冷,而且这次的冷和往常不一样,还伴有点寒颤。一试体温达37.6摄氏度,他意识到可能出问题了,立即向医务部作了汇报,院领导让姜素椿赶紧住院。经检查,姜素椿被确诊感染上了非典,躺在病床上,姜素椿的脑海里始终没有忘记抢救第一例病人时就思考的一个问题:借鉴传染病用血清治疗的经验,来尝试用非典患者恢复期血清救治危重患者。拿定主意后,他坚决要求在自己身上马上进行试验。

2003年3月22日上午,姜素椿平静地躺在病床上,一滴滴血清缓缓地流入了他的血管。注射血清后，姜素椿的身体没有出现任何异常反应，一周后觉得呼吸变得顺畅，经配合其他药物治疗，他住院 23 天就奇迹般康复出院了。

试验成功以后，香港、深圳、新加坡等地也运用血清疗法，使数十名非典患者康复出院。消息传出，一场抗击非典的重大战役取得突破性进展，姜素椿也因此受到全国人民的关注和赞扬。

姜素椿自小在宁乡黄材崔坪的农村长大，共有兄弟姐妹 8 人，他排行第 5。父母勤劳能干，忠厚善良，使姜素椿从小就养成了与人为善、关爱他人的品德。他从医几十年，用自己的工资、奖金接济和帮助过许多贫困病人。至今，仍有数十位与姜素椿保持着书信联系。在姜素椿的记忆里，最让他怀念的 3 所学校就是宁乡沩滨中学（今宁乡县三中）、省立一中（今长沙市一中）和大连医学院（今大连医科大学）。他说："抗日战争爆发后，从城里去了一大批到沩滨中学逃难的教师，他们思想进步，知识丰富，经常向学生传播一些革命道理，使我受到了良好的教育。"

1945 年 9 月，姜素椿考上省立一中后，又接触了许多有理想、有抱负的同学，对他的思想产生了积极的影响；在大连医学院，严格的管理教育和优秀的教师资源，更使他打下了扎实的专业基础。1950 年抗美援朝战争打响后，他应征入伍。1956 年，姜素椿从大连医学院毕业后，被提前分配到解放军 302 医院从事中枢神经、消化和呼吸传染病的防治工作，一干就是 48 年。

姜素椿的老伴是他大学同学，望城县莲花镇人，婚后两人都把精力集中在了儿科与传染病的医疗工作中。他们有两个女儿，均已成家，一个在加拿大从事微生物研究，一个在国内从事计算机工作。

现在，尽管生活条件好了，但姜素椿老两口还是保持着多年养成的勤劳俭朴的习惯，生活中很多事情都是自己动手。

说到自己的家乡，姜素椿心情总是很激动。他说，他的出生地宁乡崔坪石龙村是一个非常美丽的地方，山里面有一个大溶洞，人称十三洞，洞里面有许多千奇百怪的钟乳石，乡亲们叫它神仙洞。洞里有很多 10 多厘米长的鱼，长得非常壮，由于缺少阳光，眼睛都退化了。有一次鱼被抓回家以后，他父亲开玩笑地说："神仙洞里的东西动不得。"于是姜素椿又老老实实地把鱼送了回去。

2003 年 6 月，姜素椿回湖南时，得知家乡正在抓紧对十三洞进行旅游开发，心情激动不已。他十分期待地说："家乡一定会变成旅游区，变成一个非常美丽的世外桃源。"

现在，宁乡黄材崔坪已被列为沩山风景名胜区的重要组成部分。那个神仙洞已经开发成独具魅力的旅游景点，更名为千佛洞，正以十分神秘的姿态迎接八方来宾。

回忆老战士林场

·姜应钟·

作者简介

姜应钟，黄材镇崔平人，早年在黄埔军官学校学习，随姜亚勋参加黄唐起义，任一团团长。退休后撰写革命回忆录。

人类与森林，是共存共荣的关系，因为它能保持水土，又能改善生态平衡，而且能美化环境，所以我们必须养成爱林、护林的习惯，这既有益于当代，又是有益于子孙后代的。

1981年，刘立青同志受革命家李维汉之托，回家乡组织编写《宁乡人民革命史》。他回到宁乡四处奔走，寻找熟悉宁乡历史情况的同志，首先寻到张生力、李品珍。两位是宁乡"抗日"时期的领导者。接着找到姜亚勋和我，我们是解放战争年代，发动宁乡"黄、唐农民起义"的组织者。先后相邀了12位知情者，成立了"历史编写组"，直到1983年撰写成书。写完史书后，刘老向姜亚勋、李品珍和我三人建议："我看井冲、五里堆一带，光山秃岭，水土流失严重，建议组织一个造林班子，为山区人民开发林业，保持水上，有益于家乡人民，那有多好啊！"

姜老抢先表态："您的建议很好，我们三人在解放战争年代，出生入死，搞红色革命，为的是人民的解放，如今宁乡山区人民虽然有饭吃，但还不是很富裕，再回家乡组织人民来一次绿色革命，保持水土，有经济价值，又有益于人民。"要我带头组织，我们边听边想，认定是一件好事，因此举起双手赞成。

1984年春节刚过，接到姜老来信，催我回宁乡造林，并说：已与宁乡县委领导取得联系，欢迎我们开办林业，已指定当时的人大主任陶季斌出面，协助造林，并选定新桥一所停办的瓷厂为林场住址。我于3月底办好离休手续，由江西贵溪直抵新桥瓷厂，姜亚勋在此等候。接着李品珍自带行李，到达瓷厂，这时我们三人赤手空拳，一无所有，只有一颗开办林场的决心。所谓"万事开头难"，吃饭问题也未解决，幸好有位肖老，年过七旬，自起伙食，住此看守瓷厂，向他要求搭伙，议定两角钱一餐，得到同意，感谢他行了方便。没有床铺，便寻点旧木板，搭起大地铺，我们就睡在一起。第一晚同睡时，姜亚勋深有感触地说：今晚我们共睡地板铺，比起打游击战时，经常露宿在高山的草地上，不是好得多吗？李品珍说：那时睡草地，是为人民的解放，暂时睡地板床，又是为山区人民开发林业，都是造福人民的事。我们开办林场的人力，一定要发动老战士献余热，就命名为"老战士林场"吧！

四月初姜亚勋提议：邀请陶季斌来场，成立"董事会"，在第一次会议上，共商三件事：一、议定办场宗旨，"自带钱粮，不计报酬，为植树造林献余热"；二、经济来源，暂定自行捐款；三、人力来源，发动老战士献余热。会后，各自本着'宗旨'开展工作。第一件事，"动针就要线"先将自己存款，借给林场做开办费，并分头串联宁乡及老干部投资，不到两个月，集资13000余元。由姜亚勋出面，向省林业厅要求投资6万元，市林业局投资2万元，国际信托公司资助2万元。当年入夏，共筹造林资金11万余元，志愿献余热的老战士接踵而来，人力新增18位。于是召开第二次"董事会"，经讨论决定，正式成立"富民林业公司"，下设"老战士林场"。公推姜亚勋任董事长，李品珍任副董事长，姜应钟任经理，其余为董事。计划在井冲乡地区，科学造林一千亩。良种青梅一百亩。县林业局主动分配工程师和技术员各一位，住场协助造林。公司全体职工，分配到新桥、团山、黄绢、桃园四个村，先向有关联营户宣传开发林业的好处，明确分红比例，山主得七，公司得三，培养果树，因成本较高，定为各半分红。接下来的工作是，每孔施磷肥一公斤，果树另加鸡粪一公斤，又分别强调，填坑要填实，取苗不伤根，栽树要做到上紧下松，对每一环节都按科学原则验收合格，才按面议付给报酬。联营户，对分红比例和劳动报酬，一致表示满意。由于本着科学原则造林，果树成活率达到95%，生长率提高三倍，从而改变了落后的造林方法，为振兴林业起了示范作用。

时至1985年春，姜亚勋报请刘正省长，批准无息贷款30万元，为义务造林充实了资金。经我会同县财政局领导，去省财政厅签订合同书，拨来此款，存入县农业银行。姜老几次在职工会上叮嘱我们：我们新一代享受离休的老干，应当感到荣幸！一定要自尊自爱，保持晚节。对于国家和集体的钱，要一丝不苟啊！老领导的嘱咐，表达了我们的心声，已成为管理资金的"座右铭"。例如：职工因公出差，自1984年至1987年，都是自买车票，自费伙食，自费住宿，为时四个春秋，林场没有报销过分文。在这段时间里，老同志因公出差，最多的贴了3千余元，少的也有千元以上。直到1987年下半年，才按国家规定，报销差旅费。在1988年以前，林场人员没有任何补贴，至次年元月才经董事会决定，每月出勤 25 天的，补助伙食费 20 元，缺勤一天者照扣。由林场发工资的看山员，由几人开始，逐年上升到 20 余人，大都是老战士，根据管理面积大小，每月待遇只有 30 到 40 元。待遇虽低，工作时间可长，白天要满山巡逻，晚上也要去山上检查，尤其是挂果季节，不独他们日夜繁忙，连我们这些老头，也一同上阵，日以继夜地检查、看守果实。

林场办到 1994 年，大家苦心孤诣，已是十个寒暑。此时，造林面积，已发展经济林 4 千多亩，良种果树 8 百余亩，杜仲 90 亩，都已成林挂果，其中青梅、奈李、板栗都已进入盛果期。

这几种果树，年收入由两三千多元起步，逐年上升到六万余元，如实按比例分红，联营户皆大欢喜。本县各单位领导，发现我场的良种板栗，仅两年就开花结果，果子大，十一二粒足有一斤重，要求我场嫁接良种苗，卖给他们自办板栗园。公司宗旨，就是为了开发林业。当年秋，即在金莲庵，租用五亩山田，开办苗圃一所，嫁接良种苗 20 多万株，供给铁冲、双江口等四个村，12 万多株，以偿其自办果园之目的，剩下十万多株，公司与祖塔、白马桥，又联营开办两个板栗园。由于果园受益逐年上升，苗圃和果脯加工效果都好，董事会决定将林场开始集资的 11 万元，分别返还原单位。此时，公司还存现金 20 余万元，国家交给我们的资金，完全用在植树上，做到了公私分明，一丝不苟。当地群众，对于造林成果，耳濡目染，一致赞扬说：这些老战士自带钱粮，操心劳力，帮助农村造林，为我们做了一件大好事。一片赞扬声，不胫而走，遐迩传闻，当地领导和一些想办果园的同志，自发来场参观访问，特别是长沙夏赞忠书记亲临观察，深入王家湾后，见到大片板栗树，成林挂果，长势喜人，又观察坝湾里的水杉林，估量苑茎已是两尺多，九米多高，誉称"科学造林在这里成了样板"，并了解老战士办场宗旨，是植树造林献余热，他高兴地说："这是一个'社教'的好课堂，要发动全市各单位及学校，都来参观学习。"不到一个星期，参观队伍打起红旗，接连来场参观。

与此同时，中组部来场巡视两次，拍照了林果园。自 1994 年至 1995 年，到场参观访问的，共有 80 批次，有的送了光荣匾，有的送给锦旗，共有 80 多副，还有九种报纸，表扬了造林成果，我们受到极大鼓舞，感到无尚光荣，也感到有生之年还能为人民办成这点实事，沉浸在幸福之中。

老战士开办林场，自 1984 年开始至 1996 年，为时 13 个春秋，领导给予表扬，群众喜悦。有位老战士是崔坪乡人，名喻化龙，他在益阳工作 40 多年，最后职务是益阳市供销总社党委书记兼主任，他风闻林场办得出色，特意来林场参观，即兴作诗一首，题为"参观宁乡老战士林场有感"诗曰："钱粮自带建林场，无私奉献未有忘。今日雷锋张美德，当年战士发余光。山峦树长溪为绿，果木花开地亦香。十载辛勤功劳大，迎来春色永流芳。"

一位可亲可敬的不平凡女性

· 何佩钦 ·

作者简介

何佩钦，湖南安化人，省水利厅原纪委组长退休。

宁乡黄材素来物华天宝，人杰地灵。从这里曾走出了不少仁人志士，杰出人才，其中就有一位女性，原湖南省农村经济委员会经营管理处处长、离休干部何淑媛。

1932 年，何淑媛出生在黄材镇松华村。她 16 岁从沩滨中学初中毕业，17 岁参加革命，19 岁加入中国共产党，1992 年光荣离休。何淑媛的一生是革命的一生，是为党、为国、为人民默默奉献的一生。她是一位德才兼备的、可亲可敬的不平凡女性。

一、政治可靠，立场坚定，是经得起考验的共产党员

几十年来，经历那么多惊涛骇浪的政治运动，何淑媛始终坚决拥护和执行党的路线、方针和政策，没有犯过大的错误。特别是在涉及个人切身利益的问题上，尽管受了委屈和沉重的打击，但她置党和人民的利益高于一切，赤胆忠心，充分表现了一名共产党员应有的高尚品德。

何淑媛的父亲何梦生，曾在 1951 年镇反高潮中被错杀。这是一个典型的冤假错案。党的十一届三中全会以后，党和政府本着有错必纠的精神，平反纠正冤假错案，何梦生先生被错杀的问题才得到平反昭雪。父亲的冤假错案，是长期套在她头上的一个紧箍咒，也是组织上几十年来不提拔重用她的一个重要原因。可想而知，她是多么的痛苦难熬。尽管如此，她对父亲被错杀从来没有发过半句怨言，讲过一句怪话。

她总是说，共产党、毛主席是伟大的，在暴风骤雨式的革命斗争中，难免伤害好人。她父亲被错杀是当时历史条件下的工作失误，绝对不能责怪怨恨党和政府。她还经常对家人说，幸亏共产党，才有新中国，才有她们全家幸福的今天。由此可见，她对党的忠诚、信任、感恩表里如一。

二、任劳任怨，勤勤恳恳，是党和人民的好干部

从 1949 年参加革命到 1992 年离休的 43 年中，何淑媛一直从事农村工作，具有较高的政策水平和丰富的实践经验，比较出色地完成了各项工作任务。

1949 年 9 月到 1957 年 4 月，将近 8 年的时间，她一直在乡、区、县基层从事农村工作，参加过清匪反霸、减租退押、土改、土改复查、镇反、农业合作化等一系列运动。清匪反霸、减租退押时，她担任工作组长；土改、土改复查中担任工作队长。1951 年，年仅 19 岁的何淑媛在长沙县几百人的土改工作队大会上介绍经验，听众鸦雀无声，掌声不断。

1953 年到 1954 年在望城县委农村工作部工作期间，她经常下乡搞调查研究，代县委、县政府起草指示、意见和报告，为报社、电台、杂志写过不少稿件。1953 年，在全省试办的 25 个农业社之一的何义芳农业社蹲点，1954 年又在省劳动模范吴吟钦创建的大湖农业社办社。她撰写的一篇农业合作化的文章被选入《中国农村的社会主义高潮》一书，发行全国。

1957 年 4 月她调到省里工作，开始在省农业厅合作处，后到省委农村部资料室负责资料的收集整理，工作有条不紊，井然有序，受到领导和群众赞许。后来调办公室负责几个地区的电话联系，收集整理农村工作情况，夜以继日，积劳成疾，带病工作。

1969 年至 1973 年她下放湘西农村，奔波于崇山峻岭之间。白天背个篓，晚上提盏灯，不是开会，就是窜寨挨家挨户做工作。县里经常叫下放干部去开会，她从不畏难请假，总是拖儿带女走几十里山路去吉首县城按时参加会议。

她想农民之所想，急农民之所急。对苗族地区之贫困、苗民生活之艰苦，充满了同情心和决心为之改变落后面貌的强烈责任感。她为生产队出谋划策做规划，言传身教，推广先进耕作技术，在抓好粮食生产的同时抓好副业生产，自己带头参加集体生产劳动，经常是晴天一身汗，雨天一身泥，晚上还要开会做工作。生产队缺资金买农药，她和丈夫商量，主动拿出 30 元钱给生产队解决困难。

1973 年 7 月她从湘西调回省里以后，一直从事农村经营管理工作。离休后，仍然发挥余热，继续力所能及做一些有益于社会的工作。1992 年编写完成 13 万

字的《湖南省建国后的农民组织》,当选为省社科联第三届委员会委员。1997年连任第五届农经学会理事会秘书长,负责日常工作。一直到2003年才真正告别工作生涯,时已年满71岁。

三、热爱本职,勇于创新,是农村经营管理专家

1980-1983年担任省委农村部经营管理处副处长、处长以后,围绕深化农村改革,每年抓住一两个热点、难点问题,组织地、县经营管理干部搞调查研究,从理论到实践,探讨解决新的矛盾和问题,不断开创经营管理工作的新局面。经营管理处多次被评为先进单位,她个人也多次被评为先进工作者和省直属机关优秀党员,多次在全国农村经营管理工作会议上介绍经验。当时,湖南的经营管理工作一直走在全国前列,不少省市来考察学习。

1980年,她主持在全省范围内开展农村合作经济财务整顿,重点抓财务制度建设。1983年4月,在全国农村财务会计工作会议上作了经验介绍,得到了农业部领导和各省市经营管理同行的好评。

1982年,她代省农委起草了《关于搞好夏收分配几个问题的意见》《关于认真执行承包合同,搞好收入分配的意见》,省政府以101号文件批转各地执行。

从1983年下半年开始,在省委农村部的直接领导下,她主持在全省范围内,由点到面,分期分批建立乡镇经营管理服务站。到1986年初,全省90%的乡镇都把经营管理服务站建立起来了。为合作经济和农户提供了各方面的服务,使湖南省成为全国经营管理服务体系建设先进省。

1985年春,她在全省分期分批开展了村级财务整顿,到1986年初基本结束,保护和壮大了合作经济,教育和挽救了一批党员干部,为农村基层整党创造了条件。

从1986年开始,她在全省农村试行了合作经济的审计监督制度。在总结试点经验的基础上,组织编写了《农村审计》教材,举办了农村审计训练班,代省农委、省审计局起草了开展农村合作经济审计工作的意见,部署在全省迅速开展农村合作经济审计监督工作。当时,全省有94个县市,2837个乡镇建立了审计机构,配备审计人员9119人,促进了农村合作经济财务管理工作的健康发展,从而使湖南省成为全国农村审计工作先进省。

从1987年起,她着手研究完善双层经营,稳定家庭联产承包制。在省农委的领导下,组织各地市经营管理部门进行了33个乡完善双层经营的调查研究。6月,召开了完善双层经营专题研讨会,综合大家意见,代省农委起草了《关于完善双层经营,稳定家庭联产承包制的报告》,报告提出了完善双层经营,重点是发展

村级经济,增强村合作经济组织的生产服务、管理协调、资产积累、资源开发等服务功能的建议,得到省领导的肯定。7月10日,省委、省政府以〔1987123〕号文件批转各地参照执行,有力地促进了家庭联产承包制的完善和发展。

从1988年6月开始,她组织省、地(市)、县经营管理干部,先后考察了15个不同类型乡镇的承包合同管理情况,广泛征求各地县和省直有关部门的意见,为省政府起草了《湖南省农村合作经济承包合同管理办法(试行)》,省政府以〔1989〕27号文件颁发全省执行。为了配合《办法》的贯彻实施,举办了农村承包合同管理研讨班,培训县以上经营管理骨干140多人。从此,全省农村合作经济承包合同管理逐步走上了规范化、法制化的轨道。

她长期从事农村工作,通过工作实践和有计划的自学,系统地掌握了农业经济管理的基础理论和专业知识,具有丰富的工作经验和较高的政策理论水平。两次主编经营管理干部训练班教材。在省党校举办的县团级干部训练班讲授过3次经营管理课;在省网岭干部学校公社书记培训班讲课2次;负责主办过2期全省经营管理干部训练班。在农业部的《农村工作通讯》《公社财务》以及《湖南日报》,湖南广播电台多次发表经营管理文章。1979年12月,在湖南人民广播电台《经营管理讲座》讲课6次。1982年10月,在《湖南日报》发表《有关今年年终分配若干政策问题解答》。1983年4月,在农业部办的《公社财务》第4期发表《农村财务会计工作要大胆改革》。1987年,在全省农村社教工作会议上,作了完善双层经营的发言,反响很好,发言稿在全国《农村合作经济经营管理》刊物上发表。在省委党史委和省农委主持召开的毛泽东论农业为基础研讨会上,她发表了《完善双层经营,丰富和发展毛泽东合作制理论》一文,后被采纳编入《毛泽东以农业为基础论文集》一书,由湖南人民出版社出版。1988年,负责主编《农家致富经营指导》一书,由湖南科技出版社出版。该书共列百多道题目,用一个个生动的经营管理实例,一事一议,深入浅出,阐述农村家庭经营的成功经验,深受农民群众欢迎。1992年和杨耀辉等3人撰写的《完善双层经营,深化农村改革》一文,获省首届社会科技优秀成果三等奖。

四、正直厚道,亲和慈善,是为人处世的表率

在下放吉首时,对待农民群众就像对待自己的亲人一样。当时的毛坪公社沙坪大队贫农石连至的妹妹患精神病,没有衣服穿,何淑媛把自己的新衣服送给她,并出钱给她治病。贫农石元修的一个3岁小孩不幸掉进猪栏边的一个粪坑,她自告奋勇和丈夫一道轮流用嘴对嘴,做人工呼吸一个多小时,虽然没有救活,但群众非常敬佩。贫农单身汉石元金因公被毒蛇咬伤,经医院抢救无效死亡。她丈夫用板

车把死者从吉首拖回来后，尸体开始腐烂发臭，何淑媛冒着感染的风险，亲手给死者穿寿衣安葬，受到当地领导和群众好评。

1959年，一位同志刚从湘西自治州调来省委农村部工作，一家5口没地方住，何淑媛主动把自己5口之家仅有的2间住房，腾出1间给以前素不相识的新同事一家用。该同志岳母患病，2个小孩哭哭啼啼，到处拉屎拉尿，闹得很不安宁，但何淑媛宁愿将困难留给自己，也要把方便让给别人。

原省委农村部办公室卢树生同志响应党的号召，把本来落户长沙市的妻子儿女下放回原籍临湘务农，仅留下一个10岁正在上学的女儿带在身边。省委组织部把他从省农业厅调到省委农村部工作后，有好几个月和几个同志挤一间集体宿舍，女儿无处安身。何淑媛主动把他女儿接到家和自己母亲搭铺，并帮她买饭菜票到公共食堂用餐，一住就是好几个月。还有一位同志从下面国营农场调来省委农村部工作，自己住集体宿舍，一个上学的儿子无处安身，何淑媛照样把他的儿子接到自己家里，衣、食、住、行、学全包。

何淑媛还是一个孝敬长辈，关爱亲属，重亲情、讲孝道的女性。

解放初期，父亲被错杀，家庭被错划成地主，文盲老母和一个尚未成年的弟弟被扫地出门，赶到一个荒无人烟的山沟里栖身草棚，生活极其困难。何淑媛虽然在长沙参加了工作，但当时的国家干部都是实行供给制，每人每月只有几块零用钱，她把钱几乎全部寄回去救济母亲和弟弟。1956年她成家后将母亲接到长沙同住赡养，直到母亲1994年去世。

上个世纪五六十年代，她弟弟一家6口人全靠他一个人20-30元工资维持生活，非常困难。何淑媛省吃俭用，从自己的低工资收入中拿出一部分帮助弟弟。80年代，弟媳和4个侄儿女都有了工作，一家生活状况有了好转，但好景不长，二侄子不幸患血癌去世，大侄子瘫痪，大侄媳离婚而去。1999年弟媳患淋巴癌逝世。这一连串的不幸，使弟弟人财两空，孤苦伶仃。这时，何淑媛又在精神上、经济上给弟弟大力支持。2003年，她将退休的弟弟从洛阳接来长沙，同住一年多，并给他找了个临时工。而后，又帮他找了个好对象，重建了一个新家，使他过上了安逸的田园生活。但结婚5年后，弟媳患黄疸肝炎、肾炎和糖尿病，前后两次来长沙住院治疗5个多月。此时已80高龄的何淑媛不辞辛劳，经常提着做好的饭菜去5华里以外的医院看望弟媳，并协助解决医疗中的一些具体问题。有段时间，为减轻弟弟弟媳的经济负担，何淑媛主动把病人接到家里吃住，白天送去医院治疗。

此外，她还不遗余力地关心帮助两个堂兄弟、舅舅、姨妈、姑妈、外侄以及农村来的许多亲戚。熟悉了解她的每一位亲戚，无不对她的为人称赞有加。

她也深爱丈夫、疼爱儿孙，是名副其实的好妻子、好母亲、好祖母。

著名书画家刘振涛先生艺术简介

·刘建中摘抄本族谱·

刘振涛,字涛声,号云山,别号莲心草堂主者。1937年生于横市镇云山村,湘潭市政协原文史委员会副主任,调研员。中国书法家协会会员,中国硬笔书法家协会会员,湖南省老年书画研究副会长,白石诗社常务理事,中国书画函大湘潭分校教授,齐白石纪念馆特邀书画家。

幼入私塾,受业于秀才刘秉奎先生门下,打下了良好的楷书基础,1959年大专毕业,先后从事教育,文化和文史研究编辑工作。数十年间,诗文书画常习不倦。书法工楷书,擅行书,草书,亦能隶,篆。知命之年,转益多师,形成和发展自己的书风,雄而秀,雅而健,沉着痛快。其画乃书之余,写意花鸟构图简古,书墨秀劲润朗,设色自然。先后在湘潭,长沙,烟台,台北举办书法展览,好评如潮。书法作品多次参加国内国际大展,中日书法交流展,海峡两岸名人名家书法作品展等。并选入"中国书法界名人名作博览""中国名胜楹联书法集""中国民族书画长卷""中国改革开放二十年纪念书法大展作品选""领袖,名人与延安"等数十种大型作品集。为国内外多处博物馆,纪念馆,收藏家收藏。勒石于孔庙、深圳锦绣中华、岳麓书院、南岳、常德、韶山等数十处碑林。出版有"毛泽东诗词字帖""毛泽东颂诗字帖",编著有"书法与美工",主编有"齐白石研究大全""从木匠到国画巨家"。编辑有"平江起义前的彭德怀"等。其艺术成就与奉献精神己为新闻媒体多次专题评介,录入国内外多种书画词典,名人录和地方年鉴。

珍稀榧子树

·潘苏中·

作者简介

潘苏中，黄材月山人，湖南师大化学系毕业，湖南省审计厅副巡视员。

我的家乡宁乡县黄材镇月山村牛栏石冲里生长着一种野生宝贝，古老的香榧树成林成片，共计上千棵，这在湖南绝无仅有，在全国也属罕见。

香榧树又名榧子树，寿星树，因其取意不同而另有别称。榧子树是传统名称，因其树叶清香，果子香脆，而称香榧树；又因树龄一般四、五百年，长者上千年而名寿星树。属红豆杉科针叶乔木，分雄雌，生长缓慢。其习性喜阴凉又好阳光，常分布于山底或半山腰坡，可群居，亦或三两散居。成年雌树开清香白花，受粉后结果，与众不同是年年花，年年果，一果需三年，当年多，背年少。果子裹绿色外衣，内核、果肉为黄棕色，底宽顶尖圆锥型（人工嫁接的为橄榄型），成熟后自行脱落于地，故有捡榧子之说。关于榧子一直是名不见经传，习以为常。但不知从什么时候起关于榧子的传说充满神奇，众说纷纭，一时间洛阳纸贵。

渊源不祥，稀缺少有，得到自然保护。据史料介绍，关于榧子的记载，最早于清朝末年和民国 23 年，分别对浙江一带的榧子产量与销售有简单的记述；现代资料对野生榧子介绍几乎是凤毛麟角，但对榧子树的嫁接移栽技术和果子的用途介绍得较多。关于湖南的榧子情况无史料记载踪影，现代也只近期一点简要介绍。月山冲的榧子树，最大的五、六个成年人合围抱不下，树高 30m 左右，树荫近 100m²。如此宝贝，一代代相传，都说自己从懂事起，就有榧子树，就这么大，就这么多，就吃榧子，但无人知晓是本地野生还是外

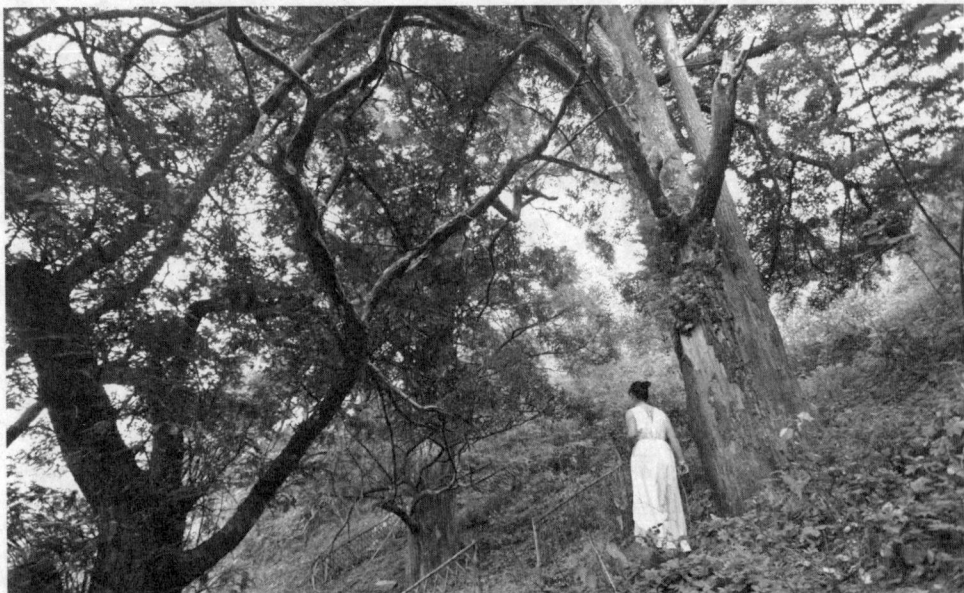

◎月山香榧树公园 （出镜：胡雅婷）

来移栽，也不知道这么珍贵。尽管如此，没有毁坏，不论是大炼钢铁年代，还是分山到户时期，一时间但凡成型之木几乎一砍而光，唯独榧子树一棵不少，得到人们自觉保护。而今榧子树被列为国家二级保护植物，县林业部门组织进行了实地勘查，办理了登记、造册、建档等手续。严令不得破坏，更不得砍伐。听说 2013 年当地一村民未经批准砍伐一株死树，被森林警察带走追究法律责任。

树姿优雅，木质优良，生命力极强。成年榧子树多数近地开枝，枝繁叶茂，起伏叠加，树枝错乱有序，既有层次感，又有混搭迹。树叶既是独片生，又成行排列。

站在树下望不见树顶的天，爬到树上看不清隔层之物。一棵树就是一片森林。远近望去，既雄伟挺拔，大气磅礴，又千娇百媚，婀娜多姿，似座座宝塔，像缠绵岛屿，或微波荡漾的碧湾。大风吹来，卷起一层层叶浪，掀起一个个以树干为中心的漩涡。冬季下雪结冰，白雪压满枝头，结冰挂满枝叶，高大的成雪塔，矮小的成雪球，融化的雪水结成冰，顺势而下挂满整个树枝，圆的是柱，扁的是刀，尖的是剑，纵横交错，在阳光照射下，五彩斑斓，琳琅满目，好一幅南国难觅的风景画。

榧子木结构紧密，质地坚硬，韧性强。一说硬，利刃难进，钢锯难断；说韧，三五个人爬上树枝，摇来晃去，不停弹跳，树枝不断，且丝毫无损，哪怕是很小的枝条，成年人也很难折断。木纹清晰，光鲜亮丽，木心黄色，高贵雅致，传说是皇家贡木之一。

榧子树四季长青，终生绿色，不论多少年多少次经历多大的天寒地冻，久旱无雨，还是虫灾鼠害，也不论别的树木折头损枝，或枯萎死去，榧子树毫发无损，照样生机盎然，连叶片颜色都不改初衷。如果将其一枝砍断，断面会流出白色乳液，断枝放置几个月或半年，其叶片仍保持生命的本色，就是完全死去也不易腐烂。

有限的资源无尽的价值。据资料介绍，榧子树是少有的名贵树种，也是一种木本油料树种，其果是著名的干果，果实胚乳含油40%，蛋白质10%，碳水化合物28%，因地质不同有的还含有些许有益的矿物质，树皮含单宁10%，用途广泛，经济价值高。

防癌治癌。榧子从其特质看，应该含有某种尚未认知的特殊成份能防癌治癌，民间疯传榧子树不论根、茎、叶、果都有突出的防癌治癌疗效（有待科学验证）。古往今来有个不争的事实是当地人很少得怪病，也少有疑难杂症。

极具观赏性。野生榧子树，以其自然成型的千姿百态，以及超强光合作用产生的负氧离子富集树荫，再加寿星树之意，越来越多的人慕名前来观光，或赏树赏林，闲情喷发，或品尝果子，延年益寿，或停歇树荫，饱吸负氧，心旷神怡；或露宿树林，听微风吹拂的林涛声浪，闻山涧流水润物之音，看满天星斗竞相闪耀，或偶有流星划破长空之相；赏暮色农家炊烟袅袅，鸡欢狗跳，村民三五成群或漫步健身，或引吭高歌……淡淡的月光下，心静如深山清泉沁透心脾，神爽似腾云驾雾直至发梢。除此外，榧子树被越来越多的引进庭院、公园、绿化场所，供人们观赏休闲。前年一富豪到实地观赏后，愿出百万买一棵移栽自家庭院，因受法律保护，只得叹而却步。

建筑、家俬用材。榧子木是建筑、家俬用材佳品，高档次的场馆、酒店、房屋、工业制品装修、装饰，用榧子木点缀，有画龙点睛之效，假如用榧子木架桥，无须任何处理，千年不烂，用其做家具，不需用油漆增色和保护，既美观大方，又经久耐用。

食用待客。榧子果，其壳坚硬，用牙难于咬破，果肉生吃苦涩，熟吃，用小火烘烤至果仁表皮破裂即可。不用说贫困年代，就是现在仍是待客佳品。

驱虫治病。榧子不论树与果都不得任何植物病，也不受鼠害虫咬，一般的化学药物也不被侵蚀。有止咳、润肺、消痔、驱虫止痒等药效。其叶熬水洗澡可治过敏性皮肤瘙痒肿痛。

美容保健。榧子以其旺盛强大的生命力和丰富的营养成分等特质，自然是一种纯天然纯绿色美容保健极品。坊间有"食得一颗榧，年少一岁的说法。将其做一些科学的检测分析可开发出一系列的产品。

经济效益好。2000年，榧子不被人认知，也没有交易。2001年，家乡一长者带着一担榧子来长沙销售，几天无人问津，只得抱憾而归。近年来，榧子销售足不出户，红火旺盛，其价格由几元，几十元到现在百元一斤，一路飙升无止境。特别是今年，家乡朋友给我捎来些许，好友来家，我便拿出待客，两次便精光，不论故知还是新友都赞不绝口，只说此榧子非市面货，我想买些过年，谁知早已无货。听说当地农户今年光榧子一项收入就过万元。

榧子以其高贵之身扎根于穷乡僻壤，亲历近千年的世道沧桑，饱受苦难磨练，于今正沐浴改革开放春风，茁壮成长，为山川添锦绣，为山民造福祉，为建设美丽富饶的乡村添光彩，为经济建设和脱贫致富贡献出自身的灵与肉。其贵而不俗，雅而不娇，顽强不屈，至死坚贞，默默耕耘与奉献的品格，给人以深刻的启示与思量，激励着人们不畏艰辛，奋发图强，深受人们赞叹与爱护。

回想榧子的点点滴滴。不由得想起我的童年和我的父母与榧子的情结。记得小时候我是个勤快的孩子，上学之余，跟随父母上山打猪草、做农活。时常在榧子树下歇气、乘凉、躲雨、或闲聊，或受训。父母不厌其烦地说教，做人要像榧树有骨气，耐得住清贫，顶得住压力，抗得了磨难，顺境不骄奢，逆境不气馁，大要照顾小，强要照顾弱，勤俭节约，为社会为他人做点实事和好事，在生心安理得，死后不留骂名。榧子的品格和父母的教训，一直引导着我的人生，使我受益终身。

遗憾，少小离家四十年，而今已满一甲子，没能为家乡的发展做点什么，也没能为家乡最具品格的榧子的保护与发展做点什么。若尔后力所能及，定当效力。

月山山清水秀，唯一利用了的就是榧子。因此，要审慎思考，认真对待，做好榧子树与榧子两篇文章，形成规模和产业链，做出品牌，融入市场，实现以榧子带动旅游，旅游带动产业，产业提升经济，早日实现富饶美丽乡村梦。

整合现有野生榧子资源，新建榧子林基地，野生与移栽林相结合，扩大面积，形成规模。

精细规划，有序开发。在镇政府运作香榧公园建设的基础上，加大力度，建设好以榧子林为中心景点的旅游观光线路，统筹榧子果实的管理、销售及榧子食品的产业开发，逐步形成产业链，尽早融入大宁乡西部旅游开发区。

系统挖掘整理榧子的相关信息资料，加大宣传力度，让社会和民众广泛认知，争取政府重视，并列入相关扶持项目，吸引社会民间资本投入，开发榧子产品产业链，打造一个以榧子为中心的综合经济产业支柱。

榧子是大自然赐予人类的宝贵财富，理应得到很好的保护和开发利用，深信，在多方的共同努力下，定将展现榧子林漫山遍野，郁郁葱葱，赏心悦目的风姿；榧子产品，琳琅满目，质优价廉，备受青睐；前来旅游观光的客人，车水马龙，心旷神怡，满载而归；生长于此的人们，怀揣宝贝，殷实富有，笑逐颜开。让榧子林自然生长，并不断发展壮大，让榧子果自由飘香，飘向全国，飘向远方，让乡村的美丽富饶永久、永远……

沩水情趣

· 姜国全 ·

作者简介

姜国全，黄材镇人。六一年宁乡三中高中毕业后入伍，七一年部队转业后在省级机关工作，曾任省外经贸委办公室主任，驻广州办事处党委书记。

沩水是黄材的母亲河，黄材镇紧傍着她的北岸东西走向而建，自古以来她润泽着黄材人和黄材这块沃土。雄伟的姜公桥横跨两岸，是镇上一道亮丽的风景线。早年的桥墩、桥道、桥栏、桥塔、桥梯和桥头的两对狮子全都是由当地的能工巧匠用清一色的麻石精雕细凿搭建而成。流经镇上的这段沩水距源头仅三十多里，河水清澈，鱼翔浅底，行舟不断，常有自西向东顺流而下的长长木排穿镇而过，宽阔的河滩上河沙卵石洁净，是镇上孩子们的天然乐园。六十多年前，我的童年在这里度过，与沩水结下了深厚的情缘。

到沩水抓鱼是我童年时代的酷爱，家里的饭桌上常少不了青椒炒油煎鱼这一道美味佳肴。抓鱼的方法有多种：一是钓鱼。我家后门的木制吊楼就建在沩水之上，有这一得天独厚的条件，足不出户就可以坐在吊楼上悠闲垂钓，还可以观赏清澈河水中群鱼在钓钩周围争食的情景；二是围鱼。即抓鱼当天早餐过后，约上一小伙伴携带抓鱼用具和用来晕鱼的茶枯水或石灰，找到河里鱼较多的一块水面，将其四周围住（三面用河沙塞住，一面装上竹帘遮），然后施放茶枯水或石灰到水里，片刻鱼就会晕头晕脑，乖乖成了囊中之物。如果抓鱼点在河堤下木桩或石洞处，说不定还可以抓到深藏里面的味美鲜嫩的鲩鱼或鲤鱼；三是用碗装鱼，当地又叫"放筛"。即用纱布把瓷菜碗蒙紧，纱布中间开一个直径约一点五厘米的小孔，碗内装

◎炭河古城风光

少许用炒熟蚕豆磨成的粉,将碗埋在水面较浅鱼较多的河沙中,纱布面与河沙面保持同一平面,鱼闻到蚕豆粉的香味,会迫不及待地由小孔钻入碗内且很难出来。如果把碗同时埋五、六个地方,中招的鱼会不少,而且抓的鱼毫发无损,鲜活度极高,这确是环保抓鱼、文明抓鱼的一种好方法。

小时候和小伙伴在沩水玩的活动很多。遇到晴好天气,常常和他们在河滩上追逐嬉戏;或扔石子,比谁扔得远;或"打漂漂",站在水边,手执薄而扁平的小石片,平行水面用力扔出去,比谁扔出的石片在水面跳跃而不下沉的次数多。到了夏天的傍晚,小伙伴们更是兴高采烈地跑去河里游泳。泳点大多在水较深离家近的姜公桥脚。有些胆大的甚至可以站在离水面四米多高的桥栏上表演"高台跳水",只听扑通一声,水花四溅,很是刺激。

沩水一年中最热闹的日子要数端午节,街上行人熙来攘往,摩肩接踵,商铺生意火暴。中午时分,河里龙舟开赛,活动进入高潮。我和弟妹们都站在自家的吊楼上,目睹姜公桥上看龙舟的人挤得水泄不通,人群中有两三个手执斗笠半遮面的山歌手扯起嗓子尖声对唱山歌,此呼彼应;河里一般有一条花旦、小丑表演花鼓戏的彩船和两条插着彩旗的竞渡龙舟,河滩上更是人潮涌涌,有几个玩水蛇的人时而将水蛇丢入水中,任其乱窜,人群中不时有人被吓得惊叫;时而将水蛇挽在手臂上或绕在脖子上秀艺。龙舟上"咚呛"的锣鼓声、"噼啪"的鞭炮声、划船手奋力划桨的号子声和周围众多观龙舟赛人鼓劲加油的呐喊声互相交织，响成一片，把整个镇闹翻了天。

至于中秋之夜，河滩上的热闹也不逊色。傍晚，我和小伙伴们都会聚集在河滩上砌宝塔。按当地习俗，砌宝塔用的瓦片一部分是在河滩上捡的，一部分是有意爬上河滩边将一些房子的房顶偷拆，据说这寓意旺财旺家，房主并不阻拦，甚至乐观其偷。一个多成人高的宝塔在木柴的熊熊大火中被慢慢烧红，我们还不断往塔身撒糠灰均匀助燃。快到半夜，宝塔被烧得通体红亮，与天上明月互相辉映，我们围着宝塔一边吃着月饼一边手舞足蹈。

逢年过节，河滩也是镇上的大众娱乐场所。镇上常在河滩上搭台唱花鼓戏或放电影，看戏的人很多，大都是站着翘首观看，一站就是两三个钟头，可见"站功"了得。我和小伙伴们虽是看戏常客，但可没大人看戏专注，常在人缝里钻来钻去互相追逐，大人们戏称我们是"看戏不忘玩，白看添麻烦"。

最令人难忘的是五〇年解放军南下进驻黄材镇时，我常去船厂附近的沙滩看解放军叔叔们热火朝天地练兵。看到他们投弹、刺杀、操步和跨越障碍的娴熟动作和矫健身影，既羡慕又过瘾，真想长大后当一名气宇轩昂的解放军战士。没有想到的是，十一年后梦想成真，我幸运地被学校保送到军事院校学习。

沩水给我的童年时代带来了无穷的乐趣，给我的人生写下了浓墨重彩的一笔。如今回顾这段历史，更给我增添了倍感亲切的浓浓乡情和刻骨铭心的深深记忆。

赞故乡黄材

故乡黄材换新颜，
街靓商旺好繁华。
国宝方尊炭河亮，
擎天观音屹沩山。
高坝碧湖青山傍，
石窟千佛神奇观。
峡溪漂流飞冲浪，
美景名胜誉迩遐。

2017 年 5 月于广州

难忘的岁月

· 谢喜云 ·

作者简介

谢喜云，宁乡县回龙铺人。担任过衡阳市中医院院长等职。

一九五五年七月，我由回龙铺完小毕业，考入宁乡三中初 26 班学习。宁乡三中位于沩水上游的黄材镇，距县城一百余华里。当时没有公路，由一条崎岖不平的乡间大道连接两地。我家距黄材八十余里，步行需一天时间。

黄材镇号称宁乡县第一大镇，沿沩水北岸而建，全长约 2-3 华里。沩水从沩山、祖塔的崇山峻岭中冲出，几乎耗尽了能量，到黄材段已变得十分平缓、温顺。它的水质甘甜，据说用沩江水制出的豆干，为黄材的一绝。黄材为当地的物资集散地，街上有百货公司，邮局、旅馆、饭店，大多为经营当地土特产的南杂小店。每天来往人员络绎不绝，呈现一派繁荣景象。黄材地区以姜姓为主，并有黄材"姜难呷"之说，街中央一座横跨沩水的麻石大桥，亦命名为姜公桥。

从黄材镇往西约三四华里，便是三中的所在地——桐子园。校舍建造在桐子园的半山坡上，需沿一条一百二十四级石梯拾级而上才到校门，站在校门前的土台上向东远眺，黄材镇的一字长街，黄材塅上星罗棋布的农舍和万顷良田尽收眼底。进入校门，便是一座二层楼的四合院，分设图书馆、阅览室、教室及老师住房。四合院左边为室内体育场、饭堂兼礼堂等生活区，右边为排列整齐的几栋现代化教室，为教学区，后山有一个大操场。山上没有水源，全校师生的生活用水，全由工人师傅从山下小溪里一担担挑取。各班的洗漱用水，则由全班同学轮流挑水解决,真有滴水如油的感觉,当时黄材镇无电,学生晚自习靠四人共一盏煤油灯照明,生活十分艰苦。

宁乡三中的前身为私立沩滨初级中学,由校长徐钰礼于一九三九年创立。一九五二年由国家接收,改名为宁乡第三中初级中学。十多年来,学校组建了一支德高望重、学识渊博、教学经验丰富的教师队伍,形成了一套校风严谨、纪律严明的管理制度。加之学校远离城市喧哗,没有闲杂人员的干扰,幽静的环境是读书的好地方。

一九五五年,学校招收初一新生三百三十人,编为 21 至 26 六个班。所招新生大多来自沩山、巷子口、流沙河、横市等山区农村,他们思想单纯、生活俭朴、劳动观念强、学习刻苦用功、对自己要求严格。我们 26 班班主任刘步寅是一位知识全面,教学经验丰富,管理严格的好老师。他经常利用休息时间深入同学中进行辅导,帮助解决难题。在他的带领下,全班同学团结一心,好学上进,互帮互学,成绩提高很快。我的各科成绩,均在优秀、良好以上。年终被评为三好学生,第二年由彭水梅、吴让飞介绍,加入了共青团。

在紧张的学习之余,课外娱乐活动也丰富多彩。课余时间可到阅览室看书,到图书室借阅小说和其他文艺书籍。星期天班上常组织篮球比赛,或几个人一起玩扑克。有时也去后山爬山,到山上采摘毛栗子等野果,有时也到山下小溪边看别人抓鱼,或邀几位同学到黄材街上游玩,顺便购买学习和生活用品。最期盼的是每个月能看上一场电影和在重大节假日学校组织的文艺汇演,师生工友同台演出,其乐融融。

一九五七年,全国开展了反右斗争,学校有八九位教师被错划为右派。同时学校开展了教育与劳动相结合的勤工俭学,组织学生参加各种劳动。五八年上学期,我们临近毕业,学校并没有组织学生迎接毕业考试的打算,仍以劳动为主。后来又传出了学校改办完全中学,准备招收二个高一新生班的消息。当时我们六个班的毕业生,大部分被保送或分配到全省各中专、技校和师范,只有一百多名学生升入高中。我原计划报考宁乡一中高中班,因一中是我县唯一一所办学多年的完全中学,学习质量高、条件优越,加之离我家仅二十余里,请假回家无需耽误功课。但在填报志愿时,学校领导和班主任老师轮番给我做工作,必须服从安排,填报宁乡三中,理由是三中第一次招收高中新生,必须保证教学质量,这样我就违心改变了原来的打算,被编入高中二班学习。

一九五八年下学期,全国进入大跃进和全民炼钢热潮。学校决定停课两个月,组织学生参加炼钢劳动,我们的主要任务是锤矿石、当炉顶工送料、拉风箱等笨重体力劳动。同时全国开始进入三年自然灾害,粮食实行定量供应,并提出瓜菜代粮的口号。当时每人口袋里都随身装着一双筷子和饭勺。休息时大家谈话最多的话题是幻想将来如何美餐一顿,名曰开精神饭馆。大炼钢铁结束后,随即又参加了烧焦炭和修黄材渠道等劳动。

回校后,学生转入校内劳动。原由工人所担负的如挑水,挑粮食等繁重劳动,几乎全由学生轮流承担,工人却成了劳动技术指挥员。学校组织我们大班学生开荒种地,到崔坪大山中砍树、扛木材、挑粮食等;还组织我们高二班的同学到铁山开矿等。每到农忙季节,公社经常通知学校停课十天半月,去支援插秧、双抢等劳动。学习必须向劳动让路,劳动成了学生的必修课。

一九六〇年,学校逐渐转入一周五天学习,一天劳动的作息安排。开始重视抓基础教育工作,老师也精心备课,努力提高教学质量。学生也把主要精力投入到学习中来。学习气氛浓厚,上进心强,各科成绩也在稳步提高。一九六一年,毕业班临近高考,学校进一步减少了劳动时间,学生忙于全面复习。各科授课老师也积极帮助学生编写复习提纲,搜集复习资料,指出复习重点,全力向高考冲刺。希望第一届毕业生能考出较好的成绩。正当大家投入紧张的复习之时,学校传来了一个振奋人心的特好消息,高一二班各班选送三人到哈尔滨军事工程学院学习,我的名字排在高二班选送的三人之列。我们六人兴高采烈地到长沙参加体检,体检结果我因身体不合格被淘汰。只得接受残酷的现实,回校重新参加升学考试。好在平时学习成绩较为扎实,考试中发挥正常,考出了自己应有水平。我们是三中的首届毕业生,在填报志愿时没有经验,当时只要填报理工农医及师院的同学,几乎全部按第一志愿录取,而我们绝大多数同学,却把所有志愿填报为北大、清华等全国第一类名牌院校,结果全部未能如愿。我们高二班三人被湘潭师专录取。当我怀揣录取通知书,挑着简单的行李离开学校的时候,不免心潮澎湃,感慨万千。

再见吧!生活学习六年的桐子园,再见吧!曾踏遍劳动足迹的黄材的山山水水。我大步的行走在洒满阳光的宁黄公路上,去迎接新的大学生活,奔向人生的未来……

中学生活拾零

·李耀庚·

作者简介

李耀庚，男，生于1942年大专学历。2002年在宁乡县国家税务局退休。

一九五五年下学期，我来宁乡三中读初一。宁乡三中位于离黄材五里的小山头上，原名沩滨中学。当时只设初中部，到一九五八年下学期，增设高中部。我们是这学校的第一批高中生。我的六年中学生活就在那里度过。

从老家青山桥到黄材六十里。走庙坳上，文家冲、山林街、井冲、新桥、一直走的小冲小坳。到了小河街，眼前一马平川，一里长的黄材老街匍匐在沩江边，河水滔滔，人群熙攘，好像来到了大都市。那时没有公路，没有汽车，这条路走了六年。虽然寄宿在学校，但每学期都要走好几趟。从家里出发，路上带点干粮，红薯、粑粑之类，到学校吃饭。如果从学校回家，路上没有吃的，赶到家才吃到东西。

由于这一学期一下招330名学生，六个班，当晚我就没有找到睡的地方，寝室里的上下铺都被同学占去睡了，只多出了我。同学们都就寝了，班主任老师送我去寝室，向一个上铺的同学借宿。我睡在那同学的脚边。他个子又高又大，那脚臭得奇特。好在我一下子就睡着了。这样借宿了十多天。

每天上课、自习，早操、课间操、吃饭、就寝，日子就这样重复着，但我们并未感到乏味和单调。一是都有求知的渴望，二是都处在那个好玩、好奇的年龄段，校园里是一片生机。老师们课堂上的精彩讲授，往往那样引人入胜。晚自习，四个人共着一盏煤油灯，(以后有了电灯)都是那样聚精会神，鸦雀无声，一丝不苟。可到了以后的反"右派"斗争、大炼钢铁等运动时期,情况就大不相同了。特别是反"右派"斗争,今天把这个老师抓出来,几天后又把另一个老师抓出来,一股浓厚的恐怖和杀气。我那时也总是跟着大流走,循规蹈矩。学习时也算认真,劳动时兴高采烈,不知疲倦。大炼钢铁时,推着一辆小土车运黄土,有一晚干通宵,一边推着土车,一边睡着了,但人还走着,车还在推。同学们都是这样。在胜溪插田时,插一排上岸,好长啊!腰都弯暴了,真想到田边好好睡一下。但是同学们都不歇息,你追我赶,场面十分热烈。我那时爱好也很广泛。由于个子矮小,篮球、排球、田径都与我无缘,有些项目成绩不及格。但乒乓球兴趣很浓,一到自由活动时间就争着占乒乓球桌。字还写得可以,办班上的黑板报,写广播稿,也感到得意。还上台演过话剧,音乐也很喜欢,喜欢唱上几句。特别是爱看小说,到学校图书馆借书是常客,课余时间大都埋头课外书中,对惊险小说那样着迷,一本接一本,只想长大后当警察破案。这些爱好一直伴随我到老。说到劳动,学校用水要从山下走一百多步石阶挑上来。每班都固定有几个大个子男同学轮流为厨房挑水。为厨房挑水我没有资格,但班上同学们早晨的洗脸水是轮流来挑的,我就有机会。同学们的脸盆在教室外的洗脸架上摆成一线,毛巾等用具都摆放得整整齐齐。挑水的同学趁早操时间把水挑上来,再舀到每个脸盆中。一次轮到我挑水,虽然桶子不是厨房那样的大水桶,但我挑上来还是费力。好不容易上完了石阶,水桶绳突然断了,我被滚烫的水烫伤,躺了好多天,至今右脚留下伤疤。

那时家里穷,学费、伙食费是最揪心的事。到了周末,学校发来停餐通知,星期六就要请假回家接伙食费,第二天赶来学校。靠父亲做农活,或者卖鸭蛋筹集学费、伙食费。有时回次家接到二元钱,个别时一分钱也没有,还是按时到学校来了,答应下周再回去接,才会恢复开餐。一个学期要回家好多次。读初中二年级时,实在熬不下去,我和另外四个男同学读一年走学。有两个是毛公桥的,有两个是大田方的,我们借住在观音桥头一户农民家里。五个人做饭、做菜、睡觉都在这间房子里。经常回家接点米,接点腐乳、麦酱做菜吃,到附近拾柴火,比在学校寄宿更为艰难。但我们五个人从未消沉过,这间屋子充满阳光,充满欢乐。一年后,我们五个人都回到学校读寄宿了。

中学生活就这样度过。一九六一年上半年高中毕业,九月到湖南省建设学院学习,年底参加了工作。中学六年,甜酸苦辣,丰富了我们人生。从逐步懂事起就没有什么大的志向和企盼,容易满足。对困难也很坦然,顺其自然,随遇而安。有埋怨,有后悔,有失落,但更多的时候是满足于现状,不争不抢,过实在的日子。

枫树缘

·何赛乾·

作者简介

何赛乾，女，1945年出生，大学本科学历，某高校高级讲师，曾出版《红叶集》《初中语文教学参考书》《教育学》教学参考书等。

我的老家在宁乡黄材何家湾，这是一个四面环山，中间是一块较大盆地的古老山村，何家湾又分大小何家湾，大部分人家姓何，我家居住在小何家湾，村口有一棵大枫树，树冠就像一把大伞，非常漂亮。据上辈老人说，这棵树是一个美女变的，有人在深夜看到过一个美女从树里走出来梳洗打扮，这个美丽的传说在我幼小的心灵里留下了深刻印象，祈盼见到这个美女，美女的幻影在脑海中经久不息，直到初中毕业。

我家几代人都生活在这棵大树下。爷爷何济安是个私塾先生，他毕业于长沙第一师范，据说跟伟人毛泽东是前后同学。他每天从枫树下出发到财主家教书，放学后脱掉长衫，一边背诵第二天要教的之乎者也，一边在田间看水（即观察禾田里水的深浅），又从枫树下走回来，日出而作，日落而息，几十年如一日地把他的五个儿女养大成人。

父亲何寄东也是从这棵枫树下走出去从军的，从军时年仅16岁，他初中毕业，写得一手好字，会吟诗作对，文章很出彩，因此很快就由士兵升为文书上士，并在宁乡县城娶得乡绅家的千金为妻，她便是我的生母。当时父亲带着他的新婚妻子回到老家，村人们挤在这棵枫树下看城里来的新媳妇，热闹非凡。之后父亲又从这棵枫树下走出去，考取了黄埔军校，系黄埔军校第18期学员，之后他又考取了陆军大学，总算熬到了大学本科毕业。由于父亲一直求学，夫妻离多聚少，母亲为了与父亲团聚，决定千里寻夫,她从这棵枫树下走出去,经过千难万险,只身来到了湖北父亲所在军营,父亲虽然军务繁忙,却对母亲关怀备至,之后在湖北生下了我,在我一岁时又怀上了弟弟凯旋,由于战事吃紧,母亲身怀六甲,还是带着我回到了这棵枫树下。

父亲在抗日战争中参加了石牌保卫战,这次战役被称为抗战时东方的斯大林格勒保卫战。父亲在一次战役中与部队失散,一个人抱着一块木板渡过了滚滚长江,从此落下病根。九死一生回到家乡,小住几天又赶往部队,他与母亲在这棵枫树下依依惜别,谁知这次却成了他们的永诀。这位抗日民族英雄再也没回到这棵枫树下。

我虽然生在异乡,却长在这棵枫树下,儿时我与邻家的孩子们常在这棵树下玩耍嬉闹,我们捡枫球,捉迷藏,玩跳绳,踢毽子。那时的生活是艰难的,连米饭都很少有吃,一日三餐吃杂粮,晚餐更没有一粒米饭,记得我和小伙伴们把自家的蚕豆、红薯,麦子粑粑,野菜团子等拿到枫树下一起分着吃,吃得那个香啊,至今仍回味无穷。娘带着我们姐弟吃糠咽菜,但她从不放弃对我们的教育,坚持送我们上学,特别是她教给我们做人的道理,使我们受益终身。虽然清贫,但我从不自卑,内心充满着自信,充满着对未来的希望。在这棵枫树下快乐地成长,发奋读书,勤劳耕作,从小学到高中我的成绩都是一流。终于,我从这棵枫树下走出去,到了县城,进了省城,恢复高考后考入华中师大,圆了我的大学梦。我从一个无知的少年成长为一个大学教师,这一切,枫树可以作证。

我的两个侄儿也是在这棵枫树下长大,同样,他们走出了这个小山村,大侄儿昊强现任宁乡某局副局长,小侄儿昊雄继承了他爷爷的遗志,从军后努力进取,今年终于升了正团级军官,任武警某部的书记兼政委。

老家的老枫树见证了家乡巨变,老家从一个贫瘠的小山村变成了较富裕的小镇,老枫树也见证了我们何家几代人的沉浮升迁。如今它正昂头挺胸面对黄材炭河里古城,高高耸立的四羊方尊就在我们眼前,呼之欲出。炭河里这个新景点,是我们家乡的自豪和骄傲。

我爱家乡,我爱家乡的老枫树,衷心地祝愿家乡的老枫树更加枝繁叶茂,苍翠长存。

2017 年 5 月 25 日于宁乡

志存毫厘间

——记横市镇金丰村科技标兵、国务院政府津贴获得者李玉玺

·甘玉佳·

　　粉末是一种不起眼的细小之物,其中碳化钨粉、钴粉等是制造硬质合金的基础材料,尺寸通常用毫厘来计算,制造碳化钨和钨粉的学问可不小。李玉玺就是一位与粉末打交道的人,作为公司级技术专家的他在平凡工作中创造出了不平凡的业绩,在毫厘世界中实现了自己的人生价值。

平凡岗位的不凡业绩

　　李玉玺是中共党员、公司级技术专家、长城硬面材料有限公司副经理,2007年11月获得教授级高级工程师任职资格,负责硬面材料的工艺技术、产品质量、新产品科研开发等工作。2000年被评为"四川省优秀青年科技创新带头人",2001年被评为"自贡市特殊贡献人才",2003年被评为"四川省科技创新标兵",2006年获得国务院政府津贴。

　　1990年,李玉玺从中南工业大学毕业进厂,一直在粉末分厂工作,分厂的所有工序他都走了个遍。进厂第三年,李玉玺开始担任主研,课题是粗颗粒碳化钨,出手不凡,一炮打响,一举突破了粗颗粒碳化钨的生产瓶颈。紧接着与同事一道瞄准了列入国家"八五"科技攻关项目——超细碳化钨的研制。当时,正值夏日炎炎,实验室楼上楼下都是炉子,热浪逼人,配方中加入的溶剂挥发得很快。刺鼻的氨气让旁人避之不及,而李玉玺全然不顾这些,像没事人似的,一干就是几小时……后来,他主研的超细碳化钨项目先后获得了四川省科技进步一等奖和自贡市科技进步一等奖。该项目现已进入正常实施阶段,可望对硬质合金行业超细及纳米碳化钨硬质合金的发展起到推动作用。再后来,他主研的"特殊铸造碳化钨"项目获得成功,使该产品出口销量大大增加,在欧美市场占据了垄断地位,1999年获得四川省科技进步三等奖。他负责的公司科研项目"低温

还原制备粗晶碳化钨工艺研究"，大大缓解了公司内部特粗颗粒碳化钨严重的产能不足的问题，解决了制约公司发展的瓶颈问题，同时可以进一步增强碳化钨出口能力。主研的"粗晶碳化钨粉"项目在国内外均处于领先水平，成为公司又一新的经济增长点。主研的"球状铸造碳化钨"项目，已申报两项发明专利，且研究的工艺技术及产品、设备均处于国际领先地位，该项目目前已纳入省市技术创新项目……

生产线上的攻关人

李玉玺负责硬面材料公司的生产和技术管理工作，对产品质量的追求是他孜孜不变的目标。在粉末分厂任主任工程师期间，他组织分厂工程技术人员和质量管理人员围绕提高产品质量、改进生产工艺、更新生产设备，加强技术管理等方面开展了许多工作，使产品质量有了明显的提高，综合合格率、一次送检合格率均有较大幅度提升。在矿山工具和顶锤用原料、专用碳化钨以及出口混合用碳化钨等产品质量改进方面也取得了较好的成效。其中经过攻关，他一举解决了专用碳化钨晶粒粗大、合金硬度低的难题，合格率从 42% 提高到了 100%，使专用碳化钨销量大幅增长，并得到了用户的好评。刀片分厂出口合金晶粒不均匀及其物理性能达不到要求，李玉玺在原料方面进行了一系列的攻关，并彻底解决了合金晶粒不均匀的难题，为该产品的大量出口打下了基础……

2007 年 2 月，李玉玺被公司任命为硬面材料技术改造项目部副经理，专职负责项目工艺设计、设备选型与技术管理工作，配合设计院先后完成了项目可行性研究报告、项目初步设计、项目施工设计的编制和审核。2008 年 11 月，在项目开工之后，作为工程副指挥长，他负责项目的全过程管理，从项目施工现场管理、设备采购与安装到施工过程的协调等，全力推进项目的建设，几乎天天跑施工观场，甚至节假日也不休息，亲自到现场作技术指导和协调施工关系，确保项目施工安全，保证安装质量，严控投资费用。长城硬面公司成立后，他围绕生产中急需解决的技术问题，组织技术人员开展攻关，如"YZ 细粉的处理""新牌号管状焊条的研究""高密度单晶碳化钨制备""YFll3U 产业化"等，这些科研课题已经进入了实施阶段，有的已经开始产生经济效益。

毫厘世界的快乐人生

业余时间，李玉玺多数花在工作和学习上了。每天早上他比别人来得早，下

班后还要在分厂转一圈。有时妻子嘴上免不了嘀咕两句,心疼的自然是他的身体。当笔者采访他提起科研工作的酸甜苦辣时,他不以为然。作为技术工作者,李玉玺执着地认为,生产和科研现场就是战场。

李玉玺遇事爱琢磨。在中南工大读书时,就喜欢与几个同学搞科学实验,边想边干,养成了动手习惯。参加工作后,仍然不改老习惯。一次,公司领导从欧洲带回 YJ 合金粉样品,要求第二天生产出来,让德国客户把样品带走。李玉玺与同事一合计,正常生产最快也要一天以上。时间就是商机,他们自己动手,从研磨、配制、检验一线拉通。手磨起了血泡,就轮换着来;粗硬的颗粒四处飞绽,打得皮肤生疼,但他们只有一个信念,决不能让商机从手中溜走。终于,这种只有肯纳公司才能生产的 YJ 合金粉终于在李玉玺和同事们的努力下生产出来。心血没有白费,德国客人非常满意,当时就定货 7 吨。这位德国客商最后干脆连铸造碳化钨的订单一起交到公司手中。为跟踪世界粉末制造前沿技术,李玉玺仍在孜孜不倦地追求着。公司有时聘请外国专家来指导,他不会放过学习的机会。因为他知道,学无止境,艺无止境,今天的先进不等于明天的先进,国内的先进不等于世界的先进,作为一个科技工作者,只有兼收并蓄和与时俱进,才能抢占技术的制高点,实现事业的新跨越。

李玉玺常说,一个人在社会上、在企业里,就像一颗粉末一样,很渺小,但只要能够找到自己的位置,就能发挥出自己的价值。粉末很微小,但是可以让自己发挥聪明才智的空间并不渺小,在这个毫厘世界里,有不断进取者的快乐。

忆沩滨中学

·姜国芬·

作者简介

姜国芬，1907 年生于黄材镇左家滩，早年留学日本，回国参加革命，解放后在沩滨中学、湖南一师范任教，从教五十余年，桃李满天下。

沩滨中学创建于 1939 年。最初租宁乡黄材南京坪门前湾何氏公屋为校舍，是当时新从长沙迁来南京坪的长高附小的部分教师，看到当地许多学生无法去外地上学而发起组织的。为了增强学校初办的号召力，他们敦请正在安化桥头河第一师范教数学的著名教员徐钰礼来任校长。他满腔热情地允诺了，1940 年到校任职。

1939 年秋招了两个班学生：第一班，第二班，每年招一个班，一直到解放。我是 1943 年 2 月到沩滨中学担任教学的。这时，一、二、三班都已毕业。在校的老班有四、五、六、七、八 5 个班，新招入第九班。这时已由何氏公屋迁到桐梓园新校舍；但新校舍门窗都未安装好，全校师生工友欢天喜地在这个新校舍上课、学习、工作了。这里是大家辛勤劳动建成的自己的新校园。

在这里一切重新起家。

第一、重新组织校董会。由熊梦飞、徐钰礼、贺仲峰、姜槛荣、彭泽生五人组成。熊梦飞任董事长，因其有名望；彭泽生是黄材富人；姜槛荣有魄力，有威望。徐钰礼、贺仲峰是老校董，是名牌教员。他们除了拿出田契，凑足两百亩向省教育厅为学校备案外，每人捐献现谷五十石。

第二、成立建校委员会。姜槛荣任主任。他首先购买桐梓园园地。其次筹措建校基金，每个校董捐 50 石谷。姜国芬教生物和化学，先后在这里教过课的老师还有：成之康、谭晚成、何业恒、李心印、张鹤松、严行健、史德萱、黄志尚、徐济时、胡重午、龚必正、罗正雅、刘维淑、刘绍莲、徐磊英、黄孝耀、程杞生、秦旭卿、周士一、李怀钦、喻喜春、周敦礼、王锡东、钟美廷、杨合九、蒋增洋、沈祖儒、张念祖等。解放后，这些教师中有的调入了高等学校，有的调到科研单位。职员中，如陈声达、彭镇东、熊绍周、饶元甫等都极忠于职守，热爱学校。

第三、学校校风。

(一)学校领导团结，作风民主，待人诚恳，事业心强，全心全意办好学校的精神，感召了全校师生员工。

(二)学校领导同舟共济艰苦建校，点滴归公，一切为了办好学校。

(三)制度严明，人人遵守。比如工资，校长、主任、教师、职工都凭钟点计算，没有很多高下，每期以多少石谷为准。陆续支取，期终结算，任何人不准多支。万一超过，必须立刻归还。领取纸张笔墨等教学用具，都有数量规定，任何人不得超过。学校一切公物用具，任何人不得拿回家。损坏公物，必须照价赔偿。

现在，我再回忆记述一些具体的事：

(1)道义相投。沩滨的教职员工们，宁愿个人生活艰苦，从不考虑待遇高低。当时教职工的工资比公立学校低，比宁乡境内其他同等私立学校也低，但都愿意在这个学校工作。

(2)学识渊博。教学经验丰富的几个教师领头，徐钰礼毕业于武昌高等师范学校，学识渊博，教学经验丰富，素称湖南知名的权威教师。他经常听课引导教师研究教材和教学方法，诚恳而又小声地提意见，以提高教学质量。徐灼礼老师毕业于北京大学英语系，曾在南京卜央大学求学，是闻一多的得意门生。对语文、英语有比较深的造诣。诚诚恳恳，诲人不倦地帮助其他老师。语文自编教材，鲁迅的文章选得较多。教师们潜心学习，提高教学质量。

(3)品德训练。通过课堂教学，潜移默化，使学生明确爱真理，爱学习，爱好人，立志做一个诚实纯朴，对国家、对人民有益的人。

当时学校处在蒋统区，贪官污吏、国民党、三青团、极恶劣的圈子大爷、特务、帮会比比皆是。教师们只能用言传身教使学生感到教师是真诚爱护学生的好人。徐钰礼校长，对国民党右派、特务、圈子、团防系统深恶痛绝。他用大毛边纸装订个人日记本，每天精心地画地图。第二次世界大战和抗日战争时期，以及后来的解放战争时期，他从报章杂志搜集战争情况，并画成地图，使世界大势，国内抗日情况，解放战争情况，一目了然，自然地激起人们的胜利信心，希望国家胜利，共产党胜利。我们用小黑板公布这些地图，以教育学生。

(4)使学生有雄健的身体和热爱集体的公德。沩中一贯重视体育锻炼，教育学生热爱劳动。当时的运动员，现在都是五、六十岁的人了。他们常说：我们那时到宋阳参加全省运动会,到宁乡参加全县运动会,至今记忆犹新。沩滨中学的建设,无论修建房屋,修建操坪,大部分靠的是学生的劳动。从山下挑水到山上,差不多是师生每天的必修课。沩中校舍建筑在一个台地上,饮水全靠从山下挑上去,最初请工人挑,后来买了一台抽水机,把水抽上去,有一段时间抽水机坏了,就全靠学生和老师挑水上山,山路很陡,挑一桶水上去,实在不易,徐钰礼校长经常是领头做。

(5)教管相辅相成。初中学生自觉学习能力还不很强,必须教师高度负责去抓。当时全校教师,认为初中学生,精力充沛,但不懂如何学习,玩心最盛,必须逼得勤,管得严,在课堂上循循善诱,使其理解,走上轨道;布置课后作业,使其巩固。所以无论课堂、自习、操场、就寝、就餐,劳动都有教师或领导跟随,教师与学生完全打成了一片。

(6)培养学生思想活跃、乐观愉快的精神,以促进学习。

文娱活动,可以促进精神愉快,身心健康。一开始,学生都只是埋头学习,1945年日寇投降后,大家的心境都振奋了,每期期末每个班都表演一些文娱节目。1947年演了大型戏剧《孔雀胆》,全校师生都动员起来了,在这个偏远山村,掀起了大的波浪。参加演戏的演员们,他们至今都还觉得有意义。1949年解放前后,全校师生投入演山《白毛女》的活动。而且到农村表演好多场,也教育了农民,提高了阶级觉悟。

(7)设置图书室、阅览室、卫生室。在沩中经费极困难的情况下,把三室简陋地建立起来,使学生得到精神上的粮食。这三室都是我义务负责管理。45-49年间,我曾冒着特务们的监视,四次步行到长沙购买进步书刊,先约定学校按期派工人来接,与上课用的教科书一同运回。另外教师们也捐了部分自己的书。同一样的图书数量超过三本的,可以在图书室借阅,其余绝大部分陈列到阅览室。把办公室辟一半做阅览室,由另一边出进。用长的桌子编好陈列次序,把书摆好。我每天担负借阅、陈列和收藏的责任。每天下午课后开放。指定一个成绩好、经济困难的学生作图书管理员,每期由我津贴他学谷两石。当时有人说:"你这个办法只能行一、二天,就无法继续了,书都会飞走的。"结果完全不是这样。我非常欣慰地看到,学生阅书,秩序井然。没有一人谈话,更没有丢失过一本书。这样不仅培养了学生爱好阅读的习惯,同时培养了爱护公物和遵守公共秩序的习惯。

当时黄材没有医院和卫生院。我们不能不添置必要的简单的可解决小问题的药物设备,设立简陋的卫生室,同时训练部分女同学有初步的医药常识,轮流值日,对沙眼、感冒、小伤小病给予治疗。不仅服务校内,还扩及到家属和附近居民。我的侄女得了痢疾,在我的医治下好了,这样增强了我这个"医生"的信心。

有一天，一个男学生满脸是血，一手的血牙，匆忙跑到卫生室（也就是我的卧室）找我，说他在操坪打球，另一同学的肘臂碰了他的口腔，牙齿被碰落了，看了这个血人，我一下惊呆了，但我马上镇定下来，叫他坐下，我用肥皂洗了自己的手，还用酒精擦了一下，然后从他的手里接过血牙，看清上下腭牙根的位置，把牙齿一颗颗往那空洞里插入。然后用碘酒棉签在其周围消毒，最后把璜胺粉糊在牙的周围，好像很有把握地对他说："再不要去动它们，这几天不漱口，不刷牙，只吃稀饭。如果痛，再来找我。"就这样，大约一周后完全恢复了原样。这次成功的医疗手术，我至今还觉得奇怪。

1949年六、七月，姜亚勋率领的游击队，驻在沩中。伪中央军来围攻，向着沩中校舍开炮，游击队从后山走了，炮一直打到后山。夜静了，伪中央军部队退缩到黄材镇一带驻扎，游击队已进入横塘冲。我和哥哥槛荣带了几个人摸到沩中。校内还有几个远地老师罗正雅等和总务处守校的老师、工友。

我们检查了全校房屋。然后到后山营救游击队伤员。夜是漆黑的，不敢用手电，我们分途摸了几遍，发现一个伤员，我们好不容易用竹椅把他抬回了办公室。我们把他全身抹洗干净，没有发现伤，但他不能动，后来发现他的伤在头部。是一颗子弹从左侧后脑的下方打入，从近颅顶的地方钻出。在无可奈何的情况下，我这一知半解的"医生"便给他动手术。首先让伤员吃饱，罗正雅老师煮好稀饭，伤员慢慢清醒了，一调羹一调羹地喂，喂了近两碗，让他安静后，罗老师给我当助手开始治伤。我们首先用剪刀把伤口周围的头发精心剪光；其次用硼酸水清洗，再用碘酒消毒，从两个孔里流出的一些脑髓（神经细胞）都只好洗去了。最后用璜胺粉敷了两个伤口，用纱布敷垫好，把头部包扎了。天蒙蒙亮了，探子回来告急，说有几个伪中央军向沩中方向来了。我们连忙准备土担架，请好四个人轮流抬着送，伤员说他家住成功塘乡。临行时，我拿了一包璜胺粉、璜胺片、碘酒、硼酸粉和纱布、棉花给他。并告诉他不痛就不动包扎；如痛就用这些药物洗、敷、包等。送到中途，他家里来人接了。我们的人就回校了。这个伤员是活了，还是死了？杳无消息。1950年在宁乡十区一个群众大会上，我坐在主席台上，忽然一个农民跑上台来，跪在我面前，喊我救命恩人，我连忙扶起他，原来他就是这个伤员，他叫邓子清，是成功塘乡的乡长。他好了，只是右腿右手不灵活。

（8）勤工俭学。当时有几个困难的学生，年年交不起学膳谷。我偶然想起利用寒暑假期，请来两个有经验的师傅，印刷装订练习本，我负责组织和指导，其他工作是学生自己动手。大概做了二、三个假期，是很成功的。不仅练习本纸张规格比外面的好，也真的解决了这些学生的部分困难，特别是锻炼了学生工作能力和责任感。

◎沩滨中学

（9）培养学生自治能力。全校有学生自治会，每班有中队长、小队长、寝室长，食堂每桌有席长。全校成立伙食委员会，每周设周经理，每日设日经理，在总务处老师的协助下，实行民主管理。食堂请工人养猪种菜，改善伙食，从而培养学生自己管理自己的能力。

写到这里，觉得我们曾经生活在那样一个大家庭里的人，就是40年后，提起这些往事还感到特别欣慰。这大概是因为大家为之付出了心血，并取得令人满意的效果的缘故吧！

桐梓园门前山坡上已经绿树成荫，我于69-72年在松柏院居住的时候，每天总要望几次那些树林，好似看到徐校长、姜主任和教职工们正在移栽一棵棵的大树，那些树大部分是建校后，在后山上一棵棵选择移栽到前面山坡的。现在树已成荫了，人已成材了，而那些辛勤的培育者，一个个完成了历史使命，到西天去了。

记草药郎中范菊泉

·李国元·

作者简介

李国元，1940 年 1 月出生于宁乡横市镇界头村，曾经工作于湖南省公安厅一处五科，后调于公安部华南办事处。1978 年双调回湖南宁乡工作，在黄材镇人民政府退休。

范菊泉，宁乡市横市镇界头村人，1930 年 9 月 13 日生，今年 88 岁了，地道的农民出身。他有一手祖传的绝技，挖草药为四方邻里医治丹毒、蛇伤等疑难杂症，特别擅长医治缠腰丹，是界头地方远近闻名的草药郎中。

一、治缠腰丹，药到病除

今年三月十日，我的孙儿李泽浩从横市中学放假归来，诉说上身长了许多疱疹，又痒又痛。我掀开他的衣服一看，怀疑是缠腰丹，随即送他去范菊泉家医治。范老看了看，说是缠腰丹，不要紧的，来得及时，给你涂点药。当时就吩咐其女儿范金莲老师给涂了点草药水，还给了一瓶草药水带回家医治。范老叮嘱说，一天多涂几次药水，手不去抓，以防感染，个把星期就会好的。果然，一个星期后，我孙儿的缠腰丹全部结疤好了。

这使我回忆起自己小时候也曾患过缠腰丹，那还是解放前的事，至今记忆犹新，是范菊泉的爷爷范七公医治好的，那时还用灯芯烧，拿鸡毛涂草药水，很快就治好了。

家住黄材镇的退休干部刘建中，腰部长了一片丹毒，又痒又痛，全身不舒服，且头昏脑胀，精神恍惚。得知范公治丹毒有奇方，于 7 月 17 日上门求治。范老闻讯后，冒着酷暑去挖草药，亲手捣制成草药水。其女儿范金莲帮着给病人涂草药水，还给带回一瓶草药水，前后不到半个小时,就回家了。三天以后,刘建中打电话给我,说病好了,要我代为谢谢范老。

说到缠腰丹,确实是一种不易治愈的病,电视剧"神医喜来乐传奇"中就有八国联军入侵北京后,入侵的士兵因水土不服患缠腰丹来求喜来乐医治的故事,过去西医也没有多少办法。

据范老介绍,缠腰丹现代西医叫带状疱疮。中医称缠腰火龙、缠腰丹、蜘蛛疮。民间称蛇胆疮、缠腰龙、蛇串疮等多种叫法。主要特征为集簇性水泡,沿一侧周围神经作群集带状分布,伴有明显的神经痛,初发作时,身上长水泡,又红又痒又痛,一般长在腹背,有时也长在手脚上。任何年龄段都可能发病,如不及时有效医治,后果非常严重。

范老医治缠腰丹,的确有奇方,一般是用药当天就见效,病情减缓,三天至七天就能治愈,真是药到病除。他说:治缠腰丹关键是要及时医治,彻底医治,不能留下后患。

二、祖传秘方,数代传承

据范菊泉先生讲,他们家挖草药医治丹毒、蛇伤等疑难杂症已有近 300 年的历史,是祖传秘方,他自幼与爷爷范述云学的,范述云又是从其叔公范旭周那里传授下来的,至于范旭周是从哪里传授下来的就无从考证了。那个年代,农村缺医少药,很多伤病都是挖草药医治的,不像现在,稍有点毛病就往医院跑。

范家祖传的医术不少,主要是医治蛇伤、丹毒、缠腰丹、腮腺炎、无药治奶痛等疑难杂症,有些还带神秘色彩。

范菊泉一家数代,把祖传秘方传承下来,依靠挖草药为四方邻里医治蛇伤、丹毒等疑难杂症,在当地很有名气,远近皆知。

三、家风美德,乐善好施

范菊泉出生在一个贫苦的农民家庭,解放前,他祖辈是当地财主的佃户,勤劳朴实,乐善好施是他家的传统家风。

他的父亲范德轩,抗日战争中参加过常德保卫战,解放后先后在界头乡人民政府和黄材区公所从事炊事工作,勤勤恳恳,平易近人,给人留下了深刻而良好的印象。

他的爷爷范述云,光绪十三年生,1960 年去世。当地人都称其为范七公,是一位好善乐施的老实人。曾因在洞庭湖区扮禾时,口干喝不到茶水,花钱向老板买茶水喝未果，深受其苦，发誓回家后施茶，并于民国二十三年在界头宝庆大路修建一个茶亭，给过路客商施茶，不收分文而美名传四方。我小时候去沩滨读书，常经过茶亭，至今都能回味起当时过茶亭用竹勺饮茶的甘甜味。记得茶亭有一首贤达人士书写的对联："以地作茶亭可停过客，兴公为宅主流入新风。"如实地赞美了范七公的义举。

范菊泉只读了小学，在家主要从事农业生产，当过多年的生产队会计，热心公益事业，他自幼就与范七公一起挖草药，帮忙医治病人，掌握了一般草药的采集、制作和治疗蛇伤、丹毒等的方法，同时身受好家风的家庭教育，既继承了祖辈的传统医术，也传承了祖辈的好家风。

来到他家医治伤病，手续简单方便，不受时间限制，一年四季，不分白天黑夜，随到随医治。只要病人进屋，全家人自然而然地集中起来，从看病情，挖草药，制药，治疗，包扎等一系列工序，服务体贴周到，从不怠慢。范菊泉在给病人医治时，和蔼可亲，视病人如亲人，急病人所急，想病人所想，很有人情味。他的家人待人热情，密切配合给病人医治，他家的家风医德给病人留下了很好的印象。

解放以来的几十年里，他医治的病人，数以千计，病人的治愈率达100%，从未出现过医疗事故，这与他医术高明、品德高尚、仁善为人是分不开的。也正因为这个原因，找他治病的人总是慕名而来，不但有本地四邻的，宁乡、桃江、益阳、湘潭、长沙等地都有人来，还有上海人士。

四、医德高尚，美名远扬

范菊泉是一个平凡的草药郎中，他从不张扬，为人厚道，平易近人，医术高超，品德高尚。八十年的草药医病生涯，饱经风霜，千辛万苦，为老百姓医伤治病施药，无声无息地做了大量的善事、好事，救死扶伤，功德无量。这在过去缺医少药的穷乡僻壤，固然可贵，就是在当今医疗条件突飞猛进的时代，这样好的草药郎中，仍然不可或缺。当地病友评价他心地善良，大爱无私，身怀绝技，深藏不露，一家好人，专做好事，名不虚传，范公可敬。

如今，范菊泉年事已高，儿孙满堂，晚年幸福。但他仍没有放弃毕生从事的事业，仍然上山挖药，治病医伤，施药不止。他把祖传的医术秘方传给了长子范伟周，还打破了传一不传二、传男不传女的传统规矩。将秘方传给了已出嫁的女儿范金莲老师，让他们为需要的病人服务。他老人家的祖传医术秘方后继有人，他高尚的家风、医德、医术，一定会更加发扬光大，世代传承，造福于民，美名远扬。

2017年8月1日

父 亲

·左连生·

作者简介

左连生，宁乡县横市镇人。历任湖南省汉寿县文慰乡党委书记，安乡县副县长，汉寿县县委书记，省农村工作部副部长，湖南省农科院院长、党委书记、隆平高科董事长等职。

父亲逝世七周年了。我一直想写篇怀念他的文章。在他病重的时候，我把"慈父吟"念给他听，他会心地笑了。

写了许多次总不能如愿表达我对他的怀念。最近萌发了把自己的文稿整理一下的念头，如果没有怀念父亲的文章，这文稿的整理就没意思了，他是我人生的第一座山。

与父亲共同生活了五十一个春秋，出生时他二十一岁。从孩提记事起，就觉得父亲是个既慈祥又严厉的人，敬畏他。父母没有与祖父母住在一起。我与祖父母住在一起，很少和他们接近。但哥哥和父母住在一起，被挨骂，甚至挨打的事，使我望而生畏。我和哥哥在一起的时候，偶尔还替哥哥求情，大多是把哥哥拖开，好汉不吃眼前亏，免得逼着父亲生气。

父亲有点文化，是从私塾李先生那里学的。毛笔字写得好，常替乡亲们写对联、福神等，算盘打得好，写算俱齐是乡村里的明白人。他深知读书的道理。他常对人说：带崽不读书，不如喂头猪；不怕家里穷，就怕崽女蠢。

哥哥一懂事，父亲就手把手的教他写字，打算盘。哥哥好学，毛笔字、钢笔字写得很好，算盘也学得很快。在小学读五册时，破格跃升读七册，初小毕业考上了完小。长子的进步使父亲很高兴。

父亲遵循"养不教，父之过"的古训，常把哥哥的成长进步引为教子有方的荣耀。我比哥哥小三岁，父亲在教育哥哥的时候，我在旁边看。六岁时我就启蒙读书。父亲喜欢读书的人。本着讨父亲喜欢的目的去读书。从读书第一学期起,我的成绩每期都是名列前茅,每期都当班上的学生会主席,老师当着我的面向父亲夸奖我。父亲很高兴,常左手牵着哥哥,右手拉着我在街坊走。街坊邻里都称赞他有两个好崽。他听后,边笑着点头边回话,"讲得好,讲得好"。我知道他心里如蜜,最爱听这样的奉承话。

我小时自恃聪明,上课时喜欢看小人书,做小动作。有一次被父亲在窗外发现了,他狠狠地教训我。这是我第一次受到父亲教训,现在回忆起来也是唯一一次的教训。

由此我长了记性,不再那么做了。每学期结束,就先将成绩单和老师的评语送给他看。他满意的笑容真是对我巨大的精神鼓舞。父亲是座山的感受油然而生。

哥哥小学毕业以后,没考上初中。经过许多努力,甚至在离家很远的娄底、邵阳都跑过,还是没有办法。只好在附近的横市农业中学读书。朝廷的长子,百姓的么儿。为此我暗下决心,要考上初中。可是事不如愿。在初中临考前我犯了眼病,早晨眼睛一大堆眼屎,白天睁不开,晚上看不见,既看不得书,也写不得字,心里很着急。临时抱佛脚搞不成了,没有希望了。考初中的考点,离家有十五华里远,要自带行李。我与李志奎同学合伙带一套。他带帐子,我带垫子。年仅十二岁,垫子竖起来比我要高一截。没有办法,我得去试一试,不到黄河不死心。当时乡里没有看到过电灯,而考场宁乡五中却有发电设备,有了电灯。晚上,我在床上躺着听同学在蚊帐里读书。我第一次看到一根线扯一个灯泡就这么亮,比乡下的煤油灯强多了。能到这里读书就好了,心里默默地想着。考试结束了,我无心打听别人考得怎样,也不知道自己会考得怎样,怀着听天由命的心理,背着长长的垫子,站在整队回家的队列的最前面,低着头听老师讲话,突然有人把我的垫子碰了一下,我抬头强睁开眼睛一看,原来是父亲。

他参加修公路,当伙食总务,挑担箩筐到集镇买菜,顺便来看看我,人多了,找了许久没找着,他的箩筐碰了我的垫子,才发现我就在他的眼前。我很感激,但又怕考不上,父亲的关爱增加了我的忧虑。

七月半,是家乡祭奠亡人的节日。每年这个时候,把祖宗从神位上请下来,七月十一日到七月十四日天天供奉,十四日夜里更隆重,给每个亡人烧很多纸钱。父亲是孝子,把这个节日作为孝敬日。这年七月十四日夜晚,天下着大雨,我们全家在堂屋里,一个一个钱包烧,一个个在扑卦。我一边帮着烧纸钱,一边在为自己祈祷,请祖宗保佑我考上初中。突然,李远香老师敲门,我赶忙打开门,李老师笑容可掬"恭喜,恭喜,左连生考取五中了"。这真是喜从天降。李老师说全班五十个同学只考取两个,我是其中的一个。父亲不知有多高兴,连忙向祖宗烧纸磕头,感谢祖宗关照。那一晚我怎么也睡不着,似乎一下子长高了许多,名气大了许多,为父亲争光了许多。这是我人生第一次最大的惊喜。

读初中要转吃统销粮户口,要寄宿,要转粮食关系、交伙食费和学费。手续好办,就是钱难筹。家里原来开饭店,不准开了,学费没有来源。父亲请来姨父商议,唯一的办法是喂头母猪,一年两窝猪仔,恰好可交两期费用。我上初中三年的学费就是父母一把潲水,一把猪菜烧煮出来的。高中三年的学费是父亲到粮站工作后节衣缩食省出来的。读书时吃不饱饭,放假到父亲粮站住一晚,身子骨就这么熬大的。

大学毕业后,父母、祖母送我上路,去常德工作,刚好雨过天晴,父亲意味深长对天长叹"这下好了,天晴了"。我望着父亲的面容,知道这次上路参加工作的份量。我领取第一个月的薪水,几乎全部寄回家了。这是家里第一次从邮局领回的大钱,全家注入了生机,显现了活力。寒窗苦读十六年,终于给父母有了点回报,总算给父母增添了喜悦。

参加工作以后,逐步走上领导岗位。父亲常来看我,特别是孩子的生日,他是千方百计要赶来的。他来后,总要找我唠叨家乡的事。不是说家乡那座木桥坏了,就是说家乡那座河坝关不住水了;不是说张三的田因为缺肥减了产,就是说李四的孩子没钱去读书等。总之,要把家乡的事说个够。我听后不以为然,没有去想他说的用意,后来他直说了,爱家才会爱国,你们替国家做事的人要帮家乡做点事,亲力亲为,邻为邻安,我们老了无能为力了,要靠你们呀!父亲的教诲使我茅塞顿开。在力所能及的情况下尽力关心家乡的事,帮助父老乡亲勤劳致富。在肥料紧缺的时候,我每年帮乡亲们买些碳铵、尿素回去,使他们种好责任田。还向有关部门求援修好水坝。特别是修桥的事一直挂在心里,父亲说过木桥被洪水冲毁后,数万乡亲过河很不方便,已淹死过几个人,小学生上不了学。我到省城工作后,争取了大部分资金,在镇村干部主导下,在乡亲们的努力下,终于实现了父亲的嘱托。可惜他没等到桥修建好,就与世长辞。在滩山桥志中,我提议写上父亲的名字,告慰他在天之灵,因为他是修桥的发起人。一九九七年五月十日出葬时,乡亲们赶来为他送葬,不少人悲痛地说:走了一个好人,如果多一些像我父亲那样关心乡亲们的人就好了……

父亲走了七年了,我无时无刻不在怀念中,无时无刻不在悔疚与遗憾中。世界上的人和事只有失去了,无法挽回了才最令人后悔、遗憾。真是没有后悔药吃,亲情更是如此。父亲健在时,我体会不深,父亲走后就显得惘然,总觉得欠了父亲许多,总觉得对父亲报答太少。虽是寸草心,无以报答三春晖。

世界是物质的,失去的东西更能体现价值。亲情也是如此,人总是要死的,亲情总是不能永远共生的。当孩子们由少年进入青年、中年时,父辈们就进入老年,进入风烛残年。由此我将自己的感受告诫父母健在的同事们,要他们常回家看看,父母们需要孩子们的亲情,如同孩提时父母是山,长大后,孩子们是父母的山一样。要非常珍惜与父母健在的时光。是父母给了我们生命,是父母使我们热爱生活。树之根,水之源是永远不能忘怀的。

继承父母的传统,每年农历七月半祭奠已故亲人。尽管在长沙闹市区,也要找个角落,烧些纸钱作为纪念。虽然我知道死去元知万事空,这些事是做秀的,是假的,我也宁愿去做,这是无奈,是怀念、寄托和补偿。我知道我写此文再也看不到父亲的笑容了,再也听不到他的声音了,做儿子的该做些什么呢?只好尽一种责任和义务罢了。

尽管我这样去想,但我觉得只有尊重父母的人,才会尊重道德;只有孝敬父母的人,才会懂得责任;只有敬爱父母的人,才会热爱朋友;只有不忘父母恩情的人,才会珍惜友情。

我以此文,怀念我慈祥和敬爱的父亲。

墨苑耕耘

·谭国材·

    我自幼酷爱书画,从师乡邑书法名家,常年临池,不敢有丝毫懈怠。始临柳公权《玄秘塔》,继而《神策碑》,常以柳公名言:"用笔在心,心正则笔正"自律。每日临池专心致志。吾舅父渥球先生是老教育家谢觉哉的学生,写得一笔好字,楷书笔力遒劲,行草书笔畅婉转似行云流水。常亲临指点,受益匪浅。

    家乡人杰地灵,书家辈出。名胜古迹名家墨迹甚多,如何绍基、于右任等大书家的楹联、匾额、碑刻,尝驻足观赏流连忘返。民间收藏的书家手迹得之爱不释手,反复临摹,得天独厚地受到书艺熏陶。

    其时学校举行书法,国画比赛常名列榜首,备受师生和乡邑书画家赏识。并偶有乡邻求书春联、喜联悬于门上,素有"小书家"之称。

    解放初期踏入教育岗位,由于社会宣传的需要,常用棕刷当笔,用石灰水当墨,到各村镇大书抗美援朝保家卫国的巨幅标语。

    在长沙市八中工作期间,结识全国著名金石篆刻书画家李立先生,其时,他是学校的美术教员。青年时代,他的篆刻很受齐白石大师赏识,称他的作品"可以与予乱真"。"文革"中被关进"牛棚"。

    学校复课后,我力举有真才实学,且受学生欢迎的老师重返讲台,李立便是其中之一。他艺术根底深厚,皈依白石篆刻艺术,后荣调省轻工业学校,长沙铁道学院,晋升为教授。他的《毛主席诗词》、文天祥《正气歌》篆刻具有很高的艺术价值。他的足迹踏遍香港、澳门、台湾、日本、美国,他的书艺篆刻享誉海内外。

    我与李立教授是挚友、同仁,感情笃厚、交往甚密。我的书画创作常请先生指点。他为人厚道诚恳,一向平易近人,从无盛气凌人、高不可攀之感。在先生的指津下,我开阔了艺术视野,书法创作除行草外,还涉猎汉隶、秦篆,艺术触觉逐步伸向美学领域,潜心领略诸家意蕴,品察南北碑帖风情。先生还在我六十岁寿辰之日,执刀篆刻名章一枚赠我,余一直视宝收藏。

从教四十余年，每见学生作业字不成形，活像"天书"，总是感慨系之，向学生家长和全社会大声疾呼"高度重视学生书法教育"，并亲自撰写《谈书法教育在中小学的作用与途径》，发表于1993年《长沙教育》，以引起全社会广泛重视。

退休后，壮心不已，仍以书画为乐，致力于青少年书法辅导，培育新秀。每逢节假日、寒暑假，以自家的庭院、卧室为课堂，辅导少儿学习书法。还常请李立教授亲自前来指点。同时编著《柳体楷书教学字帖》《写字教程》作为书法教材。前后辅导青少年书法爱好者数百人，其中荣获省市及全国书法大赛特别金奖、金银铜奖者逾两百人次。中国文联等举办单位曾授予"全国优秀书法教师"光荣称号，省市报刊电台曾以《翰墨飘香育新苗》为题专题报道。

"老骥伏枥，志在千里，烈士暮年，壮心不已"。晚年我仍坚持自身基本功的磨炼和艺术探索，创作颇具风格，曾荣获"炎黄子孙及各国友好书画展（国际）"三等奖，"全国当代临书名品大赛银奖""全国民间工艺美术大赛"特别金奖等30余次，作品与传略曾入选《中国书法家选集》《国际现代书法集》《当代著名书画家真迹博览大典》《中国书法鉴赏台历》《中华名家翰墨博览》等十余部大型词书画册，中国文联、艺联曾授予"海峡两岸德艺双馨艺术家""国家书法大师"等荣誉称号，并当选为中国艺联第二届主席团副主席。任重而道远，余将不畏险阻地攀登艺术高峰。

人生、事业与古国情怀

·刘建中·

古国名字暂且搁置，但横市、沩山等地隶属黄材，这是清朝以来几百年不争的历史，也是当地人民乐意从属，建设共同的家园，这个范围面积 428.4 平方公里，人口 14.2 万。古国 3000 多年历史，源远流长。

这里地处雪峰山脉东北麓，沩水发源地，安化、桃江、宁乡三县交界，山高壑深。有三河、十溪、九洞、六垅，沩河、涓水、铁冲河、通溪、烟溪、峡溪、墈溪、胜溪、松溪、梅溪、清溪、沩溪、八角溪；龙洞、凡家洞、千佛洞、九古洞、蜂子洞、石屋洞，还有与宁乡边界的雷鸣洞、响水洞、黑油洞；大屋垅、田坪垅、松柏垅、新屋垅、张家垅。洞多、溪多与几千年前洞居文化有关；而垅多，与沧海桑田的变迁相联。当地还有全县稀少的姓氏，眭、危、卿、信、邬、麻、娄等住民，究其来源，连他们爷爷的爷爷都说不清。

一九四一年我出生在黄材街上，七十多年来，四时寒暑变化依旧，镇容镇貌发生了巨大变化。小时候我家住在大冶厂（原锅厂旧址）。这里约住八九十家，我与邻居肖安阳、刘云才结伴，常去前面沩河玩水，沙洲打架，度过了快乐的童年。一次在沙洲被沙虫子咬伤小鸡鸡，红肿了，特别痒，嚎头大哭回家，妈妈给我涂茶油杀死沙虫子，清凉消肿不痒了。一次去街后禾田捉蝈蝈喂洋鸭，口内干去井里喝水，不小心掉在水井里，幸亏攀爬井边横木获救，这些事情记忆犹新。后来与贺少宗、黄镇杰、姜国全、姜立勋等同学读书，从初小、高小、初中、高中逐步成长为青少年，伴随家乡的变化。

古镇沿沩河而建，因水利交通而发达。这里本只有一条主街，还有出桥南一条小河街。主街东西走向，全长约一公里，两三百家铺面。东、西、南各有一个门楼，门楼上长年居住着两个巡夜打更夫，门楼晚上上锁，第二天天明才开锁通行和营业，镇上有油榨巷、牌头巷、吕家巷、水家巷、何家巷、新码头及姜公桥下水码头，通往东西南北四乡，东方沙坪直通宁乡、长沙，北方铁冲通益阳、常德，西方通安化、新化，南方通湘乡、邵阳(以前叫宝庆)。这是上宁乡必经之地，货物运输主要靠几百号船运(以前叫乌舡子)每条船一次可运七、八千斤，水源丰富，顺水行舟时间快，但逆水行舟慢，从宁乡到黄材要两三天甚至四天，船最多只能到离黄材五里地的炭河里以上，高河峡暗石丛生，不能行船，涓水、楚河也是如此。物资运输从陆路靠土车、大盘车，还有人力肩挑。黄材古镇是宁乡西部货物集散市场，贸易极为繁荣，有小南京之称。以前人们出行是步行，达官贵人坐轿，一般是两人轿，这里有轿行，一般从宁乡到黄材去南乡，西乡的都在这里换轿去安化、新化、湘乡、邵阳，客栈饭店多达几十家，中心街道客栈住达官贵人，上河街、下河街、小河街住一般来往客人。这里的贸易有绸缎布匹、南货、日杂、文化、药业，还有山珍海味特产交易，有本地老板，有益阳、安化、邵阳、湘乡、湘潭老板。特别是抗日战争年间，来黄材居住经商的口音混杂。

制锅、造船非常发达，有五家锅厂，八家船厂，打铁、制银、制铜、制秤、制火柴、制棕、制皮革、雕刻、印刷、制伞、制碗、理发、缝纫服务极为热情周到。

这里有关圣殿、财神殿、杨泗庙、水火庙、唐公庙、万寿宫、天主堂、福音堂、育婴堂等各种宗教场所。人们喜欢在关圣殿、杨泗庙、唐公庙唱戏，当地流行一句话"六月十二搭戏台，家家户户接女儿回。"有些戏持续唱一个月，除此之外，城外还有石狮庵，南岳行宫等地也唱戏。

这里除饭店外，还有很多小吃，如麦粉面、米粉面、米豆腐、豆腐、千张皮、油粑粑、油条等，花样繁多。那时，我家里穷，只能看别人吃，自己在旁边吞口水。

这里的教育有公办和私立。周边有观音堂、石狮庵、元家山，划船塘开课，我在观音堂读了两期义务班，到解放以后进校继续读书，还有大沩完小，沩滨中学是上宁乡甚至全县数一数二的学校。解放以后土地改革，合作化、公私合营等社会变革，五六年黄材通汽车，昔日的繁华演变了。

回忆土改时，斗地主分田地房屋，我家划为贫农，分了田土房屋，但当时人太小，怕看斗争场面，只见区政府进屋两边有班房，经常关满犯人，拖犯人去河坪枪毙是常事，当时流传杀了一子三生，是周子云、曾保生、邬菊生、廖福生、林素宗，这些人都先后担任过伪保长。

五三年互助组、初级社、高级社、敲锣打鼓又搞人民公社，大办公共食堂，大炼钢铁、总路线大跃进三面红旗，搞得热火朝天，因生产关系不适应生产力发展，群众的生产情绪低落，经济不发展，人民生活水平越来越低。特别是三年灾害中，公共食堂中缺吃，死亡的人数很多，后来下放公共食堂，实行六十条，人民公社划小，即队为基础三级所有，耕牛劳力四固定，生产有些起色。

六一年年底，我从湖南建设学院结业，回宁乡参加工作，在沙坪、停钟、云

◎炭河古城风光

山、祖塔、横市、黄材区公所履职,九五年撤区并乡,调入县经管局当行政干部,坐办公接通知,下通知,打证明,下乡蹲点办队,催种、催收催粮、冬修水利、公路建设,上户进行计划生育宣传发动,抬柜子、拆房子这些工作都参加了,后来下放田土,贯彻中央 75 号文件搞责任制,当时流传"上面放,下面望,中间一根顶门杠"。

记得一次,八一年春去崔坪检查,当时湖南日报发表了一篇文章,报道偏远山区,宁乡崔坪公社陈家湾生产队实行承包责任制,搞得热火朝天。我们一行四人到了现场,回去要我汇报,我说"大田变小田,到处做秧田,劳力各搞各,黄牛累得苦。"区委认为是实情,但无人表态是好得很还是糟得很,当年秋收田里大增产,全区增收一千多万斤,980 多万斤的征购任务提早完成。

一九八六年以后,县里成立国土部门,我兼任黄材区国土所所长,长达九年时间,田里获批准建房,当时流传"成立物价局,东西涨得哭,成立国土局,田里好起屋。"

一九九三年起,中央下文要建立农村合作基金会,作硬指标任务要各乡镇

建成。一九九三年，我带头组织当地七个股东建立黄材地区合作基金会，后来陆续又建成七个基金会，我任理事长，监管这八个农村合作基金会的业务管理工作，提高融资利率。撤区并乡后，我调县经营管理局，任全县联合会副理事长兼联合会门市部主任，专管业务。

现在家乡炭河里考古建设正如火如荼，建设经历了三个艰难历程。

一是陈亮同志任黄材镇党委书记，胸怀全局，高瞻远瞩，全盘规划，要求自己下村组。首先拆除七一六矿西区破旧厂房和搬运矿区废渣土，打通黄祖沩山区公路，开发黄沩路，解决上百户商住房；接着征用黄金村元家山组约 50 亩水田，建成黄材大市场，有商住房百多户，解决以路为市的旧习，畅通宁黄路，对繁荣山区经济起了关键作用。其次黄材镇政府搬迁至黄材铸钢厂，新建三层办公楼一栋，还配套建了厨房、餐厅、猪圈、卫生间，四周及时绿化，气派雄伟，可与当时的县政府；此外还有老车站搬迁扩容，面貌焕然一新。

二是周兵山同志任黄材镇党委书记，雄心壮志，高屋建瓴，好不容易拆除黄材公社五十年代建成的四合院，又征地约 100 多亩，建成一公里长的黄材大道，搞好三通一平，开发 500 户商住房，公路宽广，绿化、亮化全部标准化。由于他以地生财，原来财政欠款 400 多万，政府财政极其困难，工资不能按时发放，干部不安心望调动，到他调离时黄材财政余款 600 多万。

三是近几年黄材镇政府在县委县政府与人民群众的大力支持下，配合古城公司、宋城公司征地 1964 亩，建博物馆、西周皇宫、西周作坊、西周渔猎、森林水上公园、炭河里遗址、青羊人家七大板块。

去年夏天我在老家避暑几个月，古镇千户立面改造，墙面屋面全新，盖上清一色琉璃瓦，古香古色，一眼望去生辉夺目；镇区宁黄路提质改造升级、标准高；划船塘学校扩容搬迁是一流建设；扶贫搬迁 113 户，是全市的重点工程；更有三纵五横镇区路、桥如蛛网，展示了现代化标准质量。整个古镇建设如火如荼，各项事宜井井有条。

国民经济逐步从工业经济为主向以服务经济为主转变，按照习近平总书记提出的两个一百年奋斗，实现复兴中国梦，一些难事将会迎刃而解，炭河古城迎来新的机遇，我的晚年将与美丽的古城一同迎接朝阳。

从甘家冲走进北京城的翻译家

·甘玉佳·

杨彦君,男,1929 年 9 月出生于宁乡县横市镇金丰村甘家湾。1942 年秋毕业于黄材省立五师附小 56 班后,赴安化兰田(今涟源)考入长郡中学初中 80 班。1944 年夏,日寇逼近兰田,长郡师生逃难到樟树坪,杨彦君抄小路经巷子口到黄材回到家乡铁冲。岂知小铁冲(今金丰村)已有一个排国军驻防,马排长就住在他叔叔家。他姐姐等青年妇女都已逃到深山沟里投亲靠友。他回家后,无所事事,十分苦闷。于是,他母亲带他到沩滨中学(今宁乡三中)找到她在宁乡女校的老同学姜国芬老师,托她介绍转到沩滨中学 8 班读初三。当时,沩滨中学的山坡上也修筑了防御工事,幸亏那位连长是沩滨中学创办人之一的贺正峰老师的学生,没有扰民。当黄材形势吃紧之际,学生们曾逃难到徐钰礼校长的家乡黄绢乡。

1945 年秋,抗战胜利后,杨彦君再赴兰田考入长郡中学高 21 班。次年春,长郡迁回长沙。在长沙就学的两年半中,寒暑假回家需步行两天。1948 年秋毕业后,他被省教育厅考试录取保送到北平师院(今北师大)后,参加了地下党领导的读书会、护校、欢迎解放军入城、欢送解放军南下等活动。同年秋,他转入北京大学西语系,在北大学生队伍中参加了开国大典。他历任班、系学生会主席。1952 年 7 月 1 日宣誓加入中国共产党。当年暑假,北大为全国高校老师开办了俄文速成班,他被任命为数学组组长。

1952 年底,第一批苏联专家来到北大,杨彦君因学习成绩好,领导批准提前半年毕业,担任翻译组组长。从此,在北大从事翻译、教学、行政工作达 10 年。

1962 年,杨彦君被调中共中央编译局,历任翻译、副研究员、处长、译审。1993 年,他 64 岁退休,后返聘至 2002 年。在中共中央编译局工作期间,先后发表了研究国际共运史的论文 20 余万字;从英、俄、德文译、校、审的著作逾 600 万字,主要是马恩列原著,国际共运史文献资料,中共党文史献资料,当代国外书刊中的一些论文;主编了《共产国际大事记》;编译了《"民主集中制"和"工人反对派"文选》。他是《新编世界社会主义辞典》的主要撰稿人和特约审稿人之一,《科学社会主义百科全书》的撰稿人之一,《简明不列颠百科全书》的译者之一。曾三次获中宣部和中央编译局颁发的荣誉证书,获中央编译局和中国翻译工作者协会颁发的资深翻译家证书,获国务院颁发的享受政府特殊津贴证书。其小传被收入《当代湘籍著作家大辞典》《中国当代翻译工作者大辞典》。《二十一世纪人才库》《世界优秀专家人才名典》《情系中华》《中华世纪英才荟萃》等多种辞书中。

杨彦君同志于 2012 年 6 月 24 日在北京病逝,享年 83 岁。他是从我们甘家冲走入祖国首都北京的一位杰出的优秀知识分子。他少年学习勤奋;中年工作认真;晚年高风亮节。他一生历尽坎坷,为传播马列主义,不辞辛劳,奋笔翻译,为国家立下了汗马功劳。他为人低调,生活节俭,对人亲和,不摆架子,他关心家乡,关爱乡友,是一位深受党和国家信赖的知识分子,是一位深受家乡人民爱戴的乡友,是一位深受亲友敬重的长者。

我虽未与他一起生活过,但有四件关于他的事情使我记忆犹新,没齿难忘。一是我在宁乡三中读书时,早年丧父,家庭极度困难,我曾写信给他,诉说家庭情况,他接信后,慷慨解囊,给我汇来了五元钱,解了燃眉之急。二是文化大革命时期,我身为红卫兵,曾上北京接受毛主席检阅,他听说我会上北京,为我准备了棉大衣和食物,后因老师不准假未成行。他后来曾来信责备,使我感到终生遗憾。三是,早几年前,我们宁乡县编写《宁乡县志》,编委会王祖同曾去北京,寻访宁乡名人,在北京大学受到了杨彦君同志的热情接待,王祖同回家后,对我多次谈及杨彦君同志的热情为人,深受感动。四是杨彦君同志前年回家探亲期间,我曾与他谈及想为家乡募资硬化公路,他立即掏出准备旅游的 1000 元作为捐献,后由他弟弟杨异之同志喊车拖沙填了路面。

四件看起来很平凡的事情,却平凡中见伟大,足见杨彦君同志的为人是多么的高大。

酿在儿时记忆里的黄材古镇

·姜国钧·

作者简介

姜国钧，男，1962年9月出生在宁乡黄材崔坪村，教育学博士，中南大学公共管理学院教授。

十八岁离开故乡，故乡就酿在了儿时的记忆里。从来不需要想起，永远也不会忘记。如同那陈年的老酒，无须特意开启，醇厚的酒香会时常透过封泥沁人心脾。家住崔坪村，离黄材还有30多里山路，黄材对我来说是一个神奇而又繁华的地方，儿时的黄材是一个个神奇的故事。

关于黄材的故事都是在大人们扯白话时听来的一些片段。在你一句我一句随意的传说中，在孩子们天真烂漫的理解中，这些片段加入了很多的想象，让那些本就神奇的故事变得更加神奇。

母亲在黄材读过完小，黄材完小是由姜公庙改建而成的，母亲最喜欢讲姜公庙的故事。

"还是细妹子，最怕一个人经过正殿。墙上画起那个姜公太祖的像，眼珠鲜活的，你走到哪里他就望到哪里，吓人！"母亲总是这样开头。

"姜公太祖埋在坛子里，还没死，还长头发，每年要给他剃一次头发。有一年，给他剃头的婶婶想，到底死没死呢？用剃刀在头上划了一下，划出血来了。以后就不长头发了，真的死了。"讲到这里的时候，孩子们都吓得不敢出声。

"文化大革命的时候，红卫兵要挖出姜公太祖来。麻石一层又一层，挖的人莫名其妙肚子痛，不敢挖了。"真的很神呢！孩子们瞪大惊奇的眼睛。

大人们扯白话的时候，不止一次讲起姜公太祖带领族人抗元的故事。

"靼子怕造反,一个村里只有一把菜刀。"

"八月十五杀靼子,暗号写在包月饼的纸上。"

"靼子把寨子山围起来了,围得水泄不通,鸟都飞不出去。姜公太祖变成一条鲤鱼,顺着小溪出去了,搬来了救兵。"

"咦嘎叫洗尸坝呢?姜公太祖被靼子捉起哒,杀不死。劈成两边,又合起来哒,还没死。抬到河里把他的血洗干净,才死!"

到底有几个姜公太祖呢?姜公太祖到底死了没有呢?姜公太祖真神啊!真是英勇啊!每次听大人们讲起姜公太祖,我的心里总有许多的好奇,总会生起对姜公太祖的无限崇敬。

更为神奇的是黄材出土的宝物。

"那人本是去翻红薯藤的。走到半路上踢到一块石头,他还以为是石头,绊了一跤。他想啊,莫绊到别个哒,拿起锄头要把那石头挖掉。挖挖挖,挖出一只宝!铜的,像方斗,一只角上一只羊,好漂亮的花纹!"

"该他发财呢!"

"走狗屎运呢!"

"好心好报呢!"

"还发财,差点撂到河里去哒。"

"咦嘎解曰?"

"放到屋里羊叫!夜里羊眼珠放绿光!吓死人!他堂客要他撂到河里去。"

"那人也胆子大,拿起羊角锄磕了一锄,磕掉一只羊角。"

"不叫哒吧!"

"还叫得狠些,那羊痛得嚎起来哒!"

"差点要撂到河里哒,来了一个道士,把蚯蚓塞到羊嘴巴里,不叫哒!"

"卖到宁乡,卖哒三担谷。"

"该他发财呢!"

"吃亏哒,宁乡那个买家卖到长沙,卖哒一条街的绸铺店!"

"发哒横财!"

"也吃亏哒,长沙人卖到上海,卖哒三条街的绸铺店嘞!"

那"嘞"字扬起很高,拖起很长,连大人们也惊愕地张大了嘴巴。

大人们的想象到上海为止,谁也不知道上海人又把宝物卖到了哪里,卖了几条街的绸铺店。我的心里生了许多疑惑:上海在什么地方?那宝物还在上海吗?那羊还叫吗?每天都要往它嘴里塞蚯蚓吗?

直到读高中,才知道那宝物叫四羊方尊,放在中国历史博物馆里。

儿时的黄材是父亲带回的零食和玩具。

父亲每一次去黄材,总要给我们带点零食回来。法饼和棒棒糖,尽管村里的供销社也有,但总不如镇上的好吃,包装纸也没有镇上的好看,拿在手上就是一种骄傲,让小伙伴们羡慕不已。白糖包子山村里是没有的。有一回,父亲带回五六个白糖包子,蒸在红薯饭上。我和弟弟妹妹围着火炉、流着口水等待开锅,猜想着白糖包子如何好吃,这情景至今记忆犹新,而那包子的味道却没有了印象。

父亲从黄材给我带回过一个塑料口哨和一支可以连续击发的打纸炮的铁皮手枪。出于对连续击发的机械构造的好奇,纸炮枪还没来得及拿到小伙伴们面前炫耀就被我拆散不能还原了。父亲生气地说:"再也不给你买玩具了!"

不买玩具其实是没有关系的,那时我们都是自己做玩具。陀螺、弓箭、即筒、竹铳、竹蜻蜓,都是自己做的。大约读初中的时候,镇上的一些新鲜玩具开始传到山村里来了,有用单车的钢丝做的纸炮枪,有用轴承做的拖车,还有真能装火药的手枪、步枪。我很想得到那些新型的玩具材料,但我知道一向说到做到的父亲是不会给我从镇上带回这些材料的。

生产队里装在我们家屋檐下的喇叭坏了。一天,父亲从镇上买回一只新的喇叭和一个开关。趁父亲不在家的时候,我拿着喇叭琢磨了半天。这回不敢乱拆了,琢磨完了之后,小心翼翼地试着安装上了。我忐忑地等到傍晚放广播的时候,喇叭里先是"兹兹"地响了一会,然后嘹亮地唱起了"雄伟的喜马拉雅山"。父亲收工回家,听到广播声,感到奇怪,拿了手电筒照了半天,既没批评我,也没表扬我。

这以后不久,我在家里发现了单车的钢丝,于是我不再羡慕别人的纸炮枪了。又过了没多久,我竟然在家里找到了一根枪管,那一定是父亲托在 716 矿当汽车修理工的德良伯伯弄到的,因为德良伯伯来我家时我向他要过枪管,他没有答应。但父亲还是没有说枪管是给我弄来的,他是说到做到的人。我做了一把步枪,邻居毛伢子从他爷爷那里偷来了火药,第一次试枪把一颗长钉打进了家里的门板。想起试射我发明的自动击发的弩时,把邻居家的冬瓜射了个洞,被父亲狠狠地批评了一顿,这回我是等着挨打的,但父亲只摸了摸门上的钉子,什么也没说。

儿时的黄材是卖了竹枝后吃的那碗光头面。

第一次去黄材是和伙伴们一起去姚家台送竹枝。

宁黄公路管理处在离黄材大约五六里路的姚家台有一个养路班,那里收购竹枝做扫马路的扫把,三块六毛钱一担。从我家到姚家台大约有 40 里路程,十三四岁时,我能挑三四十斤的竹枝送到姚家台,最多的时候一次能挣到一块五毛钱。星期天的早晨,天刚蒙蒙亮,大大小小七八个伙伴结伴启程,走走停停,大约中午时分能到达姚家台。

拿了自己挣的钱，伙伴们都要到镇上姜公桥边上的饭店去吃碗光头面。这面没有臊子，二两粮票五分钱，是最便宜的。没有谁的爸爸妈妈叮嘱不能吃肉丝面和杂酱面，但伙伴们都是吃的光头面，挣钱不容易，都舍不得花。

尽管挑着担子走了那么远的路，那碗光头面特别香，但我们却无心品尝那光头面的美味。伙伴们中流传着一个说法，饭店里的叫花子会将口水吐到客人的面里，然后抢去吃了。伙伴们总是紧密地围坐在一张桌子上，一边警惕地盯着那个衣衫褴褛的叫花子，一边囫囵吞枣地迅速把光头面吃完，全然不知道那面的味道。所以光头面和肉丝面对我们来说其实是没有差别的。

吃完光头面后是逛街，伙伴们最想买的东西是皮草鞋。那是一种用废旧的单车轮胎做的草鞋样式的鞋。那时是半农半读，只上半天课，山里的孩子天天要上山打柴、放牛、放羊，布鞋容易破，大人们也舍不得让孩子穿布鞋去山里。草鞋容易刺穿，比光着脚好不了多少。所以，山里的孩子常常是光着脚的。皮草鞋结实，再尖的刺也刺不破，一双能穿两三年。我第一次挣了钱就买了一双皮草鞋。

然后就是买些玩具或做玩具的材料，如口哨、皮筋、废旧的单车钢丝等。纸炮是一定要买的，家里再穷的伙伴，也会买一两板纸炮。然后是参观那些神奇和新奇的地方，下河街、姜公桥、照相馆是每次都要去看看的。有一次我们还跑到了划船塘。如果是夏天，716矿的八一商店是一定要去的，花两分钱，就能吃到白糖冰棒。

每次送竹枝，都是母亲为我做早饭。先天晚上，母亲就盛出一大碗净饭。小时候的饭都是杂粮和大米混在一起煮，我们把剔去了杂粮的饭叫净饭。第二天早上，母亲先是给我煎一个蛋，然后放一大砣猪油，炒了那一大碗净饭。母亲站在一旁看我吃饭，一边叮嘱路上要小心，黄材不要玩得太久，早点回家。

我感到困惑的是，平常都是父亲起来做早饭，怎么我送竹枝时总是母亲起来做早饭呢？这事我也没有问过，长大知道一些事情后猜想父亲不想让我这么小就吃这样的苦。爷爷去世早，父亲十二三岁就独立支持家庭，当挑夫，挖生土，学手艺，吃过很多苦。他是不想让自己的孩子十三四岁就当挑夫。有一年春天，我们送了竹枝到姚家台，等到下午两三点钟没等到结账的会计来，伙伴们没有谁带了钱，饿得不行的时候，天又下起了雨。再等，回家就天黑了，伙伴们只好拖着饥寒交迫的身子回家。走到离镇上不远的金马，父亲来接我了。见到父亲，又冷又饿的我，就像遇到了大救星。

儿时的记忆是一坛醇酿的美酒。我时常自斟自酌，或与老伴举杯对饮。朋友来了，特别是儿时的小伙伴来了，总是要把这坛酒拿出来，推杯换盏。

剪不断的故乡情

· 陈再坤 ·

作者简介

陈再坤，男，1962 年 7 月出生宁乡崔坪村。从教多年。后考入长沙市委办公厅，现供职于长沙市商务局。发表文学作品若干。

故乡是一盏灯，照亮我来去的方向；故乡是一壶老酒，愈陈年愈显甘甜清冽；故乡更是我的 WIFI，无论行走何处，都能自动链接起年少的一幅幅画面。

故乡在崔坪，半个世纪前，我像自然界的草木，生长在那一沟山水里。为了长大成人，唯父母之命是遵，向长辈学习劳作的技巧，向土地和山林刨取填肚的食物。

五岁启蒙，真正意义上的半耕半读。就读的小学在大屋场，应是租用的民房，2 间教室，3 个年级，50 多个学生，仅一位 40 岁左右，据说出身是富农的陈姓老师。他一人轮番上课，教我这个年级时，其他年级自习做作业。同处一室，静不下来，多数时候我也在偷偷地听，读一年级时，二、三年级的语文、算术课都听过了，读到高年级时，陈老师并未开讲，而我却能应答自如。陈老师当着我父亲的面总是夸我会读书，其实我心里明白，这得益于当时囫囵吞枣的复式教育。

上午读书，下午劳作。劳作不外乎放牛放羊，浇水种地，但主要职责是上山打柴。这是父亲交给我们兄弟的使命，谙事起就必须保证家里的生活用柴。儿时伙伴富明和国祥，和我同岁，兄弟结构也大体一致。一同上山打柴时，总要先玩些开心的事。我们用韧性好的藤蔓缠绕在相邻的几棵树上，做成蹦蹦床，躺在床上，浮想联翩。由我们三家六兄弟组成一个生产队，队名叫"六合生产队"，意思是合得来的六个人。用竹笕将水从山上引到水缸，不再肩扛手提。用竹条和荆棘做成一道围栏，把牛羊鸡鸭放养在里面，再也不用起早贪黑地放牧了。用青石板铺成道路，所有物资都用独轮土车运送，把肩膀解放出来。晚上拉二胡吹唢呐，把戏班子请来，夜夜唱大戏。你一言，我一语，太阳却已西沉，只好火急火燎拾掇柴火，匆匆往回家的路上赶。

小时候无论是看电影还是看社戏，我们统统都叫"看戏"。看戏是我们的隆重节日，呼朋引伴，备好用杉树皮做成的火把，跟着乡村放映队或戏班子，翻山越岭不落下任何一场。村子里没有通电，看戏的照明是用棉团浸湿在柴油中，取出后点亮挂在台前，每一场戏都有一名大汉负责照明，他常常成了演出的"核心"。电影却不同，用的是脚踩发电机，大汉用力不够时，银幕上会出现神奇的效果，画面拖沓，声音低沉，明明是女人在说话却变成了男人声。每当这时，场面会笑声鹊起。当时仅有的几部样板戏，像《智取威虎山》《红色娘子军》等应该观看了七八个回合。看电影，在当时那个年纪，其实还是特喜欢故事片，《地道战》《地雷战》《永不消逝的电波》就特别吸引我。而对京剧、湘剧总不能理解。每当屠刀架到了脖子上，或是枪口对准胸膛，主角总是没完没了地唱，这不是事实，太假了。对花鼓戏的接受程度明显要高，一般都是讲家长里短的事或附会一个历史故事，念白全能听懂，唱腔只限于"西湖调""驾云调""烧火调"等，多听几回，自己也能哼上几句。我曾经弱弱地提出，想跟随村里的戏班子去学戏，被父亲一顿臭骂，只得作罢。

崔坪中学附近有一家造纸厂，应是当初唯一的社办企业。耕读之余，我最喜光顾。置身噪声剧烈的车间，看发酵的纸浆搅拌烘烤成黄灿灿的毛边纸。这都是次要的，真正的用意是偷偷地爬进原料库房，在回收的乱纸堆里，挑拣我感兴趣的书刊。二舅是这家工厂的工人，为我每一次"作案"提供了很多便利。

◎崔坪千佛洞

在这里我发现了连环画《鸡毛信》和一些不知名的书刊,我像饿鬼扑食一样,阅读这些发黄且破损严重的读物,不料却成为我了解外面世界的窗口,知晓了人生除了吃喝还应当有其他。

勤工俭学是当时重要的教学理念,读书之余要想尽一切办法挣钱做学杂费用。第一次,我从桃江黑幽洞捡拾了一担楠竹枝,和同学建国和善良等约定星期天送往离家40多里的姚家台。星期六晚上我就住到了建国兄家,第二天凌晨4点出发,走走歇歇,中午时分才精疲力竭地抵达目的地。在同行队伍中,我是体力最差的一个,挑去的楠竹枝重量自然不及同伴。过秤时,善良兄趁东家不备,用脚使劲按压拖地的竹枝,秤杆一翘,重量多出了许多。我收获了第一桶金,1.75元。兴高采烈的跑到黄材镇上,花5分钱买了一个糖馅包子犒劳自己,又花2角钱替继祖父买回一包干荔枝。继祖父到上下邻居家夸赞我,父亲也因此表扬我孝顺,懂得感恩。

15岁多在燕子崖社办高中毕业后,我回村当了民办教师。当初通溪、杨柳、少年三个村联合办了一所初中,我被指派教七年级的物理、化学,六年级的数学和生物。上午教书,下午劳作。

教了些什么的细节已经模糊,但教的对象却很清晰。除了我的弟妹是我的学生,我的满姨和两位舅舅也都是。我跟他们约定,上课时得叫我老师,下课后和其他时间该怎么叫就怎么叫。有位许姓的六年级学生,比我大两岁,平时是玩伴,上课是师生,切换关系非常利索。后来他成了一位乡邮员,每见我都以老师相称,我绯红着脸点点头。

教书之余的时间依然是劳作。父亲规定我到犁头山挖生土,就是将山地开垦为耕地。当初我家拥有一台熊猫牌收音机,我利用家里乃至于村子里唯一的现代化工具,每当上山挖土时,将邻居家一帮小孩叫上,给他们听歌听故事,还用墨汁给他们画京剧脸谱。有时还给他们胡诌几个三国或水浒的故事,他们乐得开了花,而我也在轻松自得中把一面山坡翻腾了一遍。

心智的开启有时是十分偶然的。教书一年以后,我被安排参加县教育局举办的一个化学教师培训班。当时由县教研室张治安给我们上课。他是一位在县内鼎鼎大名的教师,讲浓缩铀,一火柴盒大小的当量能毁灭一座县城,听得我汗水涔涔,心花怒放。结业时,搞了一次测试,我是培训班里年纪最小,成绩最好的一位。由此我向父亲提出,想放弃每年4000分工,每月10元补贴的优厚待遇,重返校园复读。父亲成全了我。

妻子时不时地提起,我俩恋爱时,是我"诱骗"了她。在县城工作一年后,我跟妻子相识了。记得当初用铅笔在一张白纸上描绘我家的环境:房前屋后是透迤不尽的一带山脉，青翠欲滴。一条溪流从村中奔流而过，鱼虾肥美，鹅鸭竞相啄食。门口的池塘开满荷花，屋旁满园果树，品字形瓦房耸立在山脚下。这其实是写实，妻子展开她丰富的想象，构建了一个心中的世外桃源。

第一次从县城回崔坪，我俩颠簸着坐了从县城至黄材的班车，下车后经金马，过横塘，上高家垅，走峡塘，穿高笕河，35里山路才抵达家里。一双漂亮的高跟鞋到家时仅剩下鞋帮，她搂着我的母亲啜泣不止，母亲迷惑和无助的眼神，至今让我难以忘怀。

我们每年都要回家一两次，头几年都得这么步行。后来修了盘山公路，但乡里仅有一辆大型拖拉机，唐姓司机很给我们面子，只要碰上了，就会叫我们匍匐在货物上，突突前行。妻子回到家中，成为村童的盛典。他们舔破窗户纸或侧身门缝，要看这位从城里来的女人的喇叭裤和蝴蝶结，笑声和嬉闹萦绕在小山村。

如今的故乡，跟随时代大潮发生了巨变。乡亲们住上了精致的楼房，喝到了从大山深处导引过来的自来水，崭新的沥青路面平铺到了家门口，出行用上了小汽车……从贫穷中走出的小山村，已和城镇没有了天壤区分。

目前居住在故乡的家人仅剩父亲一人。年届八十，倒也身板硬朗，精神矍铄，思维清晰，耕作不辍，类如花甲之年。前年还被县里评为乡村贤达，他的儿女孙辈都无不为这一荣誉感到自豪和幸福。

离开故乡已经四十年。大学毕业后先在县城工作，后来调到长沙，至今都蛰居在这座文明古城。因工作关系，算是走南闯北，足迹遍及五湖四海，故乡却永远是我的一方净土。那里优美的环境，洁净的空气，质朴的人情，都深深镌刻在我心中，盘根错节地组成眷恋，凝聚成一缕缕乡愁和向往。

◎沩滨村金马风光

大山深处的呼唤

·陈珍坤·

作者简介

陈珍坤，1964 年 8 月出生于黄材崔坪，从事教育工作，在省市刊物发表作品若干。

从省城出发一直往西，经县城和若干小镇驱车两小时到达四羊方尊出土地，再沿蜿蜒曲折的县道挺进大山深处20 公里左右，快到 602 乡道尽头的大山脚下，就是我出生的小山村崔坪。在那里度过了我的童年和少年，有我父亲几经拆建的老家。年近耄耋之年的老父亲，以他固有的生活方式守护在这大山一隅。长久以来，一直想写一写我的父亲，尽管这种愿望比较强烈，但却始终没能写成。每每拿起笔或坐在电脑前，脑海里一下子涌现太多的事情，太多的回忆，太深的情感。我对父亲的感情真的是有些敬，有些爱，有些怕，也有些怨，复杂到自己也分不清了。

父亲的早年命运多舛，还在妈妈腹中几个月时，他的父亲就去世了，成为了遗腹子，奶奶在他三岁多时也过世了，父亲成为了孤儿，由村里本家一个未成家的大约 40 多岁的他的爷爷辈男人抚养，可以想见他的童年是在怎样一个环境中度过。自然是缺衣少食，又何谈母慈父爱，从来就没有享受过舐犊之情，也难怪在我们的成长岁月中，总感觉父亲严厉多于慈爱，估计与他的成长经历息息相关。但苦难的岁月更能磨砺人的意志和毅力，父亲就靠着他不屈的精神撑起了一个家，养育了我们兄弟姐妹四人。多少年来，无论是生活多么艰苦，环境多么恶劣，父亲都泰然走过，坦然面对，我从来没见他低过头，弯过腰，只在 08 年那个冰冷的冬天母亲去世后，他泪眼婆娑，不言不语，仿佛一夜之间苍老了许多。父亲林林总总只读过三年书，但一直坚持读书看报，还写得一手好毛笔字，常常替乡人写写对联或书信公函什么的，可见他是一个天资聪颖、勤奋好学之人。

父亲十六岁当上大队会计，后来做了近二十年的村支部书记，对村里每家每户是那样的熟知，村子里从老人到小孩没有不认识他的，受到了乡邻友好尊敬。乡里大小红白喜事都喜欢请他出面掌事，他自己也乐此不疲，常常是出钱又出力。父亲是个豁达健谈的人，逮着个陌生人也能聊半天，政治的、经济的、历史的，时政大局到家长里短，国际冲突到邻里矛盾，为官之道到为人处事，都能接下话题略谈一二。父亲一人在家守着那幢老宅，我们担心他寂寞无聊，想接他到城里住，住不到两天他即嚷着要回老家，说哪家要收媳妇，哪家小孩三周，哪家老人做80岁酒，哪位老乡邻身体不好只怕熬不过去了，好像哪件事都少不了他。只有那个竹林茂密、山清水秀的村子才是他的家，用现在的时髦话说他才有存在感，在城里他就是水土不服。他热心热肠，这家调和婆媳关系，那家劝解兄弟纠纷，一天忙到晚，不辞辛苦，不计恩怨，在家庭感情普遍淡漠、家庭成员聚少离多的当下，他风行草偃一般感化村民，确实扮演了传承乡规民约、教化乡里、提高社会道德水准的重要角色，所以父亲成了家乡村民们口传的"能人"，75岁那年，也真正成为了县里首届表彰的"社会贤达"。

六岁以前，我并没有太多关于父亲的记忆。我少年懵懂，六岁多入大队小学，不知读书是干啥，上了几天就停了，七岁多的时候，春季再次入学，才找到一点感觉。记得那是入学当年中秋节前，我在学校突然发病，老师急忙叫来父亲，父亲背着我回家，一路上问我哪不舒服，我基本没有搭理，也描述不清楚。过了一条小河，上几十级阶梯，山台上有个"代销点"，父亲说买个月饼吃了就好啦。在那缺医少药、食物匮乏的年代，我舒服地趴在父亲的背上想，可能吃个月饼就好啦。我真的一口气吃了两个，不过没有十分钟，就全部兜底吐出来了，到现在还保持一种习惯"不爱吃月饼"。但当时父亲对我病情的担忧及对孩子的一份责任，至今记忆犹新。

父亲对儿女教育的重视在当时当境实属难能可贵，山村里的孩子一般都是小学、初中就辍学，当做主要劳动力，解决家中温饱，而父亲则是要求我们用功读书，学习之余才去帮衬劳动，而他和母亲则起早贪黑，辛勤劳作，无一日歇息，维持家计，千方百计供我们读书。家庭经济再困难也常常为我们买书、寻书、捎书、蹭书。父亲根深蒂固的一个观念就是多读点书总是好的，小说也好，诗词也好，甚至众多的小人书，只要手上拿本书在读，父亲就不会吩咐我去做其他的事了。记得儿时伙伴们除了玩耍和游戏以外少有的一种文化娱乐活动，就是在我们家一起看小人书，然后相互讲故事，看谁讲得精彩。我喜爱阅读的习惯至今不辍，受益终身。我刚刚读初中的时候，村里招聘民办教师，社办高中毕业的老兄，参加考试获得第一，当了一年民办教师后，想放弃当时不错的饭碗，跟父亲提出要继续读书，父亲二话没说，支持有志向读书的老兄继续就读高中。我们在县高中就读时，父亲常常往返步行近 40 公里到学校只为叮嘱我们几句，找老师了解我们的学习情况。在我后来十年的教书生涯中都没有遇到过像他一般关心子女读书达到如此虔诚的家长。功夫不负有心人，哥哥和我相继考上了大学，这在八十年代初闭塞的山村里，着实十分难得、令人称羡，成为方圆几十里的美谈，也激励了山村里后来的读书娃。

"仁义礼智信、温良恭俭让"这是父亲常挂嘴边用来教育我们的字眼，我们一大家子从未红过脸闹过矛盾，平时多能互帮互助、亲爱有加，父亲的言传身教成为儿女们为人处世之道。我们能有今天的小小成就完全得益于父亲早年的这种教育和严格要求。在得知我女儿考上湖南大学时，父亲欣慰异常，亲手用大红纸写了一份致辞给孙女，感叹老人的期盼和情意，女儿珍藏至今。父亲酷爱学习，颇能接受新鲜事物，现在还保持一种习惯，坚持订阅多种报刊，每天观看《新闻联播》，近来还学年轻人玩上了微信，我爱人常调侃我不如父亲睿智好学，说父亲要是生长在我们这个年代，一定是个响当当的人物。

在我们一个个外出求学工作离开家后，家就渐渐成了故乡，在聚少离多的日子里，我们忙于工作和自己的小家，对父亲关心不多，回去的次数也不多。有时回去，也就带点烟酒食物之类，父亲不看重我们带什么，只要我们回去，他就精神焕发，忙前忙后，说话的声调都高扬，逢人就说："他们兄弟都回了勒，到我家来坐坐咯。"父亲把早已准备好的各类土特产通通搬出来，把左邻右舍都请过来，留人吃饭喝酒，自己却从不上桌。看到儿孙们开心地畅饮畅谈，父亲脸上的皱纹都舒展开了，幸福之情溢于言表，快乐得像个"孩子"。父亲的世界很小，只装满了儿女；儿女们的世界很大，常忽略了父亲。回想起父亲给予过我们的缕缕阳光、滴滴雨露，心中难言的寥落。歌曲《父亲》很能表明我们的心境："总是向你索取，却不曾说谢谢你。直到长大以后，才懂得你多不容易。每次离开总是装作轻松的样子，微笑着说，回去吧，转身泪湿眼底。"我慢慢体会到，所谓父子一场，只不过意味着，你和他的缘分就是今生今世不断地在目送他的背影渐行渐远。

谁也不能替代谁在谁生命中的角色，即使我长大了，即使我有了共度一生的爱人，即使我有了宝贝的女儿，即使……但是谁也无法在我生命中替代父亲的爱，谁也无法给我父亲所给的心安。耳旁仿佛时常回响着大山深处的呼唤：孩子们，好好工作！好好生活！记得我曾在工作单位竞聘演讲中充满深情描述"我是大山的儿子"，从未因我来自大山深处而有丝毫自卑，反而有一种发自心底的豪迈，父亲于我，确如一座大山，他的伟岸、他的挺拔、他的坚忍，一直激励着我不忘初心，即使承受风霜雨雪也沉着坚定。

塅溪琐忆

·姜天剑·

作者简介

姜天剑，70年代生，黄材塅溪人。供职于中南传媒集团。

宁乡西北角上的大沩山也算得上是一处湘中名胜，沩仰宗的祖庭即坐落在这里。在其东南面叠嶂的群山之中，蜿蜒着一条小河——塅溪。溪从大沩山边上的城墙大山发源，到炭河里汇入沩江，长度不过十数公里。山溪清浅，除非春天发大水，河里的水多数的地方不过刚刚没过脚踝。所以即便是在1950年代之前，下游的船最多能够摇到划船塘，便要上岸行脚。

山里人老实。即便从地名上也看得出。由于这小溪，这村子也就顺势被叫做塅溪村了。沿着小溪一路逶迤向上，遇到的第一个农舍的聚落，就叫头渡水，遇到第二个就叫二渡水，一路上去，一直可以数到八渡水。这小溪就如一条串佛珠的串子，将小溪的两侧散落着这些古老的村落和村里的数百户山民联结了起来。这种联结既是道路上的，也是情感上的，甚至是基因上的。

我的家就住在六渡水。村里的人多数姓姜，一例是或近或远的本家；族谱记载，姜姓已经依偎着这条小溪繁衍超过千年。我们小孩家与人初次见面，不是向人介绍自己叫什么，而是介绍自己是谁的崽。那人多半便会接下话茬，一脸亲切的讲起你祖上与他们家交集的往事。甚至会在一番论资排辈后，非要让你叫他太公或者爷爷什么的。不过好在我有一个在村里当了三十年老师的老爸，只要年纪不太老的人都会是他的学生，凭着村民们对老师的敬畏，他们多数不敢在我面前摆老辈子的谱。

◎月山墈溪鱼趣

溪虽然无名，却也并不寂寞，至少我在溪畔消磨过去的童年是如此。春节过了没有多久，溪边衰败枯黄的蓟草已悄悄返青；在滩涂上蛰伏了一个冬天的虫蛙也会抖落身上的泥土爬出洞来；溪边田野里的红花子(学名紫云英)长得肥硕，一簇簇紫色的花蕾挨挨挤挤，开得分外茂盛，招来一群群兴奋的蜂蝶。春耕很快就要开始了，小伙伴们也赶着各自的牛儿，相约来到河滩上，放下牛缰绳，让它们自己去吃草。我们则脱去束缚已久的破冬袄，继续那上一年那场还没有分出胜负的战斗。溪这边的和溪那边的，各有各的司令和狗头军师。一边向"敌方"掷着泥巴和小石子，一边口里还模仿电影里机枪、步枪的射击声音。被击中的"战士"则会应声倒下，作痛苦状。直到有人发现牛们已离开主人很远，甚至跑到田里吃红花子时，战斗才被迫终止，大家分头去追各自的牛。

每到夏天，小溪便成了孩子们的乐土。姑娘们喜欢挽起高高的裤腿下河去捉虾摸鱼，享受那清凉的溪水流过趾尖的舒畅。男孩子们则远比她们开心。在牛形山的牛头处，溪水拐了个九十度的弯，溪水冲刷之下山崖边上形成了一个二十来米长、两三米来宽、深约两米的水潭，叫做庙王潭，潭水清澈见底，这是我们天然的游泳池。每当夕阳西下的时候，村里的男人们会光着膀子，三三两两地下到潭里，洗去劳作一天的疲惫与尘垢；孩子们则会光着屁股，扑腾着跳进潭水里，故意用脚拍打起高高的水花，然后一个猛子扎下去，然后远远地从潭水的那头冒出来，用手一摸脸上的水，得意地朝着人呵呵直笑。溪里小鱼儿很多，一群一群的，在傍晚的时候小鱼儿会一条接着一条地跳出水面，在水面上划过一道漂亮的弧线，然后带着落日的余晖回到水里，然后又跳出来……记得上四年级的时候，我很有些淘气，和小伙伴们经常下午逃课去溪里游泳，在水里一折腾就是几个小时，泡得皮发皱，眼发红，活像一只掉了毛的兔子。有一次老师跟踪而至，悄悄将我们几个脱在河滩的衣裤全部收走了。我们也并不着急，在玩够以后便光着屁股，在田埂上一路小跑回了家；虽然回去免不了要吃一顿"笋子炒肉"

（用竹枝抽打屁股）。

十月以后，白天山村的太阳依旧很是温暖，而晚上则会下霜，水也变得一日比一日凉。我经常躺在河堤上晒得热热的大石头上，听着哗哗的流水声，口里衔着野草，仰望着幽远而深邃的蓝天和蓝天上偶尔飘过的白色的云朵，看着看着就睡着了。而此时，河岸上的野菊花开得正旺，散发着浓郁的芬芳；崖壁上野果已经熟了，红红的，摘下来一尝，有点甜也有点涩，一如我的童年。

村里是在我八岁的那年包产到户的。在此之前，饥饿就如一个摆脱不了的影子总追着我的童年记忆。墥溪就被紧夹在两座连绵的山的褶皱之间，中间本来就没有多少平坦的可供耕作的水田。1968 年墥溪发了一场百年不遇的山洪，溪水冲垮了河堤，把我们生产队的二十来亩水田冲成了一块坪。自此之后，我们的生活就越发贫困与拮据了。所以我们生产队，人均只有三分水田。管事的队长是一个长着高高颧骨和鹰钩鼻的同宗伯伯。每天一大早，他就会声嘶力竭地吹着哨子催大家集合一起下地干活。爸爸去教书了，妈妈作为家里的唯一劳动力，插田、担粪、挖土、砍柴都要和男劳动力一样地干，但是所能得到的工分却远少于壮劳力。一年到头我们全家四口能够分到的谷子只有三百来斤，也就勉强够吃四个月。其余时间则基本靠吃红薯维持，有些年份甚至连红薯都吃不到头，所以吃净饭就成了那个年代墥溪人的奢望。有一次我生病了，妈妈疼满崽，蒸红薯时单独蒸了一小碗米饭给我吃，哥哥、姐姐很有些委屈，觉得妈妈太偏心。就是因为缺吃的，每当生产队扮禾的时候，我们小孩子虽然不能挣工分，但却也十分喜欢地跟在扮桶后面。听着被大人踩得震天介响的打谷机，就像乡野里的摇滚，那节奏和动感，总会让人莫名地激动。懂事的姐姐会在收割过后的田里检拾掉落的稻穗，一个收割季下来，姐姐能够拾小半箩筐的谷子。1981 年后，我们生产队包产到户了，田虽然还是那一点点田，但是经过爸爸科学选种施肥，经过妈妈精心耕种，产量却有了明显的提高，很快我们成了村里少数亩产过了千斤的家庭，吃饭难的问题也得到了一定的缓解。

我经常会独坐在溪边眺望着西天的云彩，遐想着落日的归处：山那边会有什么样的人呢，山那边的天地是一番什么的模样呢？我也只是这样痴痴地想望，却从来不曾翻过那山去看个究竟。在六渡水，墥溪的西面是牛形山，东面是凤形山。山隔着溪，溪连着山。牛形山像一条横卧在溪边歇息的老牛，牛头、牛背、牛肩胛样样俱全；凤形山则若一只展翅朝北飞去的大鹏，凤头、凤尾、两只硕大的翅膀，活灵活现。老人曾说，凤舞九天，村里今后是必定会要出个皇后的。在我童年的眼里，两座山一如它们的名字，真是越看越像，越看越亲。长大后，虽然看过许许多多的名山大川，却不知为什么，出现在梦里的山却依然只是这两座。

◎月山风光

　　少年时，父母亲对我寄予厚望，希望我能考上大学，摆脱贫困的枷锁，做出一番事业。而我却并不用心向学，而是更愿意盘桓于溪畔与山间，懵懵懂懂，开开心心。直到我十六岁那年，小山村遭遇大旱，墩溪都快断流了，田里半枯的禾苗在烈日下奄奄一息。一大中午，妈妈派我去给田里放水。顶着火一样的太阳，我来到小溪的坝上，溪里的石头被晒得滚烫，光脚踩在上面，如针扎一样。墩溪就像老牛那干瘪的乳头，抽水机在拼命挤着里面仅剩的那一点点奶水，时断时续。水从溪里抽上来放到我家的责任田的田圳，有一里多路长，经蒸化渗漏，那仅有的一点点水根本到不了田里，就这样我从中午一点多钟，放水放到下午七点多钟，太阳快要下山了，田里却一滴水都没有进。我望着西沉的落日又急又气，跪在干裂的土地上，我发誓要离开这个鬼地方。自此以后，我才知道要认真的读书去谋自己的生路。正是这条伴我长大的小溪，给我的人生上了最为深刻的一课。

　　后来，我考上了学，进了城。时间就这样悄无声息的过去，那个曾经游荡在小溪边的孩子已华发苍颜。偶尔我也会在黄昏的时候，带上女儿去湘江的边上坐一坐，其间垂柳依依、水雾迷离；望着这满川的水，我经常会徒劳地想去分辨，其中哪一股清流会是来自于家乡的小溪呢？

　　年节回乡看望父母，我总会驱车从小溪旁边经过，望着这条曾哺育过我、亲吻过我、拥抱过我也曾折磨过我的小溪，心中总有一种说不出的亲切，仿佛我从来就不曾真正离开过。世界在变，唯有这小溪淙淙依旧，岁月无痕。这是我的来处，也是我的归路。

家族那点事

·胡雅婷·

在每一个人心中，大概都有些家族情怀，只是有的人强烈有的人薄弱，体现的层面不同。听家族的长兄说，堂哥与远房堂弟合伙掘了自家祖坟，有没有得到宝物，看他俩的现状，估计是白忙了一场。

而我，却是个女子。为此，有过懊恼，期望自己像个男儿能顶天立地，可以保护家族，并为家族光耀门楣。女子在家族中，地位远不及男子，即是在新中国，倡导男女平等，在人们的意识中，女儿仍不能够作为本族的传承之人。以至我小时候为母亲生第三胎"黑户口"的弟弟耿耿于怀，常对父母说：如果我与妹妹是男孩，你们就不会再生弟弟这个"黑人"了。

好在父母不是男权主义者，"放养"的形式下成长，以至我在诸多时候表现出男人的气质。在这样的气质中，尤为突出的是家族情怀、家乡情怀、还有没地方可使力的国之情怀。

甚至，经常没有归属感，越年长越强烈。

当我看到某些文学作品写到他们的奶奶由多少条船，或多少轿子，装多少什么样的嫁妆嫁给他们的爷爷时，"咕咚"一下就卡在那里。莫说这些排场；莫说这些嫁妆；更别说奶奶有多美，没有谁能向我描述奶奶的模样，只能从父亲这辈的容貌上勾勒属于奶奶的基因。也许，我也有她的神韵，我这样安慰自己。

父亲六岁那年，奶奶走了，四十二岁，与我的岁数吻合。写完这一句，我像见到了奶奶。她容貌清新，身形娇小，臀部饱满，（她可是生了六个男孩，这一点，我愧对奶奶的基因，白白浪费了。）小脚摇动腰身，在宽大的堂屋里忙碌，日光从瓦缝里关注她如何降服牛高马大的爷爷。

祖爷爷带出来的家资丰厚，传到太爷爷，他花八十块大洋买下了我出生地月山塅溪田家湾数处地产，以至爷爷一生比较风光。他跑江湖，做生意，奶奶过世后，在县城找了个女子，后来因他放不下家中众多子女，回到了乡下。父亲每每说起此事时，欣喜溢于言表。他那时还小，在小奶奶家住过一段时日，对小奶奶有了感情。几次一起经过县城沩江大桥时，他都要指出那地方告诉我，尽管早已物是人非。

家谱是记载某个姓氏家族子孙世系传承之书，具有区分家族成员血缘关系亲疏远近的作用。家谱是中华民族的三大文献（国史，地志，家谱）之一，属珍贵的人文资料。我们家的家谱，至今没有一睹它的风采，只从长兄那里听说了它的传奇。

文化大革命来时，父辈中幸有三伯父上过高校，跟随爷爷走江湖，见识与思想与众不同。他听闻要来烧毁家谱，速将家谱藏于后山墓地一口漏底的坟中，从洞口用绳索吊住，将毛草覆盖，才免于毁灭。后来分田到户，大伯不识字，将家谱当废纸以八毛钱出卖，那时八毛钱是个大数字，他非常高兴。三伯回家得知此事，急忙将家谱赎回。如今，家族无能人，续修家谱无望。长兄说家谱有好大一捆，他每年放除虫药与干燥剂，保管相当好。当我提出观摩、续修并对其用数码相机翻拍时，他拒绝了我，这让我生出些失落。若我是个男子，我会要与他干一架降服他，好生让我朝拜这庞大的家史，也找一找属于我的几公分之地。我想，不止我，还有好些人，将被家谱遗落。生时不知从何而来，死了也没人知道我曾来过的忧伤时不时会蹦出来。

除了知道家谱修到了爷爷这一辈，我排厚字派，其族语为"起义宗民是书家，安定传经厚泽霞"，还从父亲那里追溯到关于我们这一支的由来。

这位祖辈，来自江西，名胡岐山。他在江西因宠爱小老婆，打死了大老婆，为逃避其杀人罪，只好携小老婆进入湖南，落脚到娄底境内。反来大老婆娘家人追踪到此，他辗转到宁乡境内，在多处安身，身后葬于月山二街坪。他生下五子，分为桃、柳、霜、零、谷五房，我太爷爷便是其中之一，属于柳房，谷房已断后。这五房中，桃房因偷了他人家的羊，被人追赶，他只好逃入深山，逃到今天板路一带，与当地女子结婚生子，故在板路小龙潭有胡氏一支上百人。霜、零两房在龙泉一带繁衍，从柳房到我是第四代，在月山墩溪发脉，这几辈皆默默无闻。

若有人提及此事，我便保持沉默，或者与他们扯扯爷爷。一直以来，他像一个神话活在我心中。身材魁梧，眉宇轩扬，冬帽，大风衣，在墩溪上放着竹排，等他归来时，我便可以得到他带回的用牛皮纸包好的白糖，与妹妹用舌头一点一点舔，那是至今尝过的最甜的滋味。那时，我五岁。

闻其前两位胡姓国家主席的祖辈都来自浏阳，系我胡氏近族，便略感欣慰，像极了伯父与父亲听人提到胡耀邦与胡锦涛两个名字时的表情。

2017年2月7日

编后记

·胡雅婷·

我曾在诗歌中这样表达："我不愿向外人提起这里的茅房、杂草与惊慌不定的灵魂,怕一说出口,它们便躲进我的身体,而这些,令我无法表达眷恋与诀别。"

这样的表达源于对这片土地深沉的爱。

黄材于我已成故乡。偶尔回来,总是小心翼翼。生怕哪个局部的响动背逆了初心;生怕某一处疼痛发出呻吟;生怕某双眼睛在我的身后用寒光刺我的背椎。

基于种种,当《古国雄风》的主编刘建中老师找到我时,内心泅涌澎湃,第一时间赴黄材拜见刘老。近八十高龄的刘老已花了一年多时间收集到五十多万字的文稿。

由于几位参加组稿的老师有的年事已高,有的忙于公务,出版事宜也就进行缓慢。黄材各界对此书深表期望,并有不少贤达人士为此书尽心费力。其中左连生、刘九如、张先方、姚普科、胡永阳、彭可平、邓光辉、潘苏中、甘玉佳、李品南、周桂华、邓喜良等都为此书的出版奔走,因而,推动此书的面世,我义不容辞。

为此书找配图,几天之内穿山过岭,上城墙山,爬猴公大山,寻古迹新貌,将大黄材之山水再一次重温。马不停蹄地对《古国雄风》一书原始稿件收集到的约50多万字,精炼成127篇,26万多字。此书收入作品已知作者名自清朝至今达五六十人。

借主编刘建中老师的话:"尽可能的搜集,尽可能地精炼。"在执编过程中对一些文章爱不释手,增加了编辑工作的信心与热情。从挑选、精选到文本排列,到语言文字字符的校对,经半个多月的连续工作,终于将此书送达出版社。

当然,大沩文化与炭河文化的厚重与大黄材历史的源远流长,不是几十万字能概述得完整，我们旨在搜集整理与探索，在前人的呈现上加以拓展创新，而它们的神秘神奇与精神内在仍期待后来者以更全面的角度挖掘。

这方水土上曾经的耕耘不辍；曾经的安宁馨香；曾经的战火纷飞；曾经的繁华与光芒是主编人员呈于读者的厚重色彩，是对大黄材生命生生不息的另一种诠释。刘老等前辈呕心沥血结此《古国雄风》集，皆因挚爱这方水土；挚爱年深日久的温暖与疼痛。历史是生命的历程，地方史是带地域温度、地域特色的生命历程。这些温度与特色源于这方水土的生命基因，当带有特质的血液仍不断地生出不同的音节，将他们传承是一件具有重大意义的事情。

党的十九大精神提出国之根本之文化自信。作为大沩文化、黄材千年古城的传承人，我们应多一些诗性的智慧，像魏晋风度中的"轩轩如朝霞举""岩岩如孤松之独立"，理应有自觉、自尊、自信与自强，而更应有文化的自觉、自尊、自信与自强来传承与发扬精神家园已知的、待挖掘的这方水土的种种。

为挖掘地方文化，推介当地人文景观，推动精神文明建设，当地民间人士自发组织编辑此书，并邀请了部分作家参与撰稿。在一些章节中，除已署名作品，有部分文章转录自《宁乡历史文化丛书》及其它载体，感谢此书的所有编委与作者的辛勤耕耘。关于作品版权问题，遵行主编征得作者授权为原则，公共资源征得原出版方同意为原则，有关作者与出版事宜均由主编方负责，并承诺承担一切有关法律责任。如仍有个别作者对所采用稿件存在异议的话，请与我们及时联系，届时将根据有关规定给予薄酬。此书的出版得到了姚普科、胡永阳先生指导，不胜感激！得到喻亚军、夏时、姜福成、谢仲舒、宁乡市政协、黄材镇政府的支持与鼓励，一并感谢！由于执编水平局限，执编工作有待提高，希望在再版时得到读者的宝贵意见！

2017 年 11 月 16 日

曲作者简介　方卫国，男。1970年出生于湘西保靖县水银乡马福村，原湖南民族歌舞团乐队演奏员，现供职于湖南湘西群众艺术馆，职业音乐人。

月山之恋

曲：方卫国
词：胡雅婷

1=♭E 4/4

(1636 1636) 1 6 2 3 30 | (1636 16 36) 1 6 2 5 30 | 3 6 6 6 3 2 6 2 3 10 |
　　　　　拐过八道弯　　　　　　　　爬过几座山　弯弯的月儿别在树丛间

5 5 5 3 5 7 6　—　‖: (3 6 7 i 3 i 7 i　7) 3 | 6　—　0 2 3 6 |
别呀别在树丛间　　　　　　　　　　　　　　水　出　　芙蓉
　　　　　　　　　　　　　　　　　　　　　水　出　　芙蓉

2　—　—　1 2 | 3　—　—　5 6 | 5　—　—　3 5 | 6. 7 6 2 3 |
山　　　鹭　戏　　墩溪滩　　　　石山把　　关龙泉
山　　　鱼　戏　　墩溪潭　　　　石山把　　关龙泉

5. 6 5 0 | 7 6 2 2 2 3 5 | 5 5　3 5 5 7 | 6　—　—　—	 |
为　冠　　四羊方尊仙台山　守护着月　　　　　山
为　冠　　香榧树呀城墙山　守护着月　　　　　山

2 2　6 5　4 3 | 2 5　5 i 6　— | 6 2 5 4 3 2 1 6 | 1 2 3 1 6　— |
月山　啊月山　我的家乡　　我在这里诗书耕读　放牧牛羊
月山　啊月山　我的母亲　　你在这里百转千回　历经风霜

6 6　2 i 7 6 | i i 5 6 4　— | 6 2 5 4 3 2　1 6 |
月山　啊月　山　我的家乡　　我在这里诗书　耕读
月山　啊月　山　我的母亲　　你在这里百转　千回

1 2 3　0 3　2 | 6　—　—　— :‖ 3　—　—　— |
放　牧　牛　羊　　霜
历　经　风

7 6 2 5 6 7 6 | 6　—　—　— | 6 2　2 i 6 4 5 | 5　—　—　— |
我 采来青铜之 光　　　　染去　您发间的风　霜

6 3　2 i 6 5 6 | 4　—　—　5 6 | i i　6 i　1 3 | 2　—　—　— |
我 捧 回潭中的月 光　　洗去　您眼 里的 忧　伤

6 3　2 i 6 5 6 | 4　—　—　5 6 | i i　6 i　2 | 2　—　—　— |
我 捧 回潭中的月 光　　洗去　您眼 里的 忧　伤